New
ECONOMIC
SOCIOLOGY

신경제
사회학

신경제사회학

초판 1쇄 인쇄 2011년 4월 29일
초판 3쇄 발행 2013년 10월 30일

지 은 이 유홍준 · 정태인
펴 낸 이 김준영
펴 낸 곳 성균관대학교 출판부
출판부장 박광민
편   집 신철호 · 현상철 · 구남희
디 자 인 이민영
마 케 팅 박인봉 · 박정수
관   리 조승현 · 김지현
등   록 1975년 5월 21일 제 1975-9호
주   소 서울특별시 종로구 성균관로 25-2
대표전화 02) 760-1252~4
팩시밀리 02) 762-7452
홈페이지 press.skkup.edu

ⓒ 2011, 유홍준 · 정태인

ISBN 979-89-7986-874-6   93320

New
ECONOMIC
SOCIOLOGY

신경제
사회학

유홍준 • 정태인 지음

성균관대학교
출판부

경제사회학Economic Sociology은 경제 현상을 사회학적 관점과 용어를 통해 설명하는 사회학의 한 분야이다. 경제 행위가 사람들에 의해서 이루어지고 이에 따라 경제 현상이 인간 사회에서 발생한다고 본다면, 인간 사회의 여러 분야에 걸친 현상에 관심을 갖는 사회학이 경제 행위와 경제 현상에 주목하는 것은 당연한 일이다. 사실 사회학이 학문으로 정립되던 19세기 후반에 이미 베버나 뒤르케임 같은 고전 사회학자들이 인간의 경제 행위에 관심을 갖고 분석을 시도했었다.

그런데, 19세기 후반 이래 경제학은 지나치게 단순할 정도로 간결한 기본 가정을 바탕으로 그 세력을 확장하였고, 다른 사회과학 분야가 경제 현상을 직접 다루는 것을 금기시하는 '학문적 제국주의' 성향을 보였다. 이에 따라 초기 사회학의 경제에 대한 높은 관심에도 불구하고, 20세기 초·중반 사회학의 발전단계에서 경제는 연구 대상에서 멀어지게 되었다. 경제학자인 슘페터Schumpter는 경제사회학을 '누구의 땅도 아니거나 모든 사람의 땅a no-man's land or everyman's land' 이라고 말했다. 이러한 주장은 사회학이 독자적 학문으로 형성되면서 제도화되던 시기에 경제학과의 관계에서 열세에 놓이게 되면서, 경제 행위의 본질적인 문제들보다 소위 '잔여문제leftovers'에만 연구가 국한되었던 사정을 반영하는 것이다.

그러나 20세기 후반에 이르러 신고전경제학으로 대표되는 현대 주류경제학이 설명하지 못하는 경제 현상이 증가하자 간신히 명맥을 이어오던 경제사회학은 다시 활성화되면서 연구 영역이 확대되었고, 1980년대 이후 '신경제사회학New Economic Sociology' 패러다임으로 정리되고 있다.

경제학의 핵심적 가정 중의 하나인 '경제인economic man' 인간관은 '고정된 선호에 따라 효용을 극대화시킬 수 있는 능력을 가진 합리적이고 계산적인 동물로서의 원자화된 행위 주체'를 전제로 하고 있다. 이러한 전제는 현실적인 한계를 안고 있어서 비판의 대상이 되는데, 특히 인간이 '사회적 동물'이라는 점을 간과하고 있는 것이 문제이다. 학문의 역사가 경제학에 비해 매우 짧은 사회학이 초기부터 주목을 받을 수 있었던 점의 하나가 바로 사회성이 결여된 경제학적 인간관을 거부하고 사회적 존재로서의 인간관을 부각시킨 데 있다고 할 수 있다. 이러한 사회학의 특징은 인간의 경제 행위나 경제 현상의 분석에 있어서 경제학과 입장을 달리하는 일련의 성과를 이루어왔다.

과연 순수한 경제 행위란 무엇인가? 사회 현상이 아닌 경제 현상은 어떤 것인가? 또는 인간이 과연 사회를 떠나서 경제활동을 영위하는 것이 가능한가? 등의 근본적인 질문이 제기될 수 있다. 이러한 질문을 배경으로 하는 신경제사회학 패러다임의 명제는 크게 '사회적 행위로서의 경제 행위', '경제 행위의 사회적 배태성', '경제제도의 사회적 구성' 세 가지로 정리할 수 있다. 인간이 행하는 일상의 경제활동은 경제적, 합리적 동기와 비경제적, 비합리적 동기가 결합되어 있고, 따라서 인간의 경제 행위는 사회적 관계의 구조 즉 연결망에 배태embedded되어 있으며, 경제제도는 사회적으로 구성된 것이라는 주장이 신경제사회학 패러다임의 골격이다.

1970년대 이후 일단의 제도경제학자들이 원래 사회학이 제기했던 문제들을 다시 지적하면서 논의의 범위를 조금씩 확대하게 되자 경제사회학에 대한 새로운 관심이 증폭되었다. 특히 1980년대 이후 그라노베터Granovetter, 스웨드버그Swedberg, 디마지오DiMaggio 등의 사회학자들이 경제적 현상에 대한 본격적인 분석에 나서면서 신경제사회학 패러다임이 형성되어 하나의 독립된 영역으로 자리를 잡게 되었다. 현재 신경제사회학은 서구 사회학계뿐만 아니라 국내에서도 가장 연구가 활발하게 이루어지는 분야의 하나라고 할 수 있다.

이 책은 신경제사회학의 태동과 발전을 이론적으로 정리하려는 의도에서 저술되었다. 국내에 (신)경제사회학이 소개된 지도 20년 정도가 지났지만, 이 분야의 이론적 전망과 내용에 대해 종합적으로 소개하는 전문연구서는 여전히 결핍된 상태이다. '경제사회학'을 제목으로 달고 있는 저서는 현재 4권 정도가 출간되어 있다. 『經濟社會學(장준호, 이남복 편역, 1987, 나남)』은 독일 경제사회학의 전통에서 루만Luhman의 체계이론에 기반하여 경제사회학을 지식사회학적 관점에서 설명하는 입장을 대변하면서 여러 논문을 발췌하여 편역한 것이며, 『경제의 사회학(이재열 저, 1996, 나남)』은 저자의 노동시장 관련 논문을 중심으로 묶어 놓은 저서이다. 저자가 편역자의 한 명으로 참여한 『신경제사회학의 이해(역사비평사, 1994)』은 학부 수준 학생들에게 경제사회학을 소개하기 위해서 주요 경제사회학자들의 핵심 논문들을 번역하여 묶은 편역서이다. 최근에 출간된 『경제사회학이론(박길성·이택면 저, 2007, 나남)』은 그 저술의 관점과 목적이 본 저술과 상대적으로 가까운 것으로 평가할 수 있지만 신경제사회학에 대한 소개의 외연은 넓지 않다.

이 저술은 3부로 구성되었다. 1부[신경제사회학의 태동]에서는 경제사회학의 형성과 경제학과의 관계, 신제도경제학의 기여를 중심으로 다루었다. 2부[신경제사회학의 발전]는 신경제사회학 패러다임 소개에서 시작하여, 현대 기업이론의 전개, 경제의 문화적 속성, 경제 행위의 사회구조 배태성, 사회적 구성물로서의 경제제도, 경제의 동형화 등을 주제로 다루었다. 3부[신경제사회학의 응용]에서는 한국의 경제사회학 연구 동향과 미국의 노동시장 관련 경제사회학 연구 경향을 정리해보았다. 1~3장, 9장, 11장의 내용 중 일부는 이미 발표되었던 논문들*에서 옮겨왔으며, 저자들의 기존 연구논문 2편**의 내용은 11장 3절에 축약되어 있다.

이 저술은 성균관대학교 출판부의 우수도서 발간지원 사업에 선정되어 저자들의 2009~2010년 연구년 기간 중 과제로 수행되었다. 정태인은 4장, 5장, 7장, 8장, 12장의 초고를 담당하였고, 유홍준은 나머지 장들의 초고를 담당하였다. 1년의 기간 중에 초고가 완성되고 두 저자 간에 교차 검토를 하면서 용어 및 문장 표현의 통일을 기할 수 있었던 것은 저자들

----

* 유홍준, 1991. "경제사회학의 발전과 신경제사회학 패러다임의 과제", 성균관대학교 사회과학연구소, 「사회과학」 30(2). 유홍준, 1994. "주류경제학의 한계와 신경제사회학 패러다임을 통한 극복", 「사회과학」 33(1). 유홍준, 1997. "경제제도의 사회적 구성", 「사회과학」 36(1). 유홍준, 2009. "산업·노동사회학 및 조직·경제사회학 연구동향", 대한민국학술원, 『한국의 학술연구(제9집): 사회학편』.

** 유홍준, 1995. "한국제약산업의 시장구조에 대한 신경제사회학적 분석", 한국사회학회, 「한국사회학」 제29집 여름호.
   정태인, 1997. "한국기업의 내부노동시장: 경제사회학적 관점", 「사회과학」 36(1).

이 가족이라는 특수관계에서 1년간 미국 오하이오주 클리브랜드에서 강의 부담 없이 합숙(?)을 할 수 있었던 특별한 사정에서 가능했다. 더불어 귀국 후 2010년 가을학기에 학부의 〈경제사회학〉과 대학원의 〈경제사회학 세미나〉 수업에서 원고를 교재로 사용하면서 제자들과 소통하여 저술의 가독성을 높일 수 있었던 것은 참으로 고마운 일이다. 출판을 지원해준 성균관대학교 출판부와 편집을 위해 애써준 편집진께도 감사드린다.

2011년 2월 유홍준 · 정태인

CONTENTS

1부

신경제사회학의 태동

1장

■ ■ ■

경제사회학의 형성과 발전

슘페터(Schumpter, 1954)는 경제사회학을 '누구의 땅도 아니거나 모든 사람의 땅a no-man's land or everyman's land'으로 표현했다. 이러한 주장은 고전 사회학자들이 인간의 경제 행위에 관심을 갖고 분석을 시도했음에도 불구하고, 사회학이 독자적 학문으로 형성되면서 제도화되던 시기에 경제학과의 관계에서 열세에 놓이게 되면서, 경제 행위의 본질적인 문제들보다는 소위 '잔여문제leftovers' 혹은 '외생적 요인들exogenous factors'의 분석에만 연구가 국한되었던 사정을 반영하는 것이다.

그러나 20세기 후반에 이르러 신고전경제학으로 대표되는 현대 주류 경제학이 설명해내지 못하는 현상이 증가하자 간신히 명맥을 이어오던 경제사회학은 다시 활성화되면서 연구 영역의 확대와 더불어 1980년대 이후 신경제사회학New Economic Sociology 패러다임으로 정리되고 있다.

경제학은 인간 경제 행위의 합리성rationality을 기본 전제로 하고 이러한 경제 이론의 기본전제가 다른 사회과학 분야에도 적용 가능한 것으로 생각하는 '과학의 제국주의적(Swedberg, 1987: xi)' 입장을 가지고 있다. 즉 사람들의 비경제적 측면의 행위도 궁극적으로는 합리성으로 설명된다는 주장이 제기되어 왔다(예로, Becker, 1976 참조).

그러나 경제학의 합리적 행위 모델로 비경제적 행위를 설명한 시도의 부분적인 성공에도 불구하고, 오히려 설명할 수 없는 많은 교란disturbing 요인 혹은 설명 불가능한missing 요인들이 존재한다는 점이 부각되어 왔다. 따라서 신경제사회학 패러다임이 태동되는 기반으로는 첫째, 이처럼 비합리적non-rational인 것으로 여겨지는 요인들이 실제로 인간의 경제 행위를 결정하는 주요한 요인이라는 점 둘째, 합리성 개념 자체가 그것의 사회적·규범적·인지적 전제를 명확히 하기 전에는 개념 규정 상의 합의가 이루어지지 않는다는 점 셋째, 인간에게 있어서 합리적인 면과 비합리적─사회적─인 면을 결코 분리해 낼 수 없다는 점을 들 수 있다.

1. 경제사회학의 태동

1) 사회학 형성 초기 경제학과의 마찰

19세기 후반에 사회학이 독립된 학문 영역으로 자리를 잡아 가면서 기존 사회과학 분야와 긴장관계를 형성하게 된다. 특히 경제학과는 적어도 세 가지 측면에서 마찰을 빚게 되고, 이 과정에서 걸음마 단계이던 사회학이 패함으로서 이후 오랜 기간 동안 경제사회학의 영역을 협소하게 제한하는 배경이 되었다.

한 가지 충돌은 방법론을 둘러싼 것인데, 콩트Comte가 정치경제학이 형이상학적이고 비생산적이어서 과학성을 결여하고 있다고 비판한 것에 경제학자들이(예로, Mill) 적대적인 태도를 형성한 것에서 비롯된다. 이후 독일과 오스트리아에서 시작되어 영국, 프랑스 및 미국으로 확대되어 간 방법론대논쟁Methodenstreit을 거치면서, 콩트는 (정치)경제학이 추상적이고 연역적이라고 비판한 반면, (정치)경제학자들은 콩트의 주장을 공허한 경험주의(귀납)로 평가하면서 사회학이 경제학에 아무런 도움을 줄 수 없다는 입장을 정리해 나간다. 이후 19세기 후반에 한계효용학파가 등장함에 따라 경제학은 엄격히 경제적인 문제에 분석을 국한시키면서 사회과학 분야에서 최고의 과학성을 확보하려는 시도를 하게 되고, 사회학에 잔여 범주를 넘기게 된다.

두 번째 측면의 충돌은 사회학이 학문 공동체 속에서 독립 영역으로 제도화되어 가는 과정에서 발생하였다. 즉 사회학이 대학에서 독립학과로 설립되기 위해서는 독자적인 연구 영역의 확보가 필요했는데 경제학에서는 사회학자들이 경제문제 이외의 문제들에 연구를 국한해야 하며, 사회학은 잔여 문제를 다루는 과학science of leftovers이어야 된다는 주장이 매우 강하였다. 이에 대해 당시 사회학계의 반응은 크게 세 가지로 정리되는데(Swedberg, 1987: 19-30), 워드Ward나 스몰Small처럼 사회학이 사회과학의 전 영역을 조정하는 역할을 맡아야 한다는 입장과 기딩스Giddings처럼 사회학적 시각을 정치경제학 연구 분야에 적용시키려는 시도가 있었으며, 한편으로는 소극적으로 잔여문제에 국한되는 것을 인정하는 입장이 있었다.

1895년 시카고 대학에 미국 최초의 사회학과가 형성되고 이후 1905년에 미국 사회학회가 창설되는 제도화 과정에서 앞의 두 가지 입장에 대한 사회과학자들 특히 경제학자들의 거센 반발로 인해서 사회학은 경제학의 학문 영역 외에 머문다는 전제가 깔리게 되고 이후 한동안 사회학은 가족, 범죄, 빈곤, 교육 등으로 연구범위를 제한하게 된다.

또 다른 충돌은 학문의 정치적 입장에서의 차이에서 발생하였다. 즉 초기 사회학이 노동자들의 요구와 고통에 관심을 두고 가치판단을 내포한 반면에 경제학에서는 사실과 가치의 구분을 강조하는 가치중립적 입장을 취하여 사회학에 비해 우세한 위치를 차지하였다. 더불어 슘페터(1954)가 지적한 것처럼, 당시의 현안이었던 자본주의의 제국주의화 경향에 대한 입장에서 경제학은 이를 경제이론으로 설명되지 않는 자본주의 외적인 요인 즉 외생적exogenous 요인의 작용으로 설명함으로써 학문적 부담을 덜어버렸다. 반면에 사회학은 과학적인 견지에서 볼 때 외생적일 뿐만 아니라 자유시장 경제체제 신봉자들에게 이데올로기적으로 바람직하지 않게 여겨지는 부담을 떠맡게 되었던 것이다.

2) 경제사회학 영역의 확보: 고전 경제사회학

앞에서 설명한 것처럼 사회학 형성 초기단계에서 사회학이 경제학과 충돌하면서 학문 영역의 입지 확보에서 열세의 입장에 놓였지만, 1890-1920년경에 베버Weber와 뒤르케임Durkheim에 의해 '경제사회학' 분야가 개척되었던 점을 무시할 수는 없다.

경제문제에 대한 베버의 관심은 『프로테스탄트 윤리와 자본주의 정신 *The Protestant Ethic and Spirit of Capitalism*』이나 『경제와 사회 *Economy and Society*』에서 확인되는 것처럼 포괄적인 경제제도에 대한 역사·사회적 분석에 있었다. 그의 연구는 학제간적interdisciplinary이지만, '사회경제학 social economics'과 '경제사회학economic sociology' 연구로 구분하면 이해가 보다 용이하다.

'사회경제학'은 베버가 1904년 "사회과학의 객관성Objectivity in Social Science"에서 집중적으로 사용한 개념인데 세 가지 연구대상 영역으로 구분될 수 있다(Swedberg, 1987: 28-9). ①경제제도를 포함한 '경제적 현상들 economic events', ②그 자체가 경제적이지는 않지만 중요한 경제적 결과를 초래하는 '경제적으로 연관된 현상들economically relevant phenomena' 및 ③ 경제적 요인에 의해 영향을 받은 비경제적 현상을 의미하는 '경제적으로 제약된 현상들economically conditioned phenomena'이 그것들이다. 베버는 이를 연구하기 위한 연구방법으로서 경제현상의 일반적 측면을 확인하고 구체적이고 역사적인 사실을 탐구하면서 문화적 중요성을 연구할 필요성을 주장하였다. 다시 말해 '사회경제학' 분석에 경제이론, 경제사와 더불어 사회학이 연계되어야 한다는 점을 강조한 것이다.

한편 베버가 『경제와 사회Economy and Society』의 제2장에서 집중적으로 다루고 있는 '경제사회학'은 경제에 관한 사회학 이론을 추구한 것으로서 해석사회학interpretive sociology의 입장에서 사회경제적 행위를 분석하고 있다. 베버는 경제사회학의 주 기능이 경제이론을 보완하는 것이지만 사회학 자체의 시각을 갖는다는 것을 시사하고 있어서, 경제사회학은 경제활동에 작용하는 힘power에 대한 인식이나 '합리성' 개념의 사용에서 신고전경제학과 구분된다.

뒤르케임의 연구 중 경제사회학 영역 확보에 기여한 점은 사회적 실재reality에 대한 그의 논의에서 잘 나타난다. 그는 경제학자들이 경제현상을 순수하게 개인적 요인으로 설명하는 오류에 빠져서 경제현상이 상호 연계되어 있는 현실을 반영하지 못하는 연역적 단순 논리에 빠져 있다고 주장했다(Durkheim, 1964). 이는 콩트가 정치경제학에 대해 제기한 비판의 연장이지만, 콩트처럼 경제학을 사회학에 포함시키는 일반이론을 구축하려 한 시도로 볼 수는 없으며, 사회학적 시각에서 경제현상을 취급할 수 있다는 점을 지적한 점에서 '경제사회학' 영역을 확보하려고 시도한 것이다.

신고전경제학의 순간적이고 일시적인 시장 개념과 경제적 관계를 보는 시각에 대한 뒤르케임의 반론은 『사회의 노동분화(Division of Labor in Society, 1984)』에서 잘 확인된다. 그는 노동분화에 의해 경제적 용역이 제공된다는 사실은 "노동분화가 산출하는 도덕적moral 효과에 비해 덜 중요한 것이다. 노동분화의 진정한 기능은 둘 이상의 사람들 간에 연대의식solidarity을 갖도록 만든다는 사실이다." 결과적으로 개인들은 "……상호간에 견고하게 연계tied되어 있고, 이들 간의 상호연결성links은 그들이 용역을 교환하는 한정된 순간에만 기능하는 것이 아니고 괄목할 만큼 (오랜 기간) 확장되어 기능을 발휘한다"고 주장하였다(Durkheim, 1984: 17, 21. Granovetter, 1987: 2에서 재인용). 더불어 그는(1984) 경제의 탈규제 현상을 서구사회의 경제발전에 내재한 아노미anomie적 특성으로 분석하면서 경제학이 시장의 자율균형 메커니즘을 중시하는 관점에 대해 비판을 제기하였다.

하지만 베버나 뒤르케임 모두 경제활동의 일상사everyday economic life보다는 시장 및 자본주의적 조직 형성에 선결조건으로 작용한 사회학적 요인들을 규명하는 데 관심의 초점을 두고 있었다는 점에서 신고전경제학에 대한 직접적인 문제제기를 한 것으로는 보기 어렵다.

한편 짐멜Simmel의 『돈의 철학 *The Philosophy of Money*』은 사회학 분야에서 큰 관심을 끌지는 못하였지만, 경제생활의 교환과정에서 신뢰trust가 갖는 중요한 역할을 지적한 점에서 경제활동의 사회적 중요성을 부각시킨 것으로 평가할 만하다.

파레토Pareto 역시 보호무역주의에 관한 논의에서 사회학적 입장을 취한 점과 투기자speculators와 금리배당생활자rentiers의 분석을 통해 경제학의 균질적homogenous인 경제인economic man 개념을 거부하고 이를 세분화하려고 시도한 점은 초기 경제사회학 영역 확대에 일조를 한 것으로 평가될 수 있다.

3) 마르크시즘의 경제사회학

(1) 신고전경제학과 마르크시즘 명제의 비교

신고전경제학은 자본주의경제의 발전을 뒷받침하는 설명 도구로서 합리성 명제를 설정한 반면에, 자본주의를 타도의 대상으로 삼은 마르크시즘은 노동과 자본 간의 대립적인 계급관계와 자본에 의한 노동착취 명제를 자본주의경제의 보편법칙으로 설정하였다.

다시 말해, 신고전경제학에서는 자본주의 경제의 자유경쟁 시장은 자유롭고 자발적인 상호교환이 이루어지는 장소인 만큼 자본주의 경제가 경제 행위에 참여하고 있는 모든 사람들에게 이득을 주는 최적의 제도라고 간주한다. 이에 반해, 마르크시즘에서는 (노동)시장에서의 자발적인 노동력 매매 계약이라는 것도 실제로는 생산수단을 소유하지 못한 프롤레타리아트로 하여금 자발적 형태의 피착취 관계에 놓이게 하는 것에 불과하다며 자본주의경제가 모순과 갈등을 구조적인 본질로 안고 있다고 보았다.

따라서 마르크시즘에서 시장market은 거래 당사자들의 이해interests가 도모되는 자유로운 시장이 아니라 모순적인 생산관계에 기초한 착취적이고 적대적인 관계가 영속화되는 과정으로 여겨진다.

(2) 분석 방법론의 특징

신고전경제학에서는 가격이나 교환의 양 같은 대표적인 경제적 변수는 내생endogenous변수로 보고 소비자의 선호, 인구, 기술과 자원 등은 비경제적인 외생exogenous변수로 간주한다. 신고전경제학은 전략적으로 이렇게 내생변수와 외생변수를 엄격히 구분하면서, 외생적 요인들이 자본주의 발달의 방향과 속도 등에 약간의 영향을 미치기는 하지만 자본주의 경제의 보편적 경향은 주로 내생적 요인에 의해 결정된다고 주장한다. 이러한 내생·외생 변수의 구분을 통해서 신고전경제학은 자본주의 경제 체계에 가해지는 비판을 무마시킨다. 즉 자본주의의 모든 병폐들은 경제 내적인 고려로는 어쩔 수 없는 외생적 변수들 때문이라는 논지이다.

이에 반해 마르크시즘에서는 현실세계에서 외생적인 것은 없다는 입장에서 내생변수와 외생변수의 구분을 중요시하지 않으며, 신고전경제학자들이 외생변수로 무시해 버리는 구조적 요인들이야말로 중요한 분석 대상이라고 주장한다.

한편 신고전경제학에서는 사회역사적 조건이나 환경의 영향을 고려하지 않고 논리적 공간으로 상정되는 가상의 몰역사적인 시간time[1] 개념을 사용하는 반면에, 마르크시즘에서는 이러한 시간 개념을 거부하고 불가역적unreversable인[2] 실재적realistic, 역사적historic[3] 시간 개념을 사용하고 있다.

(3) 경제사회학 발전에 대한 마르크시즘의 기여

마르크스는 인간의 노동력을 포함한 모든 것이 상품화되어버린 자본주의 상황에서 노동-자본 간의 사회적 관계와 노동 과정의 왜곡에 관심을 집중하고, 특정한 역사발전 단계에서는 생산력과 생산관계의 모순이 혁

---

1 경제학에서 시간은 흔히 '어느 일정 시점에~'로 표현되는 가상의 시장 개념으로, '순간시장(spot market)'을 의미하는 것이다.
2 마르크시즘은 시간은 진공 상태에 들어앉아 있는 것이 아니고, 변동은 신고전경제학의 주장처럼 외생변수의 충격에 의해 일어나는 것이 아니라 내생적 과정의 결과로 본다. 따라서 원래의 균형 상태로 복귀가 가능한 가역적(reversable)인 것도 아니라는 것이다(박길성·이택면, 2007: 69).
3 '역사적'이라는 개념의 첫 번째 의미는 상황조건적(contingent)이라는 것이다. 사회분석은 일반적이고 추상적이어서는 안 되고 역사적 특수성에 의거하여 이루어져야 한다는 것이다. 두 번째 의미는 과거가 지니는 의미(effectivity of past)의 중시이다. 현재의 사건이나 현상은 과거의 산물이라는 것이다(박길성·이택면, 2007: 69).

명을 초래하며 역사는 계급투쟁에 의해 발전한다고 주장했다. 경제가 하부구조로서 사회의 진정한 토대를 이룬다는 그의 생각과 자본주의 체제의 본질을 밝히려고 시도했던 『자본론 *Capital*』을 참조하지 않고서는 베버의 『경제와 사회』나 슘페터의 『자본주의, 사회주의, 민주주의 *Capitalism, Socialism, and Democracy*』 등을 이해하기가 쉽지 않다(Smelser and Swedberg, 1994: 8~9).

마르크시즘은 경제사회학이 독자적인 학문 영역으로 발전하는 데 있어서 매우 중요한 기반을 제공하였다. 마르크스는 경제사회에 대한 역사적 접근을 제시한 선구자의 한 명이며, 특정 경제제도의 출현과 변화는 효율성의 제고를 위한 고려에서가 아니라 사회의 불평등한 계급적 권력 분포와 이로 인한 갈등에서 연유한다고 주장한 최초의 학자이다.

마르크시즘은 우선 역사제도주의 historical institutionalism 시각을 발전시킨 점에서 경제사회학의 발전에 이론적 기여를 하였다.[4] 이 시각은 신고전경제학의 방법론적 개인주의에 대한 비판을 골격으로 하면서 '개인'이 아니라 '사회'와 '제도'가 분석 대상이 되어야 한다고 주장했다. 인간이 신고전경제학자들이 상정한 것처럼 원자화된 atomized 고립된 개인이 아니라, 사회와 집단 속에서 다른 사람들과 연결되어 있는 행위자라는 점을 중시한 마르크시즘은 인간을 구체적 사회관계 속의 실재적이고 현실적인 사회적 존재 social being로 개념화하였다. 이에 따라 제도주의자들이 개인의 행위 합리성 가정에 대한 논의 자체보다는 개인이 합리적으로 혹은 불합리하게 행동하게 되는 사회·구조적 상황이나 문화적 맥락을 설명함과 동시에 개인을 둘러싸면서 개인 활동을 규정하는 보다 넓은 사회적 역사

----

4 역사에 대한 경제 중심적 해석, 경제와 사회와의 관계 규정, 보다 현실적인 행위자 개념의 개진, 사회역사적 시간 개념의 중시, 방법론적 개인주의의 거부 등은 경제사회학의 기본 이론틀 중의 하나인 역사제도론적 패러다임의 형성에서 기본골격을 이룬다(박길성·이택면, 2007: 56).

적 맥락과 상황 조건을 중시한 점에서 경제사회학의 발전에 터전을 제공한 것이라고 할 수 있다.

마르크스가 이처럼 문화적·제도적으로 구성된 경제를 분석하게 되면서 마르크시즘은 자본주의 경제 체계의 성격을 계급 갈등으로 분석하게 되는데, 이러한 사회·역사적 시각은 경제사회학으로 하여금 신고전경제학이 말하는 '일반균형'을 거부하고 시장에서의 권력power의 작동에 관심을 기울이게 했다는 점에서 또 다른 기여를 한 것으로 볼 수 있다.

2. 20세기 초·중반 미국과 유럽의 경제사회학

1) 미국의 경제사회학

(1) 파슨스와 스멜서

앞에서 지적한 대로 초기 제도화 과정에서 경제학과 마찰을 빚은 이후 미국에서는 경제사회학의 발전이 거의 이루어지지 못했으나, 1920년대 이후 시카고학파의 연구나 연관 분야의 연구들로 명맥을 이어왔다. 그런데 1950년대 중반 경 파슨스와 스멜서(Parsons and Smelser, 1956)의 연구로 '경제와 사회Economy and Society' 시각이 결집되어 경제사회학 분야 연구의 골격을 이루게 된다.

그러나 당시 경제사회학적 관심이 유럽 사회학을 중심으로 유지되고 미국의 경제사회학은 활력을 상실해가던 시점에 정리된 이 시각은 사회학이 경제활동의 핵심적인 문제들에 관심을 다시 불러일으킬 수 있는 좋은 계기였음에도 불구하고, 파슨스의 모순된 입장에 의해서[5] 커다란 진전을 이루는 데는 실패하였다.

'경제와 사회' 시각은 경제학이 경제 영역에서 실제 일어나고 있는 것을 제대로 설명하지 못한다고 비판하면서도, 경제학적 분석은 본질적으로 정밀하고 경제학이 핵심적인 경제문제를 다루는 권리를 갖는다는 입장을 보이며, 기본적으로 사회와 경제는 서로 다르고 분리될 현상으로 인식한다.

파슨스는 초기에 경제학은 합리성과 효용의 문제를 다루고 사회학은 가치value문제에 초점을 둠으로써 상호협조적일 수 있다는 점을 시사하였다(Parsons, 1937: 666). 그러나 곧이어 다른 영역(즉 경제학)에 대한 학문적 지식을 결여한 특정 영역(즉 사회학) 학자에 의해 그 학문 영역에 대한 높은 수준의 과학적 연구가 수행될 수 있는 가능성에 회의를 보임으로써(Parsons, 1937: 771), 경제학과 사회학의 분리에 일조를 하게 된다. 즉 경제학이 시장, 가격 형성, 투자 결정 등과 관련한 경제의 본질적 현상에 연구 관심을 두는 반면에, 사회학의 연구 관심은 공장노동자들의 생활이나 직업 형성 과정, 사회이동 등의 '사회적' 문제에 국한되어야 한다는 생각을 하게 된다.

따라서 이 기간 중 산업사회학, 직업사회학, 사회계층론, 기업사회학 등의 분야가 태동되었지만 관심의 초점은 인간의 경제활동의 본원적인 문제나 전반적인 경제문제를 다루는 데에서 이탈되어 있었다. 특히 산업사회학은 댈튼(Dalton, 1959), 무어(Moore, 1955) 등의 업적에도 불구하고 생산 공장 내의 문제나 개수임금제 등에 초점을 국한시킴으로써 좁은 연구 영역에 한정되었다. 한편 호만스(Homans, 1958)의 영향으로 산업사회학 내에서도 상호작용interaction과 사회적 관계를 강조하는 방향으로 일단의 진전을 보이지만 이론체계의 발전이 이루어지지 못하여 결국 1960년

---

5 파슨스 자신의 하버드대 학부 전공이 경제학이었다.

대까지 미국 경제사회학의 양대 조류이던 '경제와 사회' 시각이나 산업사회학 모두 인간의 경제활동을 연구하는 면에서 효과적인 발전을 이루지 못하였다.

1950년대에 이루어진 파슨스와 스멜서(1956)의 연구는 사회체계social system 개념을 경제에 적용하여 경제가 전체 사회에 종속적인 부분 체계임을 주장하고 전체 사회의 다른 부분 체계 및 전체 사회와의 상호작용을 이론적으로 제시하였음에도 불구하고,[6] 스멜서 자신의 비판처럼 지나치게 추상적이어서 경험적 뒷받침이 결여되었다.

(2) 폴래니

이 무렵 폴래니(Polanyi, 1957)[7]는 경제가 본질적으로 사회적 과정social process이며 "인간의 경제(행위)는 경제적·비경제적 제도에 배태embedded[8]되어 있다"고 주장하여, 이후 신경제사회학 패러다임 형성에 중요한 기반이 되는 '배태' 개념을 최초로 사용하였다. 폴래니는 오늘날 경제에 대해 문화적인 접근을 하는 실질주의substantivism 학파의 창시자로

----

6 파슨스가 '사회체계(social system)'의 네 가지 기능적 요건(functional imperatives)으로 제시한 AGIL모델에서 A에 해당하는 '적응(adaptation)' 기능은 인간사회가 존속하기 위해서는 자연환경에 적응해서 자원을 확보하고 이를 가공하고 생산하여 구성원들에게 분배하는 기능이 필수라는 점을 주장한 것인데, 구체적으로는 바로 '경제' 기능을 의미하는 것이다. 따라서 그는 '경제'가 사회체계의 하위 부분이라고 시사한 셈이다.

7 폴래니(Polanyi)는 당시 헝가리 제국의 수도였던 비엔나의 부유한 가정에서 출생했다. 부다페스트 대학에서 박사학위를 받는 기간 중에 루카치(Lukaacs), 만하임(Mannheim) 등과도 교류했던 그는 헝가리 급진정당 창설에 참여하기도 했고 1차 세계대전 참전 이후에는 비엔나에서 저널리스트로 활동했다. 이때 그는 현실 경제 과정의 실재에 대한 안목이 없이 추상화된 오스트리아 경제학파를 접하고 이에 대한 비판을 시작하였다. 파시즘의 대두를 피해 영국을 거쳐 캐나다와 미국에 정착한 그는 1944년에 『대전환(*The Great Transformation*)』을 서술하였고 콜롬비아 대학에서의 강의를 거쳐 1957년에는 『초기 제국의 거래와 시장(*Trade and Market in the Early Empires*)』을 서술하였다.

8 배태(embedded)의 사전(辭典)적 개념은 '뿌리를 내림' 혹은 '제대로 자리 잡게 됨'에 해당한다.

여겨지는데, 이 관점은 경제가 사회와 문화에 배태되어 있다는 점을 강조한다.

신고전경제학은 스미스Smith가 표현한 것처럼 시장이 '교환을 하려고 하는 인간의 자연스러운 본성'에서 비롯되기 때문에 자연스럽게 발생하며, 시장의 형태로 조직화되는 경제가 가장 '정상적normal'이라고 간주한다(Polanyi, 1957: 249~250).

그러나 경제에 대한 실질주의 접근을 취한 폴래니의 입장에서 보면, 시장은 전혀 자연스럽지 않은 것으로서 시장경제의 출현 자체가 아주 인위적인 것이었다. 인류 역사를 통틀어 볼 때, 대부분의 인간 사회는 효용 극대화를 축으로 하는 시장 메커니즘에 의해서가 아니라 집단 관습과 사회적 관계들에 의해 개인적 동기가 통제되는 메커니즘에 의해서 유지되어 왔다고 할 수 있다. 폴래니는 서구 일부 사회의 특수한 경험에 국한된 경제적 개념을 역사와 문화를 초월한 모든 사회에 보편적으로 적용시키려고 한 신고전경제학자들의 시도는 '경제주의적 오류economistic fallacy'라고 비판했다(Polanyi, 1957: 270). 그는 신고전경제학으로 대표되는 현대 주류경제학이 시장 분석을 중심으로 하면서 경제의 '형식적formal 의미' 탐구에만 빠져 있다고 비판하면서, 인간이 생존을 위한 경제활동을 하면서 주위 사람들과 맺는 관계에 주목함으로써 경제의 '실질적substantive 의미'를 확인해내야만 한다고 주장하였다.

폴래니가 보기에 시장은 다양한 문화적 맥락 속에 배태된 여러 가지 가능한 경제적 조직화 원리들 중의 하나에 불과한 것이었다. 즉 각 사회마다 재화와 서비스를 생산하고 분배하는 과정을 결정하는 고유한 틀이 있으며, 시장은 이러한 경제적 조직화의 한 양식일 뿐이라고 본 것이다. 이에 따라 그는 각 사회의 고유한 문화적, 사회구조적 맥락 속에서 등장한 경제조직화 방식을 설명하기 위해 호혜성reciprocity, 재분배redistribution, 교환exchange 등의 새로운 개념을 경제 분석에 적용하기도 하였으나 분석 대상이 주로 전(前)산업사회에 치중되었기 때문에 경제학의 큰 관심을 끄는 데는 성공하지 못했다.

폴래니(Polanyi, 1957: 19~21)가 경제의 의미를 두 가지로 구분한 것 중에서 '형식적formal' 의미란 '비용을 최소화하면서 이익을 극대화할 수 있는 조건을 선택choice해야 하는 상황'을 지칭하는 것으로 신고전경제학이 전형적으로 취하고 있는 입장이라고 비판하면서 사용했던 의미이다. 그런데 폴래니가 보기에, 모든 사회에서는 재화와 용역을 안정적으로 제공하기 위해서 자원과 노동과 기술을 이용하는데 그 과정과 절차는 사회마다 일정한 관행·규범과 제도적 틀에 따라 이루어지는 것으로 보였고, 그는 이것을 경제의 '실질적substantive' 의미라고 본 것이다(Polanyi, 1957: 19).

따라서 폴래니는 '형식적' 의미의 경제는 산업혁명을 거친 19세기 후반 서유럽이라는 특수한 시·공간에서만 인류 역사상 최초로 등장했던 자기 조절적 시장체계self-regulating market system에 국한된 것이지만, '실질적' 의미의 경제는 고대나 현대, 서구나 비서구 사회를 막론하고 보편적으로 발견되는 현상이라고 주장한 것이다.

그런데 폴래니는 '실질적' 의미의 경제가 역할을 다하기 위해서 요구되는 과정과 절차를 조직화하는 데 필요한 일정한 원칙을 '통합의 형식forms of integration'이라고 불렀는데 이것이 앞에서 언급했던 호혜성reciprocity, 재분배redistribution, 교환exchange이라는 세 가지 통합의 형식이다.[9]

폴래니는 호혜성이 한 사회의 경제를 조직화하는 지배적 원리가 되려

---

9 과거에 우리 전통사회에서 경제적 거래나 교환이 이루어진 모습을 생각해보면, 수탈적인 교환거래가 전혀 없었던 것은 아니지만, 경주 최부자나 제주 만덕의 사례나 두레나 품앗이의 경우처럼 기본적으로 호혜성에 바탕하면서, 현대의 노블레스 오블리제에 해당하는 가진 자들의 재분배가 있었고, 교환도 자로 재듯이 냉정한 것은 아니었다고 볼 수 있다.

면 예컨대 친족제도와 같이 대칭적 의무를 지닌 쌍방을 지정해주고 그들 간의 의무와 행동규범을 명시해주는 확립된 제도적 장치가 뒷받침되어야 한다고 주장한다. 마찬가지로 재분배는 권력의 집중을 제도화하는 정치 구조의 확립을 요구하며, 교환은 가격 형성적 시장price-making markets이 경제의 전 영역을 조정하는 이른바 '시장 체계system of markets'의 확립을 각각 필요로 한다고 주장하였다(박길성·이택면, 2007: 133).

앞에서 폴래니가 인간의 경제(행위)가 경제적·비경제적 제도에 '배태' 되어 있다고 주장했다고 밝혔었다. 그는 근대 이전의 사회에서는 경제와 비경제 영역이 너무 밀접한 관계여서 경제 영역을 비경제 영역으로부터 구별해내는 것 자체가 어려울 정도로 경제의 모든 측면들이 정치적, 종교 적, 사회적 통제 하에 있었다고 보았다. 따라서 경제현상과 그것을 구성 하는 개인의 경제적 행위는 다른 경제적, 비경제적 영역의 제도들의 영향 에서 결코 자유로울 수 없고 제약을 받아 얽혀 있는 상태로 존재한다는 것이 '배태' 명제이다.[10]

그런데 폴래니는 19세기 후반에 서유럽에서 시장 메커니즘이 경제를 조직화하는 지배적 원리로 새롭게 자리 잡게 되면서부터는 경제 영역의 배태성이 급격하게 감소하여 경제 영역은 다른 비경제 영역의 영향에서 벗어나서 독립적으로 기능할 수 있게 되었다고 보았다. 그 이유는 경제의 통합과 조정을 담당하는 시장이라는 메커니즘 자체가 외부의 간섭을 필 요로 하지 않는 '자기 조절적self-regulating' 메커니즘이기 때문이라는 것이 다(Polanyi, 1957: 68).[11]

스웨드버그(Swedberg, 2003: 28)는 현대 시장경제의 문제를 시정하기 위해서는 시장(경제)의 작동이 비경제적 사회관계의 영역 속에 '재배태

----

10 폴래니는 심지어 사회정치적 제도나 관계가 우리가 '경제적'이라고 부르는 모든 활동이나 거래들 을 '결정'했다고 주장하기도 했다(Dalton and Köcke, 1983: 26).

reembedded' 되어야한다는 것이 폴래니의 배태 명제가 오늘날의 경제사회학에 시사하는 결론이라고 보았다.

2) 유럽의 경제사회학

20세기 초·중반의 기간 중 유럽에서도 경제사회학 연구의 진전은 매우 완만하였고, 유사 연구 영역(산업사회학, 직업사회학, 계층론 등)은 출현하였으나 경제 전반을 다루는 데는 소홀하였다.

슘페터(Schumpter, 1954: 27)는 경제학자로서 경제사회학을 경제이론, 경제사, 통계방법과 더불어 경제학의 4분과 중 하나로 인식하고 사회학의 발전이 경제학에 도움이 될 수 있다는 점을 인식하였지만, 상호간의 도움보다는 문제가 더 클 것이라고 생각하여("cross-fertilization might easily result in cross-sterilization"), 두 학문이 자체의 방법론과 시각을 견지할 필요성을 역설하였다. 그의 연구는 사회학계의 큰 관심을 끌지는 못하였지만 제국주의에 대한 분석이나 재정사회학fiscal sociology, 혁신적 기업가entrepreneur 연구에서 사회학적 시각을 담지하고 있다고 평가된다.

---

11 이러한 자기 조절적 시장의 작동에는 친족관계가 지정해주는 의무나 정치권력의 명령 등과 같은 외부적 간섭이 전혀 필요 없으며, 굶주림에 대한 공포와 이득에 대한 욕심이라는 두 가지 단순한 개인적 동기만으로 충분하다. 폴래니가 보기에, 서구 시장경제 체제의 도래와 더불어 경제 영역은 이제 더 이상 비경제 영역에 의해 간섭받거나 영향받지 않으며, 오히려 비경제 영역이 경제 영역의 영향과 간섭 하에 놓이고 나아가 경제 영역의 '부수물(adjunct)'로 뒤바뀌게 되는 상황으로 발전하게 되었다. 이것은 경제가 사회관계의 구속을 받는 것이 아니라 사회관계가 경제 체계의 구속을 받는 상황이라고 할 수 있다(Polanyi, 1957: 57; 박길성·이택면, 2007: 129-130에서 재인용).

(1) 슘페터

슘페터[12]는 신고전경제학의 '완전경쟁complete competition' 시장 개념은 자본주의의 발전과 성장 논리를 제대로 이해하지 못한 것으로서 현실 경제에서 보여지는 경쟁을 제대로 포착하지 못한다고 주장했다. 신고전경제학의 '완전경쟁'이란 시장 참여자의 수가 매우 많아서 한 개인의 행위가 시장 전체에 아무런 영향도 미칠 수 없고, 따라서 개별 시장 참여자는 시장이 부여한 조건을 수동적으로 받아들여서 자기의 행위를 적용시킬 뿐이며, 이러한 완전경쟁이 이루어지면 시장은 효율적이 된다는 의미이다. 그러나 슘페터는 실제의 경제생활에서 경험하는 경쟁은 이런 것이 아니며 '완전경쟁'은 결코 존재한 적이 없고 앞으로도 그럴 것이라고 주장했다.

슘페터는 애초에 경제에 대한 역사적 접근 방식에 대해 흥미를 느끼면서 신고전경제학의 추상적이고 이론적인 접근방식을 피했다. 이에 따라 국제시장에서의 가격 형성에 관한 연구에서도 밀, 커피, 면화, 양모의 가격이 각 국제시장에서 실제로 어떻게 형성되는지, 이 과정에서 뉴욕이나 런던, 시카고 등 대도시가 수행했던 중심적 역할은 무엇이며 이 다양한 시장들의 역사적 형성과정은 어떠했는지를 분석했고, 가격 형성에서 투기처럼 심리적 요인들이 미치는 영향에도 흥미를 보였다.

다른 경제학자들과 마찬가지로 수리경제학의 발전을 위해 몰두하기도 하였지만, 슘페터는 이론경제학의 방법론적 이상을 만족시키면서 동시에 동태적dynamic인 경제를 설명하는 데 유용한 이론 구축을 끊임없이 시도하였다.[13] 월러스Wallace의 신고전경제학적 일반 균형 모델이 상정하는 경

---

12 슘페터는 오스트리아 출신으로 재무장관과 은행장을 역임하고 1920년대 중반부터 독일 본 (Bonn) 대학 교수가 되었다. 이후 나치의 등장에 따라 미국에 이주하여 하버드 대학에서 강의하고 경기순환, 경제발전, 기업가의 혁신 등을 연구하면서 자신의 경제이론에 사회학적 이해를 통합시키려고 노력하였다.

제에서는 각 시장 참여자들이 합리적 선택을 반복함에 따라 최선의 상태가 재생산되는 정태적 순환경제를 특징으로 하지만, 슘페터는 실제의 경제는 이런 정태적 순환경제가 아니라 동태적 발전을 거듭하는 경제라고 주장했다. 자본주의 경제는 혁신적인 기업가entrepreneur의 혁신innovation 행위에 의해 성장하고 발전하도록 되어있다는 것이다.

이에 따라 그는 베버Weber에게서 '사회경제학' 개념을 차용하여 경제학을 보다 더 넓고 포괄적인 과학으로 규정하고 성공적인 사회경제학은 이론경제학, 경제사회학, 통계학, 경제역사학이 각각의 자율성을 유지하면서도 상호 교환과 협력을 동시에 추구할 때 실현될 수 있다고 보았다.

(2) 프랑스와 독일의 경제사회학

한편 프랑스에서는 뒤르케임의 영향을 받은 「사회학연보 L'annee Sociologique」 팀을 중심으로 경제 현상에 대한 연구가 진행되었다 (Swedberg, 1987: 48-50). 모스Mauss는 선물gift에 대한 연구를 통해 개인주의적, 공리주의적 해석을 거부하면서 선물을 주고받는 행위의 사회구조적 성격 파악을 시도하였고 경제학이 사전적a priori 논리로 경제 행위를 설명하려고 시도하지만 경제활동은 상당 부분 전통에 기반하고 있음을 지적하였다. 시미앙Simiand의 임금 및 경기변동에 관한 사회학적 연구도 돈money을 사회적 실재로 파악하여 경제현상의 사회성에 대한 탐구를 시도한 것으로 평가된다. 그러나 프랑스에서는 제2차 세계대전 이후 투렌느Touraine나 크로지에Crozier 등의 영향에 의해 산업사회학 분야의 연구가

---

13 슘페터는 추상적 이론 구축의 중요성에 대해 잘 인식하고 있었지만 역사적, 경험적 사실에 대한 이해 역시 필요하다는 사실을 잘 인식했다. 방법론 대논쟁(Methodenstreit)을 다루는 장(章)에서 역사주의적 전통과 이론경제학적 전통이 서로 다른 성질의 접근 방식이라는 점을 분명히 하면서, 이질적인 두 접근 방식을 극단적으로 대비시키는 것은 의미 없고 피상적인 것이라고 주장했다.

활발해지면서 경제사회학 분야의 연구는 더 이상 활발히 진행되지 못하였다.

이 무렵 독일에서는 만하임Manheim에 의해 경제적 야망economic ambition과 성공success의 유형에 대한 분석이 이루어짐으로써 경제사회학적 연구의 맥을 잇고 있었다. 이후 독일에서는 루만Luhman이 "자동생산체계로서의 경제"에서 경제사회학을 지식사회학적 관점에서 설명하려는 이론적 시도를 행하고 있으나(장준호·이남복, 1987. 10쪽에서 재인용) 이 글에서 다루고 있는 신경제사회학 패러다임과는 관심이 이탈되어 있다.

3. 경제사회학 연구 영역의 확장

1) 네오마르크시즘의 공헌

1960년대 이후 갈등론의 시각이 새로운 관심을 끌게 되면서 네오마르크시즘Neo-Marxism 학자들의 연구가 경제사회학의 발전에 활력을 불어넣게 된다. 이들은 소유관계 및 생산수단 통제력이 작업 과정에서뿐만 아니라 다른 어떤 사회경제적 영향을 초래하는지에 연구의 주안점을 둔 점에서 경제사회학에 공헌을 하였다고 볼 수 있다. 하지만 슘페터(Schumpter, 1954)의 지적처럼 이들이 자신들의 연구를 경제사회학으로 인식했던 것은 아니며 다만 그들의 연구경향이나 연구의 관심이 경제사회학 분야와 상당히 근접해 있다는 것이다.

네오마르크시스트 학자들은 구조기능주의('경제와 사회') 시각의 연구들이 마르크스Marx를 무시하고 간과함으로써 사회학이 (정치)경제학을 너무 등한시 하였다고 비판하였다. 예로 굴드너Gouldner는 사회학이 사회질서의 분석에 있어서 비경제적 근원에만 초점을 맞추고 재산권property 분석에 소홀했기 때문에 경제적 사실 분석에 실패하였다고 지적한 바 있다. 경제사회학적 관심을 재기시키는 데 공헌한 네오마르크시즘의 연구들은 1970년대에 이르러 활발한 연구결과를 제시하고 있다.

자이틀린(Zeitlin, 1974)의 연구는 소유와 경영의 분리가 거대기업의 특질이며 따라서 자본주의의 계급관계에 중요한 변화가 초래되고 있다는 기존의 연구결과들을 반박하면서 개별기업이 처해 있는 제도적, 계급적 구조와 연결망에 대한 파악이 긴요하다고 주장하였다. 그의 주장은 벌과 민즈(Berle and Means, 1932)의 연구 자료에 의해 뒷받침되었고, 우심(Useem, 1979)이 자본가 계급 내부의 연결망inner circle에 대한 분석을 시행한 것과 민츠와 슈워츠(Mintz and Schwartz, 1985)의 '금융 헤게모니financial hegemony' 연구를 통해 진전을 이루었다.

이외에도 '착취exploitation' 개념으로 계급 분석을 시도한 라이트(Wright, 1978)의 연구나 노동과정론 연구들(예로, Braverman, 1974 ; Edwards, 1979 ; Burawoy, 1979 등) 및 국가론 연구들도 사회학이 본질적인 경제적 사실들에 주목할 여지를 제공한 점에서 공통적인 공헌을 하고 있다.

네오마르크시즘의 경제사회학적 관심이 집대성된 것으로 볼 수 있는 스틴치콤(Stinchcombe, 1983: 244~247)의 『경제사회학(Economic Sociology, 1983)』은 그가 '경제적 기획economic enterprise' 이라고 표현한 생산력과 생산관계를 규정하는 제도화된 경제적 틀이 어떻게 형성되는가에 대해, 세 가지 유형의 사회에 대한 구체적인 분석을 시도한 역작이다. 이 연구는 이미 형성된 경제활동의 구조적 모습은 새로운 여건 변화에 빨리 적응하지 못한다는 점을 지적하고 경제활동이 과거의 경제활동에 연계될 수밖에 없음을 지적한 점에서 '배태embeddedness' 시각을 부분적으로 담지하고 있는 것으로 평가될 수 있다. 그러나 자신이 서론에서 지적한 네오마르크시즘 연구의 보편적인 문제인 정치적 요인에 대한 지나친 강조에 자신도 빠지고 마는 오류를 범하고 있다고 할 수 있다.

2) 국제경제에 대한 관심

초기 사회학은 베버의 연구에서 확인되듯이 국제경제 혹은 서구 권역 밖의 사회들의 경제현상에 관심을 보였으나, 국제경제에 대한 경제사회학의 관심은 20세기 중반에 근대화이론[14]을 통해 개발도상국의 경제문제에 대한 연구가 재개되기까지는 경제사회학 연구의 주요 관심 영역 밖에 놓여 있었다. 국제무역, 원조, IMF, IBRD에 관한 연구 등 국제경제에 관한 사회학은 상당 정도 학제간 연구의 결과인데, 한 나라의 사회경제적 상황은 국제경제 체계에 의해 영향을 받는다는 인식을 밑바탕에 두고 있다.

국제경제 관계와 그 영향에 관한 우파적 입장에 해당하는 근대화이론 및 수렴이론의 주장은 같은 주제에 대해서 좌파적 입장을 취했던 프랭크 (Frank, 1967)나 월러스타인(Wallerstein, 1974)의 비판에도 불구하고 경제사회학적 관점에서 재음미를 해볼 여지가 있다고 지적된다(Swedberg, 1987: 94). 한편 UN 중남미 경제위원회ECLA 제도학파의 관심은 종속이론을 태생시키는 기반이 되었다. 프레비쉬Prebisch가 '중심core'과 '주변periphery' 개념을 사용하면서 국제경제 관계가 신고전경제학적 시장균형

---

14 근대화이론은 저개발국가들이 선진자본주의 경제의 틀과 기술을 받아들여 근대화 혹은 산업화되는 양상에 주목한 이론으로, 산업화를 겪는 후발 국가들의 전반적인 사회적 구조나 노동자들의 태도 등이 선진 국가들과 비슷하게 닮아 간다는 수렴(convergence)이론으로 전개되었다.

논리로 설명될 수 없음을 주장한 것에서 논점을 추려내어 급진적 이론을 형성한 카르도소(Cardoso, 1979)나 프랭크의 종속이론은 경제의 진전 과정을 사회적 과정으로 설명하려는 시도를 보인 점에서 경제사회학적 연구의 가능성을 시사하고 있다.

이후 월러스타인의 세계 체계론이 등장하면서 국제경제 체계에 대한 분석이 본격화되었고, 시어즈Seers가 마르크스주의자들과의 논쟁에서 마르크시즘과 신고전경제학이 경제적 행위에 대한 사회적 요인의 중요성을 무시한 한계를 공통적으로 갖고 있다고 지적함으로써 경제사회학적 관점의 형성에 기여하였다(Swedberg, 1987: 100). 시어즈는 마르크시즘이나 신고전경제학이 모두 완전경쟁을 전제로 하고 인간이 경제적 동기에 지배받는다는 주장을 공유하고 있다고 비판하였다.

3) 여성과 경제

기존의 경제사회학이 경제현상 분석에서 여성을 배제하였기 때문에 경제가 '사회적 실체'라는 점을 파악할 기회를 상실했다는 비판에서 출발하여, 경제의 실제적 운영을 제대로 설명하기 위해서는 여성의 입지를 고려한 사회학적 시각이 필요하다는 주장이 제기되어 왔다. '경제와 사회' 시각이 경제현상 연구에서 여성을 배제하고 가족사회학 영역에 국한하여 언급이 이루어진 것에 반해, 여성이야말로 새로운 사회구성원의 재생산과 양육 및 교육을 담당하고 노약자를 보호할 뿐만 아니라 남성의 경제활동력을 재충전시켜 주는 중요한 역할을 담당함으로써, 경제적 활동을 사회적으로 배태시키는 기반이 된다는 점에서 경제활동에서의 여성 연구 관심이 부각된 것이다(Swedberg, 1987: 66-69).

제도경제학자인 도링어와 피어리(Doeringer and Piore, 1971)는 이중노동시장[15] 연구에 여성을 포함시켜서 여성들이 2차 노동시장에 주로 편재된 이유에 관심을 가졌다. 한편 블라우와 유세니어스(Blau and Juseuius, 1976)는 신고전경제이론이 노동시장에서의 남녀 간 임금 격차를 설명하기 위한 시도에서 이를 주로 인적자본의 차이를 가지고 설명하는 데 반해서, 성별분절은 차별discrimination, 권력power 등 사회적 요인을 내재하고 있다고 주장함으로써 신경제사회학적인 입지를 마련하였다.

이에 따라, 가부장제patriarchy와 재생산reproduction 개념의 중요성이 부각되고 소렌슨Sorenson은 남성과 여성이 취하는 합리성의 내용이 질적으로 다르다고 구분하기도 하였다(Swedberg, 1987: 73). 또한 캔터(Kanter, 1977)와 틸리와 스코트(Tilly and Scott, 1978)가 여성의 경제활동에 관한 중요한 사회학적 연구를 산출하였으며, 잉글랜드와 파카스(England and Farkas, 1988)가 여성노동시장 연구를 통해 사용한 '묵시적 계약implicit contract' 개념은 신고전경제학적인 시장계약 관계를 실제가 아니라고 거부한 점에서 주목된다.

4) 시장분석의 사회학

사회학에서 시장market에 대한 연구는 베버에서 시작되어 파슨스와 스멜서, 폴래니 등으로 맥을 이어왔다. 파슨스와 스멜서(1956)는 AGIL체계의 '경계교환boundary exchange' 개념을 시장개념으로 파악하였고, 폴래니(1957)는 신고전경제학에서는 모든 경제 행위를 균질적 경제인으로 구성

---

15 이중노동시장론은 신고전경제학의 단일 노동시장 관점과 달리, 노동시장이 상대적으로 고임금, 고용안정, 좋은 작업 조건을 특징으로 하는 1차(primary) 노동시장과 그렇지 못한 일자리로 구성된 2차(secondary) 노동시장으로 분리되어 있으며, 이 두 노동시장 간에는 이동에 장벽이 존재한다고 주장한다.

되는 시장이라는 맥락에서 파악한다는 점에서 오류를 비판하면서 시장을 '수요군중demand crowd,' '공급군중supply crowd' 및 '동등성의 요소the element of equivalency'라는 세 가지 요소로 분석하였다. 그러나 양자 모두 논의가 추상적이며 시장 분석이 본질적으로 경제학 영역이라는 통념을 깨지는 못하였다.

그러던 중 1970년대 중반 이후 다양한 유형의 시장에 대한 구체적인 사회구조적 분석이 시작되면서 시장이 운용되는 사회학적 메커니즘을 구체적으로 행위자들 간의 상호작용 관계에서 파악하려는 시도가 시작되었다. 이러한 경향은 신고전경제학의 시장 연구가 단일single 시장 혹은 가설적hypothetical 시장에서의 추상적 행위자 간의 수요·공급 교차에 대한 가설적 추론을 기반으로 하고 있는 점과 비교할 때, 경제현상의 본원적 문제에 대한 사회학적 시각의 도입이라는 점에서 큰 의의를 지닌다.

화이트(White, 1981)의 "W(y)모델"은 상품시장의 메커니즘을 순수한 사회학적 용어와 시각으로 설명하려고 시도한 선도적인 연구이다. 그는 시장을 "교차관찰의 결과로 균형 잡힌 세트—W(y)—에 의해 상호 연결된 기업(가)들의 분화된 역할 구조"로 정의하고, 서로의 경제 행위에 대한 관찰을 통한 개인 수준의 시장참여가 어떻게 시장구조·연결망으로 형성되는가를 이론화하였다. 그는 시장이 신고전경제학이 가정하는 것처럼 가설적이고 추상적인 것이 아니어서, 특정 생산물 시장에서 공급자로 활동하는 기업(가)들이 자신의 시장점유율을 잘 알고 이에 따른 이윤에 대한 기대를 가지고 있을 뿐만 아니라 자신과 경쟁관계에서 시장을 점유하고 있는 다른 공급자(기업)들의 시장점유율과 이윤 수준을 잘 파악하고 있다고 보며, 이러한 점에 대한 면밀한 관찰과 이에 따른 판단에 의해 궁극적으로 생산량(y)과 기대하는 이윤(W) 수준을 정하게 된다는 주장이다.

아볼라피아(Abolafia, 1985)는 자본시장에 대한 연구에서 시장을 상호 맞물려 있는 조직들의 체계로 파악하면서 금융시장의 위기는 기본적으로 조직간 파워 게임의 결과라고 주장하였다.[16] 한편, 주식시장을 분석한 베이커(Baker, 1984)는 매수자와 매도자가 교환관계에서 구별되는 연결망을 형성하여 가격 결정에 영향을 끼친다는 것을 발견하여 신고전경제학의 단일시장 논리를 부정하고 시장은 '일련의 연결망a set of network'이라고 주장하였다.

그라노베터(Granovetter, 1974, 1981, 1990)의 노동시장 연구는 신경제사회학 패러다임 형성에 큰 기여를 한 것으로 평가될 수 있다. 그는 임금 결정의 요소로서 ①직업과 고용주의 특성, ②직업을 획득하는 개인의 특성 및 ③앞의 두 가지 요소가 어떻게 연결되는가의 짝짓기matching 문제의 세 가지를 들면서, 사회적 연결망social network을 통해 사회·경제적 불평등이 어떻게 발생하는가의 과정에 주목하고 있다.

---

16 자본시장은 자본거래의 매개체인 금융기관, 주식회사 등 외에 이들에게 투자하는 연기금 등의 투자기관, 자본을 빌려 쓰는 수많은 기업 등 다수의 조직들이 맺고 있는 연결망이며, 예를 들어 1990년대 후반 아시아 외환위기에서 보듯이 서로 관계를 맺고 있는 이들 조직들 간에 서로 살아남기 위한 파워 게임 관계에서 금융위기가 발생하기도 한다는 주장이다.

2장

■ ■ ■

경제학과 경제사회학

1. 신고전경제학의 발전

19세기 후반에 오스트리아를 중심으로 한계효용marginal utility이론이 등장하여 신고전경제학으로 집대성되기 이전까지의 유럽 경제사상은 역사적 상황과 각국의 독특한 경제상황을 반영하면서 중상주의, 중농주의, 리카도Ricardo 학파의 분배이론 및 마르크시즘 등으로 다양성을 보여왔다.

1870년대에 출발한 한계효용이론은 생산자와 소비자가 각각 투자와 수입에 해당하는 자신의 자원을 어떻게 합리적으로 배분함으로써 이윤의 증대와 효용의 극대화를 꾀하는지를 집중적으로 분석하였다. 한계효용 및 한계생산력 균등의 법칙에 따라 도출된 수요demand함수와 평균비용이 한계비용과 같아지게 되는 점 위의 한계비용 곡선에 해당하는 공급supply 함수는 경제 행위 주체들의 효용을 극대화 하는 방식으로 작동하므로 과잉생산, 인플레이션이나 실업 등의 문제가 발생하지 않는다고 보는 것이 신고전경제학의 기본원리이다.[17]

사회학은 콩트Comte나 뒤르케임Durkeim이 경제학을 추상적이고 비경험적이라고 비판했던 것에서 볼 수 있듯이, 경험적 사실 분석에 기반한 귀납의 방법론을 취함으로써 주류 경제학보다는 역사경제학파에 가까운 입장이었다. 뒤르케임은 경제학적 주제가 '사회적social' 측면으로부터 이탈된 점을 비판하였지만 당시에 큰 주목을 끌지 못하였으며 두 학문의 분화는 가속화되었다. 이에 따라 새뮤얼슨(Samuelson, 1955: 90)은 경제학은 인간의 합리적 행동을 연구하고 사회학은 비합리적 행동을 연구한다고까지 주장하게 된다.

현대 주류 경제학은 인간의 경제행위를 분석하는 데 있어서, '자신의 효용utility을 극대화하려고 추구하는 자율적이고 원자화atomized된 합리적 경제인'을 가정한다. 모든 경제현상은 이러한 경제인들이 집합적으로 행한 행태behavior의 결과인 셈이다. 신고전경제학자 자신들도 인간 행위에 비합리성이 개입되고 효용 극대화 이외의 다른 의도intention가 추구될 가능성을 전적으로 부인하지는 않지만, 이런 측면을 분석에서 배제함으로써 절제된parsimonious 모델 구성을 하고 예측의 효율성을 높이려고 시도한다. 이러한 분석 목적에 따라 궁극적으로 개인 혹은 개인의 선호preference를 분석 단위로 삼고 연역을 통한 이론 모델을 구성함으로써 도구주의적 방법론을 사용하였다.

1) 고전경제학

19세기 후반에 한계효용이론이 등장하여 신고전경제학으로 집대성되

---

17 이러한 기본원리가 현실에서 그대로 반영되지 않기 때문에 경제학 내에서도 이를 보완하기 위해 케인스(Keynes)가 유효수요론을 주장한 예외가 있다.

기 이전까지 유럽에서는 중상주의, 중농주의, 분배이론, 마르크시즘 등 다양한 경제사상이 전개되어왔다는 점은 앞에서 지적하였다.

하지만 절대주의 국가의 전개를 전후한 시기, 즉 산업혁명 이전 및 초기의 유럽 경제는 중상주의(重商主義)에 의해 주도된 것으로 볼 수 있다. 상인자본가의 이해가 국왕의 이해관계와 결합되면서, 지방분권적 봉건제를 무너뜨리는 데 중요한 기여를 한 중상주의는 절대주의 국가 및 그 이후에 있어서 금본위 제도의 국부관(國富觀)에 따라서 대외무역과 제조업을 옹호했던 경제정책과 사상을 뜻한다. 이 사상은 금·은(화폐)을 국부로 인식하면서 해외시장 확대와 수입억제 정책을 시행하고, 제조 생산의 중요성을 강조하면서 산업혁명을 추동한 중요한 동력이 되었다.

그러나 이러한 정책이 결과적으로 일부 상인과 제조업자들에게 특혜를 부여하는 셈이 되자 대중의 불만이 점증하는 배경 하에서 스미스Smith가 자유방임경제를 주장하게 된 것이다. 그는 한 나라에서 1년간 소비하는 생활필수품의 크기로 국부national wealth를 나타낼 수 있으며, 노동이 생필품 공급의 원천이므로 국부의 증대를 위해서는 노동의 질과 양을 증대시키면 된다고 보았다. 또한 그는 인간이 교환성향을 가지고 있기 때문에 분업과 전문화가 발생한다고 보았다. 따라서 국부를 증가시키기 위해서는 결국 인간으로 하여금 자신의 본성을 자유롭고 완전하게 발휘하도록 해주는 것 외에는 아무것도 필요하지 않다는 주장을 하게 된다. 신고전경제학의 '경제인' 관점과 '보이지 않는 손invisible hand' 메커니즘의 싹이 태동되는 기반이 바로 이것이다. 그러나 스미스를 신고전경제학자로 분류하지는 않는다.

한편 18세기 중반에 프랑스의 케네Quesnay는 중상주의가 농업을 피폐하게 하고 대다수 인구층을 구성한 농민들의 삶을 오히려 빈곤에 처하게 하는 상황을 목격하면서, 농업만이 국부를 증가시킨다는 중농주의(重農主義) 사상을 폈다. 그는 농업 종사자만을 '생산적' 계급으로 보면서, 곡물

가격의 억제 정책을 타파하고 농업을 장려하는 조세정책 및 수출자유정책을 펴야 한다고 주장하였다. 그러나 농업국가인 프랑스에서 시작된 중농주의는 이론의 논리적 취약성[18]과 중상주의의 대세에 밀려서 당시의 유럽 경제사상에 큰 영향을 미치지는 못하였다.

영국에서 산업혁명이 한창 진행되던 시기에 분배의 문제를 경제학의 최대 과제로 인식했던 학자가 리카도Ricardo이다. 그는 사회구성원을 자본가, 노동자 및 지주로 구분하고, 공업과 농업 부분의 평균이윤율이 궁극적으로 균등화된다는 전제하에 농업 부분의 총생산량이 이윤, 임금 및 지대로 어떻게 분배되는가를 집중적으로 연구하였다. 그의 연구는 결과적으로, 농업자본가의 이윤을 증대시키기 위해 지주의 이익(지대)을 축소시키는 정책(예로, 곡물법의 철폐)을 지지하면서 자본주의 발전에 일조를 한 셈이다.

고전경제학 내에서 독특한 입지를 확보하고 있는 마르크시즘은 계급 간의 경제적 갈등에 대한 분석을 통해 경제현상에 사회적 관계 및 권력power의 개념을 포용하고, 자본주의라는 경제제도를 심층적으로 분석해 낸 점은 신경제사회학의 패러다임 형성에 일조를 한 것으로 평가할 수 있다. 스웨드버그(Swedberg, 1991: 254)는 마르크스가 '사회계급social class' 개념을 사용한 것과 경제적 요인이 사회구조나 구성원의 사회적 태도에 영향을 미치는 점을 분석해냈다는 면에서 경제사회학에 공헌을 하였다고 지적했다.

---

18 예를 들어, 지대(rent)만이 순소득(net income)이며 따라서 농민만이 순소득(혹은 순생산물)을 창조해 내는 생산적 계급이라고 본 취약성이 있다.

2) 신고전경제학

1870년대에 출발한 신고전경제학(한계효용이론)은 생산자와 소비자가 각기 자신의 자원을 어떻게 합리적으로 배분함으로써, 이윤의 극대화와 효용의 극대화를 꾀하는가를 집중적으로 분석하였다. 소비자의 효용은 소득 한 단위가 초래하는 한계효용을 각 상품마다 동일하게 소비함으로써 극대화된다는 것이 '한계효용 균등의 법칙'이다. 마찬가지로, 생산자도 자신의 자금 한 단위가 구입하는 생산요소의 한계생산을 각 생산요소마다 동일하게 투자함으로써 생산비용을 극소화 — 즉 이윤을 극대화 — 시킨다는 것이 '한계생산력 균등의 법칙'이다. 이 두 법칙에 따라, 가격과 반비례의 관계가 되는 수요demand함수가 도출되었다. 한편, 상품의 가격은 생산자 모두의 공급과 소비자 전체의 수요에 의해 결정되기 때문에, 개별 생산자는 주어진 가격 하에서 자신의 생산량만 결정하게 된다. 이때 이윤을 극대화시키기 위해서는 '가격=한계비용'이 되는 생산량을 공급해야 하므로, 생산자의 공급supply함수는 '평균비용=한계비용'이 되는 점 위의 한계비용 곡선이 된다.[19] 신고전경제학의 기본 원리는 수요와 공급의 두 함수가 경제 행위 주체들의 효용을 극대화하는 방식으로 작동하기 때문에 과잉생산이나 인플레이션 및 실업 등의 문제가 발생하지 않는다고 본다. 그러나 이러한 기본 원리가 현실에서 그대로 반영되지 않기 때

------

19 <그림 1> 참조.

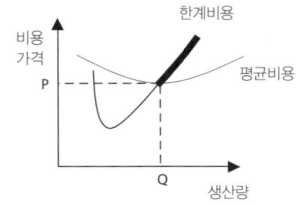

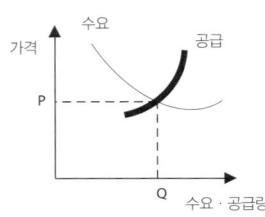

문에 경제학 내에서도 이러한 문제를 보완하기 위해 노력했고 예를 들어 케인스Keynes는 유효수요론을 주장하였다.

스미스가 『국부론 Wealth of Nations』을 펴낼 무렵에는 아직 사회학적 주제와 경제학적 주제 간에 뚜렷한 분화가 없었던 것으로 보인다.[20] 그러다가 19세기에 독일을 중심으로 한 역사학파는 역사·사회적 경제 분석에 주력한 반면에, 리카도를 비롯한 영국 중심의 경제학자들은 보다 추상적이고 연역적인 방법을 선호하게 되면서 사회적 주제와 경제적 주제가 점차 양분되었다. 1880년대에 이르러, 독일과 오스트리아에서 시작된 방법론대논쟁Methodenstreit을 거치면서 추상·연역의 방법론을 주장하는 한계효용학파가 학문적 승리를 거두게 되면서 이러한 분화는 결정적으로 뚜렷해졌다. 신고전경제학의 기틀을 형성한 한계효용이론가들은 수학과의 연합을 통해 추상적 연역 모델을 구축하면서 학문적 우위성을 강조하였다. 20세기에 들어오면서, 역사·사회적 분석은 경제학으로 불리는 것조차 의문시 되면서 경제사 분야로 넘겨지게 된다. 이에 따라 지금처럼 신고전경제학이 주류(표준) 경제학의 위치를 차지하게 된 것이다.

이상에서 고전경제학과 신고전경제학의 형성 배경과 시각의 전개 과정을 간단히 살펴보았는데, 이 둘 간의 입장 차이를 정리하면 <표1>과 같다.

표에서 보듯이 고전경제학은 중상주의, 중농주의, 리카도주의를 통해 연구의 중점을 국부의 축적과 분배문제에 두면서 구체적인 경제 정책을 제시하고 또 기존의 정책을 비판하는 데 연구 목적을 두었다. 반면에 한계효용학파는 경제 행위 주체의 효용극대화가 달성되는 보편법칙을 발견

----

20 그는 자유경쟁시장을 옹호하였지만 기업가들이 본능적으로 연합하여 시장을 조작할 가능성을 염려했기 때문에 국가가 이 문제에 적절히 개입할 수 있는 여지를 염두에 두었다. 또한 개인들이 일을 하는 동기의 기반으로 경제적 이익 추구보다는 사회적인 인정과 평가를 추구하는 점을 강조하기도 하였다.

[표 1] 고전경제학과 신고전경제학의 비교

	고전경제학	신고전경제학
경제학 연구의 대상	축적, 분배	효율성, 효용
경제연구 목적	정책입안을 지원	보편법칙의 발견
연구의 분석 단위	제도적 틀 중시 (예: 계급, 분업)	개별적 선택을 하는 행위 주체 (개인, 가계, 기업)
이론틀의 핵심	자본	가격
'가치(value)' 관념	가치생산론	경제 주체의 주관적 효용
'이윤(profit)' 관	불평등 분배의 산물	절제에 대한 보상

자료: Swedberg, 1987: 26에서 재인용.

하는 데 큰 관심을 두었다. 이러한 관심은 신고전경제학이 현실 경제문제나 정책에 무관심하다는 것이라기보다는, 태동 초기부터 과학성을 갖춘 일반이론general theory을 추구하였기 때문에 이론이 추상적이고 수리적인 경향을 띤 점을 나타내는 것이다.

한편 고전경제학은 자본축적을 이론틀의 핵심으로 하면서, 사회구성원들의 이해관계가 분화된 집단 간의 갈등으로 나타나고 이것이 경제제도의 틀과 무관하지 않다는 점을 염두에 두었다. 반면에, 신고전경제학은 추상화된 행위 주체들이 각기 자신의 효용 극대화를 추구하는 선택을 행하며 그 결과로 형성되는 자유경쟁시장의 가격 균형에서는 어느 누구의 효용도 감소되지 않을 뿐더러 개인의 이익과 공공의 이익이 동시에 실현되는 것으로 파악한다.

덧붙여서 경제관계에 작용하는 힘을 염두에 둔 고전경제학은, 가치 value[21]가 중상주의에서는 상인과 제조업에 의해, 중농주의에서는 농민 혹

----

21 여기서 말하는 가치(value)는 가치관을 의미하는 가치가 아니라, 재화나 용역의 값어치를 의미하는 가치이다.

은 농업자본가에 의해, 그리고 리카도 학파와 마르크시즘에서는 노동에 의해 생산되는 것으로 파악하기 때문에, 자본가의 이윤을 대체로 불평등 분배의 산물로 보았다. 그러나 한계효용이론에서는 가치 개념이 전혀 다르게 정의되어서, 경제 행위 주체의 '주관적 효용'이라는 의미로 사용되었다. 더불어 스미스의 자유방임사상과 혁신적 기업가entrepreneur인 자본가의 가치창출론의 영향을 깊이 받은 신고전경제학에서는 자본가의 이윤을 노력, 투자, 절제에 대한 보상으로 파악하는 점에서 고전경제학과 시각을 달리하고 있다.

(1) 신고전경제학의 이론 구조

신고전경제학은 경제 행위자들이 주어진 제약 하에서 자신에게 돌아올 효용의 양을 극대화하려고 한다고 가정한다. 이것에 바탕하여 개별 소비자와 생산자의 효용과 이윤 극대화 모델, 개별 시장에서의 균형에 관한 부분균형 모델, 경제 전체를 구성하는 모든 시장들의 상호연관성에 관한 일반균형 모델 등이 연역추론의 연쇄 고리에 의해 발전되어 왔다.

① 효용·이윤 극대화 가정과 한계효용 분석 : 소비자는 재화의 소비에서 얻는 만족 즉 자신의 효용utility을, 그리고 생산자는 자신의 이윤을 극대화하기 위한 경제 행위를 한다는 가정이며, 이 가정에 입각하여 주어진 제약조건들로부터 어떤 한계적marginal 행위 결과가 논리적으로 도출될 수 있는가를 규명한다.[22]

② 개별 시장의 부분균형 모델 : 신고전경제학에서 보는 개별 시장에서의 균형이란 이 시장에 참여하고 있는 모든 경제 행위자들의 효용 극대화 행동의 결과가 최적의 균형을 이루는 상태를 일컫는 것인데, 이것은 시장의 수요곡선과 공급곡선이 교차하는 점을 일컫는다. 이 균형점에서 가격과 공급 및 소비량이 결정되면 모든 소비자와 생산자들의 개별적 효용 극

대화 행동들이 상충하지 않고 공존할 수 있다고 본 것이다.

③ 시장 체계의 일반균형 모델: 신고전경제학의 일반균형 모델은 개별 경제 행위자들이 효용 극대화 행동을 하지만 이것이 '보이지 않는 손'에 의해 조정되어서 전체 경제의 각 부문들이 상충하지 않고 조화로운 상태에 놓이게 되는 상황을 상정한다. 신고전경제학은 경제를 구성하는 모든 시장[23]에서 균형 상태가 달성되도록 만들어주는 메커니즘이 존재한다고 보며, 논리적으로 볼 때 일반균형 상태란 모든 경제 행위자들의 효용과 이윤이 극대화되는 한편, 경제 각 부문에 잉여나 부족이 없어서 이미 정해진 균형이 변화되어야 할 압력이나 유인이 전혀 존재하지 않는 상태를 의미한다.

(2) 신고전경제학의 방법론

신고전경제학은 가장 보편적이고 포괄적인 기본 가정으로부터 출발하여 순수 연역추리의 과정을 거쳐 하나의 모델을 만들어내고, 이 모델의 최종 결론을 다음 모델의 전제로 삼아 또 다른 모델을 연역해내는 식으로 하나의 이론을 구성한다. 경제학에서 이론이란 현상을 설명하고 예측하

----

22 이런 상황에서 소비자가 어떤 의사결정을 내릴 것인가를 연역해내는 것이 신고전경제학 소비자 모델의 핵심이다. 그런데 신고전주의 미시경제론의 소비자 모델은 개인의 심리 상태인 효용을 나타내는 함수가 존재하는지의 문제와 관련해서, 인간의 선호(preference)에 대한 몇 가지 가정을 추가로 내세움으로써 이 문제를 해결하였다. 이들은 구매결정으로부터 소득과 타재화의 가격이 불변이라면 해당 재화의 가격이 상승할수록 수요량은 하락하는 전통적인 우하향 형태(downward-sloping)의 소비자 수요함수가 도출된다고 본다. 개별 소비자의 경우와 마찬가지로 개별 생산자도 이윤(profit)을 극대화하려는 존재로 가정되며, 이때 생산자가 직면한 제약조건은 가용한 생산기술과 투입물의 가격, 그리고 자신이 만들어낸 재화의 가격이다. 신고전경제학의 생산자 모델에 따르면 생산자는 각 투입물을 한 단위 더 구매하여 생산에 임함으로써 늘어나게 되는 생산물의 증가분과 생산물의 가격을 곱한 것이 그 투입물의 가격과 동일해지도록 하는 방식으로 자신의 이윤 극대화를 추구한다고 보며, 이윤 극대화 선택을 하는 생산자가 주어진 가격 하에서 얼마만큼의 생산물을 만들어낼 것인가를 보여주는 것이 바로 공급곡선으로서 이는 전통적인 우상향(upward-sloping)의 공급함수를 도출해낸다(박길성·이택면, 2007).

23 시장(market)에는 생산물시장(goods market) 이외에도 노동시장, 자본시장, 자원(resources) 시장 등이 있다.

는 것이다. 이때 현상에 대한 설명이란 일정한 법칙과 최초 조건으로부터 그 현상에 이르는 논리적 단계를 명시하는 것이고, 예측은 아직 일어나지 않은 일을 동일한 전제들로부터 연역해내서 이 전제들이 참true이라면 그 일이 일어날 것이라고 주장하는 것이다. 따라서 경제학에서는 경제현상에 대한 설명과 예측을 하면서 이론과 전제들에서 설명과 예측을 이끌어 낼 때 논리학적 규칙에 맞는 연역적 추리가 행해졌느냐 하는 점을 중요하게 취급한다(박길성·이택면, 2007: 31-32).

2. 경제학과 사회학의 비교

논리적 정치(精緻)함을 추구하는 경제학의 시도가 나름대로의 유용성을 갖는 점은 부인할 수 없지만, 경제학은 지나치게 단순화된 가정과 이에 기반한 추상적 모델 형성 때문에 실제로 발생하는 경제 행위와 그 결과를 있는 그대로 반영하지 못하는 문제를 안고 있다. 따라서 우리는 경제 거래상의 개인 행동에 대한 경제학의 기본 가정들과 방법론의 문제점들을 사회학과의 비교를 통해 재검토해볼 필요가 있다. 인간의 경제 행위를 사회학적 관점에서 경험적으로 살펴볼 때, 경제 행위가 사회적, 심리적, 문화적 영향을 받는다는 점을 간과할 수 없기 때문이다.

1) 경제학과 사회학의 일반적인 입장 차이

경제학은 사회학에 비해 상대적으로 잘 통일된 핵심적인 이론적 모델과 방법론을 갖추고 있다. 실제로 현대경제학은 고도의 추상적이고 연역적인 접근 방식의 전형적인 본보기를 사회과학에 제시해준다고 볼 수 있다. 앞에서도 지적한 것처럼 경제학은 주도면밀하고 엄격하고 철저하게 단순화된 가정들에 입각한 모델 구축을 그 특징으로 하고 있다. 경제학에서는 이론의 정교함 특히 '간결성parsimony'이 중요시되는데, 그 이유는 경제적인 모델이 예측prediction을 용이하게 해주기 때문이라는 것이다.

경제학에서는 실재하는 것이 개인뿐이므로 개인이 분석의 기본 단위이며 더 거시적인 수준의 분석은 이러한 개인 단위를 합쳐서sum 이루어진다. 한편 인간의 본성이 어떤 것인지에 대한 고려나 '고정된 선호' 같은 일련의 편리한 전제premises들은 별로 의문시되지 않고 받아들여진다. 이에 따라 벡커Becker로 대표되는 경제학적 접근은 모든 인간의 행위, 모든 유형의 의사결정과 모든 계층의 사람들에게 보편적으로 적용될 수 있는 준거틀을 경제학이 제공해준다고 주장하는 '경제학적 제국주의'의 경향을 보이기도 하였다. 하지만 여러 가지 가정과 전제들이 현실과 어긋나는 경우에, 이 모든 것들이 경제학의 영역 밖에 존재하는 외생적exogenous 요인들에 의한 영향이라고 주장하면서도 모든 인간생활을 경제논리로 설명하려는 주장은 욕심이 많은 것이라고 할 수 있다.

한편 사회학은 예측보다는 기술description과 설명explanation을 더 중시한다. 따라서 경험세계와 사회적 삶의 다양성에 대한 풍부한 묘사와 설명은 사회학이 포기해서는 안 되는 중요한 강점이라고 할 수 있다. 사회학자들이 경제학에 대해 갖고 있는 비교우위는 다양한 문화에 대한 개방성과 가치 및 사회구조에 대한 관심이므로, 경험적 연구에 대한 선호와 강조가 포기되어서는 안 될 것이다. 사회학은 깔끔하고 간결한 이론을 구축하려고 하는 대신에 분석 대상인 현상의 복잡성을 파고들어가는 경향이 있으며, 따라서 경제학에 비해 훨씬 더 '자료 추구적data-driven'이다.

사회학에는 경제학의 '합리적 행위'처럼 사회학 전체를 관통하는 근본 개념 같은 것이 거의 없으며, 오히려 이러한 가정 자체를 종종 문제시하기도 한다. 이처럼 사회학에는 이론적으로나 방법론적으로 널리 공인된 패러다임이 없기 때문에 관점, 이론, 개념 등을 둘러싼 논쟁이 끊임없이 이루어진다.

사회학은 우선 개인이 사회 내에서 차지하는 위치와 집단의 구조에 관심의 초점을 둔다는 점에서 경제학과 기본 입장을 달리한다. 사회학은 물질적 이해, 문화적 가치, 인적 연결망network이 한편으로 집단 내에서 사회적 유대를 창출하고 또 다른 한편으로 집단 간의 사회적 갈등을 창출하는 맥락 속에서 개인의 행위가 발생하는 것으로 본다. 전체 사회구조 속에서 개인이 차지하는 위치, 즉 지위status는 그 개인의 선호, 전략, 습관 및 행위의 결과에 커다란 함의를 갖는다. 이처럼 대부분의 사회학자들은 미시micro 과정과 거시macro 과정들이 상호 영향을 미치는 것으로 파악하며 이러한 사회 부문 간의 인과적 영향 관계를 연구한다.

미시사회학의 한 갈래에 속하는 사회학적 교환이론exchange theory은 교환에 참여하는 개인들의 합리적 행위를 강조한다는 점에서 경제학과 유사한 입장을 보이고 있지만, 경제학자들과는 달리 개인 간의 효용성을 비교하며 어느 편이 다른 편보다 더 많은 권력을 소유하는 관계인지에 대해 분석하고 그러한 관계로부터 누가 더 많은 것을 획득하는지와 형평성 equity이 유지되는지에 대해 관심을 집중한다.

거시사회학에 속하는 구조주의 전통에서는 지위와 연결망의 체계가 개인의 행위를 어떻게 조건 지우고 제약하는지에 대해 연구한다. 그들은 인적 관계의 연결망이 개인의 선호와 자원 확보의 양과 질에 영향을 미치는 바로 그 '구조structure'라고 주장하며, 개인의 심리는 그의 '구조적 위치' 즉 그들의 직무나 역할의 속성에 의해 유형화된다고 본다.

이런 점에서 사회학자들은 개인들이 지니고 있는 습관habits의 중요성을 수용하는데, 습관이 작용한다는 것은 합리성이 언제나 완벽하게 작용하고 있지 않다는 것을 함축한다. 습관은 오랜 기간에 걸쳐서 다른 사람들과의 상호작용의 결과로 사회화되어온 것이기 때문에, 경제학자들이 선호가 외생적이라고 가정하는 것과 반대로, 사회학자들은 선호나 습관의 사회 심리가 경제적 결과에 내생적인 것으로 취급한다.

또한 사회학자들은 집단 간의 차이를 지속시키는 '차별discrimination'에도 관심이 높다. 경제학자들은 개인 간의 효용성을 비교할 수 없다는 가정 때문에, 누군가가 다른 사람들보다 '더 큰 효용'을 갖는다는 의미에서 권력을 가지고 있다는 식의 결론을 내리지는 않지만, 사회학의 갈등론에서는 권력이나 다른 보상의 분배가 갖는 제약적인 효과를 강조한다.

20세기 후반에 들어서서 사회학자들과 경제학자들은 이전까지 상대방의 고유한 지적 영역이라고 여기던 주제들에 대해 점점 더 큰 관심을 보이고 있다. 하지만 두 학문 간 전망orientation의 수렴은 경제학과 사회학이 각각 지니고 있는 근본적으로 상이한 지적 전통에 의해 제약을 받을 수밖에 없는 것으로 보인다.

2) 경제학과 사회학의 비교: '깨끗한 모델' 대 '더러운 손'

흔히 '깨끗한 모델clean model'과 '더러운 손dirty hands'으로 비유되는 경제학과 사회학의 두 학문을 비교해보면 가정assumption, 이론과 방법, 정책적 함의의 세 가지 수준에서 근본적인 차이를 보인다고 할 수 있다.

(1) 가정

경제학과 사회학의 가장 기본적인 차이는 인간의 본성에 대한 가정에서 출발한다. 경제학의 인간에 대한 기본 가정인 소위 '경제인'은 합리적이고 고정된 선호를 가지고 도구적 효용 극대화를 추구하는 존재인데 반해,[24] 사회학적 인간인 '사회인'은 단순하게 정의하기 어렵다. 사회학의 전통에서는 인간 본성이란 백지 상태에 가까우며 그 위에 역사적으로 발전되어온 제도와 문화가 각인script을 남기는 것이라고 간주한다. 따라서 개인의 가치, 태도, 행동 등은 유동적이고 가변적인 것으로서, 행위가 순수하게 개인적인 이기적 계산에서 이루어지는 것이 아니라 문화적으로 주어진 가치에 기반한 것으로 본다. 따라서 인간의 행위는 순전히 도구적인 것이라기보다는 표현적인 것일 수도 있다. 실제를 제대로 반영하는지의 여부를 떠나서 보면, 경제학의 가정은 깔끔한 데 반해 사회학의 가정은 여러 복잡한 작업을 필요로 하는 것으로서 '깨끗한 모델' 대 '더러운 손'으로 비교될 수 있다.

사회학은 개인과 집단 간의 관계에 대한 가정에서 개인보다 집단을 더 중시한다는 점에서도 경제학과 구분된다. 사회학에서는 개인의 가치가 사회화socialization 과정을 거쳐 집단으로부터 규정되는 것으로 보기 때문에, 경제학과는 달리 개인의 선호에 영향을 미치는 것은 집단이라고 본다. 집단과 사회가 개인의 가치와 선호에 영향을 미친다는 가정은 사회학 전반에 기본적인 가정이며, 개인의 행위는 선호를 결정하는 문화적 가치, 사회적 규범, 제도적 구조 등에 주목함으로써 이해될 수 있다는 것이다. 베버의 '프로테스탄트 윤리와 자본주의 정신', 뒤르케임의 '집합의식', 마르크스의 '계급의식' 개념들이 모두 개인의 가치에 대한 집단의 영향을 연구한 예에 해당한다.

---

24 레빗과 더브너(Levitt and Dubner, 2005저; 안진환 역, 2007: 269)는 『괴짜경제학(Freakonomics)』에서 "행동경제학자(behavioral economist)들은 우리들 개개인에 이성적인 의사결정권자가 존재한다고 가정하는 '호모 에코노미쿠스(homo economicus)' 개념에 미심쩍은 눈초리를 보내고 있으며…… 심리학이나 범죄학, 사회학, 심지어 신경학 등과 같은 인접 학문까지 깊이 파고들고 싶어 한다. 자신들의 학문을 수학적 모델에 대한 노예적인 의존에서 구하려는 의도로 말이다"라고 언급하였다.

(2) 이론과 방법

경제학은 단순한 가정에 기반한 연역적 방법에 따라 효용이론, 시장 균형이론 등을 발전시켜왔다. 한편 사회학에서는 경제학과 달리 기본 가정을 거의 하지 않기 때문에, 개인의 가치와 선호, 행동, 동기화 등을 실제 세계에서 경험적으로 분석하려고 한다. 다시 말해 사회학에서는 경제학의 합리성 가정 자체를 문제시하기 때문에, 베버 이후 자본주의적 합리화 과정 그 자체는 개인의 성향과 연관되면서 동시에 조직이나 제도 발전의 역사적 과정으로 여겨져서 사회학적 이론과 조사연구의 주요 주제였다.

한편 사회학에서는 이론들이 참이냐 거짓이냐 하는 것이 핵심적 가정들과의 논리적 연관성에 달려 있는 문제가 아니라 실제 세계에서 경험적 지지를 받느냐 못 받느냐의 문제에 달려 있기 때문에, 방법론 역시 경제학과 비교된다.

(3) 정책적 함의

경제학자들이 단순화된 가정과 적은 숫자의 변수들을 선정하여 정교한 모델 구축을 시도하고 그 결과에 입각하여 확신에 찬 예측과 정책적 제안을 제시하는 반면에, 사회학자들은 현실 적합성을 추구하면서도 명확한 해답을 하는 것을 가급적 자제하며 피한다. 수많은 요인들이 복잡하게 얽혀서 서로 영향을 주고받는 실제 사회의 현상을 지나치게 단순화하기를 거부하는 입장이 강한 것이 사회학적 전통이기 때문인데, 따라서 학문의 정책적 함의에서도 경제학의 비현실적이긴 하지만 깔끔한 모델과, 사회학의 이해understanding 지향적인 '더러운 손' 사이의 대비를 볼 수 있다.

3) 신고전경제학과 경제사회학 패러다임의 비교

신고전경제학은 현대의 주류 경제학으로서 20세기의 경제학을 지배해 왔지만, 이러한 미시경제학이 과연 경제의 경험적 현실을 제대로 반영할 수 있느냐 하는 의문 역시 제기되어 왔으며 이에 따라 경제사회학 패러다임도 발전하게 되었다.

신고전경제학과 (신)경제사회학 패러다임은 여러 측면에서 대비된다 (Swedberg, 1987: 3 Figure 1 참조). 중요한 차이점을 살펴보면 우선, 행위자 actor 개념에서 경제학이 효용 극대를 추구하는 원자화atomized된 독립적 경제 주체를 전제로 하는 반면에 경제사회학은 사회적 관계에 '배태 embedded'[25]되어 있는 사회적 행위자를 상정하고 있다. 이들이 행하는 경제 행위의 유형에 있어서도 경제학은 합리적 행위를 전제로 하지만 경제사회학에서는 인간의 '제한된 합리성bounded rationality'[26]에 주목하여 합리성과 비합리성(혹은 사회적 합리성)이 혼재하는 사회경제적 행위socio-economic action에 초점을 둔다. 더불어 시간time 개념에 있어서도 경제학은 고정된 순간적snap shot인 경제 행위의 발생을 이론적 논의의 전제로 하는 반면에, 경제사회학에서는 경제적 의사결정에 영향을 미치는 과거 및 '진행 중인 현재의on-going' 사회적 관계를 중시하여 경제 행위의 발생을 시간적으로 확대하여 논의한다. 또한 방법론적으로 경제학이 수리경제학 모델에서 보듯이 극단적인 추상에 기반한 예측(연역)에 주력하는 반면 경제사회학은 경험적 사실에 기반한 기술description과 설명(귀납)을 주로 사

---

25 '배태(embedded)' 개념은 폴라니(Polanyi, 1957)에 의해 최초로 사용되었지만 별로 주목을 받지 못하다가 그라노베터(Granovetter, 1985)에 의해 본격적으로 부각되었다.

26 '제한된 합리성' 개념은 사이먼(Simon, 1957)에 의해 처음 사용되었으며, 조직 활동을 수행하는 인간의 인식이 제한적일 수밖에 없고 정보도 불완전하기 때문에 의사결정을 비롯한 조직활동이 합리적 체계 이론의 시각과 같은 방식으로 수행될 수 없다는 점을 지적한다.

용한다는 점은 잘 알려진 사실이다. 아래에서는 이러한 차이점들을 좀 더 구체적으로 정리한다.

(1) 행위자: 개별적 효용 극대화 추구자 대 사회적 행위자

신고전경제학에서는 행위가 '원자화된 효용 극대화를 추구하는 합리성'에 따라 이루어진다고 보는 데 반해, 경제사회학에서는 경제활동 참여자를 사회적 행위자social agent로 보기 때문에 경제 행위는 항상 다른 행위자들이나 사회적 환경과 연관되어 있다고 본다. 연구 대상이 '사회적인' 경제 행위라는 점은 아마도 경제사회학의 유일한 가정일 것인데, 이에 따라 경제사회학에서는 행위자가 경제적 행위를 하는 데에 있어서 다른 행위자의 행동을 고려한다는 점을 중요하게 강조한다.

이러한 생각을 잘 표현한 것이 폴래니(Polanyi, 1971[1957]: 249)가 사용한 '배태embedded' 개념으로, 그는 "사회적 요소가 결여된 경제 행위는 살 없는 뼈와 같아서 아무런 통일성이나 안정성stability이 없다"고 주장했다. 경제사회학은 마르크스도 지적했던 것처럼, 구체적인 사회관계 속의 '실재적이고 살아 움직이는 인간'을 행위자 개념으로 하며, 따라서 행위자의 행동이 매우 복잡하고 종종 행동에 모순이 나타날 수도 있다는 점을 인식한다.

가계나 기업의 행위를 분석할 때에도 이 점을 분명하게 고려한다. 사회적 실재reality의 모든 수준에 행위자의 다원성이 존재한다는 사실 때문에 경제사회학은 모순된 행동이라는 쟁점에 직면할 수밖에 없다. '역할갈등', '계급투쟁', '협상된 질서negotiated order', '상대적 박탈감' 등은 경제사회학이 바로 이러한 쟁점들을 다루기 위해 사용하는 몇 가지 개념들이다(공유식 외, 1994: 70).

이렇게 볼 때, 경제사회학의 중요한 임무는 경제적 행위자가 사회적 실재 속에 배태되는 구체적이고 상이한 방식을 성공적으로 가설화하는 것이라고 할 수 있으며 그런 면에서 상상력이 풍부한 중범위이론middle range theory 모델의 구축을 지향한다고 할 수 있다.

(2) 선호: 외생성 대 내생성

신고전경제학의 기본 가정 중에는 선호의 외생성exogenous[27]과 행위의 합리성 가정이 자리 잡고 있다. 이에 반해 사회학에서는 개인의 사회적 지위에 수반하는 관계의 연결망이 취향의 형성에 내생적endogenous[28]인 것으로서 궁극적으로 개인의 행동이나 자원의 확보에도 영향을 미친다고 본다.

신고전경제학은 자유경쟁시장에서는 차별이 존재하지 않기 때문에, 인적 자본의 차이에 기반한 것이 아니라면 산업 부문 간에 임금 차이가 완전히 사라질 것이라고 주장한다. 파카스 등(Farkas et al. 1988: 93-112)은 이러한 주장이 실제를 반영하지 못한 실패한 주장이라고 지적하면서, 선호와 행동 성향의 내생성에 대한 관심을 제기하였다. 이에 따라 이중노동시장론dual labor market theory에서는 신고전경제학의 선호의 외생성 가정을 완화시켜서, 사람들이 1차부문과 2차부문 중에서 어느 노동시장 부문에 고용되어 있는가에 따라서 선호가 영향을 받는다고 하여 내생성을 수용하는 입장을 제시하였다.

그라노베터(Granovetter, 1988)도 노동시장에서 실업에 관한 연구를 하

----

[27] 개인의 선호란 원자화된 행위 주체의 내부에서 형성되어 고정된 것이므로, 이것이 어떻게 영향을 받을지의 문제는 관심 밖의 외재적인 문제라는 입장을 의미하는 것으로 선호가 경제 모델에 외생적이라는 것이다.

[28] 개인의 선호란 외부의 영향을 받아서 변하기도 하는 것으로서, 선호와 취향에 대한 외부의 영향은 본질적으로 내재적인 요인이라는 입장을 의미한다.

면서 선호의 내생성에 대한 시사를 제공하였다. 그는 경력의 초기에 실업을 경험한 사람들이 이후에도 실업 상태에 놓일 가능성이 높은 점에 주목하였다. 만약 이러한 초기의 실업과 이후의 실업 간의 상관관계가 실업자 개인들의 내부적 특성에서 비롯되는 차이라면 이것을 '모집단 이질성population heterogenity'이라고 불렀고, 이와 달리 초기의 실업 경력이 이후의 고용기회에 지속적으로 부정적인 효과를 낳기 때문에 상관관계가 나타난다면 이것은 '상황의존성' 때문이라고 주장했다. 이때 '상황의존성'이 존재한다는 것은 사회학의 구조적 관점을 드러내는 것으로서 상황의존성은 고용주의 선호나 근로자의 습관이 갖는 내생적 속성을 잘 지적한 것이다.

(3) 합리성: 형식적 합리성 대 실질적 합리성

신고전경제학에서 '합리성rationality'은 희소자원의 상황에서 완벽한 정보에 기반해서 올바른 선택을 하는 것을 의미하지만, 많은 비판자들이 신고전경제학의 이러한 합리성 개념이 공허하다고 주장해왔고, 합리성이라는 개념 자체에 대해 경제학 내에서조차 의문이 제기되고 있다. 신고전경제학의 이러한 형식적 합리성 개념에 반대하는 입장에는 주로 제도학파 학자들과 폴래니의 추종자들이 포함되지만, 심지어 경제적 교환에 관한 연구에서조차도 경제학자들이 사용하는 엄격한 의미의 '합리적' 행위의 영역 바깥에 존재하는 중요한 요소들이 많다는 것이 발견된다(예로 Field, 1981). 센(Sen, 1977)은 '합리적 바보Rational Fool'라는 글에서 "전통적 (경제)이론에는 구조가 지나치게 결여되어 있다"고 비판했다. 이에 따라 몇몇 학자들이 '제한된 합리성bounded rationality'이나 '만족할 만함satisficing' 등의 개념을 동원하여 미시경제학의 합리성 개념에서 부족한 점들을 보완하려고 시도하기도 했다(Simon, 1965).

경제사회학에서는 합리성 개념을 둘러싼 논의가 많이 이루어져왔으며 이 개념의 유용성에 대해서도 의견이 갈라져 있다. 사회학자들은 합리적 행동과 비합리적 행동 사이의 구분도 중시하지 않는 대신에 경험적 관점에서 합리성을 어떻게 볼 것인가에 더 주목한다.

합리성 개념은 이론적 분석을 단순화할 수 있는 강력한 도구를 제공해주는 것이 사실이다. 합리성 개념에 긍정적인 태도를 보인 사회학자들로는 베버Weber와 스멜서Smelser를 꼽을 수 있다. 베버는 합리적 행위와 실제 행위 사이의 불일치에 관심을 기울였는데, 그의 '형식적' 합리성과 '실질적' 합리성 사이의 구분은 합리성이 하나가 아니라 다양한 유형으로 존재한다는 사실을 지적한 것이어서 큰 관심을 끌었다. 스멜서(Smelser, 1978)는 사회에는 여러 종류의 합리성이 존재하며 이것들이 서로 상충할 수도 있다는 베버의 생각을 수용해서 '경제적 합리성'과 '공동체적 합리성' 사이의 갈등을 재구성하려고 노력했다.

합리성 개념은 기본적으로 행위자의 '선택'을 강조한다는 점에서 행위자의 자율성을 옹호하는 개념이다. 하지만 행위자의 자율성과 더불어 그 선택이 이루어지는 사회적 제약—그를 둘러싼 사회적 환경이나 제도의 영향—에 대해서도 제대로 분석이 이루어진다면, 두 가지 모두를 잘 설명해야 한다는 사회학의 과제를 해결할 실마리를 찾을 수도 있다,

(4) 행위의 장(field of action): 독자적 경제 대 사회적 경제

신고전경제학에서는 경제체계를 독립적이고 자율적이며 자기 충족적인 것으로 가정하기 때문에 경제체계 외부에 있는 것들에 대해서 별 관심이 없었고 그것들을 설명모델 속으로 포섭할 생각도 없었다. 사회가 경제의 요구에 자신을 적응시켜야지 반대로 경제가 사회의 요구에 적응하는 것이 아니라는 생각이 지배적인 것이다.

그러던 중에 신제도경제학자인 윌리엄슨Williamson은 미시경제학적 합리성 개념의 도움을 받아 사회구조를 분석하려고 시도했고 '거래비용transaction cost'이라는 개념을 통해 시장과 기업을 연결짓는 데 성공했다. 즉 시장과 위계(기업 혹은 조직)는 서로 기능적 대안이라는 생각을 도입함으로써 전통적인 경제 개념을 확장시키는 데 성공했던 것이다.

한편 경제사회학은 신고전경제학과는 대조적으로 경제를 '사회적 경제social economy'로 개념화한다. 경제는 사회의 한 부분이며 사회체계에 종속되어 있는 것으로 보는 셈이다. 이러한 관점은 파슨스Parsons가 사회체계론social system theory에서 모든 인간 사회가 체계로서 유지되기 위해서 몇 가지 기능적 요건을 필요로 한다고 주장하면서 제기한 AGIL모델에서 시작된 것이다. 이 모델에서 그는 A에 해당하는 '적응adaptation' 기능이 바로 현실의 경제가 담당하는 기능인데, 이것은 전체 사회체계의 한 하위 부분이면서 다른 하위 부분들과 밀접한 상호 균형관계를 유지한다고 주장했던 것이다.

이에 따라 경제와 사회 간의 관계를 개념화하는 문제가 경제사회학의 과제가 되었는데, 베버는 종교와 같은 문화적 가치와 경제 사이에 '선택적 친화력'이 존재한다는 것을 조심스레 인정하였고 마르크스 또한 경제와 사회의 나머지 부분들과의 관계에 대한 역사적, 변증법적 설명을 시도하였다.

파슨스와 스멜서(Parsons and Smelser, 1956)의 『경제와 사회』는 경제가 사회의 다른 부분들과 어떻게 연관되어 있는지에 대해 가장 포괄적인 논의를 하고 있다. 이들은 사회체계가 네 가지 분석적 하위체계들로 이루어져 있으며, 그중의 하나인 경제체계는 다양한 투입—산출 교환을 통해 다른 세 하위체계들과 상호작용을 하게 되는데, 경제라는 하위체계의 주요 기능은 사회의 적응 문제를 성공적으로 해결하는 것이라고 주장했다.

(5) 시장력: 균형 대 제약

경제학에서는 더욱 효율적인 균형으로 몰고 가는 시장력market power이라고 하는 눈에 보이지 않지만 불가피한 힘을 상당히 신뢰한다. 경제학은 시장 내의 교환관계에서 공급곡선이나 수요곡선의 위치가 더 이상 변화하지 않을 때 가격은 안정적인 '시장균형market-clearing equilibrium'을 유지하며, 만약 누군가의 효용이 교환 당사자 어느 누구의 효용도 희생시키지 않으면서 교환을 통해 증대된다면 그 교환은 '파레토 최적Pareto-optimal'이라고 규정한다. 말하자면 개인들은 교환을 통해 모두가 자신의 효용을 증대시킬 수 있기 때문에 교환에 자발적으로 참여한다는 의미이다. 경제학자들은 이러한 교환에서 당사자 중 어느 쪽이 더 많이 얻는지를 분석하지 않는데, 그 이유는 개인 간의 효용 비교가 불가능하다고 가정하기 때문이다. 따라서 경제학자들이 시장의 결과를 판단하는 기준으로 전형적으로 사용하는 것은 형평성이나 평등성이 아니라 파레토 최적성이다.

그러나 시장이 지속적인 진화적 향상을 이룬다는 경제학적 패러다임의 전반적인 타당성과 관련하여 그라노베터(1988)는 그것의 낙관주의적 경향을 파슨스의 기능주의와 비슷한 것으로 간주하여 비판하였다. 즉 진화는 누구를 위한 것이며 그러한 진화는 과연 최선의 진화인가가 문제가 된다. 사회학적 기능주의에서 '최선'은 모든 사람들이 현존하는 위계와 불평등이 '기능적으로 필수적인 것'이라고 동의하는 합의적 규범 하에서 모든 사람에게 '기능적'이라는 것을 의미한다. 이는 경제학적 진화와 자연선택에서 '모든 사람에게 최선'인 것이 파레토 '최적'을 의미하는 것과 마찬가지라는 것이며, 불평등을 사전적으로 받아들이는 경향을 비판한 셈이다.

사회학자들이 시장의 힘을 인정하면서도 시장력의 강도와 그에 따른 조정 속도에 대해 의문을 제기하는 것은 당연하다. 예를 들어 내생적 선

호와 습관, 집단에의 소속감, 사회적 연결망, 제도적 관행 등은 이러한 시
장력의 기대효과를 약화시키고 제거하거나 심지어 반전시킬 수도 있다.
이처럼 시장의 힘이 비효과적으로 작용하는 이유 중의 하나는 개인이나
기업 등 시장참여자들의 지리적 비이동성[29]에 기인한다. 예를 들어, 노동
시장에서는 개인들이 지리적 이동의 제약을 받기도 하고 제도적인 이동
장벽이 작동하기도 한다. 이동성이 약하다는 것은 시장력이 다른 경우에
서보다 더 약하게 작용할 것이라는 것을 의미한다.

(6) 경제 행위의 결과: 일반균형 대 권력 불평등의 반영

파레토 최적을 상정하는 신고전경제학에서는 시장의 일반균형을 강조
하지만, 균형이론에 대한 여러 비판 중에 중요한 것은 그 주장의 현실 적
합성이 떨어진다는 것과 '권력power'의 개념을 배제하고 있다는 것이다.

경제사회학의 관점에서 보면, 경제활동에서 개인들 사이의 상호작용은
긴장과 다양한 형태의 이해갈등을 낳기 때문에 신고전경제학이 상정하는
유형의 일반균형을 현실에서 찾기는 어렵다고 본다. 신고전경제학자들은
개인 간의 효용 비교를 무의미한 것이라고 주장하면서 '불평등'이나 '권
력'에 관한 쟁점을 오랫동안 외면해왔다. 권력, 비금전적 동기, 집단행동
등과 같은 '비경제적' 요인들을 무시해온 경제학자들이 '권력'을 말하는
경우는 바로 앞에서 언급한 대로, 시장경쟁 하에서 획득하는 가격보다 유
리한 가격에 팔거나 살 수 있는 능력을 의미하는 '시장의 권력(market
power; 시장력)'에 대해 말할 경우뿐이며, 이때에도 그들은 독점과 과점을

---

29 정보화와 세계화의 진전에 따라 일반적으로 시장참여자들의 지리적 비이동성은 감소하고 있다.
특히 자본시장의 경우에는 지리적 비이동성의 문제가 크게 축소되었다고 볼 수 있는데, 반면에 노
동시장의 경우에는 여전히 지리적 비이동성의 문제가 있다.

일시적이고 과도기적인 것이라고 믿었다. 그 결과는 파레토 최적성이 될 여지가 크다고 보았기 때문에 경제학자들은 이러한 결과를 경쟁적 과정의 애석하지만 불가피한 결과로 본 것이다. 따라서 경제학자들은 시장관계 내에서 권력과 강제coercion라는 개념을 거의 사용하지 않는다. 이들이 보기에 시장관계는 결코 강제적이지 않으며, 강제와 권력의 본질은 오히려 경쟁이나 자유로운 교환을 가로막는 것이라고 본다.

경제학자들은 일반적인 시장 상황이 '강제적'인 것으로 규정될 수 있다고 믿지 않음에도 불구하고 '차별discrimination' 개념을 사용한다. 만약한 노동자 집단이 동일한 조건에서 동일한 생산성을 갖는 다른 노동자 집단보다 더 많은 임금을 받는다면 경제학자들은 이를 '차별'로 규정한다 (Arrow, 1974). 그러나 이것이 반드시 권력이나 강제의 문제로 해석되지는 않는다. 그리고 경제학자들은 차별이 경쟁적인 노동시장에서 서서히 약화될 것이라고 믿는다.

이에 반해 사회학자들이 사회적 상호작용에서의 권력에 대해 이야기할 때 이는 한 편이 다른 편보다 상호작용을 통해 자신이 원하는 것 즉 경제학의 용어로 표현한다면 '효용'을 더 많이 얻는다는 것을 의미한다. 사회학자들의 사회현상 분석에서 기본적인 관심은 불평등에 놓여 있으며, 사회현상의 한 부분인 시장(경제) 상황에서 발생한 분배의 결과가 항상 '기능적'이거나 '최적'이라고 보지 않는다. 사회학자들은 집단의 구조나 집단의 불평등 권력 개념을 이용하여 특정 계급이나 소수집단에게 경제발전과 사회변동이 어떻게 불리한 결과를 초래하는지를 분석하는 데 관심을 기울여왔다.

경제 내에서 권력투쟁이 진행되고 이에 따라 불평등이 산출되고 있다는 관점은 마르크스에 의해 가장 강력하게 표출되었다. 그는 집단과 계급들에 의해 생산력이 조작되고 통제되는 방식에 권력투쟁이 뿌리를 두고 있다고 믿었다. 마르크스보다 엄격하게 경제와 정치의 영역을 분리시켰던 베버(1978[1922]: 67)도 "통제와 처분의 권력을 경제적 행위에 대한 사회적 개념의 한 기준으로 포함시켜야만 한다"고 주장했다. 파슨스와 스멜서(1956) 역시 사회체계 혹은 그 하위체계들의 운용에는 항상 갈등이 내재되어 있다는 점을 강조했다.

애초 경제학자로 학문적 경력을 시작했던 베블렌(Veblen, 1948)도 경제에는 언제나 '조화'가 이루어지는 경향이 있다고 생각하는 신고전경제학의 주장이 잘못되었다고 지적한 적이 있다. 결국 갈브레이스Galbraith가 1972년에 미국경제학회 회장에 취임하면서 취임 연설에서 그동안 경제학 이론이 '권력' 개념을 등한시해온 점에 대해 취약성이 있음을 언급하기도 하였다.

(7) 시간: 정적 순간의 시간 대 동적 역사의 시간

신고전경제학의 시간 개념은 정적 분석의 틀에 기반한다. 따라서 우리가 미시경제학에서 보는 것처럼 시간의 흐름 그 자체가 '일정 시점에' 혹은 '다른 조건이 동일하다면'이라는 식으로 어느 일순간에 갇히게 된다. 신고전경제학의 시간 개념은 어떤 한 순간을 포착하는 사진촬영snap shot과 같은 것이며 여기서의 시장은 순간시장spot market이 되는 것이다.

이에 반해 경제사회학에서는 현재의 경제 행위나 경제적 결과에 미치는 과거의 영향이 강조된다는 점에서 시간 개념이 보다 동적dynamic이며 역사를 관통해서 확장된 것이어서 시간에 대한 분석이 중요한 역할을 담당한다.

3. 경제학과 사회학의 대화

경제학은 여러 의미에서 사회학적 연구에 많은 영향을 끼쳐왔다. 비록 경제학적 제국주의적 속성을 보이기는 했지만, 벡커Becker가 시도한 인간 행동에 대한 경제학적 접근은 사회학의 가족 연구에 큰 파장을 미쳤고,[30] 윌리엄슨Williamson의 거래비용transaction cost이론은 조직사회학 분야에 큰 영향을 미쳤다고 할 수 있다.

사회학과 제도경제학은 꽤 오래전부터 상당한 공통점을 갖고 있었지만, 주류경제학은 최근에 와서야 사회학과 서로 도움을 주고받을 수 있는 가능성을 약간 높이고 있는 정도이다. 두 학문의 기본적인 시각은 여전히 첨예하게 다르다.

경제학자들은 외생적 취향을 가진 개인이 최적의 행위를 하는 원자적 인간이라고 보며 시장거래의 결과는 파레토 최적을 달성하는 효율적인 것으로 여긴다. 이러한 경제학의 논리는 결정론적 예측을 위한 세련된 수학적 연역이론을 창출하였다.

그러나 사회학에서는 이러한 경제학의 논리가 비현실적이고 경험적으로 오류라는 점을 지적해왔다. 개인 간에 효용성을 비교하기가 불가능하다는 경제학의 가정도 비현실적이라고 보는데 그것의 측정이 어렵다고 하더라도 어떤 개인과 집단이 이득을 보고 있는가에 대한 일반화는 분명히 가능하다고 보기 때문이다. 사회학자들은 개인들이 위치한 구조적 지위와 이에 기반한 역할들이 그들의 취향, 권력, 사회적 연결망에 영향을 미치고 있다는 점을 관찰을 통해 잘 알고 있다.

----

30 그는 일부다처제(poliginy) 결혼 관행을 효용함수로 설명하기도 했다.

경제학 이론은 특수주의의 한 유형이라고 할 수 있지만, 경제학적 분석 틀이 사회정책 형성에 더 큰 영향력을 미치고 있는 것이 사실이다. 그 이유는 정책을 입안하는 정부 관리들이 '깨끗한 모델'에 사로잡혀 있기 때문이다. 때로는 '명백한 논증을 제시하는 것'이 '올바른' 것보다 중요할 때가 있다는 것이다. 일관성과 정교함은 그 자체로 높은 가치를 지닌다. 더불어 경제이론은 그동안 서구 문화와 무난하게 조화를 이루어왔다. 모든 행위를 개별적, 합리적 행위로 돌리는 것은 서구 자본주의에 특수한 개인주의적, 합리주의적 문화의 틀에서 행위를 이해하는 데 잘 합치된다. 또한 경제학은 집단과 개인이 내세우는 윤리적 주장을 피해가는 데도 성공한 것처럼 보인다. 경제학은 문화적, 역사적 변이들을 피해가며 경제학적 논리의 보편적 적용 가능성을 주장하면서 경제학 특유의 묵시적 도덕질서인 공리주의utilitarianism 이데올로기를 견지하는 데 성공했던 것이다(공유식 외, 1994: 59-60).

경제는 사회에서 아주 중요한 영역을 차지하고 있으며 그동안 사회학은 오랜 기간에 걸쳐 경제 연구에 적합한 일련의 이론과 방법론을 개발해왔다. 이에 따라 사회학은 그동안 축적해온 고유한 분석 도구를 활용하여 시장, 경쟁 등과 같은 본원적인 경제학적 주제들에 대해 사회학적으로 분석하기 시작하였다. 유연한 정의definition, 이론들 간의 불협화음, 강한 경험적 지향성, 네트워크 분석 등은 사회학만의 선택적 장점이라고 할 수 있으며, 이를 통해 사회학은 보편주의적 학문으로 자리매김을 하였지만, 경험적 귀납에만 몰두한다는 비판으로부터 자유롭지 못한 상태이다.

앞으로 경제학과 사회학은 어떤 협력이 가능할 것인지를 생각해보자. 한 학문 분야의 한두 측면을 단순히 변형시키는 것만으로는 둘 사이의 생산적인 대화와 협력이 어려울 것이다. 두 학문 분야 간의 대화를 계속 확장시키기 위해서는 각각 상대방이 어떻게 자기와 다른 방식으로 문제를 정의하고 연구를 설계하며 결과를 평가하는지를 더 잘 이해해야만 한다.

두 학문 분야 간의 진정한 과학적 진보는 둘 중 하나만을 고집하는 독단이 아니라 '깨끗한 모델'과 '더러운 손' 사이의 통합 혹은 변증적 발전을 통해 달성될 수 있을 것이다.

경제사회학은 이론적 연구와 경험적 연구가 잘 혼합된 '중범위' 사회학적인 창의적인 작업에 충실해야 하며, 경제생활의 핵심적인 문제들인 시장구조, 가격형성, 생산성 등에 대해 본격적으로 다룰 필요가 있다.

한 예를 들어 산업, 기업, 직업을 더 폭넓게 이해하기 위해서는 경제학 내에서 현재 유행하는 것보다는 취향의 내생성, 불균형 및 권력 불평등에 더욱 주의를 기울이는 한편, 사회학 내에서 현재 유행하는 것보다는 시장력에 대해 더 많은 주의를 기울이는 혼합 모델hybrid model을 추구해야 한다. 이러한 모델의 실행과 검증에는 현재 연구되고 있는 두 학문 사이의 어딘가에 있는 충실한 경험적 증거와 연역적 추론 간의 균형이 필요할 것이다(공유식 외, 1994: 263).

3장

■ ■ ■

신고전경제학의 한계

1. 이론적 가정의 한계

사회학은 콩트Comte나 뒤르케임Durkeim이 경제학을 추상적이고 비경험적이라고 비판하고 경험적 사실 분석에 기반한 귀납적 방법론을 취한 것에서 볼 수 있듯이 주류경제학보다는 역사경제학파에 가까운 입장이었다. 뒤르케임은 경제학적 주제가 모든 '사회적social'인 면으로부터 이탈된 점을 비판하였지만 당시에 큰 주목을 끌지는 못하였고 두 학문의 분화가 가속화되었던 것이다. 이에 따라 새뮤얼슨(Samuelson, 1955: 90)은 경제학은 인간의 합리적 행동을 연구하고 사회학은 비합리적 행동을 연구한다고까지 주장하게 된다.

그러나 궁극적으로 넓은 의미의 '사회적 행위social action'인 인간의 경제 행위를 완전히 사회적인 면에서 분리하여 이론화시킨 주류(신고전)경제학의 가정과 이에 기반한 이론틀은 경제현상을 있는 그대로 설명해내지 못하는 한계를 안고 있는 것이 사실이다. 경제생활은 기본적으로 사회적 현상이다. 자본주의적 사회구조와 문화가 노동의 가치를 어떻게 평가하고 변화시켰는가에 대한 마르크스의 노동가치론 역시, 가치가 이해되고 측정되며 이에 따라 선호가 형성되는 과정을 생생히 보여준 연구의 하나이다(Friedland and Robertson, 1990: 27).

　신고전경제학적 인간관의 기본 가정은 내용상 서로 연관되어 있지만, 분석의 편의를 위해 네 가지 측면으로 나누어 그 한계를 비판해본다.

1) 개인 효용(선호)의 안정성 가정

　'경제인'은 일관된 선호를 갖고 있고 이에 따라 효용 극대화가 가능하다는 것이 경제학의 가정이다. 모든 개인은 효용의 극대화를 위해 독립적으로 합리적 선택을 행하기 때문에 오로지 하나의 고정된 안정적인 선호순위preference ranking를 갖고, 이 선호의 효용함수utility function에 따라 자신의 이해관계를 추구한다는 것이다(Zukin and DiMaggio, 1990). 즉 개인의 선호는 자기 이익을 추구하는 개개인에게 내적으로 일정하게 주어진 것이며 안정적이어서 사회적, 제도적 틀의 영향을 받지 않는 것으로 가정된다. 따라서 개인의 선호가 어떻게 형성되는가에 대한 이론은 존재하지 않고, 다만 개인이 실제로 어떤 선택을 했을 때 이 선택이 개인의 선호를 '드러내' 준다고 가정한다. 이처럼 개인의 선호가 일관되게 질서 지워져 있다는 점에서 합리성의 가정이 도출된 것이다.

　실제로 각 개인의 선호나 취향tastes은 여가, 직무의 조건, 가정문제 등의 다양한 요인들이 상이하게 결합해서 제공하는 효용의 양에 따라 결정된다. 하지만 경제학자들은 이러한 선호나 취향의 근원을 설명하지 않는다. 스티글러와 벡커(Stigler and Becker, 1977)는 사람들 간에 취향의 차이가 거의 없다고 주장하였고, 따라서 대부분의 경제적 행동은 ①가격에 따른 경제적 제약과 ②가족, 출신배경, 타고난 유전적 자원들의 차이에 의해 설명될 수 있다고 하였다(Becker, 1976, 1981).

그러나 센(Sen, 1977: 335-336)은 이러한 경제학의 가정이 지나치게 단순한 것이라고 비판하였다. 그에 따르면, 경제학에서 모든 개인에게는 '하나의' 일정한 선호순위가 미리 정해져 있고, 욕구가 발생했다는 것은 자신의 이해관계를 드러내는 것이다. 여기서 이런 이해관계가 어떻게 행동해야 하는지의 생각과 실제적인 행동으로 그대로 나타난다고 가정하는 것은 순수한 경제인을 '사회적 저능아'로 간주하는 것이라는 비판이다. 그는 경제이론이 '합리적 바보rational fool'를 전제로 하고 있다고 반박하였다.[31] 또한 센(1977: 325, 337)은 선호가 일관적이라는 주장의 경험적 증거가 미약하다고 지적하고, 선호와 초선호metapreference를 구별해야만 한다고 주장하면서 개인 효용의 고정성 가정에 대해서도 비판하였다. 선호는 자신이 무엇을 원하는가를 의미하는 반면에, 초선호는 하나의 특정한 제도로서, 우리가 원해야 하는 것이 무엇인가를 생각하게 하는 것이다(Friedland and Robertson, 1990: 27).

사람들은 소비활동을 통해 자신의 정체감과 사회적 관계를 드러내고 또한 무엇을 더 중요시하는가 하는 분류classification 및 평가의 사회적 인식틀을 드러낸다. 따라서 선호는 단순히 눈 앞의 기회에 대한 반응이 아니고, 사회화 과정을 통해 형성된 가치체계와 생활양식을 반영하는 것이다. 이처럼 선호가 적응적인 것이라면, 결국 경제활동이 벌어지는 장(場)인 시장이 선호를 모양 짓는다는 의미가 된다. 즉 개인들은 시장을 형성하는 주체일 뿐만 아니라 시장에 의해 영향받는 종속적인 대상으로 각 개

----

31 센(Sen, 1977)은 경제인(homo economicus)을 '합리적 바보(rational fools)'라고 비판했는데, 이때 합리적 바보에 해당하는 경제인은 자신의 이기적 행위와 자신만의 효용 극대화가 궁극적으로 전체의 비극을 초래한다는 점을 모르는 정신적으로 빈약한 이기적 인간상을 의미한다. 즉 센의 '합리적 바보' 개념에는 공리주의에 대한 비판이 함께 내재되어 있다.

인의 선호가 형성되는 과정은 독자적일 수 없다. 디마지오(DiMaggio, 1990)도 각 개인 취향의 상호의존성이 사회적으로 구성되는 방식을 언급하였다.

그런데 경제학자들은 개인의 선호와 취향이 사람마다 다양하다는 점을 설명하는 데는 사회학이나 심리학 같은 학문의 역할이 필요하다는 점을 강조한다. 즉 그들은 선호가 경제적 모델에서는 외생적exogenous인 것이라고 주장한다. 이러한 경제학의 관점은 개인을 원자atom로 보는 입장과 관련된다. 다시 말해 경제학자들은 취향이 경제 과정에 외생적인 것이라고 가정함으로써, 개인들이 집단의 문화, 사회적 연결망, 경제적 권력과 지위 구조 등에 의해 영향을 받을 가능성을 무시한 것이며, 이러한 입장은 사회구조가 개인의 선호나 습관에 미치는 영향을 강조하는 사회학적 시각과 크게 대비된다.

시장은 단순한 분배 메커니즘이 아니라 가치를 산출하고 측정하는 체계이며 선호를 생산하고 순서를 매기는 체계인데, 이는 곧 시장이 사회와 문화에 배태되어 있음을 뜻한다(DiMaggio, 1990: 26-27). 이런 맥락에서, 센은 원자화된 경제인관을 버리고 효용이론 속에 사회화된 인간을 포함시켜야 될 필요성을 제기하였다.

2) 경제적 효용 극대화를 추구하는 합리성 가정

경제학은 기본적으로 희소성에 직면한 개인들이 행하는 소위 '합리적' 행동에 대해 연구한다. 이에 따르면 효용의 '극대화'나 '최적화'는 주어진 제약 속에서 최대의 개인적 효용을 낳는 선택을 하려는 시도로 파악된다. 이 과정에서 신고전경제학자들은 전통적으로 모든 정보는 완전하게 입수가 되고 비용은 들지 않는 것으로 가정하여 합리성을 뒷받침했다.[32]

따라서 경제인은 자신의 경제적 이익의 극대화를 계산적으로 추구하는 합리적 존재로 가정된다. 그러나 이 경제학 모델은 경제 행위의 주체들이 항상 비용과 효과cost-benefit를 따져서 의사결정을 하는 것은 아니며 또 그런 능력을 완벽하게 가지고 있지도 않다는 사실을 간과하고 있다.

사이먼(Simon, 1957)은 인간의 선택적 의사결정이 '의도적으로 합리적일지라도, 실제로는 제한적으로만 합리적'이라고 지적하면서 이를 '제한된 합리성bounded rationality'이라고 개념화한 바 있다. 즉 행위 주체는 인지 능력의 불완정성 때문에 어떤 선택을 하기 위해 입수한 정보의 처리에 한계를 보일 뿐만 아니라, 정보를 수집하는 것 자체가 비용을 수반하는 일이기 때문에 완벽한 정보를 입수하여 최적의 선택을 행한다는 합리성 가정 자체가 맞지 않는다고 지적한 것이다. 예를 들어, 우리가 어떤 결정(선택)을 내린 경우에 그것이 최선의 선택이기보다는 사후합리화(정당화)를 통해 그렇다고 여기는 경향이 있다는 점도 부인하기 어렵다. 따라서 그는 개인의 선택은 최적이라기보다는 단지 '만족스러운satisfactory' 것이며 단지 행위자의 기대 수준에 맞는 것이라고 주장하였다.

합리적 경제 행위라는 가정이 초래하는 또 한 가지 문제점은 행위 주체가 일관되게 개인주의에 기반한 선택을 한다고 가정하기 때문에 그 결과 모든 인간 행위를 도구적인 것으로 본다는 점이다.[33] 즉 교환이론의 관점에서 개인의 모든 사회적 행위를 그때그때의 비용과 효과에 대한 평가를 통해서 이루어지는 것으로 파악한다는 점이다.

---

[32] 최근에는 일부 경제학자들도 정보를 수집하고 전달하는 비용과 다른 거래비용(transaction cost)의 중요성을 강조한다. 4장에서 논의될 신제도경제학(new institutional economics)은 이러한 비용에 직면한 기업과 개인들의 최적화 행동의 결과로 제도적 구조가 출현한다고 설명한다.

[33] 센(Sen, 1977)도 "합리성만을 자기 이익의 극대화로 보는 시각은 매우 비과학적이며 실제로 인간 생활에서 요구되는 수많은 협동과 희생을 이 개념만 가지고 어떻게 설명할 수 있을지 의문스럽다"고 비판하였다. 즉 센은 개인적 윤리와 도덕, 타자에 대한 관심을 인간이 실제로 자신의 선호에 반영한다는 점을 고려하지 않는 신고전경제학에 대해 비판한 것이다.

그러나 각 개인의 개인주의적 성향은 다양한 수준을 보인다(Sen, 1977: 326). 어떤 개인이 투표에 참여함으로써 자신이 공헌할 수 있는 한계 marginal치는 사실상 극히 미미한 것이고, 또 참여하지 않고도 결과적인 이득을 누릴 수 있음에도 불구하고, 많은 경우에 사람들은 대체로 선거에 참가한다. 이러한 개인의 행동을 비용－효과의 논리로만 보고 비합리적인 것이라고 평가할 수는 없다. 또 다른 예로, 인간이 노동을 하는 것도 오로지 경제적 생계유지만을 위한 행위가 아니다. 여타의 비경제적 보상과 만족(예로, 정체감, 사회적 관계의 유지, 타인으로부터의 인정, 바람직한 사회적 가치를 수행하고 있다는 느낌 등)이 생계유지만큼 중요하고 혹은 더욱 중요한 일의 동기이기도 하다는 것을 보여주는 많은 연구결과들은 효용이 단순히 경제적인 것이 아니라 사회적 구성물임을 시사하는 예들이다. 많은 경우, 인간은 타인에 대한 동정sympathy과 헌신commitment에 기반한 경제적 선택을 행하기도 한다(Sen, 1997: 326-329). 신고전경제학의 합리성 개념은 자기 이해관계에 기반한 것이 아닌 모든 선택을 비합리적이라고 규정하고, 인간이 권리와 의무에 따른 선택을 한다는 점에도 관심을 두지 않으며 모든 선택을 효용에 의해서만 판단하는 점에서 한계를 지닌다고 비판받을 수밖에 없다.

경제적 합리성만으로는 설명하기 어려운 경제현상은 이 외에도 많다. 예로 가정 내에서 혹은 가계와 기업 간에 성별 노동분화가 발생한 이유를 개인이 자신의 경제적 효용을 극대화한 결과라고 파악하는 것은 현상을 지나치게 단순화한 것이며 설명력이 떨어진다. 이와 관련하여, 프랭크 (Frank, 2007저; 안진환 역, 2007: 266-267)는 『이코노믹 싱킹 Economic Thinking』에서 사옥관리의 외주outsourcing가 단순한 경제적 효율성 추구를 벗어난 예를 들고 있다.

모든 기업은 자체 직원들이 수행할 서비스와 외부 도급업자에게 위임할 서비스를 결정해야 한다. ……기업들은 지속적으로 일어나는 서비스는 자체 직원들을 활용하는 반면 간헐적으로 요구되는 서비스에 대해서는 외부 도급업자들을 고용할 가능성이 높다. 그러나 이러한 패턴과는 반대로 최근 몇 년 사이에, 지속적으로 일어나는 건물 관리 서비스를 외부 용역에 맡기는 기업들이 크게 늘고 있다. 왜 건물 관리 서비스를 외부 용역에 맡김으로써 그에 수반되는 제 비용을 감수하는가?

이런 연구 결과를 분석해보면 한 가지 가능성을 도출해낼 수 있다. 몇몇 연구결과, 동일한 직무를 수행하더라도 고용주가 부유할수록 더 높은 임금을 받는 것으로 나타났다. 따라서 경제적으로 유망한 기업들은 건물 관리 직원들에게 최소한의 급여와 미미한 복지 혜택만을 제공할 경우 악덕 고용주로 비춰질 것이다. 똑같은 관리 직원이라도 경제적 상황이 여의치 않은 외부 도급업자에게 고용된 직원들은 이러한 불리한 고용조건을 기꺼이 받아들일 것이다. 개인 도급업자가 시급 6달러를 지불하는 것은 정당하게 보일 수 있지만 IBM이나 구글이 동일한 급료를 지불하는 것은 극도로 부당하게 보일 것이다. 최근 몇십 년 사이에 일어난 소득 불균형의 증가가 이러한 우려를 더욱 부각했을 수도 있다.

결론적으로 경제학에서는 개인의 선택이 결국 그의 선호를 '드러내준다'는 점에서 효용 극대화의 가정이 나온 셈이지만 이 가정을 그대로 수용하기는 곤란하다. 개인의 경제생활이 우리에게 반대급부로 부여해주는 물질적 보상, 사회적 위세나 명예, 노동의 의미성, 다른 사람들과의 관계 유지 등 여러 중요한 차원들 중에서 대부분이 명확한 '가격price'을 형성하고 있지 않은 것들이다. 따라서 정가가 매겨진 상품의 경우 같은 예를 제외한다면, 합리적 효용 극대화의 가정은 공론(空論)적이고 동어반복적 tautological인 것이다.

한 개인이 매기고 있는 '암묵적shadow' 가격을 추론할 수 있다고 하더라도, 선택의 효율성 여부가 평가되는 기반인 집합적 효용aggregate utilities[34]을 추론할 수는 없다. 경제생활에서의 선택은 거래의 대상이 아닌 표출적expressive 이해관계와 얽혀 있기 때문에 하나의 선호체계상에서 동일 단위로 평가할 수 있는 선택이 아닌 것이다(Friedland and Robertson, 1990: 26).

3) 원자화된 행위 주체 가정

경제학적으로 볼 때, 모든 행위는 그것이 자신에게 어떤 결과를 초래할 것인가의 기대에 따라 평가되기 때문에 개별성individuality의 가정이 나온 것으로 여겨진다.

그러나 경제생활의 실제 모습을 들여다보면, 대다수 행위자들이 오랜 시간에 걸쳐 반복적으로 상호작용을 하고 따라서 경제관계에 일정한 패턴pattern이 형성되어 상대방의 행동에 대한 기대를 형성한다는 점이 드러난다. 그라노베터(Granovetter, 1985)의 지적처럼 경제행위자는 '사회적 연결망에 배태embedded in social network' 되어 있고 그 속에서 특정한 위치를 점하고 있다. 연결망이 상호 간에 신뢰할 수 있는 관계를 이루어 정보의 교환과 경제적 이해관계에 영향을 미치는 좋은 예의 하나가 캔터(Kanter, 1977)의 연구이다. 그녀는 기업의 최고위 경영관리자들이 '동사회적homo-social' 배경을 가진 사람들로 구성된 연결망을 통해 새로운 임원의 충원에 영향을 미치는 점을 분석하여 보고하였다.

한편 경제학자인 레빗과 더브너(Levitt and Dubner, 2005저; 안진환 역, 2007: 304-306)는 자신들의 저서인 『괴짜경제학』에서, 투표 행태를 통해 원자화된 행위 주체 가정에 대한 반론의 예를 제공하였다. 그들은 스위스

---

34 여기서 '집합적 효용'이란 공동체 구성원들이 공유하고 있는 규범과 가치에 기반하여 형성된 집단 차원의 효용을 의미한다고 볼 수 있다.

에서 투표율을 높이기 위해 우편투표제도를 시작했으나, 오히려 투표율이 감소한 점에 주목했다. 경제학 모델에 따르면 비용이 낮아진 셈이므로 투표율이 현저하게 상승해야 마땅하지만, 투표구가 작은 곳일수록 투표율이 더 낮아진 이해하기 어려운 현상이 발생한 것이었다. 이들은 따라서 투표 뒤에 숨겨진 인센티브에 주목하게 되었고, 사람들이 투표장으로 향하는 데는 투표에 참여하는 모습을 보이는(즉 자신들이 훌륭한 시민이라는 점을 내비치는) 강력한 사회적 규범이 존재한다는 것을 확인하게 되었던 것이다. 레빗과 더브너(2007: 305)가 인용한 펑크Punk는 "그 동기는 사회적으로 존중받고 싶어서, 또는 사회에 잘 협조하는 사람이 됨으로써 어떤 이득을 얻을 수 있어서, 또는 처벌을 피하기 위해서일 수도 있다. 규모가 작은 지역사회에서는 서로 누가 누구인지 다 알고, 국민의 의무를 저버린 사람이 누구인지 금방 소문이 나기 때문에, 규범을 준수함으로써 얻는 이득이 훨씬 높다"고 밝혔다.

개인의 경제 행위는 항상 원자화된 주체로서 자신의 경제적 이익을 극대화시키는 것이 결코 아니다. 개인의 경제 행위는 그가 현재 맺고 있는 다른 사람들과의 사회적 관계에 의해 영향을 받는 것이고, 사회적 연결망은 지속적으로 유지되면서 경제현상과 제도에 영향을 미친다.[35] 메요Mayo의 인간관계론 연구[36]의 발견은 이러한 주장을 뒷받침할 수 있는 선도적 업적의 하나이다.

- - - - - - - - - - - - - - -

35 경제생활은 기본적으로 사회적 현상이다. 자본주의적 사회구조, 문화가 노동의 가치를 어떻게 매기고 변화시켰는가에 대한 마르크스의 노동가치론 역시 가치(value)가 이해되고 측정되며 이에 따라 선호가 형성되는 과정을 생생히 보여준 연구의 하나이다(Friedland and Robertson, 1990: 27).

36 미국 호오돈(Hawthorn) 공장에서의 현장 연구를 통해, 작업장에 비공식 집단이 형성되어 있다는 점을 밝힌 연구이다. 이 때문에, 근로자들이 자신의 경제적 이익의 극대화에만 신경을 쓰는 개별적 경제인으로서 행위를 하는 것이 아니라, 비공식 규범의 지배를 받으면서 다른 근로자들과의 관계에 민감하게 반응하는 사회인이라는 점을 부각시킨 연구이다.

4) 최적의 균형 가정

경제학자들은 교환 거래를 통해 어느 누구도 손해를 보지 않는다는 전제와 자기 이익 추구의 개인 행동이 '파레토 최적Pareto optimum'을 달성한다는 전제 하에서, 자유경쟁 시장에서 초래되는 균형은 궁극적으로 개인뿐만 아니라 전체의 효용을 만족시킬 수 있다는 최적의 일반균형 상태를 가정한다. 다시 말해, 개인주의egoism가 공리주의utilitarianism와 배타적이 아니라는 주장이다(Sen, 1977: 318-322).

그러나 심지어는 경제학자를 포함한 여러 학자들이 특히 공공재(公共財)를 선택하는 의사결정과 그 이용에서 개인주의적 행태가 공리성을 낳기보다는 비효율성을 초래한다는 문제를 심각하게 논의하였다. 통상 '무임승차의 문제free rider problem'로 불리는 이 문제는 개인주의적 효용 추구가 공공의 복리에 역행하는 경우를 지적하고 있다.

경제는 사회적 세계의 일부이지 사회의 여타 부분과 고립된 것이 아니다. 경제생활은 기본적으로 사회적 현상이다. 그러나 경제학 분야에서는 경제를 별도로 분리하는 후자의 입장이 강한데, 그 이유 중의 하나는 20세기 초반에 걸쳐 경제학자들 사이에 일련의 단순화된 가정을 전제로 하여 수학의 도움을 빌어 경제 분석을 행함으로써 경제학이 가장 잘 발전할 수 있다는 생각이 주류를 이루었기 때문이다. 이러한 사고는 전적으로 비사회적nonsocial 접근 방법이 유용하다는 생각을 굳히게 된 배경이 된다. 이러한 입장에 대해, 심지어는 경제학자인 프랭크(Frank, 1990)조차도 인간의 경제행위가 완벽하게 합리적이지 않다는 점을 지적하면서, 이러한 비합리적 행위를 크게 두 가지 유형으로 구분하였다. 하나는 감정passion이 개입된 것이기 때문에 '후회하지 않을 비합리적 행동irrational behavior without regret'이고, 다른 하나는 인간의 체계적 판단 오류에서 기인하는 행동이기 때문에 '후회하게 될 비합리적 행동irrational behavior with regret'

이라고 호칭하였다. 이러한 소위 '비합리적' 행위의 다양한 예는 3절에서 다룰 것이다. 여기서는 일단 신경제사회학의 입장이 주류경제학의 업적을 무시하는 것은 아니며 다만 '경제적'인 것과 '사회적(비경제적)'인 것을 그렇게 날카롭게 구분하는 것이 현명하지 못하다는 점을 지적하고자 한다. 이런 관점에서 기존의 학문간 노동분화에 대한 재검토가 논의되는 것은 의미 있는 일이다.

2. 방법론적 한계

1) 도구주의적 방법론

경제학은 실증과학을 지향하면서도 관찰되지 않은 현상에 대한 예측 가능한 이론적 모델을 형성하는 것에 궁극적인 목적을 둔다. 이론의 적합성은 그것의 논리적 일관성과 완결성을 기준으로 하여 판단되며, 현상에 대한 예측력은 이론적 모델의 유용성에 대한 지표가 된다고 주장한다. 이처럼 논리적 일관성과 완결성을 특징으로 하는 신고전경제학은 경제현상을 설명하는 데 있어서 포괄적인 보편성을 갖는다는 것이며, 이러한 입장에 따라 간결하고 추상적인 가정을 전제로 한 이론 구축을 시도한다.

그러나 비현실적인 가정을 옹호한다는 점은 곧 경제학 이론의 도구주의적 해석을 수반한다. 경제학에서 이론의 진위(眞僞)에 대한 논의는 적절치 않은 것이고 무의미하며, 이론은 단지 하나의 도구tool일 뿐이다. 이론의 유용성은 정확한 예측을 가져오는지의 여부 즉, 얼마나 효율적인가 하는 도구적 평가기준instrumental criterion에 근거한다. 포퍼(Popper, 1965: 113-114)의 지적처럼, 이러한 방법론적 도구주의의 입장은 허구입증

(falsification)의 가능성을 배제시킨다. 도구주의적 입장에서 볼 때, 이론은 결코 진실이거나 허구일 수 없으며 단지 적절성의 정도에서만 판단되며, 반증(反證)이 되지 않는다는 것이다. 이러한 방법론적 입장은 이론이 예측에 의해 확인되는 한편 예측은 이론에 의존하는 순환적 논리에 빠진다는 문제를 안고 있다.

2) 방법론적 개인주의

방법론적 개인주의는 사회현상의 법칙이 개개 인간의 행위에 기반한 것이기 때문에 각 구성원의 행위를 넘어선 어떤 사회적 집합체의 존재나 그 실재성을 인정할 수 없다는 입장을 취한다.[37]

이러한 입장은 인간 행위가 근본적으로 의도적이며 목표 지향적이라는 전제에서 출발한다. 이때 개인의 의도성은 비록 직접적인 경험적 검증이 어렵지만, 사회적 행위로 구성되는 사회현상을 설명하는 인과적 요인으로 간주되는 것이다. 이러한 관점에서 제도나 집합체는 구성원들의 다양한 의도들의 집합으로만 여겨질 뿐, 그 자체가 독립적이고 자율적인 의도성을 지니고 있다고 보지 않는다. 즉 집합체 나름의 집단 합리성collective rationality을 부정하고 오직 개인적 수준의 의도성만이 설명의 인과변수가 되는 것이다.

이러한 방법론적 개인주의에 기반한 신고전경제학은 개인 수준의 의도성을 강조하면서 개인적 의도가 경제현상의 원인이라는 가정 하에서 과학적 설명의 인과원칙을 찾아내려는 노력을 기울인다. 그러나 신고전경

---

37 18-9세기 공리주의와 자유주의적 전통을 반영한 이 사고는 뒤르케임의 '사회적 사실(social facts)'을 반대하는 입장이며, 사회명목론의 입장에 해당한다.

[그림 1]

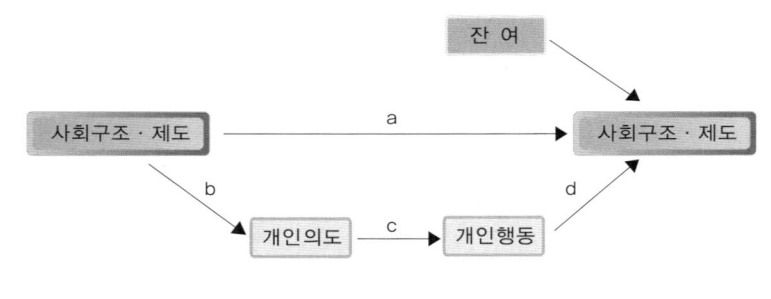

제학은 개인의 의도 자체나 의도의 변이성에 대한 설명을 제시하지 않는다. 의도 자체는 자발적이고 비확정적인 것이기 때문에 무엇이 의도를 결정하는가는 관심 밖의 외생적exogenous인 문제인 것이다. 새뮤얼슨(Samuelson, 1955)은 "행동은 선호에 의해 설명되며, 선호는 한편 행동에 의해서만 규정된다"고 지적하였다(Sen, 1977: 325). 하지만 이러한 시도는 원인으로서의 의도와 의도를 지닌 행위자의 행위 간의 구분을 임의적인 것으로 만들고 동어반복tautology의 문제를 안고 있다. 방법론적 개인주의는 어떤 거시적 사회현상이건 그것을 구성하는 개인들의 목적 지향적 의도로 환원하여 인과원칙을 세운다. 이를 그림으로 표현하면 <그림 1>과 같다.

신고전경제학은 위의 <그림 1>에서 c의 설명에 집중함으로써, 개인적 수준의 합리성과 의도성에 기초한 인과설명에 머물고 만다. 구조적 제약이 개인의 의도에 영향을 미쳐서 일련의 다양한 선택이 가능함에도 불구하고(b의 작용), 이러한 구조적 제약으로 인한 인과관계를 무시하고 있다. 또한 의도하지 않은 행위의 축적이 구조 변화의 원인일 가능성도 무시된다(d의 작용). 무엇보다도 집합적 합리성(a의 작용)을 인정하지 않기 때문에,

개별화의 오류individualistic fallacy와 구성의 오류fallacy of composition를 나타낸다.

3) 현실 적합성에 대한 경험적 증명 취약

앞에서 지적한 것처럼 도구주의적 방법론을 취하는 신고전경제학은 논리적 엄밀성을 매우 중요하게 추구한다. 따라서 이론화 과정은 현실 적합성보다는 순수한 수학적, 논리적 철차에 의해서 이루어진다. 다시 말해 신고전경제학의 시장이론은 수학과 논리학의 도움을 받아서, 개인이 자신의 효용을 극대화하려고 한다는 전제로부터 경제체계의 '일반균형'을 연역해내는 과정을 더욱 엄밀하고 정교하게 만드는 데 중점을 두어왔다.

그러나 이론의 논리적 엄밀성에 대한 지나친 강조는 다른 한편으로 이론을 경험적으로 정당화하는 데 있어서 취약성을 노출하게 된다. 즉 경제학이 취하는 연역의 방법론이 사회학이 주로 취하는 귀납의 방법을 결여하게 되는 문제를 안게 되는 것이다.

신고전주의 미시경제학이 자신의 과학철학적 입장에 충실하려면 기본 가정에서 최종 결론에 이르는 추론 과정상의 논리적 엄밀성을 추구해야 할 뿐만 아니라, 경험세계와 비교하여 맞고 틀림을 판가름할 수 있을 만큼 구체적인 예측을 연역해내고 그것과 현실과의 비교를 통해 이론이 반증되는지를 끊임없이 검증하는 작업을 병행해야 한다. 그러나 지금까지 신고전주의 미시경제학은 대체로 전자에 너무도 골몰한 나머지 그것과 동등한 중요성을 지니는 후자를 등한시해왔다(박길성·이택면, 2007: 49).

3. 비합리적 경제 행위의 다양성

우리는 일상생활에서 꽤 빈번하게 '합리적' 혹은 '합리성'이라는 용어를 사용한다. 이 용어들은 사용되는 경우에 따라 다양한 개념을 내포하고 있지만, 통상 '감정에 치우치지 않고 이성적인 판단과 행위를 한다'거나 '전후 사정을 고려하여 극단에 치우치지 않는다'거나 '타인의 의사를 존중하여 온건한 의사결정을 한다'는 등의 의미를 담고 있다. 그러나 경제학에서 '합리성'이라는 용어가 사용될 때는 '개인이 자신의 경제적 이익을 극대화하려고 시도한다'는 특정한 의미를 갖는다.[38]

현대의 주류경제학인 신고전경제학의 기본 전제를 형성한 이 개념의 유용성을 전적으로 부인하기는 어렵다.[39] 하지만 일상의 사회생활에서 개인이 항상 자신의 경제적 이익을 추구하는 것은 아니며 또 그것이 항상 가능하지도 않은 것이 현실이다. 심지어는 경제활동에서조차도 경제학적 '합리성'은 완벽하게 추구되지 못한다. 이러한 한계를 해결하기 위해 경제학자들은 '비합리적' 혹은 '비경제적'이라는 개념을 설정하고 이러한 행위 양식을 외생exogenous 변수화함으로써 경제학의 연구 관심에서 배제하였다.

그러나 궁극적으로 넓은 의미의 '사회적 행위social action'에 속하는 인간의 경제 행위를 완전히 사회적인 면에서 분리하여 이론화시킨 주류경제학의 가정과 이에 기반한 이론틀은 경제현상을 있는 그대로 설명해내

----

38 에지워스(Edgeworth)가 "경제학의 첫 번째 원리는 모든 행위자가 이기심에 의해서만 추동된다는 것이다"라고 지적한 이후, 에지워스 자신을 포함한 여러 경제학자들이 그 비현실성을 인식하였지만 이것이 실제로 현대경제학의 주류를 형성한 신고전경제학의 기본 전제가 되었다는 점은 분명하다.

39 '합리성' 개념은 르네상스와 계몽주의를 거치며 인간 의지(意志)가 극대화되어온 현실 사회의 '현대성(modernity)'과 밀접한 관계에 있다는 점을 상기할 필요가 있다.

지 못하는 한계를 안고 있는 것이 사실이다. 인간 경제행위의 합리성을 기본 전제로 한 가정은 많은 한계를 가지며, 합리적 행위 모델로 설명할 수 없는 많은 교란disturbing 요인 혹은 설명되지 않는missing—즉 비합리적—요인들이 존재한다는 것이 부각되어왔다(Swedberg, 1987).

이와 같이 비합리적인 것으로 여겨지는 요인들이 실제로 개인의 경제 행위를 결정하는 데 있어서 중요한 영향을 끼친다는 인식과 인간에게 있어서 합리적인 면과 비합리적인 면— 다른 말로 표현하면, 경제적 합리성과 사회적 합리성— 을 결코 분리해낼 수 없다는 관점이 발전하면서 신경제사회학New Economic Sociology 패러다임이 태동되었다. 이러한 관점의 발전에는 경제학 내에서 1970년대부터 새롭게 다시 주목받기 시작한 신제도경제학 및 역사경제학의 연구 성과가 어느 정도의 영향을 미치기도 하였다.[40]

개인이 전적으로 경제적 효용만을 추구하는 존재도 아니고 또한 경제적 효용을 추구한다고 하더라도 완벽하게 합리적인 선택을 할 수 있는 인지능력을 갖추고 있지도 못하다는 점을 지적하였는데, 여기서는 이처럼 합리적 선택이론으로 설명하기 어려운 경제 행위의 다양한 사례를 살펴보려고 한다.[41] 경제학적 합리성 개념의 견지에서 볼 때 '비합리적'이라고 할 만한 이런 예들은 보통 두 가지 원인에 기인한다. 첫째는 개인이 전적으로 경제적 이익만을 좇는 존재가 아니기 때문이고, 둘째는 인간의 인지 능력에 한계가 있기 때문이다.

- - - - - - - - - - - - - - -

40 따라서 이 글에서 논의할 신고전경제학에 대한 이론적·방법론적 문제 제기는 경제현상을 분석하고 이해하는데 있어서 역사나 제도에 대한 관심을 포괄하는 사회학적 시각이 필요하다는 것을 강조한다.

41 아래에서는 신고전경제학의 이론적·방법론적 한계를 지적하고, 비판의 구체적인 예들도 제시하려고 한다. 이러한 비판은 신경제사회학자들에 의해서뿐만이 아니라 인류학, 인지심리학 및 심지어는 경제학자들에 의해서도 제기되고 있음을 주목할 필요가 있다. 이 절의 많은 논의는 주로 Robert Frank. 1990. "Rethinking Rational Choice" in Roger Friedland and A.F.Robertson (eds.) *Beyond the Market Place*. New York: Aldine de Gruyter. pp. 53-87을 참조하였다.

같은 맥락에서 프랭크(Frank, 1990)[42]는 비합리적— 사회적, 심리적, 문화적 요인이 개입된— 행위를 크게 두 가지 유형으로 구분하였다. 하나는 감정passion이 개입되어 있기 때문에 혹시 비합리적이라고 할지라도 '후회하지 않을 비합리적 행동irrational behavior without regret'이고, 다른 하나는 판단의 오류 때문에 취한 결정이며 행동이기 때문에 궁극적으로는 '후회하게 될 비합리적 행동irrational behavior with regret'이다.

1) 후회하지 않을 비합리적 경제적 행동

경제학의 합리성 모델은 인간이 이성의 존재일 뿐만 아니라 감정의 존재이기도 하다는 점을 간과하고 있다. 실제의 일상세계에서 인간은 감정이 개입되어 경제적 측면으로만 본다면 비합리적으로 여겨질 경제 행위를 종종 하곤 한다.

한편 스미스Smith 이래로 경제학자들은 개인의 자기 이익 추구가 개인의 복지 증대뿐만 아니라 사회(혹은 공공)의 복지 증대에 기여한다고 주장하였다. 하지만, 실제 상황에서는 당사자 간에 서로 신뢰하는 감정적 헌신commitment이 있어야만 모두의 효용이 극대화될 수 있는 경우도 있다. 잘 알려진 '죄수의 딜레마prisoner's dilemma'[43]는 서로 간에 신뢰가 결여된 상황에서 개개인이 자기 이익을 추구하는 경우에 모두의 이익을 해칠 수

----

42 『이코노믹 싱킹(*Economic Thinking*)』의 저자이다.

43 예를 들어 두 명의 공범이 피의자로 체포되어 조사를 받는 상황에서, 서로가 완벽한 신뢰를 한다면 두 명 모두 끝가지 범행을 부인하여 풀려나는 것이 두 명 모두의 효용을 극대화하는 상황이라고 할 수 있다. 그러나 형사들이 두 명의 피의자를 분리하여 조사하는 과정에서, 다른 한 명이 이미 모든 죄를 자백했다든가 상대에게 모든 혐의를 전가시키고 있다고 말해주면 서로가 자기 자신을 구명하기 위해서 결국 모든 범행을 털어놓게 되고 이에 따라 두 명 모두가 처벌을 받게 되는 상황을 지적하는 개념이다.

있다는 점을 보여주는 대표적인 예이다.

(1) 감정 등 비경제적인 취향tastes이 경제 행위에 작용하는 경우

　합리성 모델은 개인이 순수한 경제적 이익을 추구하는 취향을 갖는다고 가정하기 때문에 인간의 시기심, 동정, 사랑, 분노, 명예 등의 취향이 개입될 여지를 인정하지 않는다. 그러나 실제 일상의 경제활동에서 이러한 감정상의 취향이 행태에 반영될 여지는 매우 크며 많은 사례가 존재한다.

　식당에서 음식을 먹고 난 뒤 일정 비율의 팁을 지급하는 것이 관행으로 되어 있는 서구의 경우에서 한 예를 들어보자. 만약 어떤 사람이 자주 드나드는 음식점에서 팁을 두고 나오는 것은 다음 기회에도 적절한 서비스를 받기 위한 기대에서 행하는 합리적 행위라고 인정할 수도 있다. 하지만 대다수의 사람들이 다시는 들를 기회가 없을 먼 지방을 여행하는 중에도 식사 후에 팁을 테이블 위에 두고 나오는 것을 경제적 합리성으로 어떻게 설명할 수 있겠는가? 그런 행동이 경제적인 측면에서 볼 때 비합리적인 것이라고 지적을 받는다고 하더라도 대다수의 사람들은 그것에 대해 후회를 하지 않을 것이다. 이 사례는 명예honor라는 비경제적 취향이 경제 행위에 개입하는 좋은 예이며, 개인이 일회성 거래에서조차도 일정한 패턴에 따른 행위를 한다는 점을 시사한다.

　이것과 조금 다른 예를 하나 더 들어보자. A와 B가 함께 힘을 합쳐서 어떤 일을 하면 쉽게 10만 원을 벌 수 있다고 하자. 이때 A는 급히 돈을 쓸 필요가 없고 B는 돈이 매우 궁한 형편이라고 가정하자. 만약 A가 B를 경제 합리적 효용 추구자라고 생각한다면, A는 B와 함께 일하는 대가로 10만 원을 반으로 똑같이 나누어 갖는 것이 아니라 예를 들어 자기가 7만 원을 갖겠다는 조건을 제시할 수 있을 것이다. 왜냐하면 B에게 있어서는 그 조건을 거부하여 돈을 하나도 벌지 못하는 것보다는 3만 원이라도 버

는 것이 효용을 높이는 셈이기 때문이다. 그러나 이런 경우에 B는(또한 우리들도) 이 조건을 거부하고 말 가능성이 높다. 그것은 인간이 경제적 효용 극대뿐만 아니라 공평성fairness을 감성적으로 추구하는 성향을 가지고 있기 때문이다.

공평성을 추구하는 감정이 경제 행위에 개입하는 것을 실험을 통해 확인한 실례를 하나 더 들어보자. 독일 경제학자인 구드Guth 연구팀에 의하면, 20달러 액수의 돈을 두 사람이 나누어 갖도록 한 상황에서 배분 비율을 주도적으로 제시한 사람이 대부분의 돈을 자기가 갖겠다고 주장한 경우가 실제로 매우 드물다는(합리적 선택 모델의 가정대로라면 100퍼센트가 되어야 함에도 불구하고, 실제는 약 12퍼센트의 경우에 불과) 발견을 하였다. 또한 전혀 돈을 못 갖는 것보다는 조금이라도 받는 것이 합리적 선택임에도 불구하고 피제안자에 의해 제안이 받아들여진 상황에서 (51사례 중 40사례의 경우), 제시되었던 평균 분할 비율은 6:4 정도일 경우였다. 다시 말해 피제안자에게 적어도 평균 40퍼센트 정도의 할당이 돌아오는 경우에만 사람들은 이러한 제안을 받아들였고, 그보다 낮은 할당이 제시된 경우에는 아예 제안을 거부해서 결과적으로 양쪽 모두가 한 푼도 받지 못하는 선택을 했다는 것이다. 따라서 제안자가 8:2가 넘는 정도의 할당 비율을 제시한 경우(11개 사례)에는 100퍼센트 모든 경우에 피제안자가 이를 거부하여 한 푼도 안 받고 마는 선택을 하였음을 보여준다. 사실 피제안자가 공평성을 추구하는 성향을 가지고 있다는 것을 제안자가 실제로 인식하고 있기 때문에, 애초에 극히 불균등한 배분 조건을 제시한 경우의 비율도 매우 낮았던 것이다. 결국 이 실험의 결과도 거래 당사자 간에 감정이라는 요인이 개입함으로써 양자의 효용이 증대되거나 소멸되는 또 다른 예에 해당된다. 앞에서 열거한 여러 예들은 인간이 '경제적 효용극대화'를 추구하는 합리적 존재라는 신고전경제학의 이론적 가정에 대한 의문을 제기하고 있는 셈이다.

개인들이 경제 행위를 하는데 있어서 효용 극대화뿐만 아니라 공평성을 중요시한다는 점을 위에서 지적하였는데, 사실 이것에 대한 고려 없이는 상점에서 물건 값을 어떻게 매길 것인지, 노동자들이 어느 수준의 임금을 요구할 것인지, 노동자의 파업에 대해 경영자가 얼마나 오래 저지할지, 정부가 어느 정도의 세금을 징수할지, 군사비가 얼마나 빨리 증대할지 등에 대한 예측을 하기가 곤란할 것이다(Frank, 1990: 61).

(2) 행위자 서로 간에 감정상의 동일시가 있는 경우

경제학의 합리성 개념이 시사하는 것에 반하여, 거래관계에 있는 당사자들이 서로 상대편이 오로지 자기 이익 추구에만 관심을 둘 것이라고 가정하면 결과적으로 당사자 모두에게 손해가 되는 경우가 있다.

가장 빈번하게 드러나는 사례는 동업이 실패로 끝나는 상황에서 흔히 드러난다. 예를 들어, 서로의 능력을 결합하여 사업을 벌인 두 사람이 있을 때, 이들이 자신의 동업자가 자기 이익만을 추구할 것이라고 생각하여 각자 서로를 속이며 돈을 뒤로 빼돌리는 경우보다는, 서로 간에 신뢰하는 마음으로 정직하게 협조하는 것이 두 사람 모두에게 각자의 효용을 더욱 극대화시키는 결과가 될 것이다.

또 다른 사례를 들어 보자. 이웃에 사는 A가 B의 상점에서 물건을 훔쳐서 경제적 이득을 취했는데, B가 이 물건을 되찾기 위해서 투자해야하는 시간, 노력, 경비를 비용으로 따지면 더 크다고 하자. 만약 절도범 A가 B를 순순히 경제적으로 합리적인 사람이라고 판단한다면, B가 그러한 투자를 당연히 하지 않을 것이라고 생각하고 재범을 할 여지가 크다. 하지만 반대로 B가 어떠한 경제적 대가를 치르더라도 자신의 물건을 되찾기 위해 진력할 것이라고, 즉 이성이 아닌 감성으로 대응할 것이라고 판단될 경우에, A는 체포될지도 모르는 커다란 위험을 무릅쓰면서까지 자신의 효용을 더 높이기 위한 도둑질은 하지 않을 것이며, 따라서 B의 효용도 감소되지 않을 것이다. 따라서 이 사례는 경제적이고 합리적인 물질적 이해뿐만이 아니라 비합리적(감정적)으로 반응할 여지를 상대방에게 인식시키는 것이 서로의 효용을 감소하지 않게 하는 경우가 된다는 것을 보여준다.

이상의 예들은 개인이 '경제적인' 자기 이익 추구에 실패한 경우에 오히려 이익을 극대화시키거나 감소시키지 않는 아이러니를 보여준다. 다양한 측면에서, 당사자들이 감정적으로 동일한 인식을 하지 않거나 보여주지 못하는 경우에 경제적으로 손실을 볼 수 있다는 것이다. 따라서 이 경우에, 다양한 커뮤니케이션을 통해 이런 동일한 인식의 실마리를 상대편에게 적절하게 제공하는 것과 상대편의 실마리를 정확히 판단하는 능력이 효용 극대화의 필요조건이 된다.

2) 후회하게 될 비합리적 경제적 행동

'경제인'은 합리적 선택을 하는 것으로 가정되지만, 실제로 인간은 선택을 위해 필요한 시장정보를 모두 가질 수도 없고 심지어는 손에 쥔 정보도 제대로 활용하지 못하는 경우가 많다. 이것은 비합리적 선택이 어쩌다가 발생하는 문제가 아니라 인간이 종종 체계적인 판단착오를 한다는 것을 뜻한다. '후회하게 될 비합리적 경제적 행동'은 인지의 불완전성에 기반한 '제한된 합리성'이 초래하는 경제 행위를 말하는 것이다. 아래에서 다양한 유형의 사례를 생각해보자.

(1) 지출회계(支出會計)를 마음속에 구분해놓기 때문에 초래하는 비합리성

합리적 선택 모델의 중요한 가정 중의 하나는, 영역별로 구분된 회계량(量)이 아니라 부의 총량이 소비 행태를 결정한다는 것이다. 그러나 실생활에서 사람들은 마음속에 자신의 부를 여러 회계 영역—예로 의(衣), 식(食), 주(住), 문화, 저축 등—으로 구분해놓고, 이 범주 속에서 지출을 행하는 경향이 크다.

우선 인지심리학자인 트버스키와 케나만 (Tversky and Kahneman, 1981)이 행한 실험을 예로 들어보자. 그들은 한 집단의 사람들에게 연극 구경을 하러 가서 보니 10달러를 지불하고 예매한 표를 잃어버린 것으로 상상하도록 하였다. 다른 집단의 사람들에게는 연극 구경을 하러 가서 표를 사려고 지갑을 꺼내다 보니 현금 10달러를 잃어버린 것을 알게 된 것으로 상상하도록 하였다. 이 두 경우에 모두 각 개인이 잃어버린 부는 공통적으로 10달러이다. 따라서 합리적 선택론에 따른다면 표를 잃었건 현금을 잃었건 간에 손해는 똑같은 것이기 때문에, 기왕에 관람하려던 연극을 어쨌든 볼 것인가의 선택에 상이한 영향을 미쳐서는 안 된다. 그러나 이들의 연구결과에 따르면 표를 잃은 집단의 사람들은 대다수가 관람을 포기한 반면에 현금을 잃은 집단의 사람들은 대부분이(88%) 표를 사서 관람을 하겠다는 의사를 밝혔다고 한다. 예매표이건 현금이건 어차피 잃어버린 액수는 같은 것이기 때문에, 예매표를 잃고 나서 관람을 포기하고 돌아가는 개인은 경제적 합리성에 어긋나는 행동을 한 셈이다.

이 예는 인간이 부의 총량에 따라 소비를 하는 것이 아니라 마음속에 영역별 회계 구분을 하고 있음을 보여주는 것이며, 이에 따라 표를 잃어버린 사람은 다시 표를 구입하여 관람하는 경우에 관람료가 20달러라고 인지하는 '오류'를 범한 것이다. 어차피 같은 액수를 잃어버린 것이므로 표를 잃어버린 것이 돈을 잃은 경우보다 관람을 포기해야 할 더 큰 이유가 되지 않는다는 점을 잘 설명한다면 이런 선택을 한 개인은 아마도 후

회를 할 것이다. 그런 의미에서 '후회하게 될 비합리적' 경제 행위를 한 셈이다.

이와 유사한 비합리성은 사람들이 매몰비용sunk costs을 의사결정 시에 무시하지 못하는 점에서도 드러난다. 프랭크(Frank, 1990: 53-54)가 제시한 예를 들어보자. 미국 C대학에는 교수용 테니스 코트가 실내와 실외에 있는데, 실외는 무료인 반면에 실내는 게임당 12달러로 미리 예약을 해야 하고, 이 돈은 코트 사용 여부에 관계없이 돌려받을 수 없다. 게임을 하려고 하는 날에 날씨가 어떨지 알 수가 없어서 실내 코트를 예약했다고 치자. 그런데 당일 날씨가 매우 청명해서 따스한 햇볕 아래서 신선한 공기를 마시며 게임을 하는 것이 실내에서 경기하는 것보다 바람직함에도 불구하고, 많은 교수들이 이미 낸 12달러에 집착하여 실내 경기를 고집한다는 것이다. 어디서 경기를 하건 간에 12달러는 기왕에 버린 매몰비용이 되었는데도 말이다.

(2) 득(得)과 실(失)에 대해 상이한 가치를 부여하고 사건들을 분리하여 고려하는 비합리성

합리적 선택 모델에 의하면, 개인들은 일련의 사건들을 그것들이 부의 총량에 미치는 전반적 영향이 어떠한지의 맥락에서 평가한다. 그러나 이 가정이 맞지 않는 사례를 들어보자.

A는 며칠 전에 산 복권을 추첨하는 프로를 집에서 보고 있다가 100만 원에 당첨이 되어 기쁜 나머지 허둥대다가 발을 잘못 차는 바람에 거실 모퉁이에 장식해 둔 80만 원짜리 백자항아리를 박살냈다. 합리적 선택 모델의 효용이론에 의한다면, A의 부의 총량은 어쨌든 20만 원이 늘어난 셈이고 총 효용은 증가한 것으로 평가하는 것이 옳다. <그림 2-a 참조>

그러나 트버스키와 케나만(1974)은 사람들이 각 사건을 분리하여 평가

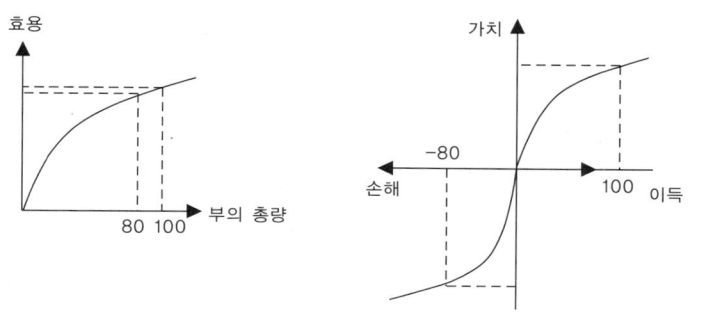

하는 경향이 있고, 득과 실에 대한 평가의 가중치가 다르다는 점을 지적하고 있다. <그림 2-b 참조>. 즉 개인은 '효용함수'가 아니라 '가치함수'에 따라 득실을 판단한다는 것인데, 득(得)함수보다 실(失)함수의 기울기가 훨씬 가파른 점을 주목할 필요가 있다.

인간이 득보다 실에 대해 더 가중치를 둔 판단을 한다는 것 자체를 비합리적이라고 말할 수는 없지만, 사건들의 결합된 효과combined effect를 평가하기보다 이를 개별적으로 분리하여 평가한다는 점은 경제학적 합리성의 가정에서 벗어난다. 전체로 보면 효용의 증가를 가져온 것이지만 실제로는 그렇게 생각하지 않기 때문에 경제적 합리성의 원칙으로 보면 비합리적인 판단을 하는 셈이다.

(3) 상황을 추론하는 데 체계적인 판단 오류가 개입한 비합리성

인간은 인지 틀의 왜곡bias 때문에 경제적 선택에서 오류를 범하곤 한다. 예를 들어, 상사가 부하들의 업적을 평가하여 선별적인 승진을 시킬

때 오래전의 업적보다는 근래의 업적이 보다 기억에 생생하기 때문에 승진 시점에 근접하여 성공적인 업무 수행을 한 부하에게 더 높은 점수를 주는 경우가 종종 있는데 이는 효과적인 결정이라고 볼 수 없다.[44]

사회심리학자들은 상(賞)이 벌(罰)보다 동기부여를 하는 데 바람직한 효과를 산출한다는 점을 지적해왔다. 그런데 어떤 사람이 큰 성취를 이루어 상을 받은 경우에 그 다음 번에도 더 큰 성취를 할 가능성은 실제로 매우 낮다. 이것은 그 개인이 상을 받고 나태해졌기 때문이라기보다는, 인간의 행동이 되풀이될 때 평균으로 회귀하는 경향이 있기 때문이다. 마찬가지로 벌을 받은 사람은 벌을 받고 말고의 여부와 상관없이, 어쨌든 다음번에는 이전보다는 나은 성취를 할 가능성이 큰 것이다. 만약 한 경영자가 이러한 회귀 경향을 모르고, 당근보다는 채찍이 더 효과적이라는 판단을 갖고 있다면 이는 비합리적인 판단의 오류이다.

또 다른 경우는 최초의 자극 강도가 클수록, 인간의 인지가 자극의 차이를 인식하기 위해서는 차이가 커야 한다는 점에 기인한다. 한 예로, 5와트 전구와 3와트 전구의 조명도는 쉽게 인지되지만, 같은 2와트 차이라도 100와트와 98와트의 조도 차이는 인지하기 어렵다는 것이다. 이것이 경제 행위에 적용되어 초래하는 비합리성의 사례를 보자. A씨 부인은 집근처 N백화점에서 8만 원짜리 진공청소기를 30분 거리에 있는 G백화점에서 6만 원에 판다는 광고지를 보고, 그곳에 가서 구매함으로써 2만 원을 절약하였고 기쁜 마음이 들었다. 그런데 A씨 부인이 집근처 N백화점에서 85만 원짜리 비디오카메라를 30분 거리에 있는 G백화점에서 83만 원에 판다는 광고지를 보고도 그곳에 가서 구매를 하게 될 가능성은 훨씬 낮다.

----

44 마찬가지 예로, (경제적 선택행위는 아니지만) 연말에 가수왕이나 연기자상을 수상할 경우에도 당해년도의 초기에 히트를 친 경우보다 하반기에 히트를 친 경우가 시청자들의 기억에 생생할 뿐만 아니라 수상 가능성을 높이는 것으로 알려져 있다.

같은 2만 원을 절약하는 것임에도 불구하고, 이 두 경우에 상이한 선택을 한다는 것은 일관성이 결여된 비합리적 행위가 되는 셈이다. 그러나 실제로 이런 상황은 빈번히 발생한다. 프랭크(Frank, 2007저; 안진환 역, 2007: 28-29)는 『이코노믹 싱킹 *Economic Thinking*』에서 이와 동일한 상황을 밝히고 있다.

> 20달러짜리 알람시계를 10불에 세일하는 시내 K마트에 가서 구입하겠는가 아니면 구내 상점에서 사겠는가? 한편 구내 상점에서 2,510달러짜리 노트북을 2,500달러에 파는 시내 상점에 가서 구입하겠는가? 비용편익의 원리에 따르면 두 경우에 대한 대답이 일치해야 한다. 결국 시내의 K마트로 갈 때 절약되는 돈, 즉 그 행위의 편익은 두 경우에 모두 10달러이기 때문이다. 두 경우 모두 비용은 시내로 갈 때 드는 시간이나 노력 등이다. 이렇게 비용도 같고 편익도 같다면 대답도 같아야 하는 것이 아닌가. 그렇지만 대부분의 사람들은 시내에서 시계를 구입함으로써 가격의 50퍼센트를 아끼는 것이 2,510달러짜리 노트북에서 10달러를 아끼는 것보다 더 큰 편익이라고 생각하는 것 같다. 그러나 이는 이 문제를 대하는 올바른 방식이 아니다. 퍼센티지 관점에서 생각하는 것은 다른 맥락에서는 합당할 수도 있다. 그러나 여기서는 아니다.

(4) 선택은 비적절한 대안과 무관하게 일어난다는 가정에 어긋나는 비합리성

합리성 모델에 따르면, 선택은 비적절한 대안irrelevant alternatives과는 독립적으로 이루어진다. 이에 따라 무차별곡선indifference curve의 가정이 성립하는 것이다. 그러나 실제의 인간 행위는 가정과 달리 이루어진다. 트버스키의 예를 들어 설명해보자(Frank, 1990: 78-79).<그림 3-a, 3-b 참조>

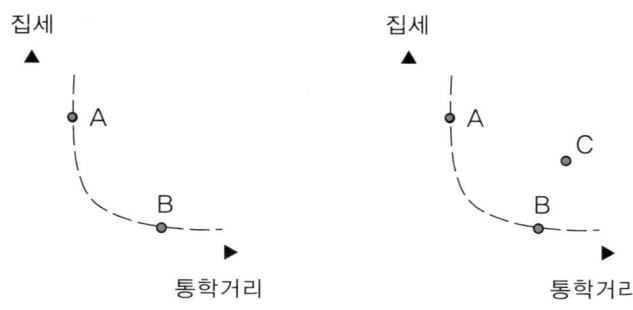

[그림 3-a]　　　　　　　　　　　[그림 3-b]

　　그림 3-a에서 A와 B는 통학거리와 집세라는 두 측면에서 효용의 호환
성을 갖기 때문에, 여러 사람들에게 선택을 해보도록 했더니 대강 5:5의
선택을 보였다(무차별 곡선상의 두 점임). 그런데 이때 C라는 대안을 추가하
였더니(그림 3-b 참조), A와 B간에서 선택을 하는 데 영향을 미쳐서 70퍼
센트 이상의 학생들이 B를 택하는 결과를 나타냈다. 그런데 C는 거리와
집세 모두에서 B보다 못한 경우이기 때문에, 합리적 선택 모델에서 이야
기하는 전형적인 '비적절한 대안'에 해당된다. 따라서 위의 예는 인간이
경제적 선택을 할 때, 비적절한 대안에 의해서도 영향을 받는 비합리적
행위를 한다는 것을 보여주고 개인의 효용(선호)이 안정적이고 일관된다
는 신고전경제학의 이론적 가정에 문제가 있다는 것을 보여준다.

(5) '한계생산균등'이 아닌 선택을 하는 비합리성

　　효용 극대화 모델에 의하면, 어떤 경제행위 주체가 상이한 생산활동에
자원을 분배할 때 가장 효율적인 분배 방식은 각 활동에 투입한 자원의

한계생산marginal products이 균등하게 되도록 선택을 하는 것이라고 한다. 그러나 실제에 있어서 행위 주체는 이러한 선택을 하기보다는 평균생산 average products이 균등하게 되는 '비합리적' 선택을 행한다는 점이 밝혀진 바 있다.

4장

■ ■ ■

신제도 경제학의 기여

사회과학에서는 사회의 여러 분야 '제도'에 주로 관심을 갖고 이에 대해 분석하는 일단의 학자들이 있는데, 이들을 소위 '제도학파'라고 통칭한다. 제도학파에 속하는 학자들은 그 제도가 정치적인 제도이건 경제 혹은 사회적인 제도이건 간에 수많은 사람들의 행위의 결과물로서 그러한 제도가 형성된 것으로 보면서 제도 분석을 연구의 핵심으로 한다는 점에서 공통점을 갖는다.

19세기 후반 이후에 신고전경제학이 '보이지 않는 손'의 메커니즘에 의해 작동하는 자유경쟁시장 분석을 중심으로 하여 경제학의 주류를 형성하는 동안에도, 제도경제학자들은 여러 경제행위의 결과로서 경제적인 제도가 형성된다는 점과 이러한 제도들이 인간의 경제생활에서 매우 중요한 위치를 차지한다는 점을 인식하고 연구해온 학자들이다.

그런데 1970년대 이후 경제제도에 대한 관심을 보다 강조하면서 주류 경제학의 한계를 나름대로 극복해보려는 시도가 몇몇 경제학자들로부터 새롭게 제기되었는데 이들의 연구를 그 이전까지의 제도경제학과 구분하기 위해 '신제도경제학New Institutional Economics'이라고 부른다. 신제도경제학자들 역시 기본적으로 경제학자들이기 때문에 인간을 '경제인'으로 파악하고 합리성 개념에 근거하여 경제 제도를 설명하려고 한다는 점에서는 경제사회학자들과 입장이 다르다. 이들은 경제학자들과 사회학자들 간의 풍부한 대화가 적어도 경제 조직 연구에는 큰 도움이 되리라고 보는 점에서 주류경제학과도 다른 입장을 취하고 있다.

1. 신제도경제학과 사회학의 공유점

신제도경제학의 가장 큰 공헌은 이전까지 주류경제학이 간과해왔던 경제 제도의 한 측면인 경제 조직 즉 기업의 형성 배경에 대한 연구를 수행한 점이다. 윌리엄슨(Williamson, 1981)을 비롯해서 본질적으로 경제학에 속하는 신제도경제학자들은 조직 연구에 '경제화economizing' 원리의 중요성을 부각시키기도 하였지만 조직 연구를 위해서는 사회학의 공헌과 시각이 필요하다고 본 점에서 사회학에 상당히 근접하였다.

1) 제한된 합리성

신고전경제학은 경제인의 완벽한 합리성을 기본 가정으로 한다. 그러나 '제한된 합리성bounded rationality' 개념을 처음 사용했던 사이먼(Simon, 1957)은 모든 사회과학이 기본적으로는 합리성의 틀에 기반해서 운영되는 것이기 때문에, 진정한 차이점은 각 사회과학에서 채택하는 합리성의 '정도'에 달려 있다고 지적했다. 따라서 합리성과 비합리성을 뚜렷하게 양분하는 것은 사회과학의 발전에 도움이 되지 않는다고 주장했다. 그 (Simon, 1957: 24)는 제한된 합리성을 "의도적으로 합리적이지만 단지 제한적으로만 합리적인" 행위라고 정의했는데, 그의 제한된 합리성 개념으로 인해 경제학자와 사회학자가 모두 참여할 수 있는 연구 영역이 제공된 것이다.

사이먼은 제한된 합리성의 원인으로 인간의 인식 능력의 한계와 정보의 부족을 지적했다. 그가 지적한 것처럼 만약 인간의 인식 능력이 불완전하다면 이러한 조건에서 '경제화'가 추구되는 구조와 과정을 밝히는 연구 즉 경제 제도에 대한 연구는 경제학의 피할 수 없는 연구과제가 될 것이다. 이 점은 사회학에서 구조가 행위에 미치는 영향에 관심을 갖는 것과 기본적으로 유사한 상황인 것이다.

2) 분석의 단위

신고전경제학에서는 경제 조직을 '생산 기능으로서의 기업'에 국한하여 접근하는 입장을 취하고 있지만, 신제도경제학의 거래비용 경제학은 이러한 입장에 대해 반론을 제시한다. 거래비용 경제학의 경제 조직(기업)에 대한 접근은 생산효율성의 극대화 목표와는 별개로 여러 가지 다양한 조직 목적을 확인하고 더 많은 미시분석적인 특징들이 제시되어야 한다는 점을 시사한다.

거래비용 경제학은 '거래transaction'가 분석의 기본 단위라는 커먼스 Commons의 입장을 받아들인 것인데, 여기서 거래는 사회학의 '상호작용' 개념과 어느 정도 내용상의 유사성이 있다. 더불어, 미리 가정된 이해의 조화에 의해서가 아니라 안전장치safeguard의 마련과 지배구조governance structure를 통해서 대립된 각 이해당사자들 간의 관계가 조정되어 거래가

이루어지고 이에 따라 다양한 조직 유형이 비롯된다고 본 점도 사회학에
서 개인이나 집단 간 상호작용의 본질을 파악하는 입장과 유사성을 띤다.

3) 다양한 조직 유형

신고전경제학은 조직 유형에 대한 기술결정론적 입장을 취하는데 생산
효율성을 추구하기 위해 활동한다고 본 기업만을 경제적 조직으로 규정
한다. 신제도경제학의 조직 연구는 이와는 달리 '거래'의 미시분석적인
특성들을 규명하려고 시도한다. 또한 대안적인 지배구조들이 있다는 것
을 받아들이며, 그 상대적인 비용과 능력에 대해 비교해서 고찰할 필요가
있다고 보는 점에서 사회학의 조직 연구와 접합점을 갖는다. 시장은 시장
으로서 별도로 존재하고 기업은 유일한 경제 조직의 유형으로 존재한다
고 생각한 신고전경제학에 대해 비판한 신제도경제학은 시장과 기업이
서로 대안적인 경제 조직이라고 보았다. 이에 따라 대안적 조직의 유형인
시장market, 위계hierarchy 및 혼합hybrid에 대한 비교와 평가가 필요하다고
주장한 것이다. 여기서 위계는 바로 기업을 의미하는 것인데, 시장에서
이루어지는 거래가 위계구조라는 범위 안으로 끌어들여졌다는 의미에서
윌리엄슨Williamson이 '위계'라는 표현을 사용했던 것이다. 한편 '혼합'은
시장과 위계의 중간쯤에 속하는 혼성적인 특징을 갖는 조직을 지칭하는
표현으로서 하이브리드 유형인 것이다. 신제도경제학의 연구 이후, 경제
학과 사회학 두 학문 모두 경제 조직의 여러 유형에 속하는 시장과 위계
및 혼합 현상을 유사한 관점에서 보고 있다.

4) 과정에 대한 관심

신제도경제학의 '지배구조governance structure'에 대한 연구는 구조, 인센티브, 통제 메커니즘뿐만 아니라 '과정process'에 대한 연구 관심까지 포괄한다.

조직에 대한 사회학적 연구에서는 이미 오래전부터 조직을 '기계적 mechanical'으로 설명하는 모델이 복잡한 조직 현실을 반영하지 못하고 너무 단순한 것이라는 입장이 우세하였다. 조직에서 목표가 분명하게 하나만 있는 것도 아니고, 모든 일들이 언제나 계획대로 진행되는 것도 아니며, 환경에 적응하기 위한 노력들이 언제나 성공하는 것도 아니다. 따라서 일반적인 생각보다 훨씬 더 복잡한 조직을 '유기적organic' 체계로 보는 입장이 매우 우세하였다. 다른 말로 표현하면, 조직은 '합리적rational' 실체라기보다는 '자연적natural' 실체라고 본 것이다.

이렇게 볼 때, 조직들은 그 나름대로의 생명을 가지기 때문에 '예상하지 못한 결과들'이 산출되기도 한다. 사회학자들은 조직의 이러한 특성을 인식하면서 조직의 과정에 대해 지속적인 관심을 갖고 논의해왔다. 이런 점에서 과정에 대한 연구를 포괄하는 거래비용 경제학의 발전은 경제학과 사회학 연구 간의 의미 있는 수렴을 위한 기초를 제공한다고 볼 수 있다.

2. 거래비용 경제학

신고전경제학의 미시경제 모델에서는 제도를 외생적exogenous으로 주어진 조건이라고 간주하였기 때문에 제도 그 자체가 본격적인 분석의 대상이 되지 못했다. 또한 신고전경제학의 여러 가정과 접근법은 비현실적이어서 구체적인 현실의 제도를 설명하고 이해하는 데 있어서 매우 제한적이라는 비판을 받았다. 예를 들면, 미시경제학에서 가장 중요한 현실의 제도로 꼽는 시장은 완전경쟁이라는 이상적 조건을 만족시키지 못하고, 시장 참여자들에게 완벽한 정보를 제공해주지 못할 뿐만 아니라, 시장에 참여하는 개별 행위자들 또한 항상 효용이나 이윤 극대화만을 목표로 하는 것은 아니라는 반론이 제기되어왔다.

이에 반해, 개인의 인지 능력에는 한계가 있고 시장 정보도 완벽하지 못하다는 가정에 기반해서 시장에서의 '거래' 는 비용이 따를 수밖에 없다는 점을 부각시켜서 이를 '거래비용transaction cost' [45]으로 개념화하고 이 개념으로 여러 경제적 제도를 설명해보려고 한 시도가 바로 거래비용경제학이다. 윌리엄슨의 거래비용이론은 신고전경제학의 이론화 방식을 수정하여 현실의 제도 분석을 시도한 신제도경제학의 핵심적 이론인데, 그 출발은 코스Coase로부터 시작되었다고 할 수 있다.

1) 코스의 거래비용론

거래비용을 통해 사회제도를 분석했던 최초의 경제학자는 코스Coase이다. 그는 이미 1930년대에 시장에서 발생하는 비용에 주목하였지만 경제학계의 주목을 별로 받지 못하다가 1970년대에 윌리엄슨이 그의 통찰을 계승하여 더욱 체계화시키게 된다.

- - - - - - - - - - - - - - -

45 거래비용이란 거래 상대방에 대한 정보를 파악하고, 거래를 실행하기 위해 드는 여러 가지 비용을 뜻하는데, 특히 거래 상대방이 기회주의적 행동을 할 가능성에 대비하기 위해서 행하는 다양한 노력도 거래비용의 큰 부분을 차지한다.

코스는 시장에서의 가격 메커니즘이 신고전경제학자들이 주장하듯이 그렇게 효율적인 것이라면 왜 모든 거래들이 실제로 시장에서 이루어지지 않는지에 의문을 제기하였다. 그는 현실의 경제 세계에는 '시장'이 아닌 다른 조정 방식이 분명히 존재하고 있다고 지적하고 그것이 바로 기업이라는 위계적 조직이며 여기서는 자유경쟁이 아닌 권위에 의한 조정이 이루어진다고 밝혔다(Williamson and Winter, 1993: 3). 코스의 거래비용론은 자율적 교환에 따른 거래에 기반한 시장market이라는 조정 메커니즘 외에 왜 강제적 명령에 기반한 위계hierarchy라는 다른 조정 메커니즘이 존재하는지에 대한 해답을 추구한 것이다.

코스가 이에 대한 연구를 하고 있던 1930년대에 경제학의 주류인 신고전경제학 이론이나 가정에서는 권위나 명령에 의한 조정 가능성이 일절 배제되어 있었다. 그렇다면 당시에 규모를 키워가며 확산되던 기업조직들은 왜 존재하는 것인지가 문제가 되었는데, 코스(1937: 21)는 그 이유를 시장가격 메커니즘을 이용하는 데 비용이 들기 때문이라고 보았던 것이다. 코스는 어떤 거래는 기업 조직 내부에서 권위에 의해 이루어지는 것이 시장에서 가격 조절 메커니즘을 통해 이루어지는 것보다 비용이 적게 들며 따라서 더 '효율적'이기 때문에 기업이 존재한다는 논리를 폈다. 이러한 주장은 때로는 시장보다 기업이라는 조직과 그에 따른 명령과 복종 메커니즘이 더 효율적인 장치일 수 있다는 가능성을 제시한 것이며 당시의 주류경제학에 대한 중요한 도전이었다고 할 수 있다.

신고전경제학에서 개별행위자는 시장과 관련한 모든 정보를 완벽하게 갖추고 있는 합리적 경제인이라고 가정된다. 이에 따라 개별 경제행위자들은 아무런 비용의 발생 없이, 자동 조절 메커니즘에 따라 시장에서 균형가격을 형성하고 그 가격에 따라 거래의 상대방을 찾아 거래를 행하는 과정을 수행할 수 있는 것으로 간주되었다.

그러나 코스는 현실적인 시장에서는 각 경제 주체들이 적정가격을 찾아내는 데 비용이 수반되고 이렇게 형성된 가격에 따라 거래를 수행하는 데도 비용이 든다는 점에 주목하였다. 그런데 이러한 시장에 반해, 기업이라는 조직 내에서 기업주가 자신의 결정에 따라 명령을 내리고 다른 거래당사자들은 그 명령을 따르는 조정 방식이 확립된다면 시장가격의 형성에 필요한 비용이나 개별적인 거래를 위한 일련의 계약을 체결하고 진행하는 데 수반되는 비용들이 불필요해질 수 있다는 점에 주목하였던 것이다. 코스(1937: 22)는 "시장의 작동에는 비용이 수반되지만 조직에서 권위를 이용하여 자원의 배분을 명령한다면 이러한 비용이 시장보다 줄어들 수 있다"고 보면서, 기업이라는 조직 위계와 그 속에서 이루어지는 권위에 의한 경제적 조정의 장점을 설명하였던 것이다. 그러나 코스의 거래비용론은 시장가격 메커니즘을 이용하는 데 수반되는 비용이란 것이 구체적으로 무엇인지에 대한 경험적 분석이 이루어지지 못한 채 주류 경제학에서 벗어난 주장으로 무시되었다.

2) 윌리엄슨의 거래비용 경제학

1970년대 들어와서 제도에 대한 경제학의 관심이 새로이 부각되면서 신제도경제학 패러다임이 등장하게 되었다. 이 가운데 코스의 선구적인 문제의식을 계승하여 기업 조직이라는 위계적 제도가 출현하게 된 원인을 규명하는 일련의 연구가 진행되었는데 그 대표적인 학자가 윌리엄슨이다. '거래비용' 개념을 부각시켜서 시장과 위계의 관계를 설명한 그의 '거래비용 경제학'은 코스에 비해 과학적 이론화의 단계를 한층 끌어올린 것으로 평가된다.

(1) 기본 가정

거래비용 경제학의 이론체계도 기본적으로 경제학에 속하는 것이고 신고전경제학의 전통을 이어받고 있기 때문에, 몇 가지 기본 가정에 바탕을 둔 연역적 이론체계로 이루어져 있다. 거래비용 경제학의 밑바탕에 깔린 인간의 행태에 대한 중요한 가정은 '제한된 합리성bounded rationality'과 '기회주의opportunism'로 요약할 수 있다. 제한된 합리성은 시장 거래나 계약에서 인간의 인지능력이 제한되어 있다는 점을 인정한 것이고, 행태의 기회주의 가정은 인간이 경우에 따라서는 사취guile를 해서라도 자기 이익을 추구한다는 점을 가정한 것이다. 윌리엄슨의 거래비용 경제학은 이 두 가지 가정에 바탕하여, 현실 적합성을 어느 정도 유지하면서도 유의미한 이론을 도출할 수 있는 새로운 논리적 가정들을 채택한 것이다. 경제조직 연구에서 인간 행동에 대한 이런 제한된 합리성과 기회주의라는 가정은 커다란 함의를 가진다.

제한된 합리성 가정은 경제행위자인 인간은 합리적으로 행위를 하려고 '의도'하지만 실제로는 '제한된 범위 내에서만' 합리적으로 행위를 할 수 있을 뿐이라는 사실을 뜻한다(Williamson, 1993: 92). 신고전경제학의 '합리성' 가정에 대한 비판으로 제기된 '제한된 합리성' 가정은 인간의 인지 능력에 한계가 있고 정보처리 능력 또한 제한되어 있기 때문에, 신고전경제학이 상정하는 완벽한 합리성은 존재하지 않는다는 사실을 직시하면서도 제한된 능력 범위 내에서 합리적으로 행위하려고 의도한다는 점을 강조한다. 그런데 이때 개인의 합리성이 제한적이라면 이들 간의 거래나 계약은 결국 '불완전imcomplete'할 수밖에 없다는 것이며, 불완전한 계약의 불완전성에서 비롯되는 균열을 메우고 안정과 적응을 추구할 수 있는 지배구조에 대한 모색이 경제 조직의 한 영역을 이루게 된다는 것이다.

한편 기회주의 가정은 행위자가 자기이익을 추구함에 있어서 사취guile를 통해서라도 이익을 얻고자 하는 유혹에 노출되어 있다고 본다. 사람들은 때때로 악의적으로 계약을 어기고 속임수를 써서라도 자신의 단기적 이익을 추구하고자 하는 유혹을 받는다는 것이다. 이처럼 인간이 기회주의적 성향에 노출되어 있다고 보면, 계약을 자발적으로 준수한 사람이 이를 위반한 사람에 의해 악용당하는 것을 방지해줄 계약의 안전장치 safeguards가 필요해진다. 즉 거래당사자들은 상대방의 기회주의 성향에 의해 자신이 희생자가 되지 않도록 자기를 보호해줄 수 있는 장치를 마련하려고 하는 인센티브를 갖게 되고 이를 추구한다는 것이다. 윌리엄슨(1993: 93)은 사람은 "거래를 하는 데 있어서 제한된 합리성이라는 조건에서 자기의 이익을 극대화하려고 하고 동시에 기회주의의 위험으로부터 거래를 보호하려고 시도"한다고 주장했다. 믿을 만한 경제행위자를 찾기 위해 미리 적격 여부를 검사하고 기회주의를 저지하기 위한 사후적 안전장치들을 마련하는 배경은 이러한 조건에서 나오는 것이다. 인간이 '기회주의적'일 수 있다는 가정을 허용하면, 완벽한 약속체계에서 볼 때에는 불필요하고 반사회적인 것으로 간주되었던 여러 제도적 관행들이 '경제화' 목적을 수행하기 위해 필요한 것이라는 점을 수용할 수 있게 된다.

이러한 윌리엄슨의 가정에 대해 그라노베터(Granovetter, 1985)는 거래 그 자체의 특성과 마찬가지로 실제로 거래가 이루어지는 맥락context의 배태성embeddedness을 인정함으로써 예측을 더 풍부하게 할 수 있다고 주장했다.

(2) 경제화

반(反)독점주의의 전통을 따르고 있는 주류경제학자라면 자기가 이해하지 못하는 기업 행위가 발견되었을 때 이것을 '독점'이라고 설명하고 이러한 조직 행동을 반사회적인 것이라고 생각할 것이다(Williamson, 1988). 하지만 윌리엄슨은 경제학자로서 조직의 목적이 기본적으로 '경제화economizing'에 있다고 주장하면서도, 왜 조직 유형이 다양하게 등장하는지를 문제로 제기하였다. 이에 비해 조직의 다양성이 경제화 노력의 산물일 수 있다는 견해는 반독점주의 전통이 강한 주류경제학에서는 별로 고려되지 않았다.

이에 반해 신제도경제학자들은 시장 메커니즘의 조건이 완벽하게 충족되는 곳은 없으며 지속되는 조직적 혁신들은 일반적으로 '경제화'라는 목적을 추구하기 위해 이루어진다고 주장했다. 다른 경제 조직 연구들의 접근법과 비교해볼 때, 거래비용 경제학은 기업을 '생산' 기능이 아닌 '지배구조governance structure'로 간주한다는 특징이 있다. 윌리엄슨(1988)은 각기 다른 속성을 지닌 거래가 적응능력과 결합비용이 서로 다른 지배구조에 각기 다른 방식으로 결합됨으로써 '거래비용'이 '경제화'되는 것이라고 주장했다.

(3) 자산 특수성

윌리엄슨은 거래비용의 '경제화'는 거래가 특정한 '지배구조'에 각기 다른 방식으로 결합됨으로써 이루어진다고 주장했다. 따라서 그에게 분석의 기본단위는 '거래transaction'이며 앞에서 언급한 거래 행위의 기본특성과 더불어 대안적인 지배구조의 비용과 능력이 결정되어야만, 어떤 거래가 어떤 지배구조와 결합되는지를 설명할 수 있었다. 윌리엄슨의 거래비용 경제학이 거래를 설명하는 데 있어서 고려한 몇 가지 중요한 차원 중에서 가장 중요한 것은 '자산 특수성asset specificity'의 조건이었다.

윌리엄슨은 미국 제도주의 경제학자인 커먼스의 입장을 따라 '거래'를 자신의 신제도경제학적 분석의 단위로 삼았다. 그는(Williamson, 1981a: 552) 거래를 '기술적으로 분리될 수 있는 접촉 경계를 넘어서는 재화나 서비스의 이동'이라고 개념 규정하였는데, 이는 두 행위 주체 간의 재화

및 서비스의 이동을 말하는 것으로서 사회학적 용어로 표현하면 양자 간의 '교환exchange'과 유사한 것이며 사회학의 '상호작용interaction' 개념에 근접한 용어라고 볼 수 있다.

윌리엄슨(1996b: 45)은 경제를 조직화하는 데 상호의존성과 질서 및 갈등이라는 세 가지 원리가 어떻게 작동하는지를 탐구하는 것이 필수적이라고 보았다. 그런데 만약 이 세 가지 원리가 원자화된 개인을 단위로 해서 발현되는 것이 아니라 적어도 두 사람 간의 교환 즉 거래를 통해 드러나는 것이라면 경제 조직화에 대한 탐구를 위한 신제도경제학에 요구되는 분석 단위는 바로 그러한 '거래'가 되어야 한다는 것이다. 더불어 그는 분석 단위로서의 거래를 세 가지 차원에 의해서 규정하였는데, 발생 빈도frequency, 불확실성uncertainty, 자산 특수성asset specificity이 그것이었다(Williamson, 1993: 93~94).

이중에서, 자산특수성이란 거래의 대상이 되는 자산이 얼마나 그 거래관계에 특화된 것인지를 일컫는 개념으로서 해당 자산이 해당 거래관계 외에 다른 거래에서 사용될 수 없는 정도를 의미하는 개념이다. 다시 말해, 자산특수성은 거래에 이용되는 자산이 해당 거래관계가 아닌 다른 거래관계에서도 그 가치를 얼마나 유지할 수 있는지의 정도를 나타내는 개념이다(박길성·이택면, 2007: 157). 그런데 윌리엄슨의 거래비용 경제학이 주목하는 점은 자산 특수성이 높은 항목을 거래할 때 특별한 문제가 발생한다는 사실이다. 특정한 거래에만 특화된 자산을 보유하고 이를 거래하는 당사자들은 그러한 거래가 갖는 '관계특수적' 성격 때문에 상호의존적일 수밖에 없게 된다는 것이다(Williamson, 1993: 94). 예를 들어, 자산 특화된 제품을 파는 특정 공급자는 자신이 생산한 제품(자산)이 특정 구매자에게 말고는 아무런 가치가 없는 것이므로 다른 구매자를 찾기가 아주 어렵거나 불가능하고, 구매자 역시 자신이 필요로 하는 제품(자산)을 생산할 수 있는 관계특수적 투자를 하고 있는 다른 공급자를 찾기가 어렵다.

그런데 이처럼 관계특수적 성격이 강한 자산을 거래하는 쌍방은 각자 다른 파트너를 찾기 어렵기 때문에 해당 거래관계에 매여 있는 처지가 되고, 그럴 경우에 쌍방은 상대방의 의존성을 이용해서 자신의 단기적 이익을 꾀하려고 하는 기회주의적 유인을 갖게 될 수 있다고 본다. 쌍방이 거래 상대자의 이런 처지를 이용해서 부당한 요구를 할 유인을 갖게 된다는 것이며, 이럴 경우에 부당한 요구로부터 거래당사자를 보호해줄 수 있는 안전장치가 마련되지 않으면 거래 자체가 성립되기 어렵다고 주장된다. 다시 말해 어느 정도 특화된 자산이 개입되면 시장거래는 위험을 낮게 되기 때문에, 거래특화된 자산이 위험에 처할 수 있는 거래인 경우에 거래당사자들은 거래의 일방적인 중단이나 일방적인 재조정 요구의 위험으로부터 자신의 투자를 보호하기 위해서 안전장치를 만들려는 동기를 가지게 된다는 것이다. 이러한 안전장치가 만들어지는 계약 조건을 그림으로 표시하면 다음과 같다.

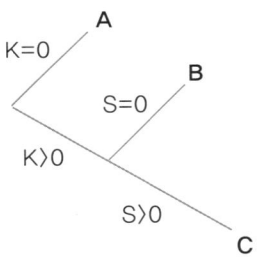

자산을 K로 표기하면, 일반적인 기술과 자산이 사용되는 경우는 K=0으로 이때는 시장에서 가격이 결정되고 거래가 이루어지는 A의 상황이 된다. 그러나 거래특화된 자산(혹은 기술)이 이용되는 경우에 해당하는 K>0인 경우에는 이것이 다시 거래에 안전장치가 없는 상황(S=0의 경우인 B의 상황)과 안전장치가 있는 상황(S>0의 경우인 C의 상황)으로 나뉘게 된다. 그러나 B의 상황은 비록 가격이 C의 경우보다 높게 유지될 경우도 있겠지만 기본적으로 불안정한 상황이기 때문에 C의 상황으로 움직이려는 경향이 나타나게 되며 이것이 바로 안전장치를 확보하는 것이 된다.

윌리엄슨(1988)은 여기서 보호적인 안전장치가 세 가지 형태를 가진다고 주장한다. 첫째는 거래를 계약에 어긋나게 일찍 종결한 것에 대해 벌금이나 벌칙을 부과하는 것이고, 둘째는 호혜성과 같은 쌍무적 교환관계로 거래관계를 전환해서 지속적인 거래를 위해 거래의 규칙성을 도입하는 것이며, 셋째는 갈등을 해결하는 특정의 지배구조를 창출하고 채택하는 것이라고 하였다. 그런데 여기서 세 번째 안전장치가 바로 중재를 이용하는 '위계hierarchy'의 등장을 의미한다. 그는 자산 특수성이 큰 자산의 거래로 옮겨갈수록 위계에 의한 거래가 비용을 가장 줄여준다고 주장했다. 즉 거래의 한 당사자가 상대방을 인수·합병 등의 형태로 내부화해서 더 이상 독자적이고 자율적인 계약 당사자가 아니라 자신의 지배에 복종하는 하위자로 만들면 그가 기회주의적 행동을 보일 인센티브를 잃기 때문에 더 이상 안전장치 마련에 따른 비용을 들일 필요가 없다고 보았다.

(4) 시장과 위계 및 혼합의 세 가지 지배구조 형태

윌리엄슨은 각종 거래들이 거래비용을 줄이기 위한 방편으로 적합한 지배구조에 따라 이루어진다고 보았다. 그는 거래가 특정한 지배구조에서 성립될 때 비용이 발생한다고 보았기 때문에, 특정 거래가 특정 지배구조에 의해 이루어질 때 얼마의 비용이 발생하는가를 파악하는 것이 거래비용 경제학의 제도 연구에서 매우 중요하다고 보았다.

그는(Williamson, 1996b: 11~12) "거래에서 발생할 수도 있는 잠재적 갈등이 상호간의 이익 실현 기회를 위협하거나 무산시킬 수도 있는 상황에서 질서를 달성하게 해주는 수단"을 지배구조라고 정의하기 때문에, 그에게 있어서 지배구조는 거래당사자의 호혜가 가능하도록 해주는 조정 장치를 일컫는다. 따라서 그는 거래가 완결될 수 있도록 해주는 제도적 틀과 규칙의 총체를 '지배구조'라고 표현한 것이다.

그는(Williamson, 1996b: 96~98) 지배구조가 ①그것을 뒷받침하는 계약법의 성격, ②거래 환경의 변화에 대한 적응 방식, ③인센티브, ④관리적 도구의 사용 여부라는 네 가지 차원에 의해 구분될 수 있으며, 이에 따라 구체적으로 시장market, 위계hierarchy, 그리고 그 둘의 중간 형태인 혼합 hybrid으로 지배구조의 유형이 구분된다고 주장했다.

첫 번째 차원인 계약법의 성격과 관련해서, 시장은 계약법의 구속이 가장 강한 지배구조에 해당한다. 이에 반해 위계 즉 기업 조직은 계약의 당사자 한 편이 상대방의 지배에 속하게 되어 그의 명령에 따르는 거래 양식으로 법의 심판이 유보되는 영역이기 때문에 계약법의 구속이 가장 약한 지배구조에 해당한다. 이 중간에 속하는 혼합 지배구조는 계약 당사자들의 독자성과 자율성을 인정하면서도 분쟁이 발생하면 엄격한 법 적용을 통한 공식적 해결보다는 중재나 조정 같은 보다 유연한 해결 방식이 동원되는 중간적 성격을 보이게 된다.

윌리엄슨은 지배구조를 구분 짓는 두 번째 차원은 거래 환경의 변화에 대한 적응방식이라고 하였다. 시장은 개별 거래 주체들이 거래 환경의 변화에 대해 각자의 판단에 따라 독자적이고 자율적인 적응을 하는 경우이며, 반대로 위계적 지배구조에서는 상급자의 판단에 따른 명령이나 강제에 따라 이에 복종하고 협력하는 방식으로 타율적인 적응이 이루어진다는 것이다. 이 중간에 속하는 혼합 지배구조는 시장의 자율적 조정과 위계의 강제적 조정이 혼재되어 있는 상태이다.

세 번째 자원인 인센티브와 관련해서 살펴보면, 시장 지배구조 하에서는 개별 거래자들이 전적으로 자율적이고 독자적인 결정을 내리기 때문에 거래의 결과로 초래되는 모든 혜택이나 손실이 전적으로 개별 거래당사자 본인에게 귀속되며 이에 따라 자신의 효용을 극대화하려는 인센티브가 매우 강하게 확립된다. 그러나 이와 반대로 위계 구조 하에서는 하위자나 하위 부서들이 거래에서 발생하는 혜택을 다 갖지도 못할 뿐만 아니라 손실을 서로 전가하는 것이 가능하기 때문에 강력한 인센티브를 갖기 어렵다. 한편 그 중간에 속하는 혼합 지배구조에서는 인센티브의 강도도 위계보다는 강하지만 시장보다는 약한 정도를 보이게 된다.

지배구조를 구분하는 네 번째 차원은 관리적 도구 즉 통제의 사용 여부이다. 위계의 지배구조에서는 인센티브가 약한 만큼 관리적 통제를 통해 지배를 강화하려고 한다. 반면에 시장 지배구조 하에는 관리적 통제를 사용할 여지가 존재하지 않는다. 그 중간의 혼합 지배구조에서는 시장에 비해서는 관리적 통제의 사용이 강하지만 개별 거래 주체의 자율성이 어느 정도 인정되기 때문에 위계보다는 관리적 도구의 사용이 적은 특징을 보인다고 한다.

윌리엄슨의 거래비용 경제학은 지배구조들을 이용하여 각종 거래를 체결하고 집행하고 감독하는 데 당연히 비용이 수반된다고 전제하기 때문에, 어떤 거래가 어떤 지배구조에서 이루어지느냐에 따라서 비용이 다르게 발생한다고 보았다. 따라서 어떤 거래를 어떤 지배구조와 '짝짓기 matching' 해서 비용을 줄일 수 있느냐가 중요한 문제가 된다(Williamson, 1993: 96). 그의 거래비용 경제학의 핵심적인 주장은 거래비용의 증가라는 시장의 실패를 극복하기 위해서 거래를 관리적 도구의 통제 하에 끌어들이게 되었고 이것이 바로 기업이라는 위계 지배구조를 낳게 된 것이며, 이러한 위계는 '경제화'를 달성한 결과라는 것이다.

(5) 기업제도에 대한 설명

윌리엄슨은 궁극적으로 거래비용 절감이라는 '경제화' 즉 효율성에 대한 고려 때문에 시장에서 위계로 지배구조가 변화했다고 본다. 즉 기업이라는 현대 경제 제도의 광범위한 출현을 초래한 원인은 결국 기업이라는 위계와 조직이 시장보다 더 효율적이기 때문이라는 주장이다.

구체적으로 기업조직이라는 제도의 출현은 다음과 같이 설명될 수 있다. 한 생산자가 다른 생산자로부터 시장을 통해 원자재나 다른 필요한 투입물들을 구매하여 생산하는 것보다 원자재나 투입물들 중에서 자산 특수성이 높은 것들은 외부의 독립적 생산자로부터 시장을 통해 구매하는 대신에 그들을 종업원으로 고용해서 위계구조를 만들고 명령에 따라 생산에 임하게 하는 것이 비용이 더 적게 든다면 기업조직의 출현은 당연한 논리적 귀결이라는 것이다(박길성·이택면, 2007: 169).

3) 거래비용 경제학에 대한 비판

윌리엄슨이 '시장과 위계'에서 주장한 대로 과연 '위계'가 항상 '시장'의 비효율성을 극복하는 완벽한 대안인지에 대해서는 의문이 제기될 수 있다. 그의 논지에 대한 신경제사회학의 비판은 그가 각 지배구조의 구체적인 사회적 관계에 대한 관심을 결여한 채로 지나치게 기능주의적 입장을 취했다는 것인데, 그라노베터(1985)가 제기한 대표적인 비판에 대해서는 8장에서 정리할 것이다. 한편 거래비용 경제학에 대한 초기의 비판은 그 논리가 기능주의의 동어반복성tautology을 띤다는 점에 집중되었다. 즉 기업이라는 위계 제도의 출현은 시장에서 발생하는 거래비용을 줄이기 위한 합리성에서 출현한 기능적인 해법으로서의 결과라고 주장하는 한편 위계의 등장 원인은 시장의 거래비용 때문이라는 식으로, 원인과 결과가 분리되지 않고 동어반복적으로 얽혀 있는 이론 논리상의 문제가 제기되었던 것이다.

(1) 거래비용 경제학의 자체적인 반성

거래비용 경제학은 효율성의 원칙을 기반으로 하지만, 거래 행위가 배태되어 있는 관습, 습관 같은 사회적 맥락은 특정한 지향을 지니기 때문에 각 문화에서의 사회적 맥락을 고려할 필요가 있다는 자체 반성이 제기되었다(Williamson, 1988).

이에 따라 윌리엄슨은 위계가 항상 시장을 대치하는 효율적인 지배구조가 아닐 수도 있다는 외부의 비판에 대해서 어느 정도 수용하는 입장을 보였다. 즉 그는 동료 집단peer group을 포함한 모든 형태의 조직에 제한적 합리성과 기회주의가 존재할 수 있다는 의견을 부분적으로 수용한다. 하지만 그는 존재할 수 있는 모든 형태의 조직은 이처럼 제한적 합리성을 갖기 때문에 결국 위계조직을 채택한다는 논리로 다시 돌아간다. 그는 존재 가능한 모든 형태의 조직은 기회주의적 행위를 점검하기 위해 적격 심사나 모니터링, 보상과 처벌 등을 결합해서 사용한다고 주장하면서, 이러한 위계에서 합의가 증가하는 것이 중요한 이득이 된다고 생각했다.

노동조직의 대안 유형에 대한 연구에서는 네오마르크시즘이 선호하는 이상적인 형태의 조직인 종업원지주 기업을 포함하는데, 여기서는 사회질서가 권위관계에 의하지 않고도 성취될 수 있다는 믿음을 전제로 한 동료 집단을 지향했다. 이 유형의 조직에서는 개인의 자기 절제와 협동적 행동 능력을 강조하기 때문에 위계가 없는 조직이 가능하다고 본 것이다. 그러나 윌리엄슨은 이러한 주장이 너무 안이한 것이기 때문에 자신은 '우리가 알고 있는 인간 본성'을 솔직하게 따르는 동료 집단만을 연구대상으로 하겠다고 밝히고 있다(Williamson, 1988). 즉 어떤 집단이나 조직이건 간에 결국 위계적 구조의 도입을 통해 통제를 하게 될 것이라는 자신의 '시장과 위계' 논지의 핵심적 주장을 다시 확인한 것이다.

(2) 기능주의적 설명이라는 비판

그라노베터(1985: 488)는 신제도경제학의 거래비용 경제학이 기능주의를 남용하고 있다고 주장하면서 "사회제도와 구조적 배열들은 법적·역사적·사회적·정치적인 여러 가지 대립에 의해 발생한 우연한 결과인데, 이 학파가 주장하는 내용은 이러한 제도나 구조를 특정한 경제 문제를 해결하기 위한 효율적인 결과물로 간주한다. 이러한 논리는 1940년대와 1950년대의 기능주의와 놀라울 만큼 유사하다"고 비판하였다. 이에 대해 윌리엄슨은 효율성 대 우연성이라는 이분법적 구도보다는 약한 형태의 효율성과 그에 따른 선택에 대한 설명이 필요할 것 같다고 대응하였다(Williamson, 1988). 또한 그는 거래비용에 대한 문헌에서 완전한 기능주의의 적용을 보여줄 수 있다고 주장했다. 예를 들어, 다부문기업조직(multi-divisional corporations; M형 조직)이라는 혁신의 출현과 확산에서 기능주의 논리가 완전하게 적용된다는 것을 보여줄 수 있다고 주장했다.

챈들러(Chandler, 1962)나 윌리엄슨(1975: 8~9장)이 기술하듯이, M형 조직 혁신은 거대하고 기능적으로 조직화된 일원적 관료제 기업을 위협하기 시작한 조직문제에 대한 대응으로 1920년대 이후에 진행되어 온 것이다. 혁신을 추구한 사람들은 M형 조직으로의 혁신을 통해 더 큰 효율성을 획득할 수 있을 것이라고 예상했겠지만, M형 조직 혁신에서는 예상하지 않았고 기대하지 않았던 결과들 또한 발생하였다. 하지만 M형 구조는 제한된 합리성 속에서 '경제화'를 수행할 뿐 아니라, 일원적 기업구조와 비교해보았을 때 하위목표의 추구를 약화시키며 기회주의를 줄여나가는 예상하지 않은 효과를 가져왔고, 윌리엄슨(1988)은 이것이 완전한 기능주의적 설명을 가능하게 한다고 주장했다.

3. 신경제사회학적 함의

　경제학적으로 볼 때 기업은 이윤 극대화를 추구하는 효율적인 생산 기능으로 표현되며 이때 적절한 기준이 되는 지표는 가격과 산출량이다. 이에 반해 사회학자들은 기업을 대립적인 이해관계 사이에서 갈등이 벌어지는 관료제로 보았다. 따라서 사회학자들의 기업 조직에 대한 주된 관심은 통제를 행사하기 위한 시도에 따르는 역기능적인 결과와 법적·사회적·역사적·정치적 압력에 의한 우연적인 결과들이다.

　신제도경제학은 생산 기능으로 접근하던 기업에 대해 보다 더 미시적으로 접근하면서, 조직의 세부적인 특징은 '거래'를 분석 단위로 하는 미시분석적인 '경제화' 접근이 체계적으로 적용될 수 있다고 주장했다. 신제도경제학에서 '위계'라는 특정 제도의 출현은 그 제도가 지배하는 거래의 자산 특수성, 그 거래에 참여하는 개인의 제한적 합리성과 기회주의 성향, 그리고 비용을 줄이고 이득을 극대화하고자 하는 경제화 성향 이세 가지 조건들로부터 연역되어 나오는 논리적 결론이다. 실제의 시장은 행위자들에게 완벽한 정보를 제공해주지 못하며 완전경쟁이라는 이상적 조건을 만족시키지도 못한다. 교환에 참여하는 개별 거래자들 역시 효용이나 이윤 극대화만을 항상 목표로 하는 것은 아니다. 거래비용 경제학의 출발점은 신고전경제학의 가정들을 비판하면서 인간의 정보처리 능력이 제한되어 있고 완전경쟁 같은 조건은 이루어지기 어렵다는 현실을 인정한 것이다. 이에 따라 현실의 시장 거래에서는 비용이 발생하게 마련이며 이것이 바로 거래비용이다.

　신제도경제학은 어떤 제도가 채택되고 존속하고 변화하느냐가 바로 이 제도를 이용하는 데 소요되는 거래비용의 크기에 달려 있다고 주장한다. 어떤 제도가 존재하는 것은 그것이 존재하지 않을 때에 비해 거래비용을 줄여주기 때문이라는 것이다. 이러한 논리가 시장이라는 제도와 그것을 대체하는 위계라는 제도가 어떤 조건에서 선택되는지를 설명하는 데 적용되었던 것이다.

그러나 이러한 신제도경제학적 거래비용 이론에 대해서, 어떤 거래들이 조직 내부에서 조직화되고 어떤 거래들이 기업 외부에서 조직화되는지, 인적 자산 특화에 의해 대두된 고용불안정이 어떻게 노동조직에 영향을 미치게 되는지, 거래의 속성에 따라 외부로부터 확보되는 재화와 용역에 대한 계약은 어떻게 변화하는지 등의 의문이 제기될 수 있다고 윌리엄슨은 인정했다(Williamson, 1988). 이러한 문제는 신제도경제학이 모든 유형의 지배구조를 포괄하는 규칙성이 발견될 수 있을 것이라고 예측하는데 '효율성' 관점을 채택했기 때문에 비롯된 것이다. 신고전경제학과 거래비용 경제학 간에 견해의 차이가 있지만, 두 가지 학문적 입장 모두 기본적으로 경제학이기 때문에, 시장이라는 제도 및 다른 모든 사회적 제도를 '효율성' 이라는 관점에서 보는 공통점이 있었던 것이다.

1) 경제사회학에 대한 전반적 함의

그러나 경제사회학적 관점에서 보면, 위계는 말할 것도 없고 시장이라는 제도의 출현과 변동조차도 효율성의 제고가 아니라 사회 내의 불평등한 권력 분포와 그에 따른 기득권 갈등에 의해 설명될 수 있다. 경제사회학은 신고전경제학처럼 가상의 이론적 시장이 아니라 현실에 존재하는 구체적인 시장에 주목한다. 사회학은 시장이라는 제도가 19세기를 전후하여 서유럽 세계에 등장하게 된 역사적 배경과 원인을 탐색하며, 그러기 위해서는 시장이 사람들의 경제문제를 해결하는 하나의 제도로 역사의 무대에 등장한 시기의 특정한 정치적, 문화적, 역사적 맥락을 검토해야만 한다고 주장한다. 모든 제도들은 그 사회가 처한 고유한 맥락에 맞게 등장한 것이라고 보기 때문이다.

이런 경제사회학적 지적을 받아들인 윌리엄슨은 조직에 대한 사회학적 분석[46]이 신제도경제학의 '경제화' 분석틀을 채택하는 경제학적 조직이론과 타협해 나가야 한다고 인정하였다(Willamson, 1988).

2) 연구주제에 대한 구체적 함의: 내부노동시장 개념과 형성 원인[47]

(1) 내부노동시장 개념

내부노동시장internal labor market 개념은 노동시장에서 채용, 훈련, 임금부여 등이 탈인격적인impersonal 시장력보다는 내부적으로 마련된 제도적, 관리적 규칙에 의해 지배된다는 확인에서 출발하였다(Kerr, 1954; Doeringer and Piore, 1971). 도링어와 피어리(1971: 2-4)는 "노동에 가격을 매기고 노동력을 할당하는 것이 일련의 관리적 규칙과 절차에 의해 지배받는 상태로서, 제조공장 같은 하나의 관리단위an administrative unit"를 '내부노동시장'으로 개념화하였고, 이 점에서 내부노동시장은 시장경제 요인의 직접적인 지배를 받는 외부external노동시장과 구분된다.

이들은 내부노동시장의 범위와 구조의 다양성에 주목하여, 하나의 기업이 하나의 노동시장일 수도 있지만 관리직, 기술직, 생산직 등 여러 개로 분화된 내부노동시장을 가질 수도 있다고 보았다. 즉 내부노동시장은 입직구entry-port의 수와 위치, 선발 기준의 엄정성, 노동력 할당 규칙 등으

---

46 이는 주로 상황조건론(contingency theory)으로 특징지어진 조직사회학을 말한다.
47 여기서 논의된 내부노동시장과 관련된 구체적 연구의 한 예가 11장 3절에 정리되어 있다.

로 측정된 외부시장에의 개방성 정도에 있어서 다양성을 보인다는 것이다(Doeringer and Piore, 1971: 41-56).

내부노동시장의 다양성을 염두에 둔 도링어와 피어리의 다차원적 개념이 많은 연구자들에 의해서 왜곡되어 협소하게 사용되었다는 점을 비판하는 앨트하우저와 캘러버그(Althauser and Kallerberg, 1981: 120)는 내부노동시장을 "최하위에서만 입직이 되고, 상승이동이 되는 직무사다리"(1981: 127)라고 규정하여 세 가지의 기본적인 구조적 특성을 지니는 것으로 보았다.

이처럼 내부노동시장의 다양성과 그 구성상의 다차원성을 염두에 두고, 기존 연구들의 개념을 정리해보면 대략 세 가지로 분류가 가능하다. 이론적 연구들에서는(Burawoy, 1979; Granovetter, 1985 참고) 일련의 관리직 작업 규칙과 절차가 지배하는 구조화된 영역structured area으로 규정하여, 기업내부노동시장이나 직업내부노동시장의 개념을 사용한다. 두 번째 범주는 오스터만(Osterman, 1984)의 경우에서처럼 한 조직 내의 직무군(群) 혹은 직무군의 군집cluster으로 내부노동시장을 규정하는 것이다. 마지막 범주는 주로 경험적 연구에서 나타나는데, 내부노동시장을 협소하게 개념 규정하여 승진사다리 같은 구조적 배열을 내부노동시장의 개념으로 삼는 것이다.

이처럼 내부노동시장의 개념이 다양한 원인 중의 하나는 내부노동시장과 1차, 2차 노동시장과의 관계와 연관된다. 피어리(Piore, 1975)도 지적한 것처럼 1차와 2차 노동시장을 구분하는 것은 직무특성이나 작업조건 등이지 직무사다리나 입직구 자체의 존재 여부와는 비교적 무관하여, 1차 노동시장이 모두 내부노동시장의 보호를 받는 것도 아니다.

내부노동시장 개념에 있어서의 불일치를 초래한 다른 원인들은 각 연구별로 상이한 관점perspective, 방법론, 원래의 개념에 대한 고의적인 축소 해석 등이 지적되지만, 실제로 단일 개념에 포함되기 어려운 내부노동시장의 내용적 다차원성에 다시 주목할 필요가 있다(Althauser and Kallerberg, 1981).

(2) 내부노동시장 형성 원인

내부노동시장의 등장 배경과 관련하여, 부분적으로 논의가 중첩되기도 하지만 효율성이론, 갈등론적 관점, 제도주의적 관점 및 배태시각이 각기 다른 설명을 펼치고 있다.

① 효율성이론의 관점

이 입장은 기본적으로 내부노동시장이 경영 측으로 하여금 불확실하고 복잡한 환경에 대한 통제를 극대화시켜준다고 주장한다. 신제도경제학의 거래비용이론가들은(예로, 윌리엄슨, 1981) 내부노동시장이 노동자들의 기회주의적이고 비효율적인 행동의 발생 여지를 줄임으로써 노동통제 비용의 감소를 가져온다고 주장하였다. 따라서 연공서열에 기반한 임금체계나 내부승진사다리 등은 노동자들의 작업 헌신과 협력을 유도하고 궁극적으로 효율성을 극대화시키기 위한 방편인 것이다(Osterman, 1984). 베버의 논의를 쫓아서 관료제적 위계(즉 내부노동시장의 형성)가 다른 어떤 유형의 조직 형태보다 기술적으로 효과적이라고 주장하는 베른(Baron et al. 1986) 같은 사회학자의 논의도 같은 맥락이다.

하지만 마글린(Marglin, 1974)이나 스톤(Stone, 1975) 등의 역사적, 경험적 연구결과가 보여주듯이 고용주들이 연공서열체계의 확립에 얼마나 반대해왔는가를 고려하고, 1920년대 이전에 기업들이 유사한 관리문제에 봉착해 있으면서도 내부노동시장을 채택하지 않았다는 점을 파악할 때, 이 관점이 기능주의적 결과론의 한계를 갖고 있다는 그라노베터(1985)의 비판을 염두에 둘 필요가 있다.

② 갈등론적 관점

이 관점에서는 내부노동시장의 형성을 자본에 의한 노동통제 욕구에서 찾는다(예로, Gordon et al. 1982; Edwards, 1979). 내부노동시장 속에서 상대적으로 특권을 갖는 노동자들이 다른 노동자들을 배제하려는 유인incentive을 갖기 때문에 분할지배가 가능하다는 것이다. 갈등론적 해석은 노동분화의 기술적 필요성을 인정하지 않고, 노동과 자본 간의 역사적 투쟁을 강조한다. 기계화와 노동분화로 인해 초래된 숙련의 감소는 공동의 이해를 갖는 균질적인 노동자군(群)을 형성하면서 노사관계의 불안정을 초래하였고, 자본 측은 개수임금제, 직무사다리, 복지체계의 도입을 통해 이에 대응하였다는 것이다. 따라서 내부노동시장은 노동자들을 분할하고 연대를 파괴하기 위해 고용주 측에 의해 도입된 의도적인 방식인 셈이다. 에드워즈(Edwards, 1979)가 내부노동시장을 종속 1차 노동시장의 기술적 통제가 초래하는 문제점을 해결하기 위한 방편으로 형성되었다고 주장한 것도 같은 논의이다.

이 관점의 가장 큰 한계는 내부노동시장이 노동자들의 입장에서도 중요한 상황 개선이라는 점을 무시한다는 점이다. 뷰러이(Burawoy, 1979: 108)가 잘 지적한 것처럼 "실제 작업장의 상황을 잘 살펴보면, 노동자들이 내부노동시장을 유지하고 확대시키려는 확실한 이해관계를 갖고 있다"는 점을 간과할 수 없다.

③ 제도주의적 관점

인적자본론에 기반한 제도학자들은 숙련의 특화성skill specificity과 직무 내 훈련on-the-job training이 내부노동시장을 형성했다고 주장한다(예로, Doeringer and Piore, 1971). 우선 특정한 기술이 이용되고 이에 맞물려 특정한 숙련이 요구되는 특정한 직무가 수행되어야 할 상황에서 내부노동시장은 이를 유지하기 위한 "안정적이고 자기 영속적self-perpetuating인 메커니즘"(Piore, 1975: 17)이라는 것이다. 또한 대부분의 숙련이 직무수행을 통해 비공식적으로 취득되어가고, 직무사다리를 통한 승진이 숙련 취득을 강화시키는 경우에, 직무내 훈련은 결국 노동자들에게 직업안정성을 가져다준다는 것이다.

④ 배태의 관점

앞의 세 가지 관점들이 각기 효율성 증대, 노동통제 및 기업특수적 숙련의 유지라고 하는 고용 측의 욕구에 초점을 맞추어 내부노동시장의 등장을 설명하는 반면에, 배태시각은 특정한 역사적, 정치적, 조직적 맥락 속에서 이루어진 노동자들의 역할 및 노사 간 상호작용의 역할을 강조하고 있다.

조직화된 이해관계를 추진하는 데 개입한 정치력의 중요성에 주목하는 이 관점은 조직화된 행위자들 간의 상호작용과 그 힘의 잠재력에 주목하는데, 여러 경험연구들에서(예로, Cohen and Pfeffer, 1986; Baron et al. 1986; Pfeffer and Cohen, 1984) 그 설명력이 확인된 바 있다. 예를 들어, 기업 인사 부서나 책임자가 자신의 힘을 확대하기 위해 보다 공식화된 선발, 채용 기준을 마련한다든가 노조가 친노조 성향의 신규 노동자를 받아들이기 위해 채용 기준에 강한 관심과 이해관계를 갖는다는 것 등이 보고되었다. 또한 이 배태시각은 정부의 역할이나 입법화(立法化) 등도 중요한 역할을 하는 것으로 파악하고 있다.

2부

신경제사회학의 발전

5장

■ ■ ■

신경제사회학 이론

　사회학 형성 초기에 고전 사회학이 경제학과의 관계에서 열세에 놓이게 되었던 기본적인 배경은 사회학이 후발주자였다는 점 외에도 방법론과 학문의 정치적 입장을 둘러싼 당시의 논쟁에서 과학성과 가치중립성을 강조했던 경제학이 훨씬 유리했다는 점에 있다(공유식 외, 1994: 19-20). 이러한 배경에 따라, 사회학이 학문으로 제도화되던 19세기 후반에 사회학은 당시 경제학계에서 득세하던 한계효용이론(신고전경제학)에 비해 열세에 놓이게 되었던 것이다.[48] 결국 고전 사회학자들이 가졌던 인간의 경제적 행위에 대한 관심은 경제 행위의 본질적인 문제보다는 소위 '잔여 문제leftovers' 혹은 '외생적 요인exogenous factors' 들에의 분석에 국한될 수밖에 없었던 것이다. 그런데 1980년대 이후 신경제사회학New Economic Sociology 패러다임이 새로이 형성되면서, 현대 주류경제학인 미시경제학

48　이러한 한계효용이론의 득세는 경제학 내에서 역사학파나 제도학파의 주장을 주변적인 것으로 만들었다.

이론이 설명해내지 못하는 경제현상의 본질적인 측면들을 사회학의 관점에서 조명하려는 시도가 다시 활성화되고 있다.

1. 신경제사회학 패러다임 등장의 배경

신경제사회학의 패러다임이 다시 형성되기 시작한 기반으로는 세 가지 요인을 꼽을 수 있다. ① '합리성'의 개념이 학문 분야에 따라 다를 수 있다는 점, ②경제학적으로 볼 때 비합리적인 것으로 여겨지는 요인들이 실제로 인간의 경제 행위를 결정하는 데 있어서 주요한 요인이라는 점, ③ 인간의 행위에서 합리적인 면과 비합리적인 면을 분리해내기 어렵다는 점의 세 가지가 그것이며, 이러한 관점이 발전하면서 신경제사회학 패러다임이 태동되었던 것이다.

이러한 신경제사회학적 관점의 발전에는 경제학 내부에서 1970년대부터 새롭게 부각되기 시작했던 신제도경제학이나 역사경제학의 연구 성과가 상당 정도 자극을 주었다고 볼 수 있다. 따라서 신경제사회학 패러다임의 입장은 주류경제학의 업적을 무시하는 것은 아니며, 다만 '경제적'인 것과 '사회적(비경제적)'인 것의 구분을 너무 날카롭게 하는 것이 현명하지 못하다고 보는 것이다. 이런 점에서, 경제학과 사회학 두 학문 간의 엄격한 연구 영역 구분에 대해 재고할 여지가 있다는 입장이 대두한 셈이다.

앞에서 살펴본 바와 같이 사회학 분야에서 경제문제에 대한 연구 관심이 점차 증대되고 경제학의 한계가 노출되는 한편 경제학의 학문적 제국주의 성향은 계속 강화되는 상황에서, 이에 대한 반발로 시장, 계약, 교환 등의 핵심적 경제문제를 사회학적 개념과 시각으로 설명하려는 시도가

1980년대 이후 본격화되면서 '신경제사회학' 패러다임이 형성되었다. 신경제사회학은 당시 정통 경제학으로부터 어느 정도 이탈되어 있던 신제도경제학New Institutional Economics이나 경제사(史)적 연구들에 의해 자극과 도움을 받아 연구가 더욱 활성화되었다. 그러나 신경제사회학은 이들 학문과 연구 관심을 상당 부분 공유하기도 하지만 그라노베터(Granovetter, 1985)의 윌리엄슨Williamson 비판에서 볼 수 있는 것처럼 기본적인 관점은 상이하다.

2. 신경제사회학 패러다임의 명제

신고전경제학으로 대표되는 주류경제학의 주장이 사회학적 시각에 의해 교정되고 보완될 수 있다는 점을 강조하는 신경제사회학의 명제는 크게 '사회적 행위로서의 경제 행위', '경제 행위의 사회적 배태성', '경제제도의 사회적 구성'의 세 가지로 정리할 수 있다.

1) 사회적 행위로서의 경제 행위

경제학이나 경제사회학 양자 모두 희소한 자원을 취득하는 여러 가지 대안들 중에서 선택을 행하는 행동 유형으로 경제 행위를 정의하는 데는 합의한다. 그러나 경제사회학의 입장에서 볼 때, 현대 주류경제학의 경제 행위 개념은 너무 지나칠 정도로 모든 비경제적 동기를 제거하고 있다. 경제적 동기만 존재한다고 가정하는 것이 유용하지 않다는 것보다는 모든 상황에 이런 가정을 전제로 한다는 것이 적절치 못하다는 것이다.

경제 행위를 본질적으로 효용 극대를 추구하는 합리적 행위로 보고 다른 것은 모두 '비경제적'이고 '비합리적'인 것으로 치부하는 독특한 입장을 경제학이 취하게 된 배경은 1세기 이상의 역사를 갖는다. 스미스(Smith, 1976: 17)는 인간이 "무언가를 다른 것과 거래, 교역barter하고 교환하는 성향"을 가지고 있다고 지적하였다. 그는 이 협의의 경제 행위 개념에서 지적한 성향을 인간 본성에 기반한 것으로 생각한 반면에 사회적 영향력은 기본적으로 경제 행위를 교란시키는 것으로 파악했다.[49]

허쉬만(Hirshman, 1977)은 경제 행위를 합리성으로 파악하는 관점의 등장을 근대 서구사상사의 다소 우연한 역사적 산물로 파악하였다. 그는 원래 중세 유럽에서는 '거래, 교역 및 교환'이 건설적이지 못한 성향으로 여겨졌지만 자본주의가 형성되면서 근면과 상업성이 봉건 제후의 비건설적인 권력욕과 힘을 상쇄시키고 대치할 수 있는 것으로 여겨지게 된 점에 주목하였다. 이처럼 자본주의적 산업화 과정이 여러 면에서 혼란스러운 와중에서, '거래, 교역 및 교환'이라는 경제적 행위는 다른 유형의 인간 행동과는 구분되는 것이라는 사고가 형성된 것이다. 더 나아가 20세기에 경제학과 여타 사회과학의 교류가 거의 없는 상황에서 경제 행위를 자신들만의 연구영역이라고 폐쇄적으로 보는 경제학적 입장이 강화된 것이다.

이러한 문제를 해결하기 위해, 일부 경제학자들(예로 Frank, 1990)과 제도경제학자 및 경제사회학자들에 의해 주류경제학의 담론이 사회적 관점을 수용할 필요가 있다는 점이 제기되었다. 이들의 주장은 대체로 ①경제 이론의 원래 시각을 유지하면서 사회적 관점을 부가 혹은 수용함으로써 경험적 실재를 보다 잘 반영할 여지를 제안하는 입장(예로 Akerlof, 1984)과 ②경제현상이 담지한 사회적 차원을 규명하기 위해 연구 주제를 재구성

---

49 하지만 주류경제학의 이러한 한계에 대하여, 경제학자인 프랭크(Frank, 1990) 조차도 개인의 선호가 선택 상황에 따라 매우 가변적이라고 지적하였다.

할 필요성을 주장하는 입장(예로 Granovetter, 1990)으로 나뉜다.

사회학적 관점에서 볼 때, 경제 행위는 기본원리상 힘, 승인, 지위, 사회성 등의 사회적 개념과 분리될 수 없다. 예를 들어, 뒤르케임(1984: 173)은 자기 이익 추구의 순수한 경제적 행위로는 사회가 유지될 수 없다는 점을 지적하면서, "사람들은 교환행위가 수행되는 그 순간을 넘어선 연대 ties로 연결되어 있다"고 주장하였다. 즉 경제 행위는 다른 사회적 행위와 마찬가지로, 항상 '집합 표상collective representations'에 맞추어져 있고 영향을 받는다는 점을 잘 지적한 것이다. 마르크스가 노동자들이 노동 과정에서 상호 협동한다는 점을 지적한 것도 같은 맥락의 논지이다.

베버(1978)는 경제학 이론의 유용성을 인정하면서도, 사회학적 개념의 경제 행위는 경제학의 의미와 두 가지 점에서 차이가 난다고 지적하였다. 첫째, 인간은 항상 사회적으로 구성된 의미socially constructed meanings를 통해 '다른 사람의 행동을 고려한' 행위를 한다는 것이다. 둘째, 경제가 사회 내에서 중요한 힘의 원천을 구성함에도 불구하고 경제학은 힘의 분석을 간과하고 있다는 것이다. 그는 경제 행위를 "행위자들이 경제적 목적을 추구하기 위해 자원에 대한 평화스러운 통제를 행하는 것"(1978: 63)으로 정의하고, 이때 '평화스러운peaceful'이란 '자원을 통제, 처분할 수 있는 법적으로 정당한 힘'을 의미하기 때문에 결국 '경제적 힘'의 개념이 경제학에 내재한다는 점을 지적하였다. 그 예로 '교환'은 협상을 통한 이해 갈등의 해소로 보아야 하며, 형식적으로 자유경쟁이 이루어진다고 여겨지는 시장도 종종 실제적인 힘의 배분 양상에 의해 영향을 받을 뿐만 아니라 가격도 이해 갈등과 협상의 산물이라는 것이다. 그런 의미에서 그는 추상적 이론 지향의 경제학과 역사·사회적 지향이 강한 사회학의 결합을 시도한 학자의 한 명이다.

2) 경제 행위의 사회적 관계에의 배태

많은 경제 행위는 사회적 상황에 따른 것이며 개인적 동기만으로 설명하기 어렵다. 즉 경제 행위는 원자화된 행위 주체들에 의해 독단적으로 수행되는 것이 아니라 한 개인이 현재 맺고 있는 인적 관계의 연결망에 배태(embedded)된 것이다. 여기서 연결망이란 개인 혹은 집단 간의 일련의 정규적인 접촉이나 사회적 연계를 의미하는데 이러한 연결망 속에서 한 개인의 행위는 타인과의 상호작용 속에서 드러나기 때문에 '배태'된 것이다.

그라노베터(1985)는 경제활동이 사회적 관계에 배태되어 있다는 점을 세 수준—개인적 경제 행위, 경제적 결과 및 경제제도—으로 구분하여 논의하였다. 즉 개인적 경제 행위와 이것이 유형을 갖춘 경제 행위의 결과 및 사회적 구성물로서의 경제제도는 개별 행위자의 인적 관계나 전반적 연결망 구조에 의해 영향을 받는다는 것이다. 이 입장은 ①경제 행위가 사회적 관계에 배태되는 구조적 측면을 중요시한 점에서 신고전경제학의 공급자–수요자 경우 같은 양자(dyad) 관계로의 환원을 회피한 점과, ②경제 행위가 일순간snapshot에 이루어지는 것이 아니라 어느 정도 장기간에 걸친 사회관계에 의해 영향받는다는 점을 강조한 것으로 평가할 수 있다. 한편 그라노베터는 개인적 경제 행위가 어떤 경제적 결과나 경제제도를 형성하기도 하지만 항상 그러한 것은 아니며, 특정한 경제적 결과를 산출하는가의 여부, 그 양상 등은 개인들의 경제 행위가 배태된 사회적 관계의 내용과 구조에 의해 제약된다고 지적하였다. 가격 결정을 예로 들면, 신고전경제학의 일반균형이론은 거래 관계에 참여하는 사람들이 많을수록 경쟁을 통해 안정적인 가격 형성이 가능하다고 본다. 반면에 베이커(Baker, 1984)의 주식시장 분석의 경우처럼 거래관계자가 많을수록 인간의 인적 관계가 한정되고 정보의 유통이 제한되기 때문에 거래

관계망이 파편화되어 경제 행위의 균질성(homogeneity)이 감소되고 단일 시장가격 형성이 불가능하다는 점이 지적될 수 있고, 이는 시장가격이 상당 기간 관계를 맺은 거래자 간에 형성되는 것이지 순간spot에 이루어지는 것은 아니라는 점을 보여준다.

폴라니Polanyi에 이어 '배태' 개념을 본격적으로 사용한 그라노베터(1985)는 인간의 경제 행위를 분석하는 데 있어서 신고전경제학과 구별되는 두 가지 전제를 바탕으로 하고 있다. 첫째, 인간의 경제적 행위는 신고전경제학자들이 생각하듯이 합리적이고 원자화된 개인의 이익 추구의 과정으로만 설명될 수는 없으며, 행위는 항상 현재 개인이 맺고 있는 사회관계 즉 인간관계의 연결망에 배태되어 있다는 것이다. 둘째, 경제활동이 과거보다 자율적으로 되고 개인 이득을 합리적으로 추구하는 방향으로 변한 것은 사실이지만 경제학자들이 생각하듯이 전통사회에서나 현재 산업사회에서나 경제 행위가 사회구조 즉 사회적 영향력과 무관하게 이루어지는 것은 아니라는 것이다. 다시 말해, 과거뿐만 아니라 현대사회에서도 인간의 경제 행위는 현재 진행되는 사회적 관계에 상당 정도 배태되어 이것의 영향을 받는다는 것이다.

'배태' 개념과 관련하여 그라노베터는 인간의 경제 행위를 이해하는 데 있어서 경제학이나 홉스의 '자연 상태state of nature'가 함축하고 있는 과소사회화된 인간형에 대한 전제를 거부한다. 즉 인간을 단순히 자신의 경제적 이익 추구에 매진하는 경제인economic man으로만 파악하는 것은 오류라고 지적한 것이다. 그러나 한편으로 그는, 일부 인류학자들이나 파슨스 식의 '규범사회학'에서 전제로 하고 있듯이 인간이 사회화 과정을 거치면서 사회의 모든 규범과 가치를 거의 완벽하게 내면화한 '도덕적moral' 존재 또한 아니라고 지적하였다. 그라노베터(1985: 482, 485)는 전통사회에서 경제 행위가 사회관계에 배태되어 있던 정도는 주장되는 것만큼 높은 것이 아니며, 흔히 생각하듯이 근대화로 인해 그 배태의 수준이 완전히 상실된 것 또한 아니라고 주장했다. 그는 과도사회화 개념과 과소사회화 개념 양자가 모두 행위자가 '현재 진행 중인 사회관계on-going social relations'에 의해 영향을 받는다는 점을 간과하고 있다고 비판하였다.

과소사회화 시각에서는 자기 이익 추구에 의한 원자화된 개인을 전제로 하며 과도사회화 시각[50]에서는 개인이 사회의 규범과 가치를 이미 내면화한 것으로 보기 때문에, 두 시각 모두 행위에 영향을 끼치는 '현재 진행되는 사회관계'를 똑같이 과소평가하고 있다는 것이다. 즉 두 가지 입장이 모두 현재의 사회적 맥락immediate social context에서 이탈되어 있는 원자화된 행위자 개념을 사용하여 '홉스Hobbes적 질서의 문제'[51]에 해답을 제공하려고 한 공통점을 갖는다는 지적이다. 따라서 그는 과도와 과소사회화의 중간 정도 수준에서 경제 행위 및 경제제도가 현재의 구체적 사회관계에 어떻게 배태되어 있는가를 분석해야 한다고 주장하였다.

과소사회화 시각을 취하는 홉스나 과도사회화 시각을 취하는 윌리엄슨 같은 신제도경제학자들에게 있어서 자기이익self-interest 추구라는 개념은 경제생활에 속임수나 부정malfeasance이 개입될 가능성을 담지하고 있다. 따라서 이들의 생각에 의하면 다양한 사회적, 경제적 제도들이란 경제생활에서 신뢰를 가능하게 하기 위한 효율적인 해결책이며, 제도나 기업 같은 조직 속에서 사회화를 통해 형성된 일반화된 도덕성morality이 경제적 부정을 제거하는 중요한 메커니즘이 된다고 본다.

그러나 그라노베터(1985: 490-491)가 취하는 '배태' 시각은 경제생활에

----

50 그라노베터는 현대경제학이 사회적 영향을 강조하고자 할 때 과도사회화된 시각을 채택한다는 점을 피어리(Piore, 1975) 혹은 에드워즈(Edwards, 1979) 등이 노동시장분절과 계급적 하위문화(class subculture)를 연결시킨 것을 예로 들어 비판하였다(Granovetter, 1985: 485-486).

51 '홉스적 질서의 문제(Hobbesian problem of order)'란 인간 본성에 대한 성악설에 기반하여 소위 '만인의 만인에 대한 투쟁 상태'의 사회를 상정했던 홉스가 인간 사회에서 과연 질서는 어떻게 가능한 것이며 이러한 질서는 어떤 변화를 겪는지를 이해하려고 했던 시도를 지칭한다. 과연 인간은 어떤 존재이며 무엇으로 사는지에 대한 사유 노력이 철학과 인문학의 배경을 이룬 것과 마찬가지로, 이러한 홉스적 질서의 문제가 사회학의 출발 배경이었다고 할 수 있다.

서 신뢰를 산출하고 부정을 억제하는 데 작용하는 구체적 인적 관계와 그러한 사회적 관계의 구조 즉 연결망의 역할에 따라 실제의 양상은 매우 다를 수 있다는 점을 강조하는 것이다.[52] 이러한 주장은 아래의 경제제도에 대한 논의에서 보충 설명이 될 것인데, 여기서는 개인적 경제 행위에 대한 그의 논의를 간단한 예를 통해 살펴보자.

개인적 경제 행위에 직접적인 영향을 미치는 요인으로 관계적 배태 relational embeddedness 개념을 사용한 그라노베터(1990: 98-99)는 특정한 노동자와 감독 간의 관계를 예로 들면서, 조직 규정 외에 양자 간의 인간관계 및 그들이 겪어온 감독-노동자 관계의 과거 경험 및 상호 간의 기대가 중요하다는 점을 지적하였다. 그러나 그라노베터가 상대적으로 주목하는 사회적 관계는 이러한 관계가 확대된 구조적 배태 structural embeddedness 로서, 감독이 모든 노동자들과 좋은 관계를 맺고 있다면 특정 노동자가 쉽게 이 감독과 좋은 관계를 가질 수 있지만 응집력이 강한 대다수의 노동자들과 감독의 사이가 좋지 않은 상황에서 특정 노동자가 이 감독과 사이 좋게 지내는 경우 그에게 집단 압력이 가해지는 상황이 발생한다는 점을 예로 들어 설명하였다.

3) 경제제도의 사회적 구성

신경제사회학은 경제 행위와 같은 미시적 경제 현상뿐만 아니라 거시적 현상인 경제제도의 분석에도 유용하다. 그라노베터는 개인적 경제 행위가 어떤 경제적 결과나 경제제도를 형성하기도 하지만 항상 그러한 것

---

52 그라노베터(1985: 491-492)는 사회적 관계가 존재함으로써 경제 행위에 있어서 오히려 부정과 갈등이 증폭될 가능성도 지적하고 있다. 친구에 대한 사기 행위나 주식 내부거래 등이 예가 된다.

은 아니며, 특정한 경제적 결과를 산출하는가의 여부나 그 양상은 개인들의 경제 행위가 배태된 사회적 관계의 내용과 구조에 의해 제약된다는 점을 지적하였다.

신경제사회학에서는 경제제도를 기본적으로 '사회적 구성물social constructs'로 파악하고 있다. 예를 들어, 자율시장이라는 경제제도도 단순히 진화론적 적응을 통해 '나타난emerge'것이 아니라 행위 주체 간의 정치력과 국가의 힘이 행사된 결과로서 '만들어진constructed' 것이다 (Friedland and Robertson, 1990: 7).

그라노베터는 재화와 용역의 생산에 관여하는 기업, 산업, 직업을 경제제도의 핵심으로 파악하였다.[53] 기업의 존재와 관련하여, 신제도경제학파에 속하는 윌리엄슨(1975, 1981)은 거래비용 감소 및 효율성 증대를 기업의 수직적 통합vertical integration이 발생하는 원인으로 설명하는 '시장과 위계markets and hierarchies'논지를 폈다. 이처럼 기업이라는 현대 경제제도의 형성에 대해 경제학적 설명은 기본적으로 효율성 논리에 기반하고 있다. 이처럼 윌리엄슨의 분석도 시장market거래의 실패를 위계hierarchy 즉 기업 조직 형성을 통해 해결하여 효율성을 높인 것이라는 주장에 초점을 둔 진화론(기능론)적 논리를 갖고 있다.

이에 대한 비판으로, 그라노베터(1985, 1990)는 거래 관계를 기업 경계boundary 내부로 끌어들인 것이 항상 시장 거래보다 효율적이고 질서 잡힌 경제활동이 되는 것은 아니라고 지적하였다. 즉 윌리엄슨이 위계적으로 통합된 기업 영역 내에서 경제활동이 이루어지면 '기회주의opportunism'와 '부정malfeasance'이 제거되고 협동과 질서를 기대할 수 있다고 본 것은 경험적 실재를 반영하지 못한 것으로, 시장을 통해 복잡한 거래관계가 이

---

[53] 이에 대한 상세한 논의는 9장을 참조하시오.

루어지는 경우에도 높은 질서가 가능한 반면에 기업 내부의 경제 행위에서도 고도의 무질서가 가능하다는 것이다. 따라서 그라노베터(1990: 102-104)는 시장거래를 통한 경제활동이 기업 내부 활동으로 전환되는 여부에 결정적으로 작용하는 요소는 기업 내부 및 기업 간의 인적관계와 연결망의 구체적인 성격이라고 주장하면서, 경제적 거래관계가 수행되는 실제 사회관계의 유형에 주목할 것을 제안하였다. 한 예로, 미국의 초기 기업과 증권시장의 경우에서 볼 수 있듯이 이들 제도는 처음부터 효율성에 기반하여 형성된 것이 아니다. 비효율과 힘의 행사, 기회주의와 부정이 엄청나게 혼재한 상태로 모습을 드러냈고, 그 조직 형태는 나중에야 제도화되게 된다(Friedland and Robertson, 1990: 8). 근대에 영국에서 시장이 형성되던 과정과 유사하게, 사회연결망상의 유리한 위치에서 창출된 힘들이 공모하여 합종연횡(合縱連橫)된 결과가 이들 경제제도라는 것이다.

현상학자인 버거와 러크맨(Berger and Luckman, 1966: 54-55)은 『실재의 사회적 구성 *The Social Construction of Reality*』에서, 제도란 흔히 생각하듯이 객관적이고 외재적인 것이 아니라고 지적한 바 있다. 이는 오랫동안에 걸쳐 사회적으로 창조되어 견고해진 결과물이라는 것이다. 일단 제도가 존재하면, 사람들은 다른 행위자들의 행동에 맞추어 행위 지향을 하게 된다. 따라서 제도가 창출되어 나온 역사적 경과를 이해하지 못하면 제도를 적절하게 이해하기가 불가능하게 된다. 한편 가장 효율적인 해결책이 항상 채택되는 것이 아니듯이 제도 형성 과정에도 초기에 우연적인 요인들이 개입되어 방향을 바꿀 여지가 매우 많다. 이때 우연적으로 여겨지는 역사적 상황을 연결망 개념을 가지고 설명할 수 있다.

이러한 맥락에서 볼 때, 신경제사회학의 경제제도 분석은 보다 진일보한 논의로 평가된다. 그라노베터는 경제제도는 사회적 연결망을 통해 활용 가능한 자원을 적절히 동원함으로써 구성된 것이라고 주장하였다. 이 경우 기존의 사회적, 기술적, 정책적, 시장적 제약을 뛰어넘는 제도화가 이루어지기도 한다는 점을 분석한 일례로 맥과이어(McGuire, 1986)의 미국 전기산업 형성에 대한 연구를 들 수 있다. 그는 1880-1930년 기간 중 미국 시카고 지역 전기산업의 발전 과정에 대한 연구를 통해 사업가가 맺고 있던 폭넓은 약한 유대관계weak tie의 연결망이 산업적 제도화를 초래했다는 연구결과를 발표한 바 있다. 한편 제리저(Zelizer, 1983)는 19세기 말, 미국에서 생명보험이 태동할 초기에 사람의 목숨에 가격을 붙인다는 것에 대한 일반인들의 반발이 입소문을 통해 확산되면서 생명보험산업이 제도로 자리를 잡기까지 많은 애로를 거쳤다는 점을 보고하였다.

또한 집단이익 보호를 위한 연결망을 가진 직업 부문이 독점화를 통해 전문직업으로 형성되온 역사적 경과에 대한 연구결과들은(예로 Collins, 1979) 모두 경제제도 형성에 사회적 관계가 갖는 영향을 보여주는 것들이다.

사회학적 분석에서 제도는 실재reality의 사회적 구성이다. 연결망은 적어도 경제제도 형성의 초기 단계에 결정적인 영향을 행사할 수 있다. 일단 제도가 틀을 갖추면 연결망의 역할은 감소할 것이지만, 경제제도 형성 원인에 대한 정확한 이해를 위해서는 역사적 상황을 고려한 동적인 분석이 필요하다는 점은 강조되어야 한다.

인간이 행하는 일상의 경제활동은 경제적, 합리적 동기와 비경제적, 비합리적 동기가 결합되어 있으며 따라서 인간의 경제 행위는 사회적 관계의 구조 즉 연결망에 배태되어 있다는 주장이 신경제사회학 패러다임의 골격이다. 신경제사회학자들은 경제이론이 설명해내지 못하는 경제현상이 많다는 점에 주목하여 사회학이 경제현상의 핵심적인 문제에 관심을 둘 필요가 있을 뿐만 아니라, 실제 이렇게 함으로써 경제생활을 이해하는 데에 있어서 새로운 장을 열 수 있다는 가능성을 주장하는 것이다.

그라노베터(1990: 106)의 지적처럼 현대 경제학은 동적dynamic인 설명을 결여한 약점을 지닌다. 이 약점은 정태적인 순간시장 가정으로부터 출발하는 것이므로 신경제사회학의 지적처럼 시간 개념의 확대가 필요하다. 더불어 경제제도의 형성과정을 역사적으로 분석할 필요도 제기되는데, 이런 분석에 내재된 '상황조건성contingency'에 대해 경제학이 불만을 표시하지만, 이는 사회학적으로는 체계적인 연구가 가능하다. 왜냐하면 맥과이어(1986)의 전기산업 연구에서 보듯이 역사적 우연성으로 생각되는 것도 실제로는 사회적 관계의 구조(연결망)에 배태된 것으로 파악 가능하기 때문이다.

경제사 연구에서처럼 사건의 개별적 독특성을 중시하는 역사주의에 너무 빠져들어서는 안 되겠지만, 경제적 행위가 특정 경제적 결과와 경제제도 형성에 작용한 상황 조건성을 설명하는 이론 틀의 정리 작업은 이미 시작된 것으로 보인다. 이는 경제 행위도 인간의 일상사의 한 부분인 것으로 인식하고 경제활동 영역에서 발생하는 사회적 메커니즘을 본질적으로 사회학적인 시각과 관점에서 설명하고 이해를 시도하는 작업이다.

이러한 신경제사회학 패러다임이 오랜 생명력을 유지하기 위해서 제기되는 과제는 중범위 경제사회학middle-range economic sociology을 지향하는 것이다. 이를 위해 그라노베터(1985)가 논의한 바 있는 '과도사회화'와 '과소사회화'의 중간 영역을 설정하는 문제 및 경제활동에서 발생하는 사회적 메커니즘—사회학적 현상간의 인과성causality— 을 구체적으로 확인하는 작업이 요구된다. 더불어 많은 사회연결망 이론가들이 노력하고 있듯이 연결망 혹은 사회적 관계를 경험적으로 확인할 수 있는 측정 도구의 개발이 필요한 과제이다.

3. 신경제사회학적 연결망 분석

그라노베터가 1974년에 『일자리 구하기 *Getting A Job*』를 통해, 사람들이 다른 사람들과 맺고 있는 약한 유대weak ties가 일자리를 구할 때 관련 정보를 제공해주는 데 있어서 강점을 갖는다는 발견을 한 이후, 연결망 network에 대한 관심이 증폭되었다. 이 무렵 연결망 분석을 위한 수학, 통계학적 모델은 이미 발전하고 있었지만 이 모델을 실제로 어떤 현상에 적용해야 하는지에 대해서는 좌표가 없었던 상황에서, 그라노베터의 발견은 연결망 분석의 발전에 중요한 지침이 되었던 것이다.

개인과 개인은 행위action를 주고받으면서 '상호작용interaction'이 이루어지는데, 이런 상호작용은 오랜 기간에 걸쳐 반복되면서 행위자들 사이에 맺어져 있는 특정한 사회적 관계에 따라 일정한 유형pattern을 갖추게 된다. 예를 들어 부모와 자식 사이, 친구 사이, 은행원과 대출고객 사이, 정치인과 경제인 사이 등에 따라 유형화된 상호작용의 구체적인 모습은 다르게 마련이지만, 이처럼 유형화된 상호작용이 사회적 관계를 따라 전체 사회에 확산되어 있는 것이 다름 아닌 '사회구조social structure'의 개념이다. 이렇게 보면, 사회학에서 가장 중요하게 사용하는 개념 중의 하나인 '사회구조'는 결국 '연결망'과 동의어가 되는 것이다.

연결망 분석은 행위자를 사회적 진공상태 속에 고립되어 있는 원자화된 존재로 보지 않고 다른 행위자와의 관계라는 사회적 맥락contexts에 배태embedded되어 있는 존재로 파악한다(Granovetter, 1985). 즉 모든 개별 행위자들은 사회적 행위를 하는 데 있어서 다른 행위자들과 맺고 있는 관계의 연결망을 통해 그들의 행위에서 영향을 받기도 하고 그들의 행위에 영향을 주기도 한다는 것이다. 따라서 연결망 분석은 구체적인 사회적 관계의 양상을 경험적으로 포착하려고 시도한다는 점에서 구조주의적 입장을 견지하면서 개별 행위자들이 고유하게 지니고 있는 속성이 아니라, 개별 행위자들 간의 특정한 관계의 유형에 따라 사회구조가 구성된다고 본다.

이처럼 사회구조가 행위자들 사이에 맺어져 있는 특정한 관계의 유형이라고 보기 때문에, 연결망 분석에서는 사회적 관계와 무관한 개별적 속성들을 측정하여 그것들 간의 상관관계나 차이를 분석하는 대신에, 이 특정한 사회적 관계의 유형을 직접 측정하고 이것이 개인의 행위에 어떻게 영향을 미치는지를 살펴보는 것이 사회구조를 파악하는 방법이라고 본다. 경제학이나 심리학에서 개인의 행동을 분석할 때는 그가 속해 있는 사회적 맥락이 중요한 고려 대상이 아니지만, 연결망 분석은 행위자의 '속성attributes'과 행위자가 맺고 있는 '관계relations' 그 자체를 분명히 구분한다. 여기서 속성은 대상의 본래적인 특성 즉 성, 연령, 교육수준, 직업, 성격 등을 의미하는 반면에, 관계는 둘 이상의 대상이 서로 관련을 맺음으로써 생겨나는 발현적emergent인 속성이라고 본다. 그러므로 연결망 분석은 행위자들 사이에 맺어져 있는 관계를 측정하고 유형화하는 기법들을 발전시키고 이를 활용해서 사회구조를 확인하거나 개인의 행위와 사회구조 간의 상호작용 메커니즘을 파악하려고 한다.

1) 연결망이론의 기본 개념

(1) 연결망 구조

연결망은 개인이나 집단 사이에 형성되어 있는 관계의 망(網)을 지칭한다. 이때 한 연결망이 그것을 구성하는 점(點)들 사이에 '현재 맺어져 있는 관계'와 '현재 결여되어 있는 관계'로 나뉘어 구성되는 상태를 '연결망 구조network structure'라고 한다(White et al. 1976: 731~732).

(2) 연결망 밀도

연결망 밀도density는 연결망 내의 각 점들이 얼마나 촘촘한 관계로 맺어져 있는지를 측정하는 지표이다. 이 지표는 여러 개의 점들로 이루어진 연결망 내에서 가능한 모든 관계의 수를 분모로 하고 실제로 맺어져 있는 관계의 수를 분자로 한 비율로 계산된다.

(3) 연결망 유형

연결망의 유형은 그것을 구성하는 각 점들 사이에 주고받는 관계의 내용이 무엇이냐에 따라 결정된다. 예를 들어, 연결망 유형은 성긴sparse 연결망과 촘촘한dense 연결망, 강한strong 연결망과 약한weak 연결망 등으로 분류된다.

2) 시장에 대한 연결망 분석

(1) 개별 시장에 대한 연결망 분석[54]

연결망 분석의 입장에서 보면, 시장은 구매자와 판매자 사이에 재화나 서비스가 교환되는 관계의 망 즉 하나의 연결망이다. 연결망 분석이 개별 시장에 접근하는 방식은 ①시장을 판매자와 구매자 간의 연결망으로 보고, ②시장을 구성하는 각 행위자들 사이의 거래관계를 나타내는 자료를 통해 행위자들 간의 구조적 등위성을 측정하고, ③그것에 입각하여, 이 시장이 서로 대체 가능한 행위자들로 이루어진 동질적인 하나의 구조인

---

54 이 부분의 설명은 박길성·이택면, 2007. 『경제사회학 이론』, 나남출판, p. 215-220을 참조하였다.

지 아니면 하위집단들로 나뉜 분절된 구조인지를 확인하는 것으로 요약될 수 있다.

이렇게 포착된 '시장'이라는 연결망의 구조적 특성은 시장의 미시적 행위자인 개별 소비자와 생산자가 자신의 효용과 이윤 극대화를 추구하는데 있어서 고려해야만 하는 사회적 맥락social contexts의 일부가 되는 것이다.

(2) 소비자에 대한 연결망 분석

신고전경제학과 대비되는 연결망 분석의 기본 가정 중의 하나는 시장에서의 개별 행위자란 다른 행위자들과 맺고 있는 기존의 관계 유형이라는 구조적 영향 속에서 자신의 효용이나 이윤을 극대화하는 존재라는 점이다.

신고전경제학의 소비자 행동 모델은 개별 소비자의 효용함수가 소비하는 재화의 양에 의해서만 정의된다고 간주함으로써, 다른 소비자들의 존재나 그들과 맺고 있는 관계가 해당 소비자의 주관적 효용에 미치는 영향을 무시하고 있다고 볼 수 있다. 반면에 연결망 분석에서는 개별 소비자를 원자적이고 고립된 존재가 아니라 다른 소비자들과 맺고 있는 관계의 망이라는 사회적 맥락 속에서 파악하고 있다. 따라서 한 소비자의 행위가 다른 행위자들과의 관계에 배태되어 있다고 보기 때문에, 개별 행위자의 주관적 효용이 관계에 의해 영향을 받는 메커니즘을 효용함수 속에 편입시키고 있다는 것이다.

소비 행위가 사회적 관계에 배태되는 현상은 일상생활에서 빈번하게 발생한다. 사람들은 의료나 법률 서비스를 필요로 할 때, 자동차나 전자제품 등을 구입할 때에 주변의 지인들에게 소개를 받거나 정보를 구한다. 즉 많은 소비자들은 소비 행위를 하는 데 있어서 익숙하게 주변 관계를 이용하곤 한다. 신고전경제학에서 상정하는 이상적인 시장에 가까운 전자상거래 시장에서도, 사람들은 단순히 가격이 싼 사이트를 통해 구매를 하는 것이 아니라 주변 사람들의 추천을 통하거나 이미 성공적인 거래 경험이 있는 사이트를 선택한다.[55] 이처럼 사람들은 실제의 일상 경제생활에서 다양한 방식으로 사회적 관계를 이용해서 판매자와 제품을 선택하는 것이다.

디마지오와 라우치(DiMaggio and Louch, 1998)는 미국의 1996년 종합사회조사General Social Survey 자료를 분석하여, 상품에 따라 구매자가 사회적 관계를 동원하는 정도 즉 배태성의 수준이 다르다는 점을 밝혔다. 예를 들어, 신차를 구입할 때보다 중고차를 구입할 때 아는 지인을 동원하는 경향이 높다는 것이다. 한편 캠벨 등(Campbell et al. 1986)과 마스덴(Marsden, 1987)의 연구는 일상생활에서 개인의 특성에 따라 경제 행위에 사회적 관계를 활용하는 배태성의 수준이 다르다는 점을 확인했다. 즉 사회경제적 자원의 보유 면에서 유리한 위치에 있는 사람일수록 배태성이 높다는 것이다.

기어츠(Geertz, 1978)는 모로코 전통시장에 대한 연구에서, 거래 참여자가 거래에서의 불확실성을 줄이고 예측성을 높이기 위해서 같은 거래 대상자와 반복적으로 거래를 하는 단골화clientelization 경향이 나타난다는 점에 주목했다. 그는 소비자들이 가격을 알아보기 위해서 일단 시장 전반의 판매자들과 약간의 가격 협상을 해보기는 하지만, 실제 구매는 소수의 단골 판매상들과의 집중적인 협상을 통해 한다는 점을 강조했다. 즉 단골화는 거래 상대방이 한 번의 거래만이 아니라 장기적으로 지속되는 오랜

---

55 이베이(ebay) 전자상거래 사이트의 경우에, 매매가 종결되고 나면 구매자와 판매자들이 각자 상대편에 대한 평가를 남기도록 되어 있다. 따라서 이전의 구매자들이 제품이나 판매자에게 부여한 평가 점수는 평판으로 쌓여서 일종의 소개(referral)로 작용하는 중요한 역할을 하게 된다.

단골관계를 맺어서 장기간의 경제적 이익을 도모할 수 있다는 점에서 기회주의적opportunism 행동을 억제하도록 하는 경제적 유인이 된다. 또한 이를 통해 형성되는 신뢰와 유대감이 다시 기회주의적 행동을 줄여서 소위 '거래비용'을 줄이게 된다는 것이다.

(3) 생산자에 대한 연결망 분석

신고전경제학에서는 이윤을 극대화하고자 하는 개별 생산자가 수요·공급 상황에 따라 결정된 가격에 기반하여 의사결정을 하는 것으로 간주하지만, 연결망 분석에서는 다른 생산자들이 이전 시기에 내렸던 생산 결정의 결과를 파악하는 것이 이윤확보를 위한 의사결정의 준거가 된다고 본다. 즉 개별생산자는 자신이 처해 있는 시장(생산요소 시장과 생산물 시장)의 수요와 공급 상황에 의해서가 아니라 다른 생산자들의 과거 행위 유형에 대한 '관찰observation'을 근거로 하여 이윤 극대화를 추구한다는 것이다. 화이트(White, 1980a)는 관찰 가능한 다른 생산자들의 과거 행위 유형이란 그 생산자들이 이전 생산기간 동안에 생산한 양(y)과 그 양을 판매하여 얻은 수입(w)이라고 주장했다.[56]

이러한 연결망 분석의 생산자 모델은 개별 생산자 각각이 생산하는 재화가 동질적이지 않다는 점에 주목하는 특징을 띤다. 그렇기 때문에 집합적 행위자로서 소비자들도 재화를 구매할 때 재화의 가격과 더불어 질quality 또한 고려한다고 전제한다. 이럴 경우에 각 생산자는 자신이 생산한 재화의 질적 수준에 대한 자신의 판단에 따라서 자신의 생산품에 대해 다른 생산자들과는 다른 가격을 매길 수 있게 된다. 이때 생산자의 의사

----

56 이와 관련한 구체적인 연구 사례에 대해서는 11장 3절을 참고하시오.

결정은 어떤 품질의 제품을 얼마만큼 생산해서 얼마의 가격에 판매해야 이윤이 극대화될 것이냐의 문제가 된다. 이러한 의사결정을 내리기 위해 사용할 수 있는 유일한 준거는 시장에서의 추상적인 수요·공급 상황이 아니라, 이전 생산 시기에 자신을 포함한 생산 참여자들이 얼마만큼의 제품을 생산해서 얼마만큼의 수입을 올렸나를 보여주는 '시장 스케줄market schedule'과 생산자 자신의 비용함수라는 것이다(Leifer and White, 1987).

(4) 시장체계 자체에 대한 연결망 분석

연결망 분석에서는 경제를 구성하는 하위 부분으로서의 각 시장들 혹은 산업 부문들 사이의 관계가 어떤 특징과 유형을 보이는지 파악하는 것을 시장체계 분석의 목표로 한다.[57]

3) 구조와 행위의 통합에 기여한 연결망 이론

개인들 간의 상호작용이 하나의 연결망을 형성하고 보다 거시적인 사회구조와 연계된다는 의미에서, 연결망 분석은 개인의 행위와 거시적 사회구조 사이의 중개적 과정을 분석한다는 중요한 의의를 갖는다. 즉 연결망 분석의 강점은 미시와 거시 분석을 연계한다는 점에 있으며, 이는 다시 말해 구조와 행위의 통합을 의미한다.

연결망 분석에서는 개별 행위자를 원자화된 고립된 존재가 아니라 사

---

[57] '구조적 자율성' 모델은 경제라는 연결망을 구성하는 한 하위집단인 개별 시장이 전체 연결망이 부과하는 구조적 제약을 어떻게 줄이거나 회피하는지 또 그 과정에서 어떻게 전체 연결망의 구조적 특성 자체에 변화를 야기하는지를 살펴보기 위한 분석 도구이다(박길성·이택면, 2007: 223).

회적 맥락의 구속을 받는 존재라고 보기 때문에 경제적 의사결정을 할 때 조차도 다른 행위자들과의 관계를 고려할 수밖에 없다고 주장한다. 이처 럼 형성된 관계의 특정한 유형이 사회적 맥락으로서 개별 행위자들을 제 약한다고 한 점에서, '개인'이 아니라 '관계'라는 변수를 구조 모델과 행 위 모델을 잇는 핵심적 가교로 삼고 있는 점에서 연결망 분석을 사용하는 신경제사회학은 신고전경제학과 분명한 차별성을 보이고 있는 것이다.

앞에서 살펴본 것처럼, 연결망 분석의 개별 시장 모델에서는 각 행위자 들의 미시적 행위인 교환거래를 통해 형성된 관계의 망을 시장이라고 보 기 때문에 시장이라는 거시적 '구조'와 그것을 구성하는 개별 행위자들의 미시적 '행위'가 자연스럽게 연결된다. 또한 소비자 모델과 생산자 모델 에서도 이러한 구조로서의 시장이 가하는 제약이 개별 행위자들의 효용 과 이윤 극대화 행위에 어떤 영향을 미치는가를 잘 분석하고 있다. 따라 서 연결망 분석의 시장 모델은 구조 모델과 행위 모델의 통합을 이루면서 보다 더 실제적인 정밀한 분석을 행하고 있다고 평가할 수 있다.

또한 신고전경제학의 완전경쟁 모델에서는 개별 행위자들이 집합적으 로 구조가 주는 제약을 줄이거나 회피할 가능성이나 구조적 제약에 대한 개별 행위자들의 이러한 대응이 역으로 구조에 변화를 초래할 가능성이 기본 가정에 의해 원천적으로 봉쇄되어 있지만, 연결망 분석에서는 구조 적 자율성 모델을 통해 그 가능성이 적극적으로 이론화되고 있는 것도 중 요한 특징이라고 할 수 있다(박길성·이택면, 2007: 234-235).

4) 신경제사회학의 시장 연구

사회학에서 시장에 대한 연구는 베버(1978[1922]: 81)에서 시작되어 파 슨스와 스멜서(Parsons and Smelser, 1956: 143-175), 폴래니(1971: 267) 등

으로 맥을 이어왔지만 논의가 추상적이라는 비판을 공통적으로 받았다. 그러던 중, 1980년대에 들어와서 다양한 유형의 시장에 대한 구체적인 사회구조적 분석이 시작되면서 시장이 운용되는 메커니즘의 사회학적 측면을 행위자(조직 포함)들 간의 상호작용 관계를 통해 파악하려는 시도가 시작되었다(White, 1981a; Burt, 1983; Baker, 1984; Abolafia, 1985; Granovetter and Tilly, 1988). 그러나 이러한 연구들의 대부분은 일반적인 논의이거나 자본(금융) 및 노동시장에 대한 연구들이며 상품시장에 대한 연구는 화이트와 그의 동료들(White, 1981a; 1981b; White and Eccles, 1987; Leifer and White, 1987)의 연구가 있을 따름이다.

사이먼(Simon, 1979)이 '경제학의 시장 분석에는 인간이 배제되어 있다'고 비판한 것과 동일한 맥락에서, 화이트(1981a: 2)는 '행위자들의 맞물린 인지와 결정이 결합되어 형성된, 있는 그대로의 시장을 사회구조로서 분석할 필요가 있다'고 주장하였다. 최고의 효율성을 산출하는 정보를 미리 완벽하게 알 수 없는 상태에서, 생산자들은 그들 간의 관계 속에서 발현되는 행위 유형으로부터 다른 사람들의 선택을 관찰함으로써 자신의 선택에 대한 지침을 추론해내는 수밖에 없다(Leifer and White, 1987: 85-86). 개별 행위자는 기존의 상황을 행위지침으로 삼고, 이것이 새로운 상황을 재생산하게 된다. 이에 따라 그는(1981b: 518) 시장을 상호 연계된 일단의 생산자들과 수요자들이 관찰 가능한 '거래조건terms of trade'에 대한 피드백feedback을 통해 형성한 자체 재생산적인 사회구조라고 보았다. 여기서 미시경제학의 추상적인 가격 메커니즘을 시장참여자들에게 특정한 '스케줄schedule' 개념으로 대치시킨 것이 바로 '거래조건' 개념이다.

각 생산자는 이 공통의 스케줄에 따라 생산자들 간에나 수요자들로부터의 압력 사이에서 자신의 적소niche를 선택하며, 이에 따라 다른 생산자들이 행동하는 맥락 속에서만 수요자들에 의해 받아들여지는 독특한 역할을 취하게 된다고 주장하였다. 생산자와 수요자 양측은 공동으로 형성한 사회적 구성joint social construction인 거래조건 스케줄을 매개로 하여, 다른 행위자들의 반응을 지속적으로 주시하게 된다. 각 생산자는 (경제학의 주장처럼) 수요자들의 가설적 반응에 대한 추측에 의해서가 아니라, 다른 생산자들로부터 확실히 드러나는 산출의 결과에 따라 자신의 생산량을 선택한다(White, 1981b: 517). 이처럼 관찰되는 산출 결과는 각 기업의 '생산량에 따른 이윤'이다. 따라서 그는(1981a: 44; 1981b: 157) 시장을 '교차관찰의 결과로 균형 잡힌 세트-W(y)-를 통해 상호 연결된 기업(가)들의 분화된 역할 구조(role structure)'라고 정의하면서, 서로의 생산량과 이윤 추구를 둘러싼 경제활동에 대한 관찰을 통해 개별적 이익 추구의 시장 참여가 어떻게 시장 구조로 형성되는가를 이론화한 것이다. 화이트와 에클리스(White and Eccles, 1987: 984)는 시장 구조 속에서 개별 기업이 취하는 역할은 곧 기업전략으로 정교화되어 나타나게 되므로, 기업전략 연구는 자신들의 시장 연구 관점과 가깝다고 평가했다.

이렇게 하여 형성된 시장은 행위자들의 자기 이익 추구적인 선택에 의해 유지되면서도 개별 행위자들에게 거대한 힘을 가진 체계로 경험되며, 거래조건은 개별 행위자의 반발을 용납하지 않는 사회적 사실social facts이다(White, 1981a: 2-3). 전반적인 (시장)구조뿐만 아니라 그 속에서 개별 행위자가 차지한 적소 또한 정규적인 행위 유형으로서 유지된다는 주장이다. 따라서 거래조건이 어떻게 형성되는지가 시장 연구의 초점인 셈이다. 사이먼(1979)의 주장처럼 분별력 있는 관찰자인 개별 기업가는 특정한 일군의 생산자들 속에서 자신의 적소에 따라, 개별 기업의 상품에 대해 상이한 가치평가를 내리는 수요자들에 의해 어느 정도의 생산량(y)과 이윤(W)이 용인될 것인지를 판단하기 위해 시장의 '거래조건'을 탐색한다고 본다(1981a: 6-10). 여기서 '거래조건에 대한 탐색'은 상품을 시장에 공급하는 각 기업이 시장 내 모든 기업들의 생산량(y)과 그에 따른 이윤(W)에 대한 선택에 관한 정보를 협회나 관련 기관 등의 공식 자료를 통해서건

식사 모임 같은 비공식적 대화를 통해서건 관찰할 수 있다는 것을 의미한다. 생산자들 간에 보다 쉽게 관찰 가능한 것은 제품의 질에 대한 수요자들의 집합적인 평가나 다른 기업의 비용 구조가 아니라, 얼마만큼 생산, 출하하여 얼마만큼의 이윤을 얻는가 하는 $W(y)$ 스케줄이라는 지적이다.

리키(Reekie, 1975: 129)는 특정 산업에서 형성되는 부분 시장의 산업구조는 원자적이기보다는 고도로 집중화되어 있으며 경제학에서 주장되는 것처럼 가격 경쟁을 하는 대신에 광고와 마케팅 활동, 신제품 출하를 통해 경쟁이 이루어진다고 주장했다. 시장에 새롭게 진입하는 기업이 있지만 과점체제가 유지되고, 신규 진출 기업에게는 기존 규범에 순응하도록 하는 진입장벽이 있다는 주장(1975: 45)[58]도 '거래조건'에 대한 화이트White의 이해와 일맥상통한다.

---

[58] 제약산업에 대한 연구를 수행한 리키(Reekie, 1975: 131)는 과점 상황 하의 전략적 상호의존을 특징으로 하는 이러한 제약산업 시장 특성 때문에, 시장 지위를 유지할 수 있는 조그만 진전을 이루기 위해서 기업 자신이나 시장이 필요로 하는 것 이상의 연구개발(R&D) 투자나 광고투자를 하는 것이 제약산업의 특징이라고 지적하였다.

6장

■ ■ ■

현대 기업 이론

신제도경제학에서는 현대 기업의 등장과 발전에 대해 시장을 대체하는 위계hierarchy의 등장으로 파악하고 있다는 점을 4장에서 살펴보았다. 대표적인 신제도경제학자인 윌리엄슨Williamson은 시장에서 거래비용이 증가하는 경우에 이를 회피하기 위해서 위계적 구조 즉 기업 조직이 출현한 것이라고 주장했다. 이러한 신제도경제학의 입장을 따르면, 현대 기업 조직은 궁극적으로 효율성을 위한 '제도'에 해당한다.

그러나 기업을 제도적 관점에서 완벽하게 합리적인 장치라고 보는 이러한 입장이 항상 옳은 것은 아니다. 만약 신제도경제학자들의 주장대로 위계라는 조직 방식이 효율적인 수단이라면, 성과를 내지 못해 도산하는 기업도 없을 것이고 내부 갈등도 없을 것이며, 그렇게 다양한 유형의 조직이 존재할 이유도 없을 것이다. 따라서 신제도경제학적 설명과는 달리 기업을 문화적 구성물로 보는 관점도 있고, 위계가 시장에 비해 항상 효율적인 것이 아니라 배태성embeddedness의 구체적인 성격이 관건이라는 관점도 등장하였다. 이러한 이론들에 대해서는 7장과 8장에서 다룰 것이다. 여기서는 기업이 발전해온 구체적인 역사적 양상을 설명하는 이론들을 살펴볼 것인데, 이를 통해 기업 발전의 메커니즘을 이해함과 동시에 사회에 따라 기업조직이 다양한 유형으로 전개된 배경도 살펴볼 수 있다.

1. 경제진화론과 기업진화론

경제진화론은 신고전경제학의 정태적static인 시장 분석과 달리 경제의 변동을 진화evolution라는 발전 개념으로 파악하려는 동태적dynamic인 이론이다. 기업진화론은 이러한 경제학적 진화론의 입장을 기본으로 하여 현대 기업의 전개를 진화적 발전이라는 관점에서 파악한다. 다시 말해 시장 균형이나 이윤 극대화의 개념에 입각해서 기업에 접근하는 대신 기업의 경제적 활동이나 그 조직화를 진화적 발전 과정으로 간주하는 기업이론이다.

1) 경제진화론

(1) 이론의 발전

경제의 변동에 대한 관심은 스미스의 고전경제학부터 시작되었다고 할수 있지만, 슘페터Schumpter에 의해 경제진화론으로 집대성되었다. 다윈Darwin의 생물학적 진화론이 초기 사회학자인 스펜서Spencer에 의해 받아들여져서 '사회진화론'으로 발전되었던 것과 마찬가지로, 일부 경제학자들도 다윈의 진화론의 영향을 받아 인간 경제의 전개 과정을 진보적 발전즉 진화로 파악하는 '경제진화론'을 낳았던 것이다.

오스트리아 한계효용학파에 의해 신고전경제학이 정립되던 시기에, 그것과 입장을 달리하던 제도학파에 가까운 베블렌Veblen에게 핵심적인 질문은 경제가 어떻게 정태적인 시장균형 상태로 안정화되느냐가 아니라 경제가 어떻게 끊임없이 변화하고 성장하느냐의 문제였다. 이 문제에 대한 해답을 구하기 위해서, 베블렌은 생물의 진화에서 유전자가 수행하는 역할을 경제적 진화에서는 제도가 수행한다고 보고 제도를 여러 사람들이 공통으로 보유하여 굳어져 있는 습관이라고 규정했다. 이에 기반하여, 그는 경제적 진화는 제도에 작용하는 선택 과정이며 그 결과 환경에 가장 잘 적응한 제도가 살아남아서 개인들의 유형화된 행동을 후대로 전수하게 된다고 주장했다(박길성·이택면, 2007: 180).

한편 현대 경제진화론의 선구자로 간주되는 슘페터도 신고전경제학이 안고 있는 정태성을 보완할 수 있는 진화론적 연구를 발전시켰다. 그는 현실적으로 시장의 균형이 불안정해지는 양상에 주목하였고, 기업가의 혁신innovation에 의해서 경제발전이 추동된다고 보았다. 슘페터의 경제진화론도 기업가들에 의해 야기된 변동의 추동력이 경제적 제도에서 자연선택이 이루어지게 만드는 필수적인 요인이라고 생각한 점에서 진화론과 제도이론의 결합이라고 볼 수 있다.

(2) 이론의 구조

경제진화론이 취하는 인식론적 기본 입장은 경제현상을 경제적, 정치적, 문화적 과정들이 복잡하고 상호 모순적으로 얽힌 중층결정overdetermination으로 파악하는 것이다(England, 1994). 이러한 입장은 기존 신고전경제학과는 다른 것으로서 하나의 결정요인이 아니라 다양한 원인들에 주목하는 것이다. 따라서 필연성보다는 상황의존성contingency을 인정하고 확실성보다는 불확실성을 인정하는 것이며, 균형 상태가 아닌 불균형과 변동을 인정하는 인식적 발상의 전환에 해당한다. 이렇게 중층결정적 사고로 경제현상을 바라볼 때, 경제현상의 이론화는 더 이상 복잡한 것을 단순함으로 환원시키는 것이 아니라 진화의 복잡한 과정을 있는 그대로 파악하는 것이다(박길성·이택면, 2007: 183-184).

한편 경제의 진화적 변동을 연구 대상으로 하는 경제진화론이 취하는 방법론적 기본 입장은 '제한된 합리성bounded rationality'의 가정에 기반하여 경제를 분석하는 것이다. 사이먼(1978)이 정리한 이 개념은 인간의 인식 능력에 한계가 있다는 점과 외부에서 정보를 취득하는 데는 비용이 든다는 점을 기반으로 한다. 따라서 제한된 합리성이란 개인이나 조직이 의사결정을 할 때 모든 정보들을 완벽하게 입수하고 이를 처리해서 최적의 의사결정을 내리는 것이 아니라, 이용 가능한 정보의 한계와 더불어 자기의 인식적 한계 내에서 타당하다고 판단한 일부 정보들만을 실마리로 삼아서 부분적으로만 만족할 만한 결정을 내린다는 것이다.

(3) 이론의 기본 입장

이러한 입장을 취하는 경제진화론에서는 신고전경제학에서 상정하는 것과는 달리, 실제의 경제 행위자가 인지 능력과 정보처리 능력이 제한되어 있고 입수할 수 있는 정보의 양과 질도 극히 제한되어 있다고 본다. 이 때문에 이들의 의사결정 과정이 각양각색의 결과를 낳게 될 수밖에 없으며, 따라서 개인 경제 행위자이건 기업 조직 차원이건 간에 행동 특성상의 변이를 보일 수밖에 없다고 본다.

2) 기업진화론

기업진화론은 경제진화론의 핵심적인 명제들을 바탕으로 해서 기업의 발전을 설명하려는 시도이다. 기업진화론은 기업을 진화의 당사자로 보면서, 개별 기업들 간에 변이가 존재하는 이유는 무엇인지, 개별 기업들이 생존 경쟁에 직면하는 메커니즘은 무엇인지, 환경에 적합한 특질을 가진 기업이 선택되는 메커니즘은 무엇인지, 또 이렇게 하여 선택된 기업의 특질은 어떻게 다음 세대로 이어지는지 등의 문제들에 대해 설명을 추구한다(박길성·이택면, 2007: 193).

(1) 신고전경제학과 비교한 경제진화론의 기업 이론

신고전경제학의 기업 이론은 이윤의 극대화와 시장의 균형을 기본 전제로 논의가 전개된다. 생산의 주체로서 각 기업은 이윤을 극대화하는 데 필요한 모든 정보를 입수하여 갖추고 있으며, 이러한 정보를 완벽하게 처리해서 최적의 의사결정을 내린다는 것이다. 개별 기업이 이용 가능한 기술로 어떤 것들이 개발되어 있는지, 시장에서의 수요는 어느 수준인지, 원료나 노동력 등 생산요소 시장 상황은 어떤지에 대한 정보들이 별다른 비용을 들이지 않고 완벽하게 확보된다는 것을 가정하고, 이에 기반해서 각 기업이 이윤을 극대화하기 위한 의사결정이 이루어진다는 주장인 것이다. 그 다음 단계는 이렇게 내려진 개별 기업들의 이윤 극대화를 위한 결정과 상충되지 않는 시장균형 상태가 무엇인지를 확인하는 것이다.

이처럼 신고전경제학의 기업 이론은 개별 기업들의 이윤 극대화 추구 행위가 상충되지 않고 균형 상태에 다다를 수 있는 논리적 조건을 밝히려고 한다. 신고전경제학의 일반균형이론은 개별 기업들이 저마다 취하는 이러한 이윤 극대화 행위의 논리적 귀결이 바로 전체 경제의 일반균형

general equilibrium이라는 점을 보여주는 이론인 것이다(박길성·이택면, 2007: 194).

이에 반해, 경제진화론적 기업 이론은 개별 기업들의 의사결정이 신고 전경제학적 기업 이론의 가정과는 달리, 불확실성과 시행착오에 따른 진화적 과정이라고 본다(Nelson, 1994). 기본적으로 '제한된 합리성' 개념을 취하는 기업진화론의 관점에서는 개별 기업이 환경의 불확실성에 직면하고 관련 정보가 불완전하게 입수되는 상황에서, 최적의 의사결정이 아니라 시행착오를 겪으면서 생산에 대한 보다 나은 결정이 무엇인지를 학습하는 과정을 겪는다는 주장이다. 따라서 관심의 초점은 개별 기업이 구체적으로 어떤 메커니즘을 따라 의사결정을 학습하게 되는지, 또 그것이 어떻게 전달되어서 기업의 진화에 영향을 미치는지, 개별 기업 간의 변이를 초래하는 요인이 무엇인지, 이러한 변이 중에 어떻게 선택과 도태가 발생하는지 등을 확인하는 데 있다.

(2) 기업진화론의 발전 배경

기업진화론은 기업을 제한된 합리성에 바탕을 둔 행위 주체로 보았고 이를 하나의 제도로 파악하는 입장에 근접한다. 윌리엄슨(1981)이나 코스(Coase, 1984) 등에 의해 발전한 신제도주의 거래비용 경제학은 4장에서 살펴본 것처럼, 시장에서 거래비용이 발생하기 때문에 이 거래비용을 줄이는 방향으로 위계적 조직이 출현하고 기업의 구조가 진화해 가지만, 기업은 기본적으로 제한된 합리성의 제약 속에서 의사결정을 한다는 점을 인정한다. 그러나 신제도경제학의 기업에 대한 접근은 기업진화론과 달리 학습이나 적응의 역할에 대해서는 다루지 않았다.

제한된 합리성 명제는 사이먼(1957)이나 사이어트와 마치(Cyert and March, 1963) 등에 의해 정리된 소위 행태주의Behaviorism 학파에서 발전되었는데 신고전경제학의 합리성 극대화 명제를 대신하여 기업의 의사결정과 경제적 행위를 설명하였다. 신제도경제학적 접근은 제한된 합리성 개념에 기반하여 기업 내에서의 의사결정 과정에 대한 모델을 구성했다. 이 모델에서는 기업이 이윤 극대화를 추구하는 단위라기보다는 이미 정해져 있는 규칙을 따르는 조직이며, 대체로 상당한 수준의 조직상의 여분slack을 보유하고 있다고 본다. 따라서 이러한 여분을 바탕으로 외부 환경의 변화에 대응할 수 있다고 본다. 이 때문에, 기업이 어떤 대안을 찾는 탐색을 새롭게 하는 경우는 현재의 여분이 충분한 안전장치로 기능하지 못하는 경우에 해당한다.

이러한 제한된 합리성 모델은 있는 그대로의 기업 행태를 파악하는 데 도움이 된 것이 사실이지만, 개별 기업의 의사결정에 주목하기 때문에 산업 부문 전체 수준에서의 적응과 경쟁을 통한 변화 과정에 대한 관심은 결여되어 있다. 이러한 한계를 극복한 것이 바로 기업진화론의 발전 배경이다.

(3) 넬슨과 윈터의 기업진화론

넬슨과 윈터(Nelson and Winter, 1982)는 신고전경제학 이론처럼 기업을 생산함수로 간주하는 대신에, 기업 개념을 과거에 자신이 내린 선택의 결과를 평가하고 기억할 수 있는 학습 능력을 갖춘 조직으로 간주하는 기업진화론을 정리하였다.

이들은 개별 기업들이 '최적의' 행동을 찾아내서 그것을 채택할 능력이 있다고 가정하는 신고전경제학적 기업관은 잘못된 것으로 보았다. 인간의 인지 능력은 환경의 복잡성을 파악해 내기에는 제한적이기 때문에, 실질적으로 이러한 인간들이 운영하는 기업이 전적으로 완벽한 정보에 기반해서 이윤 극대화를 위한 선택을 할 수 있다는 가정은 현실적이지 않다는 것이다. 대신 이들은 기업조직이 '학습하는learning' 존재라고 가정하였다. 이에 더불어 조직 환경에는 상대적으로 학습을 잘하는 조직은 번성하게 하고 그렇지 못한 조직은 쇠퇴하게 하는 '선택selection'이 작용한다고 보았다.

이러한 기본 전제 위에서 넬슨과 윈터의 기업진화론에서 핵심적인 역할을 하는 개념은 '일상적인 관행routines'59과 '탐색search'이다. 생물학적 자연선택 이론에서 과거에 선택되었던 것이 개체에게 관성으로 남는 것처럼, 기업 내부에도 과거에 취했던 선택의 결과와 그에 대한 평가가 코드code화되어 저장되어 있어야 하는데 이 코드화되어 보존되는 정보가 '일상적인 관행'이라는 것이다. 이들은 기업의 일상적인 관행은 생물 유기체의 유전자와 유사한 것으로서, 기업이 드러내는 행태는 내부에서 일하는 사람들의 활동에 의해 선택되고 저장되고 프로그램된 일상적인 관행에 이미 각인되어 있던 것들이 겉으로 드러난 것이라고 주장했다. 그런데 이들은 기업이 환경의 변화에 따라 새로운 일을 모색해서 찾아가는 과정인 탐색에도 주목하였다.60 탐색은 기존의 일상적인 관행을 평가하고 수정하거나 새로운 것으로 대체하는 기업의 모든 활동을 의미하는 개념인데, 기업에서 변이와 혁신이 어떻게 이루어지는가는 바로 탐색 개념과 연결되어 있다. 변화하는 환경에서 이윤 추구를 모색하는 기업은 신기술이나 여러 새로운 관행을 지속적으로 탐색하며 그 결과로 채택된 보다 나은 일상적인 관행들은 환경에 의해 선택되어서 궁극적으로 생존 기업과 도태 기업을 가르게 된다는 것이다. 결국 시장 환경 하에서는 탐색 활동의 결과로

---

59 루틴(routine)은 항상 되풀이되는 '판에 박힌 일'을 의미하는데, 오랫동안 기업에 받아들여져서 이미 체화된 제도나 규칙 같은 일상적인 관행을 의미하는 것이다.

60 이들은 탐색(search)은 혁신과 더불어 모방을 낳는 과정이라고 보았다. 이러한 일련의 전제들이 암시하는 것은 개인이나 기업의 행동을 이해하고 예측하기 위해서는 기업의 학습 과정과 환경 선택 과정을 다루는 동태적 모델이 필요하다는 것이다.

보다 많은 이윤을 확보하는 기업이 성장할 것이고 그렇지 못한 기업은 쇠퇴하거나 소멸하는 방향으로 기업의 진화가 일어날 것으로 본다.

넬슨과 윈터(1982: 155)는 자신들이 만든 기업진화론 모델에 따라 시뮬레이션을 실행하였으며, 그 결과 자신들의 동태적 모델이 실제로 기업 세계에서 일어나고 있는 진화적 과정의 중요한 요소들을 잘 포착하고 있다고 주장했다.

2. 챈들러의 기업역사학

챈들러Chandler는 스미스Smith의 '보이지 않는 손invisible hand' 개념에서 차용한 『보이는 손*The Visible Hand*』이라는 1977년 출간 저술을 통해 현대 기업체가 역사적으로 어떻게 진화해왔는지를 검토함으로써 경영자본주의managerial capitalism의 도래를 주장하였다. 스미스의 '보이지 않는 손'이 시장의 자율조절 메커니즘을 의미하는 것이었다면, 챈들러의 '보이는 손'은 기업 경영진의 손을 의미하는 것이었다. 이러한 챈들러의 관심은 1990년에 출간된 『규모와 범위*Scale and Scope*』에서 현대산업기업의 발전에 관한 보다 구체적인 기업역사학적 분석으로 발전하였다.

1) 20세기 현대산업기업의 등장

(1) 기업 발전 역사의 메커니즘

챈들러(1990)는 19세기 후반 이후 산업선진국들에서 현대산업기업modern industrial enterprise들이 역사적으로 어떻게 발전해 왔는지를 분석하였다. 그는 이들 국가의 산업기업을 이끌고 있었던 경영진이 대규모 생산 시설에 대한 투자, 국내외 판매 및 배급망을 확보하기 위한 투자, 우수한 경영진 확보를 위한 투자에 대거 나섰던 점에 주목하면서, 이러한 3중의 투자가 현대산업기업을 탄생시킨 주역이라고 평가한다.

현대산업기업은 초기의 경쟁에서 커다란 우위를 선점하여 빠르게 과점 oligopoly화되었다. 이들 기업은 경쟁기업이 거의 없기 때문에 가격에 기반한 경쟁을 하는 대신에 기능적 효율성이나 전략적 효율성을 추구하여 시장점유율을 높이고 결과적으로 이윤을 증대시키기 위해 경쟁했다. 그는 여기서 기능적 효율성으로 경쟁한다는 것은 생산물, 생산의 공정, 마케팅, 구매, 노사관계 등을 개선함으로써 경쟁하는 것을 의미하며, 전략적 효율성으로 경쟁한다는 것은 성장하는 시장에는 경쟁 기업보다 신속하게 참여하고 쇠퇴하는 시장에서는 보다 재빠르게 빠져나오는 것을 뜻한다고 하였다.

시장점유율을 높이고 이윤을 증대시키기 위한 이러한 경쟁은 궁극적으로 해당 기업들의 기능적·전략적인 조직의 역량organizational capacity을 증대시키게 되는데, 이러한 조직 역량은 해당 기업의 지속적인 성장을 위한 내부 동력을 제공한다. 특히 기업주나 경영자들은 이러한 역량에 힘입어 지역적으로 멀리 떨어진 시장에 진출하고 더 나아가 해외 진출을 늘려서 그 기업이 다국적multinational기업이 되도록 한다. 또한 이러한 조직 역량은 기업으로 하여금 경쟁력을 갖는 새로운 상품을 개발해서 업종을 다양화하도록 만들어서 다품종multiproduct 기업이 되도록 하기도 한다.

챈들러(1990)는 신기술을 도입하여 규모의 경제와 범위의 경제를 향유하는 산업부문은 그가 소위 '경영자본주의'라고 이름 붙인 경제체제를 통해 작동하게 되었다고 주장했다. 소유주가 아닌 봉급 경영자가 기업 운영과 장기적인 성장·투자 등에 관한 의사결정을 내리게 된 것도 경영자본주의의 출현과 관련이 깊다고 보았는데, 이 경영자들의 결정이 해당 기업

뿐만 아니라 그 기업이 속한 산업 부문의 경쟁력과 성장 능력을 결정지었기 때문에 소위 '보이는 손'의 중요성이 부각된 것이다.

챈들러(1990)의 연구는 인간이 만든 경제제도의 한 가지인 기업의 역사에 관한 것으로 경제제도 내에서 생산과 분배에 변화를 초래하게 만든 개별 기업 소유주나 경영인들이 내린 무수한 의사결정들의 결과에 초점을 맞춘 것이다. 그는 거시적으로 볼 때, 개별적 의사결정들이 뚜렷한 제도적 변화의 유형을 보이고 있다고 주장한다. 만약 한 기업이 자신이 속한 산업 분야에서 선두 집단에 속하게 된다면 고위 경영진의 의사결정은 그 기업이 계속해서 시장의 수요, 기술의 혁신적 변화, 공급처의 확보에 대응하고 보다 포괄적인 경제적 위기에 대처하는 방식에 결정적인 영향을 미칠 것이다. 이들 기업의 경영인들이 이러한 상황에 어떻게 대응하느냐는 전체 산업 심지어는 국민경제 전체가 경제적, 기술적, 정치적 조건들의 변화에 대처하는 방식을 결정하기도 한다는 것이다.

이때 그러한 의사결정들이 이루어지는 맥락context 즉 특정한 상황은 산업 분야나 국가, 시기에 따라 크게 다를 수 있기 때문에 경영자들의 대응도 큰 차이를 보이게 된다고 한다. 그는 이러한 대응이 산업 분야에 따라 차이를 보이는 것은 시장, 공급처, 자본, 노동 등을 확보할 가능성이라는 경제적 이유뿐만 아니라 각 산업 분야가 고유한 생산기술과 판매 요건들을 지니고 있기 때문이라고 파악했다. 또한 국가에 따라 대응에서 차이를 보이는 것은 교육과 법 체계를 포함한 문화적 이유 때문이라고 보았다. 한편 시기에 따라 대응이 다른 이유는 기업이나 산업 분야 및 국가가 직면하는 기술적 변화 상황, 경쟁 상황, 시장 상황 등의 조건들이 1880년대에서 1940년대에 이르는 역사적 시기 동안에 시기별로 현격한 차이를 보였기 때문이라는 주장이다.

(2) 미국 · 영국 · 독일의 역사적 비교연구

챈들러(1990)는 기업에 대한 역사학적 분석이 타당성을 지니기 위해서는 비교연구가 이루어져야만 한다고 생각했다. 이에 따라 그는 산업혁명이 본격화되었던 19세기 후반 이후 미국, 영국, 독일의 세계 3대 산업선진국[61]에서 경영자본주의의 기본 제도라고 할 수 있는 현대산업기업들이 역사적으로 어떻게 발전해왔는지를 분석하였다.

미국의 경우에는 현대산업기업들이 1차 세계대전 무렵부터 핵심 산업 분야를 장악했다고 분석한 그는 기업가들이 생산시설, 판매 · 보급망, 경영진 확보를 위해 대규모 투자를 하면서 조직 역량을 개발했던 점에 주목하였다. 그는 전문 경영인들의 손에 의해 운영된 미국 기업들이 국내외 시장점유율 확대와 이윤 증대를 위해 경쟁해왔기 때문에, 미국 산업 분야는 소위 '경쟁적competitive 경영자본주의' 체제의 성격을 띠면서 발전하였다고 분석하였다.

영국의 경우에는 미국과 상황이 달라서 소위 '개인적personal 경영자본주의'에 대한 집착이 강했기 때문에, 영국 기업주들이 투자 확대와 경영진 채용에 실패하게 되었다고 평가했다. 그 결과 영국 기업들은 당시에 빠르게 대두하던 신흥 산업 분야에서 시장점유율을 확보하고 유지하는 데 필요한 조직 역량을 개발하는 데 소홀했고 이에 따라 국외뿐 아니라 국내 시장에서도 설 자리를 잃게 되면서 많은 신흥 공업 분야에서 후발국이 되고 말았다는 것이다.

독일의 경험은 영국보다는 미국과 유사하다. 독일의 기업주들은 투자에 인색하지 않았고 필요한 조직 역량 개발에도 몰두했다. 그러나 미국의 경우와는 달리, 독일의 신흥 대규모 기업들은 소비재 생산과 분배보다는

- - - - - - - - - - - - - - -

61 이미 1870년경에 이들 세 나라의 생산은 세계 공업생산의 3분의 2를 차지했다(Chandler, 1990: 3).

산업자본재의 생산에만 집중했다. 또한 미국의 기업주나 경영진이 시장 점유율 확대를 위해 기능적이고 전략적으로 경쟁한 반면에, 독일의 경영진은 국내외 시장에서의 몫을 유지하기 위해 서로 협상하는 방법을 더 선호했다고 한다. 챈들러는 독일의 경영자본주의를 소위 '협력적cooperative 경영자본주의' 라고 지칭했다.

2) 현대산업기업의 특징

(1) 규모와 범위의 경제 및 조직 역량에 대한 강조

챈들러(1977)는 현대의 기업체는 구별이 가능한 여러 운영 단위들로 이루어져 있고 임금을 받는 관리자들의 위계구조에 의해 운영된다는 두 가지 점을 특징으로 한다고 지적했다. 따라서 현대 기업은 신고전경제학에서 생각한 생산 기능 이상의 것을 지닌다는 것인데, 신제도경제학자인 윌리엄슨Williamson의 용어를 빌리면 '지배구조governance structure' 를 가진다는 점이다.

현대산업기업은 생산 기능 외에도 판매 기능이나 조사연구(R&D) 기능을 수행하는 여러 단위들을 두고 있고 그 단위들의 활동을 통합한다. 이때 각 단위들은 특정한 기능을 수행하기 때문에 기업은 여러 단위들로 이루어진multi-unit 기업이다. 따라서 현대산업기업이란 그것을 구성하는 각 개별 단위들이 그들만의 독자적인 시설과 인력을 갖춘 가운데, 그 단위들의 전반적인 자원과 활동들이 경영진의 위계적 구조에 의해서 조정·감독·배분되는 형태의 총체를 말하는 것이다(Chandler, 1990). 그는 전체 기업의 활동과 운영을 개별 운영 단위들의 단순한 총계 이상으로 만드는 것이 바로 이러한 경영관리의 위계구조라고 보았다.

챈들러(1990: 27)는 기업의 규모,[62] 경영관리적 위계의 구조 및 기업이 통제하는 자원의 성격 등은 기업을 구성하는 운영 단위의 수와 직접적인 관련을 맺는다고 주장했다. 따라서 그는 왜 그리고 어떻게 현대의 산업기업들이 새로운 운영 단위들을 추가함으로써 성장하게 되었는지를 분석하는 것이 매우 중요하다고 보았다.

그는 제조 기업들이 다음과 같은 이익 때문에 다기능적, 다지역적, 다상품적 기업이 된다고 주장했다. 즉 새로운 단위들이 추가됨으로써 생산과 분배의 총비용을 절감할 수 있고, 현존하는 수요를 만족시키는 생산품을 공급할 수 있으며, 보다 많은 이윤이 예상되는 다른 시장으로 시설과 기술을 이전시킴으로써 장기간 높은 투자수익률을 유지할 수 있기 때문이라는 것이다. 이에 덧붙여서, 시장이나 공급처에 대한 접근 확보, 경쟁기업들의 제거, 금융 이익의 추구 등도 다기능적, 다지역적, 다상품적 기업이 등장한 이유로 추가되었다. 그는 기업들이 단지 투자의 포트폴리오를 확대하기 위해서나 노동에 대한 통제권을 강화하기 위해서나 경영진의 개인적인 지위와 권세를 확보하기 위해서도 운영 단위들을 추가한다고 지적했다. 새로운 운영 단위들에 대한 투자의 동기가 무엇이었든 간에, 단위를 추가하는 것이 경영진으로 하여금 비용을 줄이고 생산·구매·판매에서 기능적 효율성을 개선하는 것이었다. 즉 그는 생산 물품과 생산 공정을 개선하고, 변화무쌍한 기술과 시장의 기회와 도전들에 잘 대처하도록 자원을 재분배하지 못한다면, 현대산업기업은 지속적인 성장을 하기 어려울 뿐만 아니라 경쟁 우위를 장기간 유지할 수도 없게 될 것이라고 주장했다(Chandler, 1990: 18).

- - - - - - - - - - - - - - -

62 기업(조직) 규모는 학문 영역과 연구의 관심에 따라 총자산, 산출용량, 설비 규모, 순이익 및 조직 구성원의 수 등 다양한 개념으로 사용되고 있다. 조직사회학 연구들에서는 베버(Weber)의 관료제 연구의 함의에 따라 조직 구성원의 수에 초점을 두어 '기업 내 총 피고용자의 수'를 조직 규모로 정의하는 것이 일반적이다. 기업 조직의 규모는 통상 시장점유율과 밀접한 연관을 가지며, 기업전략 형성에도 중요한 요소로 작용한다(유홍준, 1995: 293-4).

그는 이 같은 성장의 과정은 현대산업기업에게 내적인 역동성을 부여해주었고, 이러한 역동성 덕분에 현대산업기업은 강력해졌을 뿐만 아니라, 시장과 기술이 변화하고 경제적 위기가 초래되는 와중에도 지배적 위치를 유지할 수 있었다고 보았다.

챈들러(1990: 17)는 현대산업기업의 비용 절감과 효율적인 자원 활용이 생산과 분배에서의 규모의 경제, 합동 생산과 배분에서의 범위의 경제 및 이와 연관된 거래비용의 절감 등에서 비롯된다고 주장했다.[63] 그는 거래비용은 단위들 사이의 재화나 서비스 교환을 보다 효율적으로 하려는 노력에 의해 절감될 수 있는 반면에, 규모의 경제와 범위의 경제는 단위 내부의 시설이나 기술에 대한 효율적인 이용과 밀접히 연관된다고 보았다.

챈들러는 생산에서의 기술혁신과 시장의 변화가 현대산업기업의 등장과 발전의 배경이 되는 경제적 환경을 지속적으로 변화시키는 것이라고 보았다. 따라서 규모가 크고 여러 단위로 이루어진 산업기업이 특정 시기, 특정 장소에서 특정한 방식으로 출현하도록 만든 것은 규모의 경제, 범위의 경제 및 거래비용 절감을 가져다 준 신기술의 발달과 새로운 시장의 출현이 그 배경이었다고 주장하였다.

(2) 생산에서의 규모와 범위의 경제

규모의 경제, 범위의 경제 및 거래비용 절감의 경제를 잘 활용할 수 있는 현대산업기업의 능력은 이 기업들에게 세 가지 중요한 기업역사적 특

---

63 '규모의 경제(economies of scale)' 란 단일품목을 생산하고 분배하는 특정 운영 단위의 규모가 증대됨에 따라 생산에서나 분배에서 단위 비용이 절감되는 것을 일컫는 말이다. '범위의 경제(economies of scope)' 는 특정 운영 단위 내의 생산이나 분배 공정에서 하나 이상의 품목을 생산하거나 분배할 때 발생하는 이득을 말한다. '거래비용' 은 상품이나 서비스를 한 운영 단위에서 다른 단위로 이전시키는 데서 발생하는 비용을 말한다.

징을 갖게 했는데, ①처음부터 유사한 특성을 지닌 산업 분야에 집중해서 등장하였고, ②19세기 후반 20여 년 동안에 갑자기 등장했으며, ③모두 동일한 방식으로 출현하여 성장했다는 점이다(Chandler, 1990: 18). 그런데 이 현대산업기업들의 생산 공정은 전례 없는 규모와 범위의 경제를 이용할 잠재력을 가지고 있다는 점에서 이전의 생산 공정과 달랐다.

오래된 산업 분야에서는 주로 자본과 노동의 추가 단위 투입을 통해 산출량의 증가가 이루어지는 반면에, 신흥 산업 분야에서는 통상 자본과 노동 비율의 급격한 변화를 통해 산출량의 확대가 이루어진다. 다시 말해, 산출량의 증가는 투입을 개선하고 재배치하거나, 혁신된 기계와 장치들을 사용하거나, 생산의 공정을 재조정하거나, 중간 공정을 통합시키거나, 에너를 효율적으로 이용함으로써 이루어진다. 예를 들어, 19세기 후반에 집중적으로 발달한 자본집약적 신흥 산업 분야에 해당하는 설탕·석유·동식물성 기름 정제·증류 공정, 철·구리·알루미늄 제련 공정, 곡물·담배·농산물의 처리·가공 공정, 부품 조립 기계류 생산 공정, 화공약품 생산 공정 등은 모두 이러한 과정을 거쳐서 발전했던 예이다(Chandler, 1990: 18-21).

이러한 산업에서 기업들은 규모의 경제를 이루었다. 즉 투입되어 처리되는 원료의 양이 증가함에도 불구하고 이에 따른 단위 생산비용은 더 많이 줄어들게 된 것이다. 한편으로 이 기업들은 동일한 생산단위 내에서 동일한 공정을 거쳐 동일한 원료나 반제품으로부터 훨씬 더 다양한 생산품들을 만들어냄으로써 범위의 경제도 달성하면서 많은 비용 감소를 이루었다.

그런데 규모의 경제와 범위의 경제를 이루더라도 궁극적으로 비용을 줄이고 이윤을 늘리기 위해서는, 생산 공정의 가동 능력을 잘 유지하고 처리량과 속도를 높여야 한다.[64] 이때 자본집약적 산업에서 최소한의 효율을 낳는 생산 규모 유지에 필요한 처리량을 확보하기 위해서는 생산 공정을 관통하는 원료의 투입 흐름뿐만 아니라 시장에로의 산출량 흐름의 조정을 필요로 한다. 그러나 이러한 조정은 자동적으로 이루어지는 것이 아니고 위계조직과 경영진의 지속적인 주의를 필요로 하기 때문에 챈들러는 바로 '보이는 손'의 작용이 중요하다는 점을 지적한 것이다.[65]

이처럼 현대산업기업의 역사적 출현을 낳은 단계를 살펴보면 처음 단계는 생산에서 규모의 경제와 범위의 경제를 추구하는 데서 시작했다. 즉 신기술에 잠재되어 있는 규모와 범위의 경제 가능성을 최대한 살리기에 충분할 만큼의 대규모 생산 시설을 갖추기 위한 투자에서 시작했던 것이다. 그런데 한 가지 고려할 점은 상이한 생산기술은 상이한 규모의 경제와 범위의 경제를 낳는다는 점이다. 더불어 특정 생산품에 대한 최적의 공장규모는 기술과 관련되어 있을 뿐만 아니라 시장 수요의 탄력성도 반영하고 있다. 즉 생산의 다음 단계로 분배의 중요성이 부각된 것인데, 현대의 많은 기업들이 복수 공장multiplant을 갖게 되면서 신기술과 시장의 복잡한 변화를 고려하여 언제 어디에 새 공장을 세울지의 의사결정이 중요해진 것도 이 때문이라고 할 수 있다.

(3) 분배에서의 규모와 범위의 경제

현대산업기업은 원료의 구매나 생산품의 판매 같은 분배나 유통을 시장을 통해서 하기보다는 기업 내부적 활동으로 끌어들임으로써 수직적 통합vertical integration을 지향하였다. 수직적 통합은 한 기업이 자신이 생산한 물품을 최종적인 소비자에게 전달하고 판매하는 과정을 기업 내부

---

64 챈들러(1977)는 규모의 경제는 '속도의 경제(economies of speed)'를 포함한다고 지적했다.

65 가동 능력으로 측정되는 잠재적인 규모와 범위의 경제는 생산시설의 물리적 조건이나 특성을 드러내는 것이지만, 실제의 처리량에 의해 결정되는 규모의 경제와 범위의 경제는 기업의 경영관리 전략과 의사결정에 관련되어 있는 것이다.

활동으로 만드는 전방forward통합과 원료산출 기업으로부터의 구입 과정을 기업 내부활동으로 만드는 후방backward 통합을 포함하는 개념이다. 즉 수직적 통합의 배경에는 이를 통해 규모와 범위의 경제를 달성하고 비용을 줄이려고 했던 기업들의 의도가 담겨 있다.

최초에 원료 구입선으로나 제품 배급선에서 활동하던 도매업체들도 모두 규모의 경제와 범위의 경제를 활용하기 위해 특별히 조직된 것이었다. 그렇다면 왜 현대산업기업들이 20세기 초중반의 발전 과정에서 도소매 유통망을 이용한 거래를 하는 대신에 수직적 통합을 하게 되었는지를 설명하기 위해서는 생산량 분배 과정에 대한 이해가 필요하다. 중간 상거래 업체는 많은 제조업자들의 생산품들을 취급하기 때문에 많은 물량으로 인한 낮은 단위비용의 이점을 안고 있었다. 이 업체들의 구매담당 부서는 궁극적으로 생산 라인의 생산품 흐름을 조정하여 해당 도매유통업자가 규모의 경제를 활용할 수 있도록 해주는 단위이다. 또한 구매 부서와 연관되어 이용되는 운송, 판매 부서들은 기업이 범위의 경제를 이룰 수 있도록 해주는 단위이다.

그러나 챈들러(1990)는 도매업체가 누리는 규모와 범위의 경제가 둘 다 한계를 지니고 있기 때문에, 이러한 한계들에 봉착할 때에는 제조업자들 자신이 구매·마케팅·배급시설에 직접 투자하는 것이 보다 유리해진다고 주장한다. 예를 들어, 한 제조업자의 생산 규모가 매우 커져서 자신의 생산품들을 직접 저장, 운송, 배급하는 단위비용을 줄일 수 있게 되면, 이전까지 이 생산품들을 대신해서 처리해주던 대규모 분배업자는 비용상의 우위를 잃게 된다. 또한 생산품이 저장과 분배 과정에서 전문화된 시설을 요구하는 특성이 있으면 도매업체가 누리던 범위의 경제 또한 감소하게 되고, 대신 생산기업이 특화된 분배 유통망을 스스로 갖게 될 유인이 커지게 된다. 예를 들어, 한 도매업체가 의류와 더불어 냉동이 요구되는 아이스크림을 함께 취급하기는 어렵다는 것이며, 이럴 경우에 아이스크림

생산업체가 냉동보관, 냉동유통, 냉동판매망을 자체적으로 보유하게 된다는 것이다.

다시 말해, 특정 생산품을 대량으로 시장에 출하하기 위해 필요한 투자의 '생산품 특정성product specificity'이 증가하게 되면 중간 상거래 업체가 누리던 비용절감효과가 없어지게 되어 이들의 투자유인을 감소시키게 되는 대신에 제조업자로 하여금 이 부분의 투자에 뛰어들도록 만드는 유인이 되는 것이다. 챈들러(1990)는 실제로 당시에 신흥 산업 분야의 선두에 속했던 기업들은 생산품 특정적인 배급시설에 투자하고 전문화된 마케팅 서비스를 제공할 인력들을 채용하여 훈련시켰다는 점을 지적했다. 이것이 수직적 통합의 배경인 것인데, 이러한 논리는 신제도경제학자 윌리엄슨이 거래비용을 줄이기 위해서 시장이 위계hierarchy로 전환된다고 주장한 것과 유사한 것이다.

챈들러(1990: 30)는 제조업자들로 하여금 자신들만의 판매망을 갖추는 데 투자하도록 만든 또 다른 유인 요소는 경쟁이라고 지적했다. 신기술의 발전에 따라 몇몇 대기업의 생산만으로도 전체 시장의 수요가 충족되는 산업 분야에서 규모의 경제는 바로 제조업자의 시장점유율을 반영하게 된다. 이처럼 소수의 대규모 독과점 기업들이 활동하는 산업에서는 여러 제조업자들이 생산한 제품을 동시에 취급하면서 이윤을 창출하는 중간 상거래 업체가 더 이상 유지되기 어렵게 된다.[66] 이 제조 기업들은 광고, 고객 관리, 배달, 서비스 및 수리 등 자신들의 특정 상품을 위한 여러 서비스에 전념할 수 있는 자신들만의 유통망을 필요로 한다. 이러한 판매유통망은 규모의 경제를 확보하기에 충분할 정도의 시장점유율을 유지하기 위한 중요한 수단이다. 덧붙여 제조기업의 이 판매유통망은 시장의 선호

---

[66] 독과점 생산기업들이 활동하는 대표적인 사례인 자동차 산업 분야에서 메이커별로 유통망이 구성된 점이 한 예이다.

와 소비자의 요구에 관한 정보를 공급해주면서 거래비용을 낮추어주는 역할도 담당했다.

원료 구매선으로 후방 통합을 하는 동기도 전방 통합의 경우와 마찬가지이다. 중간 도매업체를 통하지 않고 원료 생산자로부터 직접 구입하는 것이 비용을 낮추어줄 뿐만 아니라, 구매에서도 생산품 특정적인 시설과 서비스는 원료나 반제품의 흐름을 조정하고 비용을 낮추는 데 필수적이기 때문에, 후방 통합이 기존의 중간 상거래 업체들을 대체하게 되는 것이다.

(4) 통합적 관리 시스템의 구축

현대산업기업이 규모와 범위의 경제를 달성하기 위해서 충분히 큰 규모의 생산설비에 대한 투자와 더불어 구매·분배망 확충에 투자를 한 후에 요구된 것은 이러한 기능적 활동에 대한 감독과 조정의 필요성이었다. 이에 따라 기업들은 상품의 생산과 분배에 관련된 활동을 감독하고, 각 공정을 거치는 상품의 흐름을 조정하고, 현재의 실적과 잠재 수요에 근거해서 미래의 생산과 유통을 위한 자원 배분을 하는 등의 일을 맡도록 하기 위해서 관리 시스템을 구축하게 되었다. 구체적으로는 기능별로 부서화된 기업 활동에 맞추어서 필요한 전문 기능을 갖춘 경영관리자들을 채용해서 위계구조를 확립하면서 기업을 조직화하게 되었고 이것이 현대기업의 통합적 관리 시스템으로 형성된 것이다. 각 기업 활동이 기능별 부서들에 의해 수행되면서 생산부서와 더불어 영업 판매부서와 원료 구매부서 등이 등장하였는데, 상위 경영진은 이들의 활동에 유인책을 제공해주면서 조정하고 감독하였다.

이때 각 기능 부서들은 '계선과 참모 원칙line and staff principle'에 따라 조직화되었고, 참모staff 기능에 속하는 부서는 보완적인 자문 역할을 맡게 되었다. 즉 생산을 본질로 하는 기업에서 계선line 조직에 속하는 부서는 상품의 생산에 사용되는 특정 공정에 직접적인 책임을 지고 참모 조직에 속하는 부서는 인사관리, 비용회계, 재고관리 등의 책임을 맡았다. 한편 영업 판매를 본질로 하는 기업에서는 계선 조직에 속하는 부서는 특정 지역에서의 영업을 담당하거나 특정 생산품의 영업과 판매유통을 직접 통제하고, 참모 조직에 속하는 부서는 인사관리, 마케팅, 회계관리 등을 전문적으로 담당한 것이다.

현대산업기업 발달의 후반기에는 연구개발(R&D) 부서의 등장이 두드러졌는데, 이는 시장에서 고객의 요구를 적절하게 반영해서 생산 공정과 생산품의 품질을 잘 유지하는 데 도움이 되고자 하는 시도의 일환이었다. 기업에서 연구개발 분야에 대한 투자 수준은 생산품과 생산 공정의 기술적 복잡성을 반영하는 것과 아울러 시장 환경의 변화 정도에 따른다. 시장과 고객의 욕구가 민감할수록 생산제품이나 공정을 개선하기 위한 노력이 필요하고 이에 따라 관련된 여러 기능 단위들로부터 형성되는 정보 흐름의 망은 기술혁신을 지속할 수 있는 주요 원동력이 된 것이다.[67] 특히 첨단 기술산업 분야에서는 이렇게 해서 개선된 제품과 생산 공정이 시장 점유율을 높이고 유지하는 데 중요한 경쟁력의 기반이 되었다. 이러한 상황에서 특정한 생산품을 대량으로 제조하는 현대산업기업의 경우에 생산품 특정적 기술개발에 몰두하게 되었고, 이러한 연구개발 기능이 통합된 현대 산업기업에 집중된 것이다.

생산, 판매, 연구개발을 위한 부서 이외에도 수송, 법률·부동산관리, 노무관리 및 홍보 등을 담당하는 기능 부서들이 현대산업기업의 활동의

---

67 예를 들어, 판매업체 경영자가 제품과 공정의 개선을 원한다면 상품 디자이너, 공장 관리자, 재무투자 책임자 등과도 밀접한 협력관계를 유지해야 하며, 그 결과 정보 흐름의 망이 생긴다는 것이다.

한 부분으로 추가되었고 자금의 흐름을 관리하는 재무 관련 부서도 발전하게 된다. 현금의 흐름을 계획하고 투자 시기를 조절할 수 있는 능력은 기능 단위들을 기업에 내부화함으로써 얻을 수 있는 중요한 이점이었기 때문이다(Chandler, 1990: 33).

결론적으로 현대산업기업의 이렇게 확장된 주요 기능부서들의 책임자들은 현대산업기업의 고위 의사결정 단위를 구성하였고, 기능적으로 분화되었지만 집중화되고 통합된 위계구조는 경영자본주의의 핵심적 관리제도가 되었다.

3) 현대기업의 계속적인 성장

생산, 분배 및 관리의 조직화에서 규모와 범위의 경제를 실현한 현대산업기업이 출현하면서 이들은 과점적 경쟁을 통해 선도자로서의 이점을 점하게 되었다. 최초 참여 기업은 규모와 범위의 경제를 활용하는 선두주자로서 생산·분배·구매·조사연구·재무·일반경영의 모든 기능적 활동에서 능력을 개발하는 데 우위를 차지하고 있었다(Chandler, 1990). 바로 이러한 선도기업들의 경쟁적 우위 때문에 후발 참여 기업의 투자는 규모 면에서 더 커야 했을 뿐만 아니라 위험 부담도 높아서 후발기업에게는 일종의 진입장벽이 구축된 것이었다.

현대산업기업의 주체가 신기술과 새로운 생산 공정의 발전을 주도했던 초기 발명가로부터 시작해서 그에 따른 자본투자를 담당했던 혁신적 기업가entrepreneur[68]로 변했지만 이들은 가격에 기초한 경쟁을 하는 대신 새

----

68 챈들러(1990)는 '개척자(pioneer)'라는 용어를 사용했는데 이 의미는 슘페터(Schumpter)가 사용한 '혁신가(innovator)'라는 용어의 개념과 유사하다.

로운 과점적 방식으로 경쟁했다. 최초의 투자를 한 가장 규모가 큰 선도기업은 자신의 생산능력과 다른 경쟁사들의 생산능력을 고려한 가운데 수요를 예측하고 이에 기반하여 가격 결정을 하는 가격선도기업이 되었다. 따라서 경쟁은 시장균형 가격을 둘러싼 것이 아니라, 시장점유율을 통해 이루어졌다.

시장점유율과 이윤을 둘러싼 경쟁은 기능적 활동을 책임지고 있는 중간 관리자들의 숙련을 더욱 높이는 경향이 있다. 또한 이것은 조정, 전략적 계획, 자원 배분을 책임진 고위 경영진의 능력을 검증하고 향상시킨다. 최고위 경영진과 중간 관리자들의 통합된 능력은 조직 자체의 능력으로 간주되며, 이러한 능력은 새로운 현대산업기업의 조직 역량을 구성하는 가장 가치 있는 것이었다. 물론 조직 역량에는 하위감독자나 노동자들의 능력 또한 포함되어 있고 생산과 분배 시설의 역량도 중요하게 포함되어 있다.

그런데 생산과 분배에의 투자가 규모와 범위의 경제를 달성할 수 있을 만큼 커지고 관리 위계 구조가 갖추어지면서 현대산업기업은 대체로 네 가지 방식으로 성장해 왔다. 즉 인수·합병을 통한 수평적 결합horizontal combination, 위에서 언급한 수직적 통합vertical integration, 활동 지역의 확장, 신상품 개척을 통한 새로운 시장 창출의 네 가지 경우이다. 앞의 두 가지 성장전략이 취해진 동기는 주로 방어적인 것으로서 기존의 투자를 보호하려는 것이 주요 동기였다. 뒤의 두 가지 전략은 적극적인 동기에 기반한 것인데, 기업이 기존의 투자와 조직 역량을 이용해서 새로운 시장과 신사업으로 진출하려고 한 것이다(Chandler, 1990: 37).

(1) 수평적 통합

경쟁관계의 상품을 생산하는 경쟁 기업을 인수·합병하는 동기는 대체로 산출량, 가격, 시장점유와 관련해서 보다 효과적인 통제권을 확보하기 위해서이다. 이 전략은 집중화된 관리적 통제가 대상 기업에 신속하게 행사되고 시설과 인력을 규모와 범위의 경제면에서 보다 완벽하게 이용할 수 있도록 합리화된 경우에 조직의 역량과 생산성을 향상시킨다.

(2) 수직적 통합

수직적 통합을 통한 성장을 시도하는 것은 주로 방어적인 동기에서 시작한다. 때로는 원료의 공급을 장악함으로써 경쟁 기업에 대한 원료 공급을 차단하기 위한 것일 수도 있고, 규모와 범위의 경제를 충분히 활용하는 데 필수적인 대규모 생산 공정을 위한 원료를 안정적으로 확보하여 공급받기 위한 것일 수도 있다. 수직적 통합은 원료의 공급이 원활하지 못하거나 혹은 재고가 누적되어 생산 공정이 유동적으로 진행되거나 공장이 중지되어야 되는 것과 같은 사건이 발생하여 초래되는 비용을 없애려는 의도를 가지고 있는 것이다. 다시 말해 수직적 통합은 높은 재고유지 비용을 크게 줄여주고 또한 원료 공급자가 계약을 위반할 위험을[69] 제거해주기 때문에, 자본집약적인 시설 투자가 크면 클수록 이러한 거래비용의 발생을 줄이려는 의도가 더 커지는 것이다.

(3) 지리적 팽창

현대산업기업의 진화에서 핵심적인 특징은 외국을 비롯하여 원거리에 있는 생산단위들을 추가하고 관련 상품들을 생산하게 만든 지리적 팽창

---

69 이러한 위험이 바로 제도경제학자나 조직론자들이 '제한된 합리성'과 '기회주의'라고 지칭한 것으로 인한 위험 부담을 뜻한다.

전략이다. 이 전략은 기업에게 규모의 경제를 활용함으로써 조직 역량의 경쟁적 우위를 잘 활용할 수 있도록 하는 공격적인 성장전략의 하나였다.[70] 기업이 해외에 직접 투자하는 가장 중요한 이유는 제품을 현지 시장에서 생산함으로써 비용을 줄이고 가격을 낮추어서 시장점유율을 높이기 위해서이다.

해외에 공장을 세울 때, 그 설비 규모와 지역적 위치를 정하는 결정은 생산품을 최적의 규모를 갖춘 국외의 공장에서 생산하는 비용과 국내에서 생산하여 해외로 분배할 때 초래되는 운송, 관세, 기타 규제 비용 사이에 어느 쪽이 유리한지에 대한 치밀한 계산에 따라 좌우된다. 20세기 초중반에 현대산업기업이 발전하던 시점에는 이러한 이유 때문에 대부분의 기업이 선진국인 자국에 대규모 생산시설을 세우고 이를 해외에 수출하는 다국적 기업이 되었다.

그러나 이후 경쟁적 우위를 점하고 있던 선도 기업들이 가장 신속하게 해외로 진출한 것이 사실이다. 미국의 기계·전기장비 산업과 독일의 염료·약품 산업의 최초 참여자들이 세계시장에 진출하여 오랫동안 지배적인 기업으로 남았다(Chandler, 1990: 40).

(4) 생산품 다양화

생산품을 다양화하여 새로운 시장에 진출하는 전략은 범위의 경제를 달성하기 위한 공격적 전략에 해당한다. 생산품 다양화는 이윤이 더 많이 남을 수 있는 새로운 시장을 창출하고 이 시장에 진출하기 위한 신상품 개발에 기존의 생산, 판매, 연구개발 시설과 인력을 이용할 수 있는 역량

---

70 기업은 국내외의 생산 공장에 필수적인 원료의 안정적 공급처를 확보하기 위한 방어적인 이유 때문에 해외에 진출하기도 한다.

이 생기면서 취해진 전략이다.

기존에 생산하고 있던 상품과 관련된 생산품으로의 다양화를 추구하는 것을 '관련 다각화'라고 한다. 시장 환경의 변화는 종종 기존 상품에 대한 수요를 감소시키고 밀접하게 연관된 다른 상품에 대한 수요를 창출하기도 하는데, 새로운 기술혁신, 인구학적 변동 등은 모두 생산품 시장의 수요에 변화를 초래한다. 기업 내부에서의 자극은 기존 생산시설과 능력을 보다 철저하게 사용하려는 욕구와 역량에서 초래되었다.[71]

구체적으로 생산품 다양화를 통한 팽창은 하위 운영단위, 기능 부서, 고위 경영진 등 조직의 세 가지 수준 모두에서 범위의 경제를 활용하기 위해 출현했다. 첫째, 하위 생산단위 수준에서 다양화를 자극한 것은 생산에서 나오는 부산물이었다. 규모의 경제에 따라 부산물의 양이 충분히 많을 경우에는 그 부산물에 대한 전국적인 판매조직이 설립되기도 했고 이를 위해 관리자가 별도로 고용되기도 했으며, 이 부산물을 이용한 신상품 개발이 자극되었던 것이다. 둘째, 이보다 흔한 다양화의 동기는 특정 기업에서 생산, 분배, 연구개발 등 주요 기능적 단위에 존재하는 잉여 조직 역량을 활용하여 범위의 경제를 꾀할 수 있는 잠재성 때문이었다. 이에 따라 해당 기업의 시설과 역량을 철저하게 활용할 수 있는 일련의 모든 관련 상품을 개발하여 라인업line-up을 이루기도 했는데, 경우에 따라서는 기존의 시설을 좀 더 확장시키거나 기존의 생산능력을 이용하는 유사 생산시설을 추가하기도 했다. 셋째, 성공적인 생산품 다양화는 역량 있는 고위 경영진의 존재가 기반이었다. 왜냐하면 신상품의 경쟁 우위가 달려 있는 기술과 마케팅 과정들에 대한 경험과 식견이 풍부한 경영진이

---

71 예를 들어, 알루미늄 제조회사와 화공약품 제조회사는 규모의 경제를 달성할 수 있는 대규모 생산 시설에서 생산되는 산출량의 얼마를 대신할 수 있는 신상품을 찾아 헤매야만 했다(Chandler, 1990: 42).

필요했기 때문이다(Chandler, 1990: 42-45).

이렇게 기업들이 해외 진출을 통해 지역적 확장을 하거나 관련 산업 분야의 단위들을 추가해서 성장하려는 전략은 해당 기업의 관리 구조상의 변화로 이어졌다(Chandler, 1962). 해외 진출의 경우에는 국제담당 부서의 설립이 먼저 선행되고, 해외로 본격적인 확장이 된 이후에는 지부가 다수 설립된 복수부문(multi-divisional) 구조를 채택해서 이것에 의해 각 국외 지역을 관할하게 하는 방향으로 기업 조직의 변화를 초래했다. 한편 생산품 다양화를 통한 관련 다각화는 이보다 훨씬 더 완벽하게 관리 구조상의 변화를 초래해서, 기업들은 거의 대부분 복수부문 구조로 진행되었다. 왜냐하면 일상적인 관리에 부하가 걸렸기 때문에, 각 생산품별로 일상적인 생산 과정을 관리할 지부들과 기업 전체 수준에서 장기적인 전략을 관리할 본부의 총괄부서로 이루어진 유형의 새로운 관리 시스템을 확립할 필요가 있었기 때문이었다. 이때 각 지부는 지부의 최고 경영자가 본부의 최고위 경영자에게 보고해야 한다는 점을 제외하면, 그 자체로 집중화되면서도 기능적으로 분산되었던 전체 기업의 복사판에 해당하는 조직 유형이었다. 그러나 기업 본부의 최고 경영진은 일상의 운영에 대한 감독책임이 없는 대신에 참모들의 도움을 받으면서 기업의 장기 전략을 세우고 실행하는 데 전념하게 되었다. 다시 말해, 여러 지부를 거느린 복수부문 구조 즉 소위 말하는 'M형 기업구조'가 현대산업기업의 대표적인 유형으로 등장하게 된 것은 기업의 조직 역량을 보다 철저하게 이용하려는 기업 성장 전략에 따른 결과이다.

3. 기업역사학적 분석

1) 플리그스타인의 미국 기업사

플리그스타인(Fligstein, 1985)은 1919~79년 기간 중의 미국 100대 기업에 대한 경험적 연구에서 미국의 대기업들이 다각화 전략을 통해 성장했다는 점을 밝혔다.

그는 조직이 세 가지 제도적 영역의 맥락에서 작동한다고 보았다. 첫째는 조직이 이전부터 지녀온 전략과 구조이며, 둘째는 공급자, 유통망 분배자, 경쟁자 같은 다른 조직들이며, 셋째는 조직 분야에 대한 게임의 규칙을 실질적으로 만드는 국가라는 것이다. 그는 이러한 세 가지 맥락 속에서 규칙이 만들어지고, 의미 있는 행위가 발생하고, 권력관계가 형성되고, 구체적인 새로운 사회조직 형태가 이루어진다고 보았다. 그런데 그는 작은 상황 변화의 결과로 조직에 변화가 발생할 수 있다는 점에 주목하였다. 일단 조직이 안정되면, 외부 충격[72]이 가해졌을 때 변화가 발생하기 쉽다는 것인데, 조직 의사결정자의 상황에 대한 새로운 인지나 새로운 전략을 구사하는 다른 조직체들이나 조직 분야 제도화의 힘forces에 의해 변화가 발생한다고 본 것이다.

약 60년간에 걸친 100대 기업 자료를 10년 단위로 묶어서 분석한 그는 1919년에는 기업의 90%가 생산-특정시장지배[73] 전략을 취했고 나머지는 생산-관련 다각화 전략을 취했지만, 전자의 전략을 취한 기업은 1948년까지 지속적으로 감소했다고 지적했다. 이에 따라 1959년에는 생산-

---

72 이 충격은 국가나 다른 조직들 혹은 거시경제적 조건이 초래한 충격을 의미한다.
73 단일품목을 생산하여 해당 물품시장에서 시장지배자적 위치를 점유하려는 전략을 의미한다.

관련 다각화 전략을 취한 기업이 다수를 구성하였고, 1979년에는 생산-특정시장지배 전략 기업은 소수자로 전락하였으며, 20세기 중반 이후에 가장 두드러진 변화는 생산-비관련 다각화 전략을 취한 기업의 증가라고 주장했다.

플리그스타인(1991)의 이러한 주장은 100대 대기업 목록에 선정될 정도로 성장한 조직은 다양화diversification를 고도성장지향 전략으로 채택함으로써 그렇지 않은 기업들보다 빠르게 성장한 것이라고 요약할 수 있다. 그런데 이 과정에서 흥미를 끄는 점은 해당 기업 CEO의 배경에 대한 분석이다. 그는 1919~1949년 사이에는 제조업 중시 기업인들이 대기업을 지배했지만, 1939년부터는 판매와 시장을 중시하는 인물들이 등장하여 1959년에 최고조를 이루었고, 1949년부터는 재무 분야 CEO들이 대기업을 지배하게 되어서 1979년에는 이들이 가장 큰 비중을 차지했다고 했다. CEO의 이해관심에 따라 조직 전략이 높은 상관성을 보인다는 연구결과인데, 그는 조직의 중요 행위자가 기업 전략에 대한 새로운 관점을 지니고 이를 수행할 힘을 지니고 있었기 때문에 전략 변화를 야기할 수 있었다고 본 것이다.

2) 동아시아 국가 기업사

동아시아 기업들이 조직화된 양식은 국가별로 상당한 차이를 보인다. 예를 들어, 한국은 대규모 기업집단(재벌)과 정부투자기업(공기업)의 존재가 특징이라면 대만은 가족 중심의 중소규모 하청기업이 보편적이다. 일본은 위계질서를 갖춘 대규모 그룹Group이 특징인데 비해 싱가포르는 몇몇 다국적 기업의 존재가 두드러진다. 이처럼 국가별로 기업 조직의 규모뿐만 아니라 기업 간의 관계, 기업과 정부 간의 관계 등에서도 차이를 보이는데, 이러한 차이를 단순히 효율성만으로 설명할 수는 없으며 국가별로 문화가 다르다는 점만으로 설명하는 것도 완전하지 않다.

이 국가들은 모범적인 경제성장을 이루었다는 점과 기업의 발달이 경제성장과 밀접한 연관이 있다는 점에서 공통적이다. 그러나 기업들의 조직화 양식에서 보여주는 차이점을 이해하기 위해서는 국가가 제공한 경제 환경과 제도에 따라 어떤 조직유형이 잘 적응하여 발전하고 또 어떤 기업이 도태했는지를 확인할 필요가 있다. 동아시아 국가경제의 발전을 설명하는 데 있어서 기업의 규모 자체보다 중요한 요인은 국가가 얼마나 성공적으로 경제 전반을 계획하고 자본시장을 육성하며 조직들 간의 관계를 통제하는가이다. 그렇다고 해서 단선형 진화론의 주장처럼 동아시아 국가들의 경제발전이 유사한 제도적 틀에 따른 조직 유형의 공통 원칙을 따라 이루어졌다는 것은 아니다. 오히려 각 사회마다 다양성을 보이는 조직화 유형이 각국의 정치적, 문화적, 제도적 배경과 어떻게 안정적으로 융합되어 발전하게 되었는지가 관심의 초점이다. 다시 말해, 각국이 그 사회의 경제 여건에 맞는 제도적 틀을 만들고 이에 따라 현대산업기업의 조직화 양식이 달라진 것이라면, 기업 조직의 효율성은 특정 국가의 제도적 수준에 맞는 상황조건적인contingent 것이며 각국의 기업 역사는 환경에 적응한 진화적 과정을 대변할 것이다.

해밀턴과 비가트(Hamilton and Biggart, 1988)는 동아시아 국가들의 금융제도가 제조업의 발전에 얼마나 호의적이었는지에 따라 조직화 양식에 차이가 날 수 있다는 점에 주목하였다. 이들은 금융기관과 제조기업의 관계는 나라마다 다르며, 사실상 그 관계가 제조 산업의 성공 여부를 결정해준다고 보았다. 제조업자들은 전략적, 모험적 기술개발과 수지타산을 맞추기 위해서 장기저리의 자금을 원하는 반면에 은행은 쉽게 회수가 가능한 고금리의 단기 대출을 원한다. 이때 제조업의 논리와 은행의 논리 중 어느 것을 중시하느냐는 제도적 장치를 통해 정해지는데 동아시아 국가들에서 이러한 여건을 만드는 주체로서 시장보다는 국가가 더 중요했었다는 것이다.

오루 등(Orru et al. 1988: 25)은 제조업을 중시해온 동아시아 세 나라의 제도적 특징을 일본의 경우는 공동체적 이상, 한국은 세습적 원칙, 대만은 부계적 원칙이라고 유형화했다. 구체적으로 살펴보면, 일본 제조업의 재정적 안정은 주로 기업 간의 상호투자에 의한 것이며, 한국의 경우에는 재벌기업 가문 중심의 자금조달과 더불어 고위 경영진이 정부가 감독하는 금융기관과 얼마나 긴밀한 관계를 유지하는가에 달려 있고, 대만의 기업은 대체로 가족이나 친족 중심의 자금조달에 의존한다는 것이다. 이들의 주장은 일본뿐만 아니라 대만과 한국 등도 제조업의 논리를 우선시하는 안정된 제도적 틀을 발전시켜왔지만, 이러한 제도적 틀이 마련될 수 있었던 것이 단지 문화적 요인에 의한 것도 아니고 경제적인 입장에서 최적의 합리적 선택을 한 결과라고만 할 수도 없다는 것이다.

따라서 진화론적 기업역사학의 입장에서 본다면, 이러한 동아시아 국가들의 경제 조직화 양식은 유교주의라는 문화와 관련이 있기보다는 제조업이 장기적인 전략을 수립하고 생존할 수 있도록 안정된 제도적 틀이 제공된 점과 기업들이 이에 대해 적절한 적응adaption을 한 진화의 결과라고 할 수 있을 것이다.

7장

■ ■ ■

경제의 문화성

일상생활에서 '문화culture'라는 용어는 흔히 '문화예술', '문화시민' 혹은 '문화국가' 등의 표현으로 사용되면서 무엇인가 고상하고 격조 높은 대상이나 상태를 일컫는 의미로 이해되고 있다.

그러나 이 단어를 학문의 핵심 용어로 삼는 인류학에서나 그것을 차용하여 사용하는 사회과학 분야에서 문화의 개념은 간단히 정의해서 '한 집단의 사람들이 사는 모습'에 해당한다. 따라서 원시부족사회를 서구인의 시각과 기준으로 보면서 연구했던 인류학자들의 일부는 그들의 생활상을 '미개'하다고 표현했지만 오랫동안 그들과 함께 생활하면서 그 집단 구성원들이 사는 모습을 연구했던 대부분의 인류학자들은 그들이 사는 모습의 모든 측면들—의식주의 기본 양식이건 가족제도, 결혼제도, 종교제도, 정치제도 등의 제도적 측면이건 간에—이 나름대로 의미를 갖고 서로 밀접하게 연관된 현상이라는 것을 확인하였다. 이러한 입장이 문화의 우열을 인정하지 않는 '문화적 상대주의'의 관점이며, 모든 집단이나 사회는 그 구성원들이 나름대로의 사는 모습인 '문화'를 갖고 있기 때문에 어느 문화가 더 낮거나 못하다고 평가해서는 안 된다는 주장이다.

이처럼 사회과학에서 문화를 한 사회의 구성원들이 사는 모습의 총체로 보면 개인의 경제적 행위나 경제현상 역시 문화의 한 부분에 해당하는 것이거나 적어도 문화, 즉 그들이 사는 모습에서 영향을 받을 수밖에 없는 것으로 이해하게 된다. 이런 입장에 따라 디마지오(DiMaggio, 1990: 117)는 대부분의 경제학 이론에는 이상하게도 문화에 대한 논의가 빠져 있다고 비판하였다.

1. 경제와 문화의 연관

사람들의 취향이 달라지는 경우에 그것을 외생적인 문제로 치부하는 것과 마찬가지로, 경제학에서 경제에 영향을 미치는 '문화'를 논외로 하는 가장 큰 이유는 '깨끗한 손'을 더럽히는 대신에 외생적 문제인 문화에 대한 논의를 사회학이나 인류학자들에게 맡기는 것이 낫다고 생각하기 때문일 것이다.

그러나 폴래니(Polanyi, 1957)가 '시장'도 하나의 '문화적 구성물'이라고 지적했던 것처럼, 문화가 공동체 구성원들의 사는 모습 그 자체를 의미하는 것이라면 그 속에서 이루어지는 구성원들의 경제적 행위나 그러한 경제 행위의 결과로서의 경제제도들이 문화와 독립적인 실제로 존재하는 것이라고 주장하기는 어려울 것이다.

문화론과 신경제사회학을 비롯한 사회학에서는 개인의 경제 행위에 영향을 미치는 문화와 사회구조의 영향에 주목해서 다양한 논의가 진행되어왔다. 경제적 선호와 취향의 형성은 여러 사회적 요인과 관련되어 있다고 보기 때문에, 디마지오(1990)는 "경제학자들이 기꺼이 사회학에 넘겨

주고자 하는 분야가 있다면 그것은 취향과 그것의 형성에 관한 문제일 것"이라고 지적하기도 하였다. 그간 경제와 문화의 연관에 대해 사회학자들이 기울였던 관심을 간단히 정리해보면 다음과 같다. 베버(Weber, 1968)는 신분집단에 따라 형성되는 취향에 관심을 두었고, 파슨스(Parsons, 1949)는 경제 행위를 통제하는 정서와 규범의 역할을 강조했으며, 가핀켈(Garfinkel, 1967)은 경제적 교환과 관련하여 각본script에 따른 경제 행위의 존재와 위력에 주목했다.

1) 문화

파슨스(1949)는 『사회적 행위의 구조 The Structure of Social Action』에서 '문화'를 '사회구조'와 구분했지만, 이러한 구분은 분석을 위한 목적에서 이루어진 상당히 인위적인 것이었다. 사회구조는 일정한 관계를 맺고 있는 사람들 간에 행위를 주고 받는 상호작용interaction이 오랜 기간에 걸쳐 지속적으로 반복되면서 유형화된patterned 것을 의미한다. 이런 의미에서 사회구조는 연결망network과 같은 의미를 가지며, 사회 구성원들 간에 이루어져 있는 연계의 틀에 해당된다. 이러한 사회구조 혹은 연결망에서, 어떤 집단이나 사회의 구성원들이 구체적인 행위를 주고 받으면서 형성하고 또 배우기도 하면서 영향을 받는 그 집단 구성원들의 총체적인 삶의 모습이 바로 '문화'인 것이다. 비유를 하면, 사회는 그릇에 해당하는 것이고 그 그릇에 담긴 내용물이 문화에 해당한다.

디마지오는 실제로 사회관계의 유형인 사회구조는 문화를 습득하고 표현하는 창구가 되며, 인지cognition의 유형인 문화는 사회구조를 구성하는 데 깊이 연관되어 있다고 지적하면서도 문화를 따로 떼어내서 연구하는 것이 자칫 간과할 수도 있는 문제들에 관심을 갖게 해준다는 점에서 유용할 수 있다고 지적했다. 그는 '문화'를 '사회적 인지social cognition'라고 규정하면서, 사회적 인지란 의식적 사고 및 당연시하는 것들의 내용과 그 범주를 포함하는 것으로 보았다. 다시 말해 문화를 사회의 구성원들 간에 공유된 인지라고 보고, 이럴 경우에 이론적으로 문화는 집단과 사회에 따라 다르고 또 집단 내에서도 문화적 이해의 정도가 다양한 형태를 가지게 되므로 유형화된 문화의 다양성에 대한 연구가 필요하다고 주장하게 되었던 것이다(DiMaggio, 1990: 113).

사회구성원들이 공유하는 인지로서의 문화는 여러 단계로 구성되어 있다. 우선 문화의 한 단계는 신념, 규범, 태도 같은 인지 현상들로 구성되어 있는데, 개인이 경제적 행위를 하기 위한 의사결정이 이러한 인지 현상들과 연관되어 있는 것은 분명하다. 예를 들어, 베버(1958)가 『프로테스탄트 윤리와 자본주의 정신Protestant Ethic and Spirit of Capitalism』에서 주장한 내용은 캘빈주의Calvinism 청교도인들이 자신들의 종교적인 신념인 예정설과 소명설로 인해 현세에서 성실하게 일하고 절제하는 삶을 살면서 자본의 축적을 이루게 되었고 이것이 자본주의 발전에 초석이 되었다는 것으로, 이는 경제 행위가 종교적 신념과 공동체 규범에 의해 영향을 받는다는 점을 보여준 훌륭한 예가 된다.

이보다 깊은 인지 단계에는 습관habitus 또는 각본script이 자리 잡고 있다. 이는 사람들로 하여금 별다른 깊은 생각 없이 세상을 당연하게 바라보고 그에 반응하도록 만드는 인지 현상이라고 할 수 있는데, 이에 따라 대부분의 사람들은 당연시하는 바를 형성하게 된다. 예를 들어, 일상생활방법론ethnomethodology 학자인 가핀켈(Garfinkel, 1967)의 규칙파괴실험rule-breaking experiment은 우리가 일상생활에서 얼마나 각본에 따른 행위를 별 생각 없이 습관적으로 하고 있는지를 보여주는 역설적인 예를 제공한다. 그의 여러 가지 규칙파괴실험 중에는 학생들을 소매상점에 보내서 여러 가지 물건들을 조금씩 구매하도록 한 뒤에 정찰제로 표시된 가격을 조금씩 깎는 실랑이를 하도록 하여 경제 질서를 교란시킨 규칙파괴실험이 있는데, 이는 우리가 당연시하는 소위 '사회질서social order'가 얼마나 취약한지를 보여주는 좋은 사례이다. 여기에서 우리가 경제적 교환과 관련해서 얼마나 각본script에 거의 무의식적으로 따르는 존재인지를 확인할 수 있다.

보다 근본적인 사회적 인지의 근원에는 인식의 분류 체계가 자리 잡고 있고(Zerubavel, 1985), 시장이 폴래니(1957)가 지적한 것처럼 하나의 문화적 구조물이라면 사람들은 그러한 근본 인식에 기반하여 자신들의 경제적 행위를 결정하고 참여하게 될 것이고 이것이 집단 수준에서 유형화되면 결국 하나의 문화가 되는 것이다.

따라서 사회적 인지, 즉 문화의 모든 수준에서 인간의 경제 행위는 문화와 밀접한 연관을 맺고 있다는 점을 고려하며 실제로 문화가 경제와 어떻게 연관되어 있는가를 아래에서 정리한다.

2) 경제 분석에서의 문화 쟁점

문화가 경제와 어떻게 연관되어 있는지를 확인하기 위해서는, 사람들로 하여금 타산적이고 이기적인 태도, 즉 경제적 합리성에 따라 행동하게 만드는 인식의 분류 체계가 과연 존재하는지를 우선 확인할 필요가 있다. 또한 그러한 경제적 이익 추구의 행동이 항상 적절한 것인지 아니면 어떤 특정 상황에서만 적절한 것인지와 또는 누구와 경제적 교환을 할 것인지 하는 상황 판단에 영향을 미치는 '적절성의 규칙rules of relevance'이 존재하는지가 쟁점이 된다.

물론 이러한 변이가 확인되더라도 이것이 '문화'에 따라 유형화된 것이 아니라 개인적인 특징이나 성격상의 특질(예를 들어, 모험을 싫어하거나 만족을 뒤로 미루는 능력 등)에 달린 것으로, 사회와는 대체로 무관한 것임이 증명될 수도 있지만 그렇더라도 이것은 경험적으로 증명해볼 가치가 있다(DiMaggio, 1990: 118).

(1) 교환물과 대상: 적절성의 기준

인류 역사에서 초기 수렵채취사회 단계를 지나 정착 농경이 이루어지게 되면서 잉여생산이 가능해지게 되었고 이에 따라 잉여물품의 물물교환이 시작되었다. 초기의 물물교환은 고대사회의 성립과 더불어 화폐의 유통에 따른 교환 형식으로 바뀌게 되었지만, 인류에게 경제적 교환의 역사는 교환과 관련된 여러 제약이 점차 완화되어서 교환이 가능한 대상 품목과 누구와 교환을 할 수 있는지의 대상자 범위가 대체로 확대되어온 과정이라고 할 수 있다.

산업혁명 이후 자본주의의 발전 과정에서 시장은 점점 더 많은 상품을 교환하고 거래함으로써 확대되어왔다. 그런데 이러한 시장의 확대는 폴래니(1957)가 지적했듯이 경제현상일 뿐만 아니라 문화적인 현상이기도 하다.

경제학에서 주장하는 이른바 '자기 규제적self-regulating' 시장에는 '경제인homo economicus'이 활동한다. 이 경제인은 최대한의 자기 이익 추구를 지향하는 냉정한 인간인 셈이지만, 센(Sen, 1977: 336)은 이러한 경제인 개념은 '합리적 바보rational fools'에 해당한다고 주장했다. 다시 말해 경제학적인 좁은 의미에서는 '합리적'일지도 모르지만 사회적으로는 모자라는 '비합리적'인 바보라는 것으로, 실제의 인간은 이러한 의미의 완벽한 경제인이 아니라는 점을 역설적으로 지적한 것이다.

인간은 경제인이면서 동시에 '사회적 존재social being'이다. 사회학이나 인류학의 전통에서는 경제적 교환의 문화적 '배태embeddedness'를 강조하고 있다. 다시 말해 사람들은 경제적 교환을 하는 때에도 자신의 역할관계와 규범적 각본에 바탕해서 생각하며, 그에 따라 어떤 상대와 무엇을 어떻게 교환할 것인가를 결정한다는 것이다(Swedberg and Himmelstrand, 1987): 그라노베터(Granovetter, 1985)는 인간 행위의 사회적 배태성과 현재 진행 중인 사회관계on-going social relations의 중요성에 초점을 맞추어, 사람들이 그러한 구조적 조건에 의해 경제적 교환 상대를 선택하는 데 있어서 제한을 당하고 통제를 받는다고 지적했다.

문화적 배태이건 사회구조적 배태이건 간에 위의 두 가지 접근은 모두 '역할role' 이라는 사회학적 개념을 끌어들이고 있다. 다만 문화적 배태는 개인의 지위에 부여된 권리와 의무 같은 역할의 문화적인 외양을 설명한 것인데 비해, 사회구조적 배태는 사람들 간 관계의 연결망에서 개인의 지위에 따라 경제적 행위가 제약을 받는 데 대한 구조적인 설명이다.[74] 이러한 배태의 관점에서 본다면, '경제인'은 역할이 없는 인간이며 원자화된 행위 주체로서 어느 누구와 무엇이든 자유롭게 교환할 수 있는 존재이지만 실제의 세상에 그러한 존재는 없다. 예를 들어 부모와 자식 간에 돈거래를 하는 경우가 있다고 하더라도 그 거래관계는 일반적인 채권자와 채무자 간의 관계와는 다른 것이며, 부모에게 장기를 이식하는 자식이 장기 이식의 대가로 부모에게 돈을 요구하지는 않는다. 사회적 존재로서의 인간은 경제적 교환을 할 때에도 그러한 교환을 누구와 할 수 있고 누구와 하면 안 되는지, 또 무엇을 거래할 수 있고 무엇은 거래하면 안 되는지를 가늠하는 존재인 것이다.

경제인의 사회적인 위치를 그려보는 것은 경제학의 관심사가 되어야

----

74 사회구조적 접근과 문화적 접근은 분석적으로 구별이 가능하다. 전자는 행동에 영향을 주는 외적 구속(예를 들어 행위자의 어떤 타자에 대한 잘못된 행동이 결과적으로 그 행위자의 다른 사회관계 까지 망쳐버리는)을 강조하고, 후자는 역할에 관계된 규범이나 각본을 내재화 또는 당연시하는 것 에 중점을 둔다(DiMaggio, 1990: 120).

하며, 이는 애타심의 문제, 직장 민주주의, 대리모 또는 장기(臟器)판매 등의 쟁점과도 밀접한 관련이 있다(Hansmann, 1988).

(2) 교환 행위의 변이

그런데 경제적 교환 행위에는 몇 가지의 변이가 있다.

첫째는 개인적 특성에 따라 차이를 보이는 변이이다. 사람마다 성격이 다르고 개인적인 취향이 다르기 때문에 어떤 사람들은 시장 이데올로기에 기초해서 각본대로 교환하는 경향이 다른 사람들에 비해 강할 수 있다. 예를 들어, 자신이 다른 사람의 경조사에 부조를 했다면 꼭 그만큼을 되돌려 받아야만 한다고 생각하기 때문에 그에 대한 세세한 기록을 유지하고 있다가 꼭 챙기는 사람이 있는가 하면 그런 기억을 별로 중요시하지 않는 사람도 있다. 또한 자기가 제공한 도움에 대해 꼭 값어치를 환산해서 돌려받기를 원하는 사람도 있을 수 있다. 디마지오(1990: 121)는 다른 조건이 동일하다면 이런 경향은 여자보다는 남자가, 비영리 조직에서 일하는 사람보다는 시장 부문에서 일하는 사람이, 사람을 상대하는 사람보다는 사물을 상대하는 사람이, 사회사업이나 역사학 전공자 보다는 경제학을 전공하는 사람이 그런 경향을 더 강하게 나타낼 것이라고 보았다. 이처럼 사람들이 '교환'에 대해 갖게 되는 각자의 개념은 개인주의적이고 타산적인 교환 행위를 찬양하는 문화적 환경에 노출되어 있는 정도에 따라 달라질 수 있을 것이다.

둘째는 교환 당사자 간의 역할관계에 기반한 변이이다. 교환 당사자와의 관계에 따라서 좀 더 비인격적이고 이기적인 경제 행위를 유발시키는 관계가 있고 그럴 수 없는 관계가 있다는 점이다. 사람들은 통상 친구들보다는 모르는 사람에게, 자신들과 비슷한 사람보다는 다른 사람들에게, 가족이나 친척 구성원보다는 인척관계가 아닌 사람들에게 더 비인격적으로 대하며 시장의 교환 원칙에 기반한 행위를 할 것이다. 친척이나 친구 간의 상품판매에서는 예의상 신변 잡담을 하거나 형식적으로 가격을 깎아주는 등 동일한 집단 성원으로서의 상징 교환이 수반된다. 따라서 자신이 경영하는 음식점에 놀러 온 친척이나 친구들에게 음식값을 그대로 다 받는 경우는 드물 것이고, 반대로 전혀 모르는 고객에게서 음식값을 다 받지 않는 거래도 상상하기 어렵다.

한편 어떤 유형의 사회관계는 다른 유형의 관계보다 이익을 취할 때 개인주의적인 경향으로 흐르기 쉽다고 지적된다. 사회관계가 다양하고 촘촘한 사람들은 다방면에서 동일한 사람들과 상호작용하며, 그 상호작용의 상대들도 서로 상호작용하기 때문에 사회관계가 분산되어 있는 사람들보다 이기적인 행동에 매력을 덜 느낀다는 것이다. 그런 상황에서는 집합적 합리성이 개인적 합리성보다 더 쉽게 성취되며, 동시에 이기적인 행동은 향후 집단의 다른 사람들로부터 제재를 야기시키기 때문이라는 것이다(DiMaggio, 1990: 122).

셋째는 물품이나 용역의 종류에 따른 변이이다. 다시 말해 교환 대상이 되는 물품이나 서비스에 따라서 그것이 시장교환의 대상이 될 수도 있고 그렇지 않을 수도 있다는 것이다. 예를 들어 과거 전통 부락에서, 급히 필요한 식량이나 연료 혹은 연장 같은 것을 이웃에서 구하면서 이를 화폐적 거래의 대상으로 여기지는 않았을 것이다. 물론 나중에 그에 합당한 대가를 같은 물품이나 다른 형태로 되갚기는 하겠지만 그런 물품을 빌려주면서 얼마치를 꾸어주었다는 식의 거래는 하지 않았을 것이라는 점이다. 또한 우리나라 전통의 품앗이나 두레 풍습에서 보듯이 용역의 주고받음도 공동체의 규범에 따른 것이었지 시장교환 논리에 따른 것은 아니었다. 레빗과 더브너에 의하면(Levitt and Dubner, 2005; 안진환 역, 2007: 41), "1970년대 몇 명의 연구진이 도적적 인센티브를 경제적 인센티브로 대체하는 연구를 한 적이 있었다. 그들의 연구 목적은 헌혈에 숨겨진 동기를 밝히는 것이었다. 그리고 그 결과, 사람들이 헌혈이라는 이타적 행위에 대해 칭찬을 받을 때보다 적은 액수의 현금을 받을 때 오히려 헌혈을 덜 한다는 사실을 발견했다. 박애정신에서 우러나온 고귀한 행동이 금전적 대가의 도입으로 인해 육체적 고통을 감수해가며 몇 달러를 버는 천한 행위로 돌변한 것이다. 그 몇 달러는 헌혈까지 해가며 벌어야 할 가치가 없는 돈이었다." 이처럼 정서적 친분과 관련되거나 신체적 교환과 관련되는 대상물보다는 일반적인 제조 상품이나 토지 같은 것의 교환이 경제인의 시장적 교환에 보다 적합한 대상물이다. 전반적으로는 공동체가 점차 이익사회의 성격으로 변동하면서 시장 각본에 따라 거래 대상이 되는 물품이나 용역이 더 광범위하게 확대된 것이다. 생명을 담보로 하는 생명보험이 19세기 말에 처음 등장했을 때는 사람들의 거부감으로 인해 발전이 더뎠지만, 지금은 모든 사람들이 이를 기본적인 경제적 거래의 한 부분으로 받아들이는 것이 한 예이다.

그러나 이러한 경향과는 반대로 여전히 직접적인 금전 거래의 대상으로 여겨지지 않기를 바라는 대상물이 있고 또한 과거에 혹시 거래의 대상이었다고 하더라도 더 이상 교환이나 거래의 대상이 아니게 된 대상물들도 있다. 전자의 예는 화랑들이 예술 작품을 전시 판매하면서도 보통 작품의 가격을 드러내지 않고 뒤에 감추는 것에서 볼 수 있는데, 이는 적어도 상징적으로는 예술 작품을 금전적인 거래의 대상으로부터 분리하려는 의도를 보이는 것이다. 후자의 예는 입양이나 장기(臟器) 기증의 경우에서 볼 수 있다. 일부 사회에서는 아직도 유아(幼兒)나 신체 장기가 인신매매의 대상인 경우도 있지만 대부분의 사회에서 더 이상 경제적 교환의 대상이 아니다. 이 경우는 사회의 발전에 따라 교환의 대상이 제한되어온 것을 보여주는 사례라고 볼 수 있다.

넷째는 상황에 따른 변이이다. 다른 모든 조건이 동일할 때, 비인격적이든 인격적이든 간에 교환을 시도하려는 사람들의 마음의 준비는 어떠한 상황에서 그 교환이 일어나는가에 영향을 받는다. 즉 소매상점에서는 경제적 거래를 하게 될 준비성이 높을 것이지만 교회나 가족 모임 등에서는 그럴 가능성이 낮을 것이다(DiMaggio, 1990: 122).

위에서 살펴본 것처럼 교환 행위는 여러 가지 측면에서 변이를 보이며, 그러한 변이는 궁극적으로 문화적 영향과 연관되어 있다. 개인의 특성은 사회화socialization를 거치면서 문화를 내면화한 결과로 형성되는 것이며, 역할 관계의 규정 역시 문화에 의해 영향을 받는다. 어떤 상품과 서비스가 금전 거래의 대상이 될 것인가의 문제 역시 전반적인 공동체의 역사적 흐름 속에서 문화가 규정하는 것이며 상황에 대한 사회적 인지cognition 역시 문화적 산물이기 때문이다.

(3) 교환에서의 분류

누구와 무엇을 교환할 수 있는 것인지의 문제와 관련하여 관계, 교환 대상 및 상황 등은 '할 수 있고 없음'을 분류하는 인식과 관련된 중요한 문제이다. 인간이 이처럼 교환과 관련해서 인지하는 분류 중 가장 중요한 것에 신성한 것과 세속적인 것의 구분이 있다(Douglas, 1966). '신성함 sacred'은 돈으로 가치를 따질 수 없는 것이고 금전적 교환이나 거래의 대상이 될 수 없는 것이다(Zelizer, 1985).

그런데 현대사회에서는 무엇이 신성한 것이며 따라서 상품적 거래의 대상이 될 수 없는가에 대한 경계를 놓고 커다란 쟁점이 존재한다. 대리모 출산이나 수정란 제공, 장기복제(臟器複製)를 둘러싼 이슈는 바로 교환에서의 분류 인식과 연관된 문제인 것이다. 따라서 이 문제를 제대로 이해하려면 사람들과 집단들이 신성한 것과 세속적인 것을 어떻게 분류하는가의 근원을 탐구해보아야만 한다.

2. 문화적 구성물

문화는 개인의 경제 행위뿐만 아니라 집단과 조직 수준의 경제적 행위에도 영향을 미친다. 폴래니(1947)가 자기 규제적 시장이 문화적 구성물임을 보여준 이후 조직 연구자들은 관료제의 형태로 등장한 기업 조직 역시 문화적 구성물이라고 주장하였다. 이 입장은 시장이나 기업 같은 경제 제도가 사회적 인지의 각본script에 따른 구성물이라고 주장하는데, 이러한 제도들이 원래 의도한 합리적 경제 행위를 따라 기능하지 않아서 실제 일어난 결과는 경제적 합리성과는 차이가 있다는 점에 주목한 것이다. 예를 들어, 메요Mayo는 그의 인간관계론Human Relations Theory 연구에서, 기업에 고용되어 있는 근로자들이 개수임금제의 인센티브 제도 하에서 최대의 생산성을 발휘하여 임금을 더 많이 받기보다는, 집단 응집성의 압력에 의해 자신들의 애초 수행 능력보다 낮은 작업생산성을 의도적으로 초래하고 있다는 점을 확인했다.

1) 기업

어떤 형태의 조직 구조가 일단 생겨나서 적합한 것으로 여겨지게 되면 이것이 전형적인 것으로 여겨져서 마치 유행처럼 널리 확산되는 경향이 있다. 기업 소유주나 경영자들은 일반적으로 대중화된 조직 방식에 매료되어 공식적인 조직 구성을 하게 된다. 그러나 이러한 공식 조직 구조는 "심각하게 절박한 경쟁 상황에서 조성된 합리성이 분출된 결과이기 때문에 원래 구상된 대로 운영되지 못한다"(Jepperson and Meyer, 1991)는 주장이 시사하듯이 경제적 합리성의 대변자이기 어렵다. 또한 포웰(Powell,

1990)이나 세이블(Sabel, 1982) 등이 주장하듯이 현재의 기업들은 위계 구조까지 서로 닮아 있는데, 각기 다른 환경에서 활동하는 기업들이 각기 처한 특수한 입장에서 경제적 합리성을 추구한다면 어떻게 그렇게 구조적으로 닮은꼴을 할 수 있는지가 의문으로 제기될 수 있다.[75]

(1) 의례적 합리성

기업의 행위와 구조는 결국 기업을 운영하는 사람인 경영자들에 의해서 결정된다. 경영자들이 보통의 근로자들보다 인지 능력이나 판단력이 우수할 것이라는 점을 고려하더라도 경영자 역시 인간으로서 인지능력의 한계와 정보의 제약에 노출된다는 점을 무시하기 어렵다. 로이(Roy, 1954)가 시카고의 기계공장에 대한 연구를 통해서 보여준 것처럼, 경영진이 위계적 관료제에 몰두하여 모든 작업 과정에 통제를 행사하면서 효율성이 떨어졌음에도 불구하고 관료제적 통제를 계속 고집하여 기업을 위기로 몰아넣은 사례가 있다. 이를 상기하지 않더라도 기업이 합리적으로 운영되지 못하는 예는 매우 흔하다. 왜 로이의 연구에서 경영진은 결과적으로 비합리적인 조직 운영 행동을 하게 되었을까. 이 경영자들은 당시에 대중적으로 강한 지지를 받고 있던 관료제적 조직 유형에 대한 관념에 각인된 나머지 판단력을 잃고 자신들의 행동이 효율적이지 못하다는 것이 입증된 이후에도 관료제를 밀고 나갔기 때문이다. 로이(1954)가 지적한 대로 그 공장의 경영자들은 '합리성의 감정'에 휩싸여 아무 문제가 없는 생산 과정을 고치려고 했던 것이다.

순수한 경제적 관점에서 보면, 경영진들이 '문화'에 대해 지나칠 정도

---

75 이와 연관된 동형화(isomorphism) 논의는 10장에서 상세하게 다룬다.

로 관심을 기울이는 것은 위계에 집착하는 것만큼이나 합리적이지 못하다. 기업이 조직에 대한 사회문화적 규정을 열광적으로 실천하는 것은 효율적인 생산 과정을 달성하는 것과는 무관하거나 오히려 비효율성을 가져올 가능성이 많다(DiMaggio, 1990: 127). 하지만 실제로는 '의례적 합리성ritual rationality'을 대변하는 기업문화에 집착하는 경영진이 많으며, 그들은 개인적으로도 '의례적 합리성'에 빠진 존재인 것이다.[76]

기업의 행위나 의사결정이 효율성과는 명백히 관련이 없는 요소들에 의해 영향을 받는다는 점을 발견한 또 다른 연구로 플리그스타인(Fligstein, 1985)의 연구를 들 수 있다. 그에 의하면 한 산업이 복수부문 조직 구조를 유행처럼 채택하고 그것이 일단 전파되기 시작하면 그 산업에 속한 기업들은 모두 그러한 구조를 선택할 가능성이 높다고 한다. 이러한 연구에서 확인된 점은 선도기업에 해당하는 일부 대기업들은 조직의 구조에 대한 의례화된 합리성에서 벗어날 수도 있지만 다른 대부분 기업들의 행위는 시장에 반응하는 것이 아니라 경영진의 변덕이나 기업들 간의 유행에 반응하기 때문에 비합리적이라는 것이다(DiMaggio, 1990: 127).

이러한 문제가 지적되고 있음에도 불구하고 경영진이 의례적 합리성을 추구하는 이유에 대한 설명도 있다. 메이어 등(Meyer et al. 1981)이 제시한 것처럼 조직이 생존하기 위해서는 정당성이 확보되어야 하는데 조직에 대한 문화적 규정을 따르는 것이 가장 확실하게 정당성을 보장해주므로 그러한 규정에 맞는 구조를 채택하는 것이 혹시 비생산적이거나 경제적으로 비효율적이더라도 오히려 합리적일 수 있다는 것이다. 하지만 이들의 주장에서 '합리적'이라는 것은 경제학적 합리성을 의미하는 것이기보

---

76 학교 조직에 대한 메이어와 로완(Meyer and Royan, 1977)의 연구에서 학교들이 한 번도 제대로 평가 자료를 분석해본 적이 없으면서도 평가를 해야 한다는 생각으로 성과 자료를 끊임없이 수집하는 경향을 보이고 있다고 지적하면서 이를 '의례화된 합리성' 개념으로 설명하였다.

다는 사회적 합리성에 가까운 것이라는 점을 다시 생각할 필요가 있다.

(2) 인지적 분류체계

앞에서 사람들의 근본적인 사회적 인지의 근원에는 인식의 분류 체계가 자리 잡고 있다고 밝혔다. 여기서 분류체계는 기든스(Giddens, 1985)가 말한 '구조화structuring'나 번즈와 플램(Burns and Flam, 1987)이 말한 '규칙체계'와 유사한 개념이며, 변화에 대한 구조화된 능력을 상정하는 '생산체계'의 개념과 일치하는 것이다(DiMaggio, 1990: 128). 인지심리학자들은 '생산체계'를 적응적 혁신을 허용하기도 하고 규제하기도 하는 인지의 틀이라고 보고 이러한 인지는 문화의 영향을 받는다고 주장했다.

이런 시각으로 보면, 쟁점은 사람들이 자신들의 합리적인 이해 추구를 위해 과연 얼마나 자유롭게 이러한 인식의 '생산체계'를 벗어날 수 있는가이다. 다시 말해 기업 경영진의 경우에 어떤 일이 잘못 진행되고 있다는 점을 인식하자마자 바로 기존의 인식 분류체계에서 벗어나 새로운 행동양식을 만들 수 있느냐의 문제이다. 실제로 이런 상황이 이루어지기가 쉽지 않다고 본다면, 기업은 순수하게 합리성에 기반한 조직이기보다는 문화의 영향을 받을 수밖에 없는 문화적 구성물이라는 주장이 가능해진다.

2) 취향과 소비

경제학에서는 개인의 취향tastes이나 선호preference가 고정되어 안정적인 것으로 보고 만약 이것에 변이가 있다면 외생적인 문제로 치부하며 이러한 문제에 대한 탐색은 사회학에 넘겨버리려는 경향이 있다. 이에 대해 디마지오(DiMaggio, 1990: 229)는 경제학자들이 기꺼이 사회학에 넘겨주고자 하는 분야가 있다면 그것은 취향과 취향의 형성에 관한 문제라고 지적하였다.

(1) 취향의 신분 구속성

개인이 선호preference를 갖고 있다는 사실 그 자체는 경제학의 중요한 가정이지만, 그것이 어떻게 구성되고 어떤 변이를 보이는지는 문화론의 바탕에 깔려 있는 중요한 문제이다. 취향을 외생적exogenous인 것으로 보는 경제학에서는 취향은 어떤 식으로든 생기는 것이지만 선호의 우선순위는 상당한 기간 동안에 걸쳐 안정적이라고 가정한다. 이에 반해 사회학자들은 취향이 사람들 간의 관계와 대상물의 상징적인 속성을 반영하는 것이라고 강조하고, 취향이 외생적인 것이 아니라 상당 정도 사회적으로 결정되는 것이라고 본다.

취향에 대한 경제학적 접근 방식은 사회학과는 아주 다르다. 센(Sen, 1977)은 전통적인 신고전경제학적 수요이론에서 취향은 '행동으로 드러난 외부적인 선호'로 간주된다고 하였다. 즉 상징적 재화에 대한 취향은 개인의 능력에 따른 것이라고 본다. 그러므로 개인이나 집단에 따라 상징 물품에 대한 소비가 다르게 나타나는 이유와 관련하여, '취향 계발cultivation' 가설에서는 사람들이 예술을 소비한 이후에 발생하는 소비의 효용가치를 증가시키는 기술을 발전시키고 식상함을 피하면서 수요를 증대시킨다고 보는 반면에, '중독addiction' 가설에서는 어떤 재화에 대한 수요가 식상함을 낳기보다는 오히려 소비가 진전될수록 중독성에 따라 더욱 수요가 증가한다고 주장한다(DiMaggio, 1990: 231). 이러한 취향 계발(교양) 가설과 중독 가설은 특정한 재화에 대한 선호의 순위가 달라질 수도 있다는 점을 수용하지만, 그러한 선호의 변화는 개인의 내적인 변화 때문이며 따라서 궁극적으로 외생적인 것이라고 간주하는 점에서 기본적으로 경제학적 관점을 대변한다. 그러나 이에 대해 스티글러와 벡커(Stigler and Becker, 1977)는 취향이 사람이나 시대에 따라 다양하게 드러난다는 것을 부정하면서, 교양 가설과 중독 가설 역시 경제학의 아류에 해당하는 주장이라고 반박하였다.

취향과 관련된 보다 현실적인 경제학적 분석은 랭커스터(Lancaster, 1966)의 연구에서 찾아볼 수 있다. 그는 재화를 하나의 특성을 가진 대상물이 아니라 소비자들이 이용 목적과 개인의 효용에 따라 다양한 가치를 부여하는 여러 특성들의 묶음이라고 본 한편, 취향은 고유한 안정성을 갖고 있으며 특정한 재화를 단순히 구입하는 선호가 아니라 재화를 소비함으로써 갖게 되는 해당 재화에 대한 보다 깊은 선호를 의미한다고 주장했다. 그는 이렇게 가정함으로써 소비자들의 취향이 똑같지 않다는 것에 관심을 기울이면서 상품들을 비교할 수 있고 또 이전의 소비자 결정에 기초하여 새로운 상품에 대한 수요를 예측할 수도 있다고 생각했다.

사회학에서는 오랫동안 사회적 신분에 따른 취향의 차이를 확인해왔으며 이런 취향의 차이가 상품과 서비스에 대한 수요와 연관된다는 점에 주목한다. 베버는 신분집단과 생활양식의 관련을 지적했는데, 이는 경제현상을 문화적으로 이해하는 데 시사점을 제공한다. 즉 현재 대부분의 경제학 이론에서 설명된 것과는 다른 '수요'의 개념이 필요하고, 또 취향은 이질적이고 상황조건적으로 형성되기 때문에 이것이 안정적이라는 경제학의 기본 가정에 대한 수정이 필요할지도 모른다는 것이다. 개인이나 집단의 취향은 여러 가지 사회적 요인들과 연관되어 있기 때문에 신고전경제학적 입장에서 취향을 다루는 데에는 한계가 있다. 취향은 개인이나 집단의 사회적 지위와 독립적인 별개의 것이 아니기 때문에 사회계층과 연관된 논의가 필수적이다.

(2) 소비의 문화 상징성

사회학적 전통에서는 소비에 대한 결정이 개인과 집단 간에 상호 연관되어 있기 때문에 어떤 상품에 대한 특정 개인이나 집단의 선호는 다른 사람들이 구매했거나 앞으로 구매할 수 있는 가능성에 달려 있다고 본다. 또한 어떤 재화들은 사회적으로 상징적 중요성을 갖기 때문에 기술적 특성들의 묶음으로만 취급될 수는 없다고 본다. 이처럼 취향이 갖고 있는 상호 연관성 때문에 사람들이 갖고 있는 선호의 우선순위는 고정적인 것이 아니라 불안정성을 내포하고 있다는 주장이다(DiMaggio, 1990: 232).

또한 사람들은 자신이 소비하고 보유하는 대상물에 대해 그것의 실제 형태나 내용과는 관련이 없는 외적인 의미를 부여한다. 예를 들어 자신이 소비하고 있는 어떤 물품이 자신의 사회관계에서 어떤 역할을 하는지에 의미를 부여하기도 한다. 좋아하는 대상물은 그것의 기능 때문이라기보다는 사회적인 기준에 따른 경우가 많은데 명품을 선호하는 경향도 한 예이다. 즉 특정한 재화나 서비스에 대한 사람들의 취향과 그에 따른 소비 성향은 그 재화나 서비스에 부여된 사회적 의미에 의해 형성되는데, 그러한 사회적 의미는 해당 공동체의 문화적 구성물이다. 따라서 사회학에서 소비를 효용의 창출로 보는 이유는 재화가 기술적 또는 예술적인 가치를 가졌기 때문만이 아니라 본질적으로 자아와 타인들을 사회 속에 자리매김하는 능력이 있기 때문이라는 것이다. 다시 말해 소비는 문화적으로 규정된 상징을 지향한 취향의 발현이며 하나의 커다란 사회적 과정인 셈이다.

한편 부르디외(Bourdieu, 1984)는 '문화자본cultural capital' 개념을 정립하였다. 그는 사회적으로 가치를 인정받았기 때문에 사람들이 서로 가지려고 경쟁하는 상징 물품을 '문화자본'이라고 정의하였고, 어떤 상황에서 어떤 품목이 문화자본으로서의 사회적 가치를 인정받는지에 대한 연구를 문화자본론으로 이론화하였다.[77] 또한 더글러스와 아이셔우드(Douglas and Isherwood, 1982)가 소비를 '자신을 세상 속에 자리매김하는 사회 구성원으로서의 표현 방식'이라고 정의한 것에서도 우리는 경제적 소비가 취향 혹은 그를 뒷받침하는 문화적 상징과 연관되어 있다는 주장을 다시 확인할 수 있다.

(3) 신분문화의 사회 배태성

베버(1968)는 엘리트 신분문화와 시장이 상호 반목하고 있다는 점을 지적하면서 시장과 취향이 밀접한 관련이 있다고 주장했다. 시장은 값을 치를 만한 돈이 충분히 있는 사람이면 누구에게나 상류층 입회 증명을 남발함으로써 신분문화를 파괴하기 때문에 사람들로 하여금 명예를 얻기 위해 과도한 경쟁을 하도록 유도한다. 그러나 상류층의 신분문화는 이러한 시장의 작동에 대항하여 자신들만의 신분문화를 유지하기 위한 별도의 독특한 취향을 지속적으로 형성하도록 한다는 것이다. '과시적 소비 conspicuous consumption' 개념을 사용한 것으로 유명한 베블런(Veblen, 1899)도 금전적 과시나 여가의 사용 등이 생활양식과 결부된 신분문화를 대변하기 때문에, 여가나 소비의 취향이 결국 한 사람이나 집단의 생활이 어떤 수준인지 등급을 매기고 평가하는 메커니즘이 된다고 주장했다.

그러나 베블런의 과시적 소비이론에서는 사회구조에 대한 고려가 결여되어 있다. 프랭크(Frank, 1985: 140)가 잘 관찰한 것처럼, 긴밀하고 지속적인 연결망에 속해 있는 사람들의 경우에는 그렇지 않은 연결망 속에서

---

77 이러한 주장을 뒷받침하는 예를 한 가지 생각해보자. 최근 경제 불황 속에서 전반적인 문화 소비가 위축되고 있지만, 고급문화 소비는 오히려 상승세를 보이고 있다. 예를 들어, 인터넷 미니홈피나 블로그의 BGM(배경음악)에 클래식 음악이 주류를 이루는 양상이다. 음악이 혼자만의 감상용이 아니라, 타인에게 자신의 지적 수준이나 취향의 세련됨을 보여주는 척도의 하나로 자리매김하고 있다는 분석이 가능하다. 부르디외가 지적한 것처럼 문화로 '구별짓기'하는 징후가 드러난 것이며, 사회적 신분이나 계층을 드러내는 소비문화의 상징체계가 반영된 것이라고 할 수 있다. 즉 음악이 어떤 사회적 의미를 갖는지에 따라서 그 상징적 속성을 반영한 취향에 따른 문화 소비를하는 것이다.

상호작용을 하는 사람들보다 자신의 신분적 역할을 구태여 드러낼 필요성이 더 적기 때문에 신분문화를 드러내는 상품이나 문화자본에 대한 투자를 더 적게 하는 것으로 알려져 있다. 하지만 이와 대조적으로 독특한 신분문화를 특징으로 하는 몇 개의 집단으로 분할된 사회를 생각해보자. 이 경우를 경제학적 용어로 표현하면, 상위 신분 집단이 소비 상징을 독점한 불완전한 시장이라고 할 수 있다. 이런 경우에 특정 재화에 대한 개인의 취향은 같은 신분 집단에 속한 다른 사람들의 취향에 따라 영향을 받게 되고 그 재화는 집단의 상징적 재화로서의 효과를 가지며 일단 집단 구성원들에 의해 받아들여지면 그 집단 내에서 유행처럼 퍼지게 된다.

그러나 전통적인 상류층과 벼락부자가 된 신흥계급이 신분 경쟁에 참여하는 상황에서는 전형적인 상류층 신분문화의 엘리트 상징이 벼락부자들에게 빨리 확산될 것이고, 이들 벼락부자들은 그러한 엘리트 표식이 중산층에게까지 확산된다면 이를 버릴 것이다. 이처럼 신분문화는 글자 그대로 신분을 상징하는 문화로서 독점화 경향을 띠고 있지만, 신분에 따른 의례적 기능을 충족시키기 위해서는 비교적 일관성이 있어야 하기 때문에 쉽사리 바꿀 수는 없다. 이러한 문제를 해결하기 위한 기본적인 방법은 상징 대상물의 차별화를 추구하는 것인데, 첫째는 신분문화의 선행조건으로서 쉽게 모방하기 어려운 지식 혹은 상당한 시간 투자가 필요한 상징적 재화의 소비를 강화하는 것이고[78], 둘째는 하나의 취향에 따른 소비보다 복합적인 취향을 강조하는 것이다. 셋째는 소비하는 대상이 같더라도 소비 행위를 질적으로 구분하는 소위 '잘 어울림fit'을 의례화하고 이데올로기화하는 것이다. 예를 들어 미국의 최고급 레스토랑들 중의 일부는 아직도 메뉴판을 영어로 쓰는 대신에 프랑스어로 사용하는 것을 들 수

---

78 예를 들어, 최근 우리 사회에서 일고 있는 와인(wine)에 대한 소비 취향의 고급화와 관련 지식 중대를 들 수 있다.

있다(DiMaggio, 1990: 235).

3. 경제문화 분석

'경제문화economic culture'란 용어는 일상에서 잘 사용하지 않지만, 일단 '경제적 활동이 일어나는 장(場)에서 사람들이 사는 모습' 정도로 정의하면 큰 무리가 없다. 좀 더 상세하게 정의하면 '공동체 구성원들이 경제적 행위를 하고 그 결과가 경제적 제도로 형성되는데 연관된 생활방식의 총체적인 모습'에 해당하며, 경제 과정이 문화의 영향을 받고 또 그러한 경제적 과정이 특정한 경제적 문화를 낳는다고 할 수 있다.

버거(Berger, 1987: 7)는 『자본가 혁명 *The Capitalist Revolution*』에서 '경제문화'를 연구한다는 것은 특정한 경제 과정이 발생하고 전개되는 문화적·사회적·정치적 배경을 탐색하는 것이라고 했으며, 기든스(Giddens, 1985)는 경제문화가 규칙, 사회적 관행, 사회관계 등과 같이 체계적이고 구조적인 속성과 연관되어 이를 반영한다고 했다. 따라서 한 사회나 집단의 문화가 특정한 경제현상을 야기한다고 볼 때, 경제문화를 제대로 이해하기 위해서는 그 메커니즘을 구조적이고 체계적인 속성으로 분석해야만 한다. 이에 따라 클레그 등(Clegg et al. 1986)은 문화적 요인과 경제적 현상이 어떻게 연관되어 있는가를 설명하기 위해서 전체 사회 수준과 기업 조직 수준에서의 '경제문화'를 체계적으로 분석하였다.

일반적으로 널리 개념이 알려져 있는 '기업문화corporate culture'를 경제문화와 동일시하는 경향이 있지만, 기업이라는 조직 단위가 아니라 국가를 분석의 단위로 할 경우에 경제문화의 중요성이 보다 잘 드러난다. 예를 들어, 아시아 신흥산업국가들(NICs; Newly Industrializing Countries)[79]

의 놀라운 경제성장을 국가 수준의 독특한 문화적 특성에 주목하여 설명한 연구들이 등장하였다. 이 연구들은 NICs의 경제성장을 경제적 요인만으로 설명하는 것은 한계가 있다고 보고, 이 국가들이 다른 후진국들과 비교해서 어떤 문화적 차이가 있기 때문에 특별한 경제발전을 이룩할 수 있었는지를 분석하였는데, 놀라운 경제성장이 가능했던 문화적 배경을 주로 포스트유교주의Post-Confucianism라는 관점에서 설명하였다.

대표적인 예로, 클레그 등(1986)은 자본주의가 획일적인 모습으로 발전한 것이 아니라 지역과 나라에 따라 다양한 발전 형태를 취했다고 보면서, 비교문화적 관점에서 일본이나 NICs의 경제발전을 스웨덴의 경우와 비교해서 분석하였다. 이들은 동아시아의 경제발전을 일반적인 경제적 변수로 설명하기에는 한계가 있다는 점을 지적하면서 경제문화적인 설명이 더 바람직하다고 보고 자본주의의 고유한 사유재산권과 자유노동권의 수준은 국가와 시민사회 간의 역학관계에 따라 달라질 수 있다고 주장했다. 예를 들어 시민사회의 역량이 성숙한 스웨덴의 경우는 경제적으로 자본주의적 자유주의 노선을 취하면서도 정치적으로 사회민주주의를 채택하고 경제발전을 추구한 특징을 갖고 있다는 것이다.

1) 포스트유교주의적 경제문화

값싼 노동력, 높은 저축률, 정부의 강력한 경제정책 등 경제적 요인이 아시아 신흥산업국가들의 경제발전에 공통적으로 중요한 요인이기는 했지만, 이 요인들이 갖추어진다고 해서 모든 국가들이 경제발전에 성공하

---

79 1990년대에 등장한 이 용어는 한국, 홍콩, 싱가포르, 대만의 경이적인 경제발전에 주목한 것이다.

는 것은 아니다. 한때 이런 경제적 조건이 더 나았던 남미 국가들의 실패 사례를 보면 그러한 주장은 설득력이 있다. 이에 따라 클레그 등(1986)은 일본이나 다른 아시아 신흥산업국가들의 경제적 성공에서 공통적으로 배경이 된 특징은 이들 국가가 모두 독특한 경제문화 즉 유교주의적 가치를 중요하게 유지하고 있는 것이라고 주장했다. 다시 말해 이들 NICs의 높은 경제성장에는 이에 필요한 구성원들의 태도와 여러 제도를 뒷받침할 수 있도록 공동체 구성원들이 공유하는 고유한 문화적 가치가 자리 잡고 있었는데 그것이 바로 전통적인 유교주의의 영향이라고 파악한 것이다.

이러한 포스트유교주의 가설은 칸(Kahn, 1979)에 의해서 먼저 제기되었는데, 그는 일본, 한국, 대만, 홍콩, 싱가포르의 성공은 유교주의적 전통에서 성장한 국가의 엘리트들의 기여에 힘입은 것이라고 주장했다. 그는 전통적인 유교주의에서 훈육discipline이 강조되었고 동시에 가족에 기초한 집단주의가 우선시되는 교육이 강조되었던 점에 주목했다. 동시에 20세기 후반 이들 국가에서 여전히 영향을 유지하고 있던 소위 포스트유교주의도 강압적인 통제가 이전보다 약화된 것만 제외하면 여전히 가족과 집단지향성이 강하다고 보았다.

클레그 등(1986)은 이러한 포스트유교주의적 특징이 산업혁명 시기에 유럽에서 프로테스탄티즘 윤리에 의해 형성된 자본주의적 가치나 규범과 상당히 유사하다고 보았다. 즉 베버가 유럽에서 자본주의 발전에 큰 영향을 미쳤던 프로테스탄트 윤리를 강조했던 것처럼, 아시아에서 자본주의적 발전의 초기 단계에서 포스트유교주의 윤리 역시 지속적인 생산과 축적을 조건으로 하는 자본 형성의 문화적 토대가 되었다는 주장인 것이다. 사실 두 가지 윤리에서 근면하고 성실하게 일하면서 동시에 검소하게 생활하고 절약하는 가치규범 역시 공통적으로 확인된다고 할 수 있다.

일본의 경제적 성공과 관련해서도 이러한 포스트유교주의적 설명이 흔하다. 그러나 무라카미(Murakami, 1980)는 일본을 다른 유교적 사회와는 구분해야 하며, 일본의 집단주의적 가치는 유교주의에서 비롯된 것이라 기보다는 전통적인 사무라이samurai 정신에 의한 농민 군사조직에 의해 형성된 것이라고 주장했다. 그는 이 조직의 특징은 가족이 아니라 기능을 중심으로 하고 계급이나 신분을 벗어난 기능적 위계질서를 바탕으로 한 조직이라는 것이며, 이러한 배경이 이후 일본의 고용과 사회적 관계에서 드러나는 집단주의적 속성의 중심을 이룬다고 하였다. 하지만 집단주의적 가치가 유교에서 비롯된 것이든 사무라이 정신에 바탕을 둔 것이든 간에, 이 두 가지 설명은 모두 특정한 경제현상을 초래한 배경으로 문화적 요인을 들고 있는 점에서는 공통적이라고 할 수 있다.

그러나 이러한 일본의 집단주의를 문화적인 요인에 의한 것이 아니라고 보는 입장도 공존한다. 스기모토(Sugimoto, 1986)는 일본의 집단주의 혹은 단합 정신은 역사적 전통에 따른 문화적인 요인 때문에 형성된 것이 아니라 위로부터의 통제에 따라 인위적으로 만들어진 것이라고 주장하였다. 그는 일본인의 단합이나 집단주의는 엘리트적 사고의 산물로서 일상 생활에 깊이 뿌리박혀 있는 것이 아니라 엘리트가 이데올로기 전파 메커니즘을 통제함으로써 야기된 신화일 뿐이라고 혹평하였다. 일본의 산업 구조에 대해 연구한 고든(Gordon, 1985)도 노동자들의 파업과 이에 대한 탄압이 지속되어온 점을 지적하면서, 역사적으로 뿌리를 둔 일본 특유의 단합적인 경제문화라는 것은 존재하지 않는다고 주장하였다. 즉 태평양 전쟁 직전 전체주의적 정치경제 체제가 강화되었던 일시적인 기간을 제외하면 '단합'을 찾아보기는 어렵다는 것이다. 사실 일본 특유의 경제문화의 하나로 이해되는 집단주의는 1980년대 이후 미국에 본격적으로 소개되었던 일본식 인간관계론적 경영 논리로 인해 미국인의 인식이 그렇게 형성된 것일 따름이고 미국인들은 이것을 기초로 일본의 경제 기적이 가능했던 것으로 믿었던 측면이 있다. 다시 말해 1970년대 후반부터 일본의 자동차나 전자제품들이 엄청난 속도로 미국 시장을 점유하기 시작하면서, 이러한 일본 산업의 경쟁력의 원천이 어디에서 나오는 것인지를 놀라서 찾던 당시 미국 경영진이나 학자들에게 가장 먼저 눈에 띄었던 점이 일본 특유의 문화적 요인들이었던 것이다. 이에 따라 한동안 두 나라 산업과 기업에 대한 비교연구에서 문화결정론에 기반한 주장들이 주목을 받았지만, 이러한 입장은 애초에 한계가 있었다. 왜냐하면, 만약 일본 기업의 경쟁력 기반이 일본 특유의 문화에 기반한 것이라면, 원천적으로 일본과 문화가 다른 미국은 기업들이 일본을 상대할 수 있는 기반이 애초에 없다는 논리가 되기 때문이다. 따라서 이런 식의 문화결정론적 견해는 곧 그 영향력을 잃게 되었고, 일본 기업의 전략과 조직구조에 대한 연구로 전환되게 되었던 것이다.

그렇다면 제2차 세계대전 이후 일본 기업의 전략과 조직 구조는 어떤 점이 특징이었는지를 살펴보자. 흔히 일본 기업이 높은 생산성을 낳게 되는 전략적 특징으로 강조되어온 것은 근로자들이 연공서열seniority과 종신고용life-time employment의 혜택을 받는다는 점이었다. 그러나 이러한 지적은 현상의 일면만을 본다. 실제로 일본 기업의 근로자들은 내부노동시장이 형성되어서 이러한 혜택을 받는 근로자들과 그렇지 못한 2차노동시장secondary labor market 노동자들로 명확히 구분되어 있었다. 이에 따라 일본의 노조는 상대적으로 약한 편이었고, 이런 특징은 일본 특유의 하청생산체계 발달에 따라 더욱 강화되었다.

이런 가운데 내부노동시장에 충원되는 핵심 근로자들에게는 '기업문화'가 발동되었다. 이들은 입사 이전부터 이미 기업문화에 사회화되기를 요구받고 입사가 결정된 후의 신입사원 교육은 업무 훈련에 그치는 것이 아니라 기업 공동체의 가족으로서 확실한 구성원이 되기 위한 가치와 규범을 배우는 사회화 과정이기도 하다. 이러한 일본식 기업문화가 가능한 배경은 일본인들에게 '가족'을 중시하고 협동과 조화가 공동체의 미덕이라고 여기는 사회문화적 배경이 있었기 때문이라고 볼 수 있다. 이런 점에서 보면 일본 기업의 성공 배경에 일본 특유의 경제문화가 영향을 미쳤음을 부인하기 어렵다.

그러나 일본의 성공을 이처럼 문화적인 요인으로만 설명하는 것은 적절하지 않다. 일본 기업의 성공 배경에는 기업문화적인 요소 이외에도 생산성과 직접 연관된 '품질관리quality control'라는 작업 관행이 바탕이 되었기 때문이다. 이러한 기업전략이나 조직 관행을 부각시키는 입장에서는 일본의 경제적 성공이 집단의 화합을 강조하는 일본식 경제문화에 있었다기보다는 철저한 품질관리와 상대적으로 약한 노조의 힘 때문이었다고 본다. 다시 말해, 집단주의와 일본의 경제적 성공을 연관시키는 것은 서구의 학자들이 만들어낸 지나친 과장이며, 집단주의적 관행은 성공적인 경제에 필수적인 것이라기보다는 어쩌다 보니 잘 연결되었던 문화적 배경이라고 생각되는 것이다(Dunphy, 1986).[80]

이상의 논의와 관련하여, 경제 행위를 문화적으로 조직화하는 제도적 틀에 세 가지 유형이 있다는 주장을 살펴보자. 클레그 등(Clegg et al. 1986)은 첫째는 동아시아의 권위적 민주주의 유형이고, 둘째는 미국과 영국 등으로 대표되는 자유민주주의이며, 셋째는 스웨덴의 예와 같은 사회민주주의 유형이 있다고 주장했다.

동아시아 특유의 권위적 민주주의 유형은 자본 간의 상대적으로 낮은 적대행위에 기반한 기업 간의 안정된 유대관계를 특징으로 한다. 여기에는 국가에 따라 약간의 변형이 있는데, 일본의 경우에 기본 조직 논리는 공동체적 조화이고, 한국은 가부장적 위계와 세습 원칙이고, 대만은 부계적 원칙이다. 이들 국가는 모두 자본의 단기적 교환을 추구하는 자본시장

---

80 일본 기업의 집단주의나 단합 정신 같은 문화적 요소가 일본 기업의 경제적 성공에 직접적인 관련이 없다는 증거는 해외 주재 일본 기업의 운영 방식에서 찾을 수 있는데, 해외에 주재하는 일본 기업들은 본국에서의 관행을 그대로 따르지 않으면서도 경제적 성공을 거두었다(Smith, 1986).

논리보다는 제조업의 논리를 선호하는 정책을 펴고 있지만, 노동시장은 공통적으로 상당 정도 분절되어 노동자의 권리가 약한 것을 특징으로 한다. 동아시아 권위적 민주주의의 경제성장은 국가가 자본과 노동을 효과적으로 통제함으로써 가능한 것이었다(Clegg et al. 1986).

영국과 미국 등 서구 선진자본주의 국가들로 대표되는 자유민주주의 유형에서는 자본시장의 논리가 우선되고 국가는 시장의 자유경쟁을 최우선으로 보장하기 때문에 노동시장에 관여하지 않는 것이 특징이다.

한편 스웨덴의 예로 대표되는 사회민주주의적 코포라티즘(corporatism; 조합주의) 유형에서 자본의 조직이나 형성은 시장에서의 적대적 자유경쟁에 기반하기보다는 집합주의적 민주적 방식에 기반하고, 국가의 경제정책은 노동에 기반한 시민사회의 영향력 하에 놓여 있다. 이런 점에서 스웨덴의 경제는 동아시아와 구별되는 몇 가지 특징을 가지고 있는데, 국가경제의 주요 결정에 직접 참여하는 강력한 노동조직의 존재, 기업의 사적 소유와 자유화, 기업에 대한 국가의 감독과 조정 등이다. 이러한 특징은 20세기 중반에 사회민주주의적 노동운동이 성공하면서 형성된 것인데, 이를 통해 경제 운용에 노동자가 직접 참여하는 민주주의가 이루어지면서 경제민주화가 달성된 것이다. 이러한 사민주의의 특징은 국가가 노동조합과 긴밀한 관계를 형성하고 국민의 대표성이 보장되는 경제문화라고 할 수 있다(Clegg et al. 1986).

그런데 경제문화의 조직 양식은 사회에 따라 상황조건적이다. '문화 culture'라는 용어는 원래 무엇인가를 갈고 닦아서 바람직한 상태에 도달한다는 단어 즉 'cultivate'에서 파생된 것이다. 이렇게 볼 때, '경제문화'의 양식도 특정 사회의 문화와 제도적 틀에 부합하는 방향으로 인위적인 조정이 가능할 것이다.

2) 권위주의적 정치문화

아시아 신흥산업국가들의 경제적 성공을 설명하는 데 있어서 또 다른 중요한 요인으로 이들 국가의 권위주의적 정치문화와 정치적 안정이 빈번하게 거론된다. 즉 이 신흥산업국가들이 권력과 집단주의를 높게 평가하는 가치를 지니고 있었기 때문에 권위에 대한 존경과 집단적 복지를 위해 개인의 희생이 강조되면서 경제적 성장의 기반이 되었다는 것이다 (Hofstede, 1980). 아시아 신흥자본국들의 정치 지도자들은 권위주의적 정치문화를 바탕으로 시민사회를 억압하고 노동권에 제약을 가하면서 국가주도의 관료적 권위주의 체제를 형성하여 강력한 경제성장 정책을 추진했다는 것이다.

이처럼 경제성장에 기여한 이들 국가의 역할을 고려한다면 단순한 문화적 설명은 문제가 있다고 할 수 있다. 포스트유교주의적 문화의 단일성과 일관성도 실증적으로 증명하기 어렵고 가족주의나 집단주의 또한 국가에 따라 변이를 보일 뿐만 아니라 실증적으로 확인하기도 어렵다. 더나아가 조직 수준의 기업문화에서는 국가별로 혹은 한 국가 내에서도 기업에 따라 커다란 차이가 있다.

만약 일본의 경제적 성공을 초래한 것이 문화적 요인이며 그것이 역사적이고 전통적인 집단정신에 뿌리를 두고 있는 것이라면, 왜 그것이 제2차 세계대전 이후에야 비로소 효과를 발휘했으며, 또 왜 특정한 제도적 틀에서만 효과를 발휘했는지를 설명해야 한다. 베버 같은 고전사회학자들이 합리적 자본주의의 발전에 장애가 된다고 생각했던 집합주의 collectivism가 현대 사회에서 자본주의 발전에 핵심적 요인으로 등장했다고 주장하는 것은 아이러니가 아닐 수 없다(Clegg, Higgins and Spybey, 1990).

아시아 신흥산업국의 경제발전을 설명할 때, 질적으로 우수한 노동력,

높은 저축률, 정부의 수출지향 정책 등의 경제적 요인들이 경제성장의 중요한 배경이 되었다는 경제학적 설명은 잘못된 것이 아니다. 그러나 이러한 요소들이 잘 결합된 경제적 성공에는 이데올로기적 배경이 있음을 무시하기 어려우며, 이러한 설명은 결국 문화적 요인에 대한 관심을 수반한다. 동시에 이들 아시아 국가들의 기업 조직 형태를 살펴보면 상당한 차이를 발견할 수 있기 때문에[81] 이 국가들의 경제적 성공을 설명하기 위해서 조직 구조적인 공통 원리를 찾는 것은 무의미하다. 그 대신에 이러한 조직 구조나 제도가 어떻게 거시적인 경제·정치·문화적 배경 속에서 잘 융합되어 발전했는가를 확인해야 한다. 아시아 신흥공업국들은 각기 자신의 경제문화에 맞는 기업 제도적 틀을 형성할 수 있었으며, 따라서 제도나 조직의 효율성은 정치·사회·문화적 상황에 따라 달라지는 상황조건적인 것임을 확인할 필요가 있다.

3) 경제문화의 한 유형인 '과소비' 현상

일반적으로 '과소비'는 개인의 분수에 넘치는 사치적 경제 행위라고 규정되지만, 경제학적으로는 개념 자체가 성립하지 않으며, 따라서 학술적인 개념은 명확하지 않다. 여기서는 일단 '개인이든 가계든 한 소비 주체의 효용 한계를 능가하는 소비 행위'와 '고가의 소비를 통해 남에게 내비치려는 속성을 갖는 소비 행위'를 '과소비' 개념으로 한다. 다시 말해 과소비는 '낭비적 소비'와 '과시적 소비'의 양자를 포함한 개념이다. 통

---

[81] 대만은 가족 중심의 소규모 하청 기업을 특징으로 하며, 일본은 위계질서를 갖춘 대규모 그룹, 한국은 재벌과 정부투자 공기업을 특징으로 하고, 싱가포르는 다국적 기업을 특징으로 하는 등 다양한 조직적 특징을 보인다.

상 개인적 차원의 과소비 행위는 심리학과 정신병리학적 관심의 대상이 되어왔지만, 이렇게 정의되는 과소비 행위는 우리 사회의 독특한 사회구조를 상당히 반영하고 있고 간간히 사회문제로 제기되고 있다는 점에서 사회학적 연구의 주제가 될 수 있을 것이다.

제도경제학자인 베블렌(1899)은 소비자의 결정이 생활양식과 결부되어 한 사람을 평가하고 등급을 매기는 데 작용하기 때문에, 선호가 외부적인 영향을 받는다는 점을 인식하고 이를 '과시적 소비 conspicuous consumption' 개념을 사용해서 설명한 바 있다. '소비는 자신을 세상 속에 자리매김하는 사회구성원으로서의 표현 방식'(Douglas and Isherwood, 1982)이기 때문에, 사람들은 자신의 소비 물품이 자신의 사회관계에서 어떠한 역할을 하는가에 상징적 의미를 부여한다. 즉, 특정 소비재와 서비스에 대한 개인의 취향은 그 재화나 서비스에 부여된 사회적 의미에 의해 형성된다는 것이며, 이렇게 볼 때 취향의 형성은 하나의 커다란 사회적 과정인 셈이다.

따라서 개인의 선호와 소비 결정은 다른 사람들의 소비 행태와 상호의존적이며, 어떤 재화들이 특정한 지위 혹은 집단의 자격 요건이 되는 상징성을 띠고 있다면 그 상품에 대한 과시적 소비와 이를 추종하는 모방적 소비의 경향이 현저하게 나타나게 될 것이다. 디마지오(DiMaggio, 1990)도 이러한 소비가 경쟁적이라면 신분을 상징하는 재화의 과잉소비가 만연하여 저축이나 다른 형태의 소비를 떨어뜨릴 것이라고 지적한 바 있다. 이런 상황에서 상류층이 갖는 '신분문화 독점화'(Weber, 1968) 경향은 상류층으로 하여금 끊임없이 차별화를 시도하도록 하며, 트릭클다운 trickle-down 효과에 따라 과시적 소비가 사회전체에 파급되는 결과를 낳게 된다는 것이다.

한국 사회의 경제문화적 특징은 체면치레의 허례허식과 더불어 계층 간의 차이를 용인하거나 수용하지 않으려는 평등지향성을 두드러지게 내포하고 있다. 따라서 상류층에 의해 주도되는 과시적 소비는 빠른 속도로 아래로 확산되는 현상을 초래할 가능성이 높다. 덧붙여 강한 내집단in-group 귀속의식과 준거집단 지향성도 과시적 소비의 증대에 일조를 하는 요인이다.

일반적으로 불황이 닥치면 소비자들은 대체로 가격 위주의 소비 행태를 보여왔다. 그러나 최근에는 소비의 고급화 추세로 인해 유명 브랜드나 고급 수입품의 소비가 급증하거나 유지되고 있는 반면에 전반적인 수요는 큰 폭으로 감소하는 이중적인 현상이 나타나고 있다. 우리나라 사람들의 고급화된 소비 욕구가 불황기에도 낮아지지 않고 오히려 소비자의 지출 축소가 고급품만을 선별적으로 구매하는 형태로 나타나고 있다는 것이다. 그런데 한편에서는 싼 가격으로 일괄 구매하는 소비 패턴이 등장해서 대형할인점이나 백화점의 바겐세일을 적극적으로 이용하는 구매 행태가 확산되고 있기도 하다.[82]

이러한 소비 패턴의 이중화가 계층을 따라 구분되어 나타나는 것인지,[83] 계층 귀속과 무관하게 각 개인들이 이중적인 소비 패턴을 동시에 갖는 것인지의 차이는 과소비 현상을 분석하는 데 중요한 차이를 낳는다. 만약 소비 욕구와 소비 능력을 동시에 갖춘 상류층은 고급지향의 과시적 소비를 하는 반면에 다른 구성원들은 가격 지향적 소비를 행하는 것이라면, 우리 사회의 구성원들은 모두가 경제적 합리성에 따른 소비 행태를 보이는 셈이며, '과소비'의 문제는 일부 구성원들이 행하는 소비 행태가 빈부격차의 위화감을 조성하는 문제의 차원으로 국한된다. 반면에 계층 구분을 막론하고 모든 사람들이 낭비적, 과시적 과소비를 하는 것이라면,

---

82 일반 생활용품 및 가공식품 등 소비자의 가격지향이 강한 부문에서는 저가의 평균 제품을 내세운 가격 파괴와 유통혁신을 통한 소비가 확대된 반면에, 소비자의 고급화 욕구가 강한 부문에서는 오히려 고급품 이미지를 전면에 내세운 고가, 고급 브랜드 전략이 주효하다고 한다.
83 즉 상류층만 고급지향성을 갖고 아래 계층은 가격 지향적 소비를 하는 경우에 해당한다.

대다수 사람들이 경제적으로는 비합리적이지만 동시에 '사회적 합리성'으로 설명되어야 할 소비 행태를 보이는 셈이며, 이 경우에 '과소비'의 문제는 사회구조에 귀착된다.

8장

■ ■ ■

경제적 행위와 사회구조

사회학은 고전사회학 태동 이후 지속적으로 인간의 행동과 제도들이 사회적 관계에 의해서 어떻게 영향을 받는가에 관심을 집중해왔다. 사회적 관계는 인간이 무리를 이루어 살고 사회가 형성된 이후에 항상 존재해왔기 때문에, 사회적 관계가 없는 상황은 홉스Hobbes가 말한 '자연 상태state of nature' 같은 상상에서나 가능하다.

고전경제학과 신고전경제학을 포함하는 공리주의utilitarian 전통은 사회적 관계에 의해 영향을 받지 않는 원자화되고 합리적이며 이기적인 개인의 행동을 기본 가정으로 하는데, 이는 상상에서나 가능한 상황과 비슷한 상태이다. 이와 다른 입장에는 그라노베터(1985)가 '배태embeddedness'[84]로 표현한 논지가 있다. 이 주장은 인간의 행동과 제도들이 '현재 진행 중

---

[84] '배태(embeddedness)'의 사전(辭典)적 의미는 "끼워 넣다", "묻다", "깊이 새겨두다" 등인데, 그라노베터는 사람들의 경제적 행위가 사회적 관계와 너무 밀접하게 맞물리고 연결되어 있어서 이 둘을 분리해내기 어렵다는 의미로 이 용어를 사용하였다.

인on-going' 사회적 관계의 제약을 많이 받고 있기 때문에 이것들을 독립적인 것으로 파악하는 것은 커다란 오류라는 것이다. 배태를 주장하는 입장은 폴래니(Polayni, 1944)로 대표되는 인류학의 '실질주의substantivist'학파와 밀접하게 연관되어 있다.

그런데 사회학자들뿐만 아니라 인류학자나 역사학자들 사이에서도, 시장사회 형성 이전의 시기에는 경제적 행위가 사회적 관계에 깊이 배태되어 있었지만 근대화가 진행되면서 그러한 행위가 한층 자율성을 띠게 되었다는 견해가 오랫동안 지배적이었다. 이러한 견해에 의하면 현대사회로 오면서 경제가 점차 별도의 영역으로 분화되면서, 경제적 거래도 더 이상 친족이나 집단 사이의 의무에 의해 규정되지 않고 개인적 이해득실에 따른 타산적 계산을 따라 이루어진다고 본다. 이러한 견해는 한 걸음 더 나아가 과거와는 상황이 역전되어서, 현대사회에서는 사회관계가 시장의 부수적인 현상이 되었다고 주장하기도 한다.

그러나 경제학자들 중에서 근대화와 더불어 배태가 단절된 것이라고 생각하는 사람은 별로 없다. 오히려 대부분의 경제학자들은 이전 사회들에서의 배태가 현대사회의 시장에서 발견되는 낮은 수준의 배태에 비해 별로 크지 않다고 주장한다. 이러한 생각을 대표한 사람은 스미스Smith였다. 그는(Smith, 1979[1776]) 인간 본성에서 드러나는 한 성향인 어떤 물건을 다른 물건으로 교환하고자 하는 성향을 당연한 것으로 여겼으며, 원시사회에서는 노동이 유일한 생산요소였기 때문에 상품들은 노동비용의 비율에 따라 교환되어야만 했다고 가정했다. 1920년대부터 일부 인류학자들도 이와 유사한 입장을 취해왔다. '형식주의자formalist'라고 불리는 이들은 부족사회에서도 경제적 행위는 사회관계와 독립적으로 이루어졌기 때문에 신고전경제학적 분석을 잘 적용할 수 있다고 주장하였다(Schneider, 1974).

이런 입장은 최근에 일부 경제학자나 같은 견해를 가진 역사학자, 정치학자들이 사회제도를 경제적으로 분석하는 이른바 '신제도경제학'을 발전시키면서 새로운 내용으로 등장하였다. 이 입장은 이전 사회에서나 현대사회의 두 사회 모두에서 정도의 차이는 있더라도 '배태'되어 있다고 해석되었던 행위나 제도들에 대해서, 이것들을 합리적인 개인 즉 원자화된 개인들이 자신들의 이기적인 이해관계를 추구한 것이라고 생각하면 더 잘 이해할 수 있다고 주장하였다(예로, North and Thomas, 1973; Williamson, 1975).

신경제사회학 패러다임의 형성에 결정적인 영향을 미친 것으로 평가되는 그라노베터의 입장은 위의 두 학파 모두와 다르다. 그는 비(非)시장 사회에서 경제적 행위의 배태 수준은 실질주의자들이 주장하는 것보다 더 낮았다고 보며, 근대화가 되었다 하더라도 배태의 수준은 그들이 생각하는 것보다 덜 변했다고 주장했다. 하지만 이런 배태의 수준은 형식주의자들이나 경제학자들이 생각했던 것보다는 항상 더 높았고, 앞으로도 계속 높을 것이라고 주장한다.

1. 사회화와 인간의 경제 행위

롱(Wrong, 1961)은 현대 사회학의 '과잉사회화된oversocialized' 인간 개념에 대해 비판했다. 과잉사회화는 사람들이 다른 사람들의 의견에 매우 민감하고 사회화socialization 과정을 통해서 사회규범을 완벽하게 내면화했기 때문에 사회적 규범과 가치체계에 복종하는 것이 어렵지 않다는 개념이다. 그는 사회학의 이러한 관점이 파슨스(Parsons, 1937: 89~94)가 기능주의 체계론을 정리하는 과정에서, 홉스가 제기한 '질서의 문제problem of order'를 공리주의 전통의 원자화되고 '과소사회화된undersocialized' 인간 개념을 넘어서 해결해보려고 시도했던 것과 연관된 것으로 보았다.

이와는 대조적으로 경제학은 인간 행위에 대해서 원자화되고 과소사회화된 개념을 가지고 있다. 그러한 입장에서는 사회구조와 사회관계가 생산, 분배나 소비에 어떤 영향도 미치지 않는다고 가정한다. 경쟁시장에서는 생산자이든 소비자이든 어느 누구도 집합적인 수요나 공급에 영향을 미치지는 못하고 따라서 가격이나 다른 거래 조건들에 분명한 영향을 미치기 어렵다고 본 것이다. 경제학의 완전경쟁 시장이라는 이상적인 시장은 학문적인 공격을 잘 피해왔다. 그 이유 중의 하나는 '자기 규제적self-regulating' 경제 구조라는 생각이 많은 사람들에게 매력적으로 인식되었기 때문이고, 다른 이유는 경제 분석에서 사회적 관계를 제거함으로써 질서의 문제를 다루어야 하는 복잡한 고민을 덜어주었기 때문이다. 즉 완전경쟁 하에서는 폭력을 행사하거나 부정malfeasance을 저지르기가 불가능하므로 별도의 통제 장치가 불필요하기 때문이다. 경쟁 자체가 개별 거래자들이 자의적으로 거래를 조작하지 못하도록 규정하며, 만일 교환 당사자들이 불신이라든지 사취로 인해 복잡하고 어려운 관계에 직면하게 된다면, 시장조건으로 거래하고자 하는 다른 거래 당사자들에게 옮겨가면 그뿐이라는 것이다.

그러나 과잉사회화된 견해와 과소사회화된 견해는 서로 분명히 대조됨에도 불구하고 이론적으로 크게 중요한 한 가지 역설적인 사실을 동시에 내포하고 있다. 즉 두 가지 설명 모두 궁극적으로는 원자화된 행위자들에 의해 행위와 의사결정이 수행된다는 개념을 공통으로 갖고 있다는 점이다. 과소사회화된 설명에서 원자화는 자기이익을 추구한 결과로 나타나며, 과잉사회화된 설명에서는 행동 유형이 이미 내면화되어 있기 때문에 현존하는 사회관계가 개인의 행동에 별 영향을 미치지 않는다고 생각한다. 이처럼 '질서의 문제'에 대한 과소사회화된 해법과 과잉사회화된 해법 두 가지 모두 행위자들을 현재의 직접적인 사회적 맥락으로부터 원자화시킨다는 점에서 일치되는 문제를 안고 있다.

한편 일부 현대 경제학자들도 자신들이 사회적 영향력을 설명해야 할 때는, 일반적으로 위에서 언급된 것과 같은 과잉사회화된 방식을 이용한다. 예를 들어, 노동시장분절론theory of segmented labor market을 주장한 피어리(Piore, 1975)는 각각의 분절된 노동시장의 구성원들은 서로 다른 의사결정 양식을 갖는다고 주장하였다. 상층1차upper-primary, 하층1차lower-primary, 2차secondary 노동시장의 각 구성원들은 이미 성장 과정의 사회화를 통해 내면화된 관습과 명령에 따라 의사결정을 내리고 이런 의사결정들은 각각 중간계급, 노동계급, 하층계급의 하위문화에 상응한다고 주장했다.

그러나 사회가 개인의 행동에 어떻게 영향을 미치는가에 대한 과잉사회화 개념은 너무 기계적이다. 즉 우리가 일단 한 개인이 어떤 사회적 계급이나 노동시장 부문에 속해 있는지를 안다면, 그의 모든 행동을 자동적으로 알 수 있게 된다는 것이다. 일단 한 사람이 어떤 방식으로 영향을 받아왔는지를 알게 되면 현재 진행 중인 사회관계나 구조는 더 이상 상관이 없다. 사회적 영향력은 모두 한 개인의 머릿속에 들어 있기 때문에, 실질적인 의사결정 상황에서 행위자는 '경제인' 처럼 원자화되는 것이다.[85]

벡커(Becker, 1976)처럼 사회적 관계를 수용하는 경제학자들조차도 관계가 형성된 구체적인 상황과 다른 전체 관계들에 대한 특정 관계의 위치 즉 관계의 역사적·구조적 배태embeddedness[86]를 추상화해 버렸다고 그라노베터는 비판한다(Granovetter, 1985). 벡커의 연구에 묘사된 사람들 사이

---

85 문화적 영향에 대한 보다 정교한(그래서 덜 과잉사회화적인) 분석(예로, Fine and Kleinman, 1979; Cole, 1979: 1장)에서는, 문화란 한 번 형성되어 지속되는 영향이 아니라 현재 진행 중인 과정이라는 것이 분명하게 지적되어 있으며, 따라서 상호작용을 하는 동안에 지속적으로 만들어지고 다시 만들어지는 것이다. 문화는 그 구성원들을 규정지을 뿐만 아니라 부분적으로는 구성원들 자신들의 전략적 이유를 반영하면서 그들의 영향을 받아 만들어지는 것이다.

의 연계는 연계의 구체적인 내용이나 특정한 역사 또는 구조적 위치가 결여된 것으로서 매우 전형화된 것이다. 벡커의 설명에서는 개인적 관계의 특성이 전반적인 개념 체계에서 사소한 역할만을 하게 된다. 경제학적 모형에서 드러나는 사회관계에 대한 이러한 취급은 의사결정에 한 명 이상의 개인이 포함된 때에도 원자화된 의사결정이 유효하다고 주장하는 역설적인 결과를 낳는다. 분석되는 일단의 개인들은 보통은 양자dyad 관계이고 때로는 보다 큰 집단 속의 관계이지만 이들이 사회적 맥락으로부터 이탈되어 추상화되기 때문에, 그들의 행동은 다른 집단의 역사적 상황과 자기 자신의 관계에서 형성된 역사로부터 분리된 원자화된 행동이 되는 것이다.

인간의 행위를 잘 분석하려면 과잉사회화와 과소사회화된 개념화라는 극단적 이론들에 함축되어 있는 원자화atomization를 피해야 한다. 실제의 행위자는 사회적 맥락 밖에 있는 원자처럼 행동하거나 의사결정을 하지는 않는다. 또한 그들은 우연히 점유하게 되어 속하게 된 특정한 사회적 범주에 다라 그들에게 맞게 주어진 규범에 맹목적으로 집착하지도 않는다. 목적에 따라 의도적으로 행동하고자 하는 그들의 시도는 오히려 구체적이고 현존하는 사회관계의 틀에 배태되어 있다.

---

86 구조적 배태의 예를 들면 다음과 같다. 어떤 작업팀에 속한 한 근로자가 감독과 나름의 관계를 맺고 있고 이를 통해 감독과 인센티브 관련 협상을 한다고 할 때, 협상 결과는 이 근로자와 감독 간의 특정 관계에 의해서만 영향을 받는 것이 아니라, 감독이 팀 내의 다른 근로자들과 맺고 있는 관계나 근로자가 다른 동료들과 맺고 있는 관계들에 의해서도 영향을 받게 될 것인데, 이것이 바로 '구조적 배태'이다.

2. 신뢰와 부정의 사회적 배태

1970년대에 들어와 경제학자들 사이에서 이전에는 무시되었던 신뢰와 부정의 문제가 새롭게 관심을 받으면서 부각되기 시작했다. 윌리엄슨 Williamson은 실제의 경제적 행위자는 단순히 자기 이익을 추구할 뿐만 아니라 '기회주의opportunism'에도 관심을 가진다고 주장하였다. 윌리엄슨은 "기회주의란 사취guile를 통한 자기 이익 추구이다. 속임수에 숙달된 행위자는 거래상의 이익을 실현한다. 이처럼 경제인은……통상적으로 자기 이익을 추구한다는 가정이 보여주는 것보다 좀 더 미묘하고 사악한 동물이다"라고 정의했다(Williamson, 1975: 255). 이것은 현대 경제학 이론이 개인은 비교적 점잖은 수단을 통해서 자신의 경제적 이익을 추구한다고 본 가정에 대해 비판한 것이며, 홉스가 잘 인식했던 것처럼 '자기 이익'이라는 본질적 의미가 원래 폭력이나 협잡을 배제하지 않는다는 점을 윌리엄슨이 인정한 것이었다. 이러한 생각은 불완전 경쟁시장[87]이 어떻게 작동하는지에 대한 관심이 고조되면서 부각된 것이기도 한데, 이런 상황에서는 이른바 경쟁시장의 원리가 사기deceit를 줄이는 데 사용될 수 없기 때문에, 일상의 경제생활이 어떻게 불신과 부정에 의해 얼룩지지 않을 수 있는가라는 고전적인 문제가 다시 주목의 대상이 되었던 것이다.

1) 경제학의 두 입장

---

[87] 불완전 경쟁시장은 소수의 참여자들이 있고 그들이 매몰비용(sunk cost)을 치르며 '특정한 인적 자본(specific human capital)'을 갖고 있는 것 등을 특징으로 한다.

경제학 문헌에서는 신뢰와 부정의 문제에 대한 두 가지 기본적인 입장을 확인할 수 있다(Granovetter, 1985). 그 중의 하나는 인간 행위에 대한 과소사회화된 개념과 연계되어 있고, 다른 하나는 과잉사회화된 개념과 연계되어 있다.

(1) 과소사회화적 설명

과소사회화된 설명은 주로 신제도경제학에서 발견되는데, 이 학파는 경제학적 관점에서 사회제도를 설명하려는 일군의 학자들이다(예로, Williamson, 1975, 1979, 1981; Williamson and Ouchi, 1981). 이 학파는 대체로 사회제도와 구조를 이전에 생각했던 것처럼 법적, 역사적, 사회적 힘과 정치적 힘의 우연한 결과로 보기보다는 어떤 경제적 문제들을 해결하기 위한 효율적인 해결책이라고 보는 것이 더 낫다고 주장한다.

이러한 논지는 20세기 중반을 풍미했던 사회학의 구조기능주의와 흡사하지만, 주장의 대부분은 머튼(Merton, 1947)이 정리한 기능주의적 설명이 요구하는 기본적인 기준을 갖추지 못했다. 예를 들어, 쇼터(Schotter, 1981: 2)는 "모든 진화론적 경제 문제는 그것을 해결할 사회적 제도를 필요로 한다"고 주장하였는데 이는 전형적인 기능주의의 동어반복의 문제를 안고 있는 것이다. 또한 이러한 주장에서는 부정malfeasance의 문제가 간과되고 있다. 왜냐하면 어떤 제도적 장치이건 부정은 비싼 대가를 치르도록 하기 때문에 우수한 제도에는 부정의 문제가 개입될 여지가 없으며, 또한 이러한 제도들은 부정을 저지하기 위해 진화되어온 것으로 간주되기 때문이다. 더불어 이런 설명은 구체적인 인간관계와 그것에 내재된 의무가 제도나 구조와는 별도로 부정을 어느 정도 방지한다는 점을 간과하기 때문에 과소사회화된 입장을 드러낸다. 제도적 장치가 신뢰를 대신하는 것으로 보는 이 입장은 결국 홉스의 과소사회화적 입장으로 귀결된다.

(2) 과잉사회화적 설명

일부 경제학자들은 제도적 구조만으로는 폭력과 부정을 모두 저지할 수 없기 때문에 어느 정도의 신뢰가 작동한다는 것을 가정해야만 한다고 인식한다. 그러나 여전히 신뢰의 근원이 무엇인지를 설명하지 못하기 때문에 '일반화된 도덕성generalized morality'으로 신뢰를 설명하려고 하는데, 이는 전형적으로 과잉사회화적 입장을 반영하는 것이다. 예를 들어, 애로우(Arrow, 1974: 26)가 "사회가 진화 과정에서 다른 사람들에 대한 어떤 묵시적인 동의agreements들을 발전시켜왔는데, 이 동의들은 사회의 생존에 본질적이거나 적어도 사회가 효율적으로 작동하는 데 크게 기여하는 것"이라고 주장한 것이 이러한 입장을 드러내는 것이다.

일반화된 도덕성이 항상 존재하거나 이것이 항상 신뢰를 낳는 것이 아니라는 것은 분명하지만, 일반화된 도덕성이 정말로 작용하는 것처럼 보이는 사례도 생각해볼 수 있다. 우리가 서비스를 받고 나서 팁을 주는 경우는 이후에도 좋은 서비스를 기대하고 행하는 행위인데, 집에서 멀리 떨어진 곳으로 여행을 하는 중에 생전 다시는 오게 되지 않을 식당에서 팁을 주고 나오는 행위 같은 경우도 있다.

그라노베터(1985: 489~490)는 이러한 거래는 통상적이지 않은 세 가지 특징을 가지고 있다고 보았는데, ①거래자들이 이전에 서로 안면이 없고, ②그들이 다시 거래할 가능성이 없으며, ③상대방 행위에 대한 정보가 미래에 거래하게 될지도 모르는 제3자에게 알려질 가능성도 거의 없다는 점이다. 그는 폭력과 협잡이 없는 거래가 '일반화된 도덕성'에 의해 설명될 수 있는 상황은 이런 종류의 상황뿐이라고 주장하였는데, 이런 상황에서 조차도 만일 그런 행위를 하는 데 큰 비용이 든다면 이러한 도덕성이 효과적으로 작동하지는 못할 것이라고 보았다.

2) 사회학의 입장

일상의 사회생활에서나 경제활동에서 지속적인 사회적 관계는 신뢰를 통해 가능해진다. 안정적인 신뢰[88]관계는 사회적 협동을 통해 이익을 누릴 수 있다는 인식과 상대방의 신뢰를 담보해주는 조건을 필요로 한다. 신뢰관계가 형성되기 위해서는 호혜성reciprocity의 규범이 형성되어야 하며 서로 간에 신뢰받고 있다는 것을 인지하고 신뢰를 존중하는 의무감과 능력이 있어야만 한다. 이 경우에 신뢰는 자기 강화self-enforcing와 자체 확산적self-expanding이 된다. 퍼트남(Putnam, 1993)도 신뢰와 불신은 각기 자체 재강화를 하는 경향이 있다고 주장하였다. 신뢰는 더한 신뢰를 가능케 하는 선(善)순환을 일으키며 반면에 불신은 불신을 더욱 가중시키는 악순환의 고리를 재생산한다는 것이다. 그런데 신뢰와 불신 간에는 비대칭성이 존재한다. 신뢰는 구축하기는 어려우나 파괴되기는 쉽고, 한 번 파괴된 신뢰를 재구축하기에는 많은 노력과 비용이 필요하다. 불신이 존재할 때 사람들은 그 불신을 확인하는 자체 현실화self-actualizing의 행동을 하는 경향이 있다. 따라서 불신을 일단 경험하고 학습한 사람들에게는 신뢰의 위험 부담이 너무 크기 때문에 불신을 제거하기가 어렵다.

팩든(Pagden, 1988)은 신뢰를 사적 신뢰private trust와 공적 신뢰public

---

88 신뢰는 "타인(혹은 사회조직이나 기술 등 제도)에게 판단과 행위의 자유를 허용하고 그가 자유의사에 따라 판단하고 행동하더라도 그것이 우리가 바람직하게 여기는 결과와 크게 어긋나지 않으리라는 기대"(장춘익, 1997: 2)라고 정의되며, 따라서 어느 정도는 맹목적일 수밖에 없고 실망의 가능성을 내포하고 있다. 갬배터(Gambetta, 1988: 217)는 신뢰(혹은 불신)란 '어떤 행위자가 다른 행위자가 어떤 특정한 행동을 할 것이라고 판단하는 주관적 확률'이라고 정의하였다.

trust로 구분하였다. 전자는 대인관계의 신뢰를 뜻하며 후자는 보다 추상적으로 사회의 제도나 규칙에 대한 신뢰를 의미한다. 일반적으로 사적 신뢰는 공적 신뢰에 기초하는데, 한국은 연줄에 기초한 '내집단ingroup' 구성원 간에 강한 사적 신뢰가 존재하는 듯하지만 매우 배타적이어서 규범적으로나 사회적 효율성 측면에서 바람직하지 못하다. 한편 공적 신뢰는 매우 약한 수준이다. 후쿠야마(Fukuyama, 1995)가 한국과 중국 및 이탈리아를 저신뢰 사회low trust society로 규정하였을 때, 그 기준은 혈연집단을 넘어선 신뢰가 사회적으로 얼마나 형성되어 있는가였다. 이 저신뢰 사회들은 제도에 대한 신뢰가 낮기 때문에 연줄이 상대적으로 발달한 상태이다. 후쿠야마는 한국 기업들의 경영 행태는 합리적 사회관계가 아닌 가족적 폐쇄성에 구속받고 있으며 이는 한국 사회가 저신뢰 사회라는 점을 반영하는 것으로 규정했다. 시장에서의 거래비용이 높아서 기업 조직도 가족경영의 형태를 띠고 있다는 것이다. 후쿠야마의 논지는 한국을 비롯한 저신뢰 사회에서는 사회제도에 대한 공적 신뢰가 약해서 가족 이외의 사람을 믿기 어려운 사회라는 것이다. 더 큰 문제는 공적 신뢰의 부재가 게임 상대방에 대한 불신의 차원을 넘어서서 게임 룰game rule 자체의 공정성과 실행 결과에 대한 의문을 제기시킨다는 것이다. 공적 신뢰가 무너지면 '신뢰'에 대한 믿음을 보장하는 메커니즘으로 파당적 연줄망에 의존하게 되고 연줄로 얽힌 사람만을 신뢰하는 사적 신뢰가 제도에 대한 공적 신뢰의 공백을 메우는 것이다.

사회학에서는 경제적 행위가 사회구조에 배태되어 있다고 주장한다. 이러한 입장은 위에서 살펴볼 수 있는 것처럼, 구체적인 인적 관계와 그러한 인적 관계의 구조 즉 연결망이 신뢰를 형성시키고 이에 따라 부정을 방지하는데 있어서 중요한 역할을 한다고 강조하는 점에서 경제학과 입장을 달리 한다.

대부분의 사람들은 신용이 좋다고 널리 알려진 사람과 거래를 하고 싶어 한다. 이것은 일반화된 도덕성에만 의존해서는 골치 아픈 일이 일어나는 것을 방지하기 어렵다고 생각하는 사람들이 많다는 점을 보여준다.[89] 실제로 우리는 일반화된 정보에 만족하는 대신에 가능한 한 좀 더 나은 정보를 얻기를 원한다. 어떤 사람이 믿을 만한 사람이라고 알려져 있다는 말보다는, 그 사람과 직접 거래를 해왔고 자신이 신뢰할 만하다고 인정한 사람이 믿을 만하다고 전해주는 정보가 더 낫다. 더욱 좋은 것은 과거에 자신이 그 사람과 직접 거래했던 경험으로부터 얻어진 정보일 것이다.

순수한 경제적 동기에서 벗어나서도 경제적 관계를 지속하는 것은 종종 신뢰에 대한 강한 기대가 있고 기회주의의 회피라는 사회적 취지에 따라 하는 것이다. 보다 친숙한 관계에서는 서로 간에 의심을 안 하고 행동을 좀 더 예측 가능하게 해서, 낯선 사람들 사이에서라면 발생할 수도 있는 곤란이 야기되지 않는다. 예를 들어, 불이 난 극장에서 왜 사람들은 우왕좌왕 서로 밟고 밟히면서 현관 쪽으로 한꺼번에 몰려가서 결국에는 치명적인 결과를 초래하는가를 생각해보자. 집합행동을 연구하는 사람들은 오랫동안 이것을 비합리적인 행동의 전형이라고 생각해왔다. 그러나 브라운(Brown, 1965: 14장)은 이런 상황이 본질적으로 n명의 죄수의 딜레마 n-person Prisoner's Dilemma라고 지적하였다. 불이 난 극장에서 모든 사람들이 질서 있게 걸어 나간다면 보다 나은 결과를 낳겠지만 모든 사람이 그렇게 한다는 보장이 없는 상황에서 우르르 달려 나가는 사람들 모두가 개개인은 사실 매우 합리적인 판단을 한 셈이다. 그러나 뉴스에 간혹 나오는 가정집의 화재사건에서는 가족들이 우르르 달려 나가면서 서로 밟고 밟혔다는 소리를 들어본 적이 없을 것이다. 가족 상황에서는 각자가 다른 가족 구성원들을 믿을 수 있다고 확신하기 때문에 죄수의 딜레마가 없기

---

89 경제학자들은 경제 행위자들이 속임수를 쓰려고 하지 않는 이유 중의 하나는 자신의 평판이 손상되는 것에 따른 비용 때문이라고 주장해왔다.

때문이라는 것이다(Granovetter, 1985: 490).

레빗과 더브너(Levitt and Dubner, 2005)가 『괴짜경제학』에서 밝힌 펠드먼Feldman의 베이글 빵 무인판매대의 예에서 발생한 현상도 신뢰가 사람들 간의 관계에서 형성되는 것이라는 입장을 대변한다. 그들은 일부 사람들이 펠드먼의 베이글을 부당하게 취했지만, 대다수 사람들은 아무도 감시하는 사람이 없을 때조차도 정직하게 돈을 지불했던 점에 주목했다. 더불어 규모가 작은 회사의 직원들이 대기업의 직원들보다 더 정직해서, 판매대금 회수율이 3~5% 더 높았다고 하는데, 이것은 규모가 작은 집단에서 사람들 간의 익명성이 낮은 때문이라고 볼 수 있다. 레빗과 더브너는 이 현상을 대도시와 시골 지역 범죄율과 비슷한 현상으로 보았다. 즉 시골에서는 범죄를 저질렀을 때 사건의 전달이 훨씬 쉽고 빨리 일어나며, 나아가 작은 공동체 안에서는 '수치심' 때문에 범죄를 억제하는 사회적 인센티브가 강력한 힘을 발휘하기 때문이라는 것이다.

사업관계에서는 신뢰의 정도가 좀 더 가변적일 수밖에 없지만 인간관계의 강도strength에 따라 죄수의 딜레마가 제거될 수도 있다. 이때 인간관계의 강도는 거래자들의 속성이 아니라 그들 간의 '구체적인 관계'의 속성에 의해 좌우된다. 거래 관계의 개인들은 어떤 사람의 일반적인general 명성에 신경을 쓰기보다는, 특정한 타인이 자신들과 정직하게 거래할 것인지에 더 신경을 쓴다.

신경제사회학자들의 관심은 경제적 행위와 경제제도가 현재의 구체적인 사회관계에 어떻게 배태되어 있는가를 분석하는 데 있다. 신경제사회학자들은 경제생활에서 신뢰를 낳고 부정malfeasance을 억제하는 작용을 하는 구체적인 인적 관계와 그러한 사회적 관계의 연결망에 따라 실제의 양상은 매우 다를 수 있다고 본다. 즉 사람들은 평상시에는 다른 사람들과의 관계를 고려하여 꽤 사려 깊은 행위를 하지만, 위기 상황에서는 다른 사람들의 눈치를 보지 않고 이기적인 동기에 좌우될 가능성이 커진다는 것이 이들의 주장이다. 신경제사회학자들은 불황과 같은 경제적 위기의 상황에서 개인들 간의 경제거래에서 신뢰가 저하되어 거래관계에 부정이 개입될 여지가 크게 증가한다는 점을 주장하였다.

3) 그라노베터의 입장

그라노베터(1985)는 과소사회화 입장에서 제기하는 일반적인 제도적 장치나 과잉사회화 입장에서 주장하는 일반화된 도덕성보다는 사회관계가 주로 경제생활에서 신뢰를 구축한다고 주장한다. 즉 도덕성이나 제도적 장치가 아닌 사회관계의 연결망이 질서 유지 기능을 수행하는 구조라고 주장하고 있다.

그라노베터는 자신의 이러한 주장이 단순한 기능주의에 빠질 위험을 감소시킬 수 있는 두 가지 방법을 제시하였다. 그 중의 하나는 질서 문제의 해결책으로서의 배태 주장이 다른 대안적 주장들보다 덜 포괄적이라는 것을 인정하는 것이다. 그것이 덜 포괄적인 이유는 사회관계의 연결망이 경제생활의 서로 다른 각 영역에서 불규칙하게 서로 다른 강도로 침투해 있기 때문에, 우리가 이미 알고 있는 사실인 불신이나 기회주의 및 무질서가 결코 완전히 사라질 수 없다는 점을 인정할 수 있기 때문이라고 그는 주장했다(Granovetter, 1985: 491).

두 번째는 사회관계가 신뢰와 신뢰할 만한 행동의 필요조건이기는 하지만 충분조건이지는 않다는 것, 심지어는 그러한 사회관계가 있을 때가 없을 때보다 부정과 갈등의 기회나 수단을 더 큰 규모로 제공하기조차 한다는 것을 인정했는데, 그는 그 이유를 다음과 같이 세 가지로 정리하였다(Granovetter, 1985: 491~493).

①인간관계에 의해 형성된 신뢰가 존재한다는 것 자체가 '부정

malfeasance'의 기회를 높여준다. 인간은 항상 사랑하는 사람을 다치게 한다는 것이 인간관계에서의 상식이다. 누군가를 신뢰하는 사람은 낯선 사람이 처할 수 있는 경우보다 훨씬 더 상처받기 쉬운 상황에 놓일 수 있는 것이다. 사회생활의 이런 기본적인 사실은 때로는 상당한 기간 동안 숨겨진 목적을 위해 좋은 관계를 가장한 '신용' 매매에서 일상적으로 발생한다. 대규모 계를 꾸려오던 계주가 어느 날 갑자기 사라지는 경우도 있고, 비즈니스 세계에서 사기나 횡령 같은 범죄는 신뢰관계를 구축하지 않은 사람들 사이에서는 일어날 수 없는데, 그 이유는 신뢰를 구축하지 못한 관계에서는 그런 기회조차 주어지지 않기 때문이다. 하지만 신뢰가 깊으면 깊을수록 부정으로 인해 이익을 얻을 가능성이 커진다. 그러한 사건이 자주 발생하지 않는 것은 인간관계나 신용도의 힘을 보여주는 좋은 증거가 되는 반면에 그러한 사건이 자주는 아니지만 규칙적으로 발생한다는 것은 이런 힘의 한계를 보여주는 것이기도 하다.

②폭력과 협잡은 팀에 의해서 가장 효율적으로 수행된다. 이러한 집단의 구조는 보통 이전의 관계로부터 생겨난 어느 정도의 내적 신뢰를 전제로 한다. 예컨대 혼자 일하는 개인은 리베이트 상납이나 입찰 사기 같은 커다란 음모를 꾸미기 어렵다. 따라서 커다란 신뢰와 커다란 부정 모두 인적 관계personal relations에서 비롯된다고 할 수 있다.

③폭력과 협잡으로 인한 무질서의 정도는 사회관계의 연결망이 구체적으로 어떻게 구조화되어 있는가에 따라 크게 변한다. 홉스는 원자화된 자연 상태에서의 무질서의 정도를 과장해서 자연 상태에서는 지속적인 사회관계가 없기 때문에 산발적인 양자 간 갈등만이 존재할 것이라고 생각했다. 좀 더 확대된 대규모의 갈등은 싸우는 사람들의 연합에서 기인하며, 이러한 연합은 이전에 맺어진 관계가 없으면 불가능한 것이다. 전쟁은 갈등을 유발하고 이기는 데 큰 관심이 있는 양편의 싸움꾼들이 있고 이들에게 많은 행위자들이 충분히 연결되어 있는 경우에 발생한다. 그라노베터

는 사회관계가 없을 때도 물론 무질서와 부정이 발생할 수 있다고 보지만 완전히 원자화된 사회상황에서 발생할 수 있는 부정의 수준은 상당히 낮다고 본다. 그런 사례들은 일시적이고 단속적이며 소규모일 뿐이라는 것이다.

경제생활에서의 신뢰와 질서의 문제에 대한 그라노베터의 배태 접근 embeddedness approach은 사회관계의 구체적 유형을 분석함으로써, 일반화된 도덕성을 강조하는 과잉사회화된 접근과 비인격적이고 제도적인 장치를 강조하는 과소사회화된 접근의 중간적인 입장을 취한다. 그라노베터의 입장은 보편적 질서나 보편적인 무질서에 대해 포괄적인 예측을 하는 대신에 세부적인 사회구조에 따라 어떤 구체적인 현상이 발생하는지에 관심이 있다.

3. 시장과 위계의 문제

4장에서 신제도경제학이 경제사회학의 발전에 기여한 점을 확인했다. 특히 윌리엄슨(1975)의 '시장과 위계' 논지는 시장을 기업 조직과 마찬가지로 하나의 제도적 유형으로 본 점에서 조직을 연구하는 사회학에 더욱 근접한 것도 사실이다. 그러나 신제도경제학도 궁극적으로는 경제학의 한 갈래이기 때문에 기본적으로 '효율성'을 논의의 중심에 두고 있는 점에서 사회학적 관점과 차이가 있다.

1) '시장과 위계' 논지에 대한 그라노베터의 비판

그라노베터(1985)는 윌리엄슨이 『시장과 위계(*Markets and Hierarchies*, 1975)』와 다른 논문들(1979, 1981; Williamson and Ouchi, 1981)을 통해 주장한 내용에 대해 비판을 제기하였다. 윌리엄슨은 어떤 조건 하에서 경제적 기능이 시장 과정보다는 위계적hierarchical 기업의 영역 안에서 작동되는지를 연구했다. 신제도경제학파가 일반적으로 강조하는 것과 마찬가지로, 그도 어떤 상황에서 발견되는 조직 형태는 경제적 거래의 비용을 위계구조를 통해 다루는 형태라는 것이다. 결과가 불확실하고 자주 반복되며 상당한 경제적 '거래 특정적 투자transaction specific investments' [90]가 필요한 거래들은 위계를 통해 조직된 기업 '내부'에서 일어날 가능성이 더 크다고 주장했다. 반면에 예를 들어 표준화된 일반적인 설비를 1회 구입하는 경우처럼, 반복적이지 않고 거래 특정적인 투자를 필요로 하지 않은 거래들은 기업들 '사이'에서, 즉 시장 영역에서 이루어질 가능성이 더 크다는 주장이다.

이러한 윌리엄슨의 설명은 기업 내부에서 이루어지는 거래들은 두 가지 이유 때문에 위계구조 안에 내부화된 것으로 본다. 첫째는 '제한된 합리성bounded rationality'이다. 즉 경제적 행위자가 장기적인 계약과 관련이 있을 수 있는 복잡한 상황조건contingencies을 적절히 예측할 수 있는 능력이 없기 때문이라는 것이다. 하지만 거래가 내부화되면 그러한 상황조건들을 예측할 필요가 없어지기 때문에, 거래들이 복잡한 협상을 통해 다루어지지 않고 기업의 '지배구조governance structure' 속에서 처리될 수 있다

---

90 거래 특정적 투자란 무슨 일이 발생할 때 다른 사람들과의 상호작용으로 쉽게 대체되기 어려운 방식으로 돈, 시간, 에너지 등이 투자되는 경우를 의미한다. 예를 들어, 한 기업이 생산 제품을 시장에서 여러 고객들에게 판매하는 것이 아니라 특정한 다른 한 기업에게 백 퍼센트 납품하는 경우를 들 수 있다.

는 것이다. 두 번째 이유는 경제 행위자가 교활함과 속임수까지 포함한 모든 수단을 동원하여 자신의 이익을 합리적으로 추구하려는 기회주의 opportunism를 갖고 있기 때문이라고 본다. 기회주의는 권위관계나 거래 상대자와의 강한 일체감에 의해 완화되거나 제약되는데, 이러한 일체감은 거래 당사자들이 시장 영역의 틈새 영역에서 만나는 경우보다 같은 기업 조직 너에 몸담고 있을 때 더 많이 갖게 된다는 것이다.

기회주의를 제거하기 위해 권위관계에 의존한다는 것은 홉스의 주장을 수용한 것에 불과하다. 윌리엄슨은 복잡하고 반복적인 거래에는 서로 잘 아는 개인들 간의 장기적인 관계가 필요하지만 기회주의가 이러한 관계를 위험하게 할 수 있다고 지적한다. 관계를 맺고 있는 동안에 요구되는 변화하는 시장상황에 대한 적응은 너무 복잡하고 예측 불가능한 것이어서 몇 번의 만남을 통해서 해소될 수 있는 것이 아니며, 신뢰를 유지하겠다고 약속하는 것도 거래 전반을 관할하는 권위가 존재하지 않는 상태에서는 강제될 수 있는 것이 아니라고 주장했다.

그라노베터(1985)는 윌리엄슨의 이런 분석이 홉스의 『리바이어던 Levithan』에서처럼 과소사회화와 과잉사회화된 가정들을 혼합적으로 지니고 있다고 평가했다. 홉스가 과잉사회화된 주권국가를 강조하는 것처럼 윌리엄슨은 기업 내의 위계적 권력의 효율성을 지나치게 강조하고 있다는 것이다. 한편 '시장'은 홉스의 자연 상태와 흡사하다고 본다. 완전경쟁의 조건에서 이루어지는 규율을 빼버린 점만 제외한다면, 고전경제학의 원자화된 익명적 시장과 같다는 것이다. 하지만 그라노베터는 그런 시장은 과소사회화된 개념으로서 서로 다른 기업에 몸담고 있는 사람들끼리의 사회적 관계가 경제생활에서 질서를 부여함으로써 기여하는 역할을 무시하는 개념이라고 보았다.

그라노베터는 신고전경제학이 가정하고 있는 익명적인 시장은 실제의 경제생활에서 존재하지 않으며, 모든 종류의 거래는 사회적 연계를 많이 내포하고 있다고 주장한다. 하지만 그라노베터는 이런 상황이 기업 간 거래의 경우보다 기업 내 거래에서 꼭 더 그런 것만은 아니라고 지적했다. 그는 기업 간에도 즉 '시장'에서도 경제적 거래에 사회적 관계가 내재되어 있다고 보기 때문에, 복잡한 시장 거래가 위계구조 속으로 내부화되어야만 부정이 방지될 수 있다는 윌리엄슨의 주장을 반박한다(Granovetter, 1985).

사실 우리 주위에는 사업관계가 사회적 관계와 서로 얽혀 있는 것을 보여주는 증거가 매우 많다. 크든 작든 많은 기업의 임원들은 다양하고 밀접하게 서로 얽혀 있다. 이들 간에는 사업관계가 사교활동에까지 연장되어 있기도 하다. 기업 간 연계는 상층부 사람들의 인간관계 연결망에서만 이루어지는 것은 아니며, 거래가 이루어지는 모든 수준에서 연계되어 있다. 기업 간에 이루어지는 구매를 예로 들면, 판매와 구매 관계가 신고전경제학이론이 상정하는 바와 같은 순간시장spot market 모형과는 전혀 유사하지 않다. 기업은 선호하는 판매자와 반복적으로 거래를 하는 경향을 보인다. 여러 산업에서 널리 채택하고 있는 하청subcontracting 역시 위계적으로 조직화되지 않고 시장에서 작동하는 기업들 간의 지속된 관계를 맺을 수 있는 기회를 제공한다.

그라노베터(1985)는 윌리엄슨이 조직체 내부의 위계적 권력이 갖는 효용성을 지나치게 강조했다고 비판하였다. 예를 들어 윌리엄슨은 기업 내 감사를 하는 경우에도 외부의 감사기관을 이용하는 경우보다 내부의 감사 부서를 활용하는 것이 더 효율적이라고 주장하였다. 그러나 댈튼(Dalton, 1959)의 연구는 기업 내부에서 이루어지는 비용 회계감사조차도 효율성에 근거하여 결정되는 기술적인 절차가 아니라 매우 자의적이며 쉽게 조작될 수 있는 과정이라는 것을 잘 제시하였다. 예를 들어, 피감사 부서의 장은 이미 감사 부서의 장과 잘 아는 사이일 것이고 같은 조직 내부에서 소위 '제 식구 감싸주기'에 의해 엄정한 감사가 이루어지지 못할 여지가 크다.

위계구조 내의 질서가 복종을 쉽게 유도한다고 보는 과잉사회화된 견해와 위계구조 속에서는 피고용자들이 자기 자신의 이해관계를 억누르고 기업의 이해관계를 내면화한다는 신제도경제학적 견해는 경험적 연구의 뒷받침을 받지 못했다. 댈튼(1959)의 연구에서처럼, 기업의 이해관계가 개인이나 부서의 이해관계를 잠식하는 경우에 이것에 저항하기 위해서 내부의 연합 연결망이 형성되기도 하는데, 경영진의 관점에서 볼 때 이런 연합은 집단적으로 저질러지는 부정에 해당한다. 더구나 대규모 위계조직의 인사관리의 특징인 내부노동시장의 존재는 구성원들 간의 협동적 탈선을 더 가능하게 만들 수 있다. 다수의 고용인들이 장기간 재직할 때에는 고밀도의 안정적인 관계 연결망이 형성되고 이해의 공유와 정치적 연합이 구축될 수 있는 조건들이 충족되기 때문이다(Pefeffer, 1983).

2) 그라노베터의 대안적 주장

그라노베터(1985)는 경제생활에 질서를 형성하는 데 있어서, 시장에서 이루어지는 거래 즉 기업 간의 사회적 관계는 '시장과 위계' 논지가 상정한 것보다 더 중요한 한편, 기업 내의 권위는 '시장과 위계' 논지가 상정한 것보다 덜 중요하다고 주장한다. 그는 신제도경제학이 보다 균형 잡히고 대칭이 될 만한 주장을 하려면 시장에서의 권력 관계를 인식함과 더불어 기업 내의 사회적 연계들에도 주의를 기울여야 한다고 본다. 시장에서의 권력 관계에 대한 주의는 시장의 균형 역할을 강조한 나머지 갈등이 표출되는 곳에서 권력 관계가 갖는 역할을 무시하지 말아야 한다는 주장이다. 기업이 다른 기업을 지배하는 정도가 어느 정도인지는 논쟁의 대상이 될 수 있지만, 임원진 간의 연결이나 기업에 대한 금융기관의 역할과 대기업과 협력기업 간의 관계에 대한 여러 연구들을 보면 권력 관계를 무시할 수 없다.

(1) 구체적인 관계의 중요성

윌리엄슨의 시장과 위계 접근과 그라노베터의 배태 관점이 제시하는 설명의 차이점은 다음과 같이 정리할 수 있다. 윌리엄슨은 복잡한 경제활동을 위계적으로 통합된 기업 내부로 끌어들임으로써 경제생활에서의 기회주의와 부정이 제거되고 협동과 질서가 가능하다고 설명하였다. 다시 말해 시장보다는 위계가 더 질서를 보장하며 효율적이라는 것이다. 그러나 그라노베터는 복잡한 경제적 거래가 이루어지는 기업 간 영역인 시장에서 오히려 수준 높은 질서가 존재하기도 하고 그에 반하여 기업 내에서 높은 수준의 무질서를 발견할 수도 있다고 주장한다. 질서와 무질서 중에서 어떤 상황이 발생하는가는 구체적인 인간관계의 성격과 기업 간 및 기업 내 관계의 연결망에 달려 있다고 본다. 그는 질서나 무질서, 정직과 부정이 특정한 조직 형태에 달려 있는 문제가 아니라 각 조직 형태별로 구체적인 관계의 구조에 달려 있는 문제라고 주장하는 것이다.[91]

그라노베터(1985)는 어떤 조건일 때 시장에서의 기업 간 거래보다 수직적 통합vertical integration이 발생하는지를 살펴보았다. 다른 조건이 일정하다면 거래하는 기업들이 서로를 연결하는 인간관계 연결망이 부족하거나 그러한 연결망이 갈등, 무질서, 기회주의, 부정 등으로 귀결되는 시장에

---

[91] 이러한 주장과 연관된 한 가지 예를 생각해보자. 우리나라에서 '계'는 예전부터 있어 온 상부상조 조직의 하나로서 돈을 추렴하여 미리 정해진 차례에 따라 목돈을 이용할 수 있는 제도이다. 전통 사회에서는 금융기관이 없었기 때문에 이런 방식으로 목돈을 만드는 일이 합리적인 수단이었을 것이다. 그러나 현대사회에서도 여전히 '계모임'이 존재한다. 이 경우에 구성원들 사이에 형성된 신뢰 관계를 중요한 기반으로 하는데, 간혹 이러한 신뢰를 오히려 악용하여 곗돈을 관리하는 사람이 도주하는 사건이 발생해서 뉴스가 되기도 한다.

서는 수직적 통합에 대한 압력이 있을 것이라고 생각할 수 있다. 반면에 안정적인 관계망이 복잡한 거래를 중재하고 기업 간의 행위 기준을 만들어내는 곳에서는 그러한 압력이 없을 것이라고 생각할 수 있다. 이러한 분석에서, 그라노베터는 가장 효율적인 조직 형태는 지금 관찰되는 조직 형태라는 윌리엄슨의 주장에 내재되어 있는 기능주의적 가정을 피하기 위해서, 수직적 통합이 반드시 일어날 것이라는 예측을 하는 대신에 '압력pressures' 이라는 표현을 사용하였다. 윌리엄슨이 수직적 통합이 일어나는 영역이라고 주장한 불완전 경쟁 시장에서는 위계적인 사회구조적 형태가 거래비용의 효율성과 연계되어 등장할 수 있기는 하지만 항상 효율적인 해결책으로서 등장하는 것이라는 보장은 없다. 효율성과 연관되어 있지 않은 통합의 동기, 예를 들면 최고 경영진이 다른 기업활동을 추가적으로 획득함으로써 개인적인 명성을 얻으려고 하는 동기가 더 중요하게 작용할 수도 있는 것이다.

그라노베터가 제시한 관점은 시장과 위계 문제에 대한 연구는 사회적 관계의 실제적인 유형에 대해 세심하고 체계적인 관심을 기울여야 한다는 것이다. 이러한 관심을 통해 수직적 통합이 이루어지는 동기를 더 잘 알 수 있게 될 뿐만 아니라 이상적인 원자화된 시장과 완전히 통합된 기업 사이에 존재하는 다양하고 복잡한 중간적 형태들, 예로 준기업quasi firm 같은 형태들을 이해하기가 쉬워진다. 이런 유형의 중간적 형태들은 연결망이나 인간관계와 긴밀하게 연관되어 있기 때문에 그러한 관계를 주변적인 것으로만 간주한다면, 어떤 조직 형태가 명확히 효과적인지를 파악하는 데 실패할 것이다.[92]

---

92 산업조직에 대한 기존의 연구들은 관계의 유형에 별다른 관심을 기울이지 않았다. 이것은 한편으로는 테크놀로지와 시장구조에 대한 자료들보다 관계의 유형에 대한 관련 자료들을 찾기 힘들기 때문이기도 하지만, 주류 경제학이 원자화된 행위자에 몰두하였기 때문에 인간관계가 사실상 부수적인 것으로 인지되기 때문이기도 하다.

그라노베터는 대부분의 인간 행동은 상호 간 관계의 연결망에 긴밀하게 배태되어 있다고 주장했고, 이러한 배태 논지는 인간 행동에 대한 과소사회화된 견해와 과잉사회화된 견해의 양극단을 피할 수 있다고 주장하였다. 그는 배태의 이러한 주장이 모든 인간 행동에 적용된다고 생각하지만 특히 두 가지 이유에서 경제적 행동에 초점을 맞추었다. 첫 번째, 경제 행위는 그것을 전문적으로 연구하는 경제학자들이 원자화된 행위이론을 강하게 신봉하고 있기 때문에 잘못 해석된 전형적인 행동 사례이기 때문이고, 둘째로는 대체로 사회학자들은 신고전경제학자들이 자신들의 연구 영역이라고 주장한 주제들에 대해서 진지한 연구를 삼가왔기 때문이다.

사회학자들은 경제학자들이 사회관계는 중심적인 것이 아니고 단지 마찰적인 것에 불과하기 때문에 '시장 과정market processes'은 사회학적 연구의 적절한 대상이 아니라고 한 주장을 암묵적으로 수용했다(Granovetter, 1985). 시장이 중심적인 역할을 하는 과정들을 연구할 경우에도 사회학자들은 일반적으로는 여전히 그것을 분석하기를 회피했다. 예를 들어, 최근까지도 임금에 관한 여러 사회학적 연구들은 임금을 단지 '임금 획득income attainment'의 차원에서만 다루었다. 이런 연구들은 임금이 책정되는 노동시장 메커니즘 그 자체를 분석하는 것을 회피하고 그 대신에 개인들의 배경과 성취에만 초점을 맞추는 것이었다. 사회구조의 복잡성이 경제적 의사결정에 미치는 제약을 다루어온 조직이론에서조차 이것이 신고전경제학적 기업 이론이나 생산에 대한 일반 이론 혹은 성장, 인플레이션과 실업 등과 같은 거시경제적 결과들에 대해 가지는 함의가 무엇인지를 드러내 보이고자 하는 시도가 별로 없었다.

그라노베터(1985)는 경제 행위가 사회구조에 배태되어 있다는 점을 보여주기 위해서 신뢰와 부정의 문제로 초점을 좁혀 분석하면서, 모든 시장 과정이 사회학적 분석의 대상이 될 수 있고 그러한 사회학적 분석이 시장 과정의 주변적인 특징을 드러내는 것이 아니라 오히려 중심적인 특징을 드러낸다는 것을 주장했다. 동시에 윌리엄슨의 '시장과 위계' 논지를 비판적으로 검토함으로써, 배태의 시각이 어떻게 경제학자들의 입장과 다른지를 보여주었다.

전형적인 신고전경제학 이론은 제도나 거래에 별로 관심이 없다는 점을 고려할 때, 경제학 내에서 윌리엄슨의 신제도경제학적 시각 자체는 수정주의적인 것이다. 이런 의미에서 윌리엄슨의 분석은 일반적인 경제학적 주장보다는 사회학적 시각에 더 가까운 것이 사실이다. 그러나 신제도경제학자의 주요 논지는 제도에 대한 분석을 사회학적, 역사학적 논리로부터 편향시키는 것이며, 궁극적으로는 제도들이 경제적 문제들에 대한 '효율적'인 해결책으로서 나타난 것임을 보여주려는 것이다. 신제도경제학자들이 가지고 있는 이러한 기능주의적 입장은 현재의 제도가 어떻게 현재의 상태로 진전되어왔는지를 이해하는 데 있어서 핵심인 사회구조를 자세히 분석하는 것을 어렵게 한다.

합리적 선택 관점이 원자화된 개인과 경제적 목표를 지칭하는 것으로 좁게 해석된다면, 합리적 선택 입장은 배태의 입장과 대치된다. 그러나 분석하는 사람의 눈에 비합리적으로 보이는 것도 상황적인 제약 특히 배태라는 제약을 잘 고려한다면 매우 합리적인 것일 수도 있다. 기업 내에서 회계감사를 피해보려고 저항하는 관리자들은 엄격한 경제적 의미, 즉 기업의 이윤극대화라는 관점에서 볼 때는 비합리적으로 행동하는 셈이다. 하지만 기업 간 연결망과 정치적 연합에서 그들의 위치와 야망에 대한 분석이 이루어지면 그러한 행동은 쉽게 이해될 수도 있다. 즉 그러한 행위가 경제적 목표뿐만 아니라 인정, 지위와 권력을 겨냥한 것에 주목한다면 그것이 합리적이고 도구적인 행위라는 것이 좀 더 쉽게 이해될 수 있다. 그러나 경제학자들은 그러한 목표들을 합리적이라고 보지 않는다. 경제학자들은 이해관심에 의한 행동을 분석하는 데 집중하였고 다른 동기들은 별도의 비합리적인 영역에서 발생한다고 가정하였다.[93] 합리적 선택이 사회적 영향으로부터 벗어나 있다는 생각 때문에 경제생활에 대한 사회학적 분석은 오랫동안 이루어지지 않았던 것이다.

(2) 근접한 원인의 중요성

그라노베터(1985)는 배태의 주장에서 채택한 인과분석의 수준은 다소 근접한 과거에 초점을 맞춘다는 점을 강조하였다. 즉, 오래전부터의 광범위한 역사적·거시구조적 환경이 체계로 하여금 사회구조적인 특징들을 발현시키게 만들지는 않는다는 것이다. 그 대신에 시기적으로 '근접한 원인들proximate causes'에 초점을 맞추는데, 경제생활이 배태되어 있는 사회적 관계에 미치는 근접한 원인들에 의한 변동의 영향이 실제는 가장 중요하지만 제대로 분석되지 않았던 메커니즘이기 때문이라는 것이다. 그는 거시 수준의 이론과 미시 수준의 이론 간의 적절한 연계는 이러한 관계를 좀 더 충실하게 이해하지 않고는 이루어질 수 없다고 주장했다.

수직적 통합이 어떤 한계를 보이는지와 시장에서 주로 운용되는 소규모 기업들이 어떻게 존재하는지는 산업조직이라는 협소한 관심사에만 국한되는 것이 아니라 자본주의나 이중경제dual economy라는 거시 제도를 연구하는 학자들의 관심을 끄는 것이다. 그러나 소기업들이 정말로 거대기업 때문에 쇠퇴할지는 일반적으로 광범위하고 포괄적인 거시정치적 혹은 거시경제적 관점에서 분석되고 있으며, 근접한 사회구조적 원인들을 탐색하면서 분석되지는 않는다. 그라노베터는 거시적 이해관계를 낳는 근접한 원인들을 설명하는 데 있어서 배태 분석이 잘 이용될 수 있다고 보았다 (Granovetter, 1985: 506~507). 배태 설명은 시기적으로 가까운proximate 원

---

93 새뮤얼슨(Samuelson, 1947: 90)은 이런 가정에 따라 "많은 경제학자들이 합리적인 행위인지 비합리적인 행위인지에 근거하여 경제학과 사회학을 분리한다"고 언급하였다.

인들에 치중되어 있고 또 논리적으로 시장이 왜, 언제, 어떤 부문에서 다양한 유형의 사회구조를 보여주는가 하는 질문을 제기한다. 시장에서 사회구조가 얼마나 중요한 것인지를 먼저 잘 평가하게 된다면, 거시적 수준의 분석과 연결되는 질문들을 좀 더 제기할 수 있게 될 것이다.

그라노베터(1985)는 배태 관점이 아주 일반적으로 적용될 수 있다고 믿었고, 이 관점이 경제생활을 연구하는 데 사회학자들의 역할이 있고 그들의 시각이 시급하게 요구된다는 것을 보여준다고 생각했다. 사회학자들이 그동안 표준 경제이론의 중심에서 다루는 현상들을 분석하기를 꺼림으로써, 사회생활의 크고 중요한 측면 즉 경제생활로부터 스스로의 관심을 단절시켜온 것이나 경제 행위가 사회적 행위의 한 특수한 범주일 뿐이라고 주장했던 베버식 전통에서 단절되어온 경향이 있지만, 배태성 embeddedness에 기반한 구조사회학structural sociology의 통찰력을 통해 앞으로 경제에 대한 사회학적 연구가 더 진전될 수 있을 것이라고 보았다.

9장

■ ■ ■

경제제도의 사회적 구성

고전 사회학자들이 인간의 경제 행위와 경제제도에 대해 관심을 갖고 몇몇 뛰어난 연구업적을[94] 남겼다는 것은 잘 알려진 사실이다. 그럼에도 불구하고, 사회학이 독립된 학문으로 정착되는 단계에서 경제학과의 관계에서 열세에 놓이게 되었고, 이에 따라 경제문제에 대한 사회학적 연구(경제사회학)는 경제현상의 본질보다는 '잔여문제leftovers' 나 '외생적 요인들exogenous factors' 의 분석에 국한되게 되었다.

이렇게 명맥을 이어오던 경제사회학은 신고전경제학이 설명하지 못하는 부분이 증대되면서 다시 활성화되어 1980년대 이후 신경제사회학 패러다임으로 형성되고 있다. 신경제사회학 패러다임은 신고전경제학과 비교할 때 여러 면에서 대비되는 독특한 관점을 토대로 하는데[95], 이 장의

----

94 예로, 베버(Weber)의 *The Protestant Ethic and the Spirit of Capitalism*과 *Economy and Society*나 뒤르케임(Durkheim)의 *The Division of Labor in Society*를 들 수 있다.

95 Swedberg, 1987: 3 Figure 1을 참조하라.

주제인 경제제도의 생성과 그 역학을 설명하는 데 있어서도 경제학적 설명과는 차별성을 유지하고 있다.

아래 1절에서는 먼저 경제제도에 대한 다양한 이론적 관점을 간단히 정리한 뒤, 신경제사회학 패러다임의 틀을 논의할 것이다. 이에 덧붙여, 경제제도에 대한 문화주의 접근의 관점을 언급하고 이런 다양한 관점들의 차별성과 관계를 확인할 수 있는 분석 모델을 정리하려고 한다. 2절에서는 시장, 기업, 산업, 직업이라는 네 가지 주요 경제제도의 생성과 역학에 대해 정리하면서 신경제사회학의 관점을 골격으로 문화론과 신제도경제학New Institutional Economics의 입장을 보완적으로 논의할 것이다.[96]

1. 다양한 이론적 관점

1) 경제학의 관점

고전경제학자들의 경우는 고전사회학자들과 마찬가지로 경제를 사회질서social order에 의해 구조화되고 또 사회질서를 구조화하는 제도로 파악하는 입장이 강하였다. 그러나 19세기 영미(英美)의 경제적 상황 때문에 경제를 우위에 두면서 개인의 경제적 합리성으로 모든 경제, 사회적 현상의 질서를 설명하는 신고전경제학의 시각이 태동하고 이것이 20세기를 거치면서 현대경제학의 주류를 형성하였다(Friedland and Robertson, 1990:

---

96 이러한 논의 방식을 취하는 이유는 경제제도를 설명하는 데 있어서 신경제사회학의 입장이 보다 사회학적인 반면에, 문화론은 인류학의 시각이나 경제 연구에 해석학적 접근이 필요하다는 독일 '문화과학'의 전통이 강하고, 신제도경제학은 궁극적으로 경제학적 관점을 기반으로 하고 있기 때문이다.

4). 다시 말해, 1870~80년대에 한계효용학파가 등장한 이후 1970년대 이전까지 시장의 '한계marginal' 분석에 초점이 두어지면서 경제제도에 대한 분석은 상대적으로 소홀하였던 것이다.

신고전경제학은 인간 행위와 제도를 기본적으로 '합리성rationality'을 기반으로 하여 설명한다. 사실 19세기 공리주의(고전경제학)의 관점에서부터 국가는 개인들의 단순한 집합으로 여겨지고 사회계급도 갈등하는 실체가 아니라 경제 기능(혹은 경제 기능의 범주)에 붙여진 명칭에 불과한 것으로 여겨지게 된다(Schumpter, 1954: 885-887).[97] 따라서 국가나 계급집단의 개입이나 성별, 종교, 인종적인 특수한 이해관심은 개인의 취향tastes 형성에 영향을 끼치는 외생적 요인으로 여겨지거나, 아니면 자원의 효율적 배분을 왜곡시키는 불완전성으로 취급되어 분석에서 제외되었다. 이에 따라 시장은 자율적이고 자기규제적self-regulating인 장(場)으로 파악되었고, 경제제도의 형성에 국가나 사회계급이 끼친 영향도 무시되었다.[98] 이 때문에, 모든 현존하는 경제제도는 시장에서 초래된 문제점들을 효율적으로 해결하기 위한 당연한 해결책으로 고려된다.

그러나 몇몇 제도경제학자들이 한계효용론을 비판하면서 경제제도 분석에 연구 초점을 두었고, 이들의 업적이 신경제사회학 패러다임에 근접하며 또한 중요한 영향을 끼치게 된다.[99] 제도경제학자들은 신고전경제학이 지나치게 개인주의적 접근을 취하기 때문에 경제의 경험적 실체를 파

---

97 슘페터(Schumpter)는 밀(Mill)이 재산권, 상속, 가격결정 등의 경제제도가 어떤 역할을 하는지에 대해 분석을 시도한 점을 높이 평가하고 있다. 하지만 밀의 경제제도 분석도 기능주의의 틀―제도가 어떤 이상(ideal)을 달성하기에 유익한지 아니면 방해가 되는지가 판단 기준―을 벗어나지 못하였다고 스웨드버그(Swedberg, 1991: 254)는 지적하였다.

98 리카도(Ricardo)의 경우에 예외적으로 '계급' 개념을 사용하지만, 그 개념은 지나치게 이론적이어서 실제와 이탈된 비사회학적인 것이다(Swedberg, 1991: 254).

99 19세기 후반부터의 제도경제학이건 1970년대 이래의 신제도경제학이건, 현대경제학의 주류로 취급되지는 않는다. 그러나 1990년대에 들어와 벡커(Becker)나 노스(North) 같은 학자들이 노벨경제학상을 수상함으로써, 경제학 내에서도 제도학파나 경제사(史)의 입장이 주목을 받았다.

악하지 못한다고 비판하였다(Swedberg, 1991: 256). 이에 따라, 예를 들어 미첼Mitchell은 경제주기(周期)를 파악하기 위해 경험적 접근을 강조했고, 커먼스Commons는 경제 행위를 '거래transaction'의 '과정process'으로 봐야 한다고 주장함으로써 경제 행위를 개인적 수준이 아닌 집단적 행동(상호작용)으로 파악하는 업적을 낳았다. 또한 베블렌Veblen은 제도를 역사적으로 형성된 것으로 여겨서, 역사성과 사회변동이 고려되지 않은 경제 행위 분석은 잘못된 것이라고 주장하였다.

1970년대 이후 경제학 내에서 경제제도를 중심문제로 파악하는 신제도경제학의 입장이 강화되었다. 이를 통해 제도분석을 등한시하던 주류 경제학의 한계가 보완되었고, 경제제도 분석에 있어서 사회학과의 상호보완 가능성이 시사되었다. 그러나 신제도경제학의 경제제도 분석이 '사회적' 요인에 대한 분석을 성공적으로 수행한 것으로 보기는 어렵다.

윌리엄슨(Williamson, 1975; 1985)을 대표로 한 신제도경제학의 기본 입장은 경제 분석에 제도가 포함되어야 한다는 것이며, 또한 여태껏 등한시되어온 제도 분석은 바로 신고전경제학의 기본 원리에 기반하여 연구가 가능하다는 것이다. 그(1975: 1)는 베블렌 등의 구(舊)제도학파와 달리, "신제도경제학자들 자신이 추구하는 것은 주류경제학적 분석을 대체하자는 것이라기보다는 이를 보완하자는 것"이라고 지적하였다. 윌리엄슨 분석의 핵심은 거래비용을 절감하려는 것이 모든 경제제도가 존재하는 핵심적인 이유라는 것이다. 다시 말해 신제도경제학의 경제제도 분석의 핵심은 '효율성efficiency'에 놓여 있다. 경제제도는 그것이 효율적이기 때문에 존재한다는 것이다. 이는 제도의 적응 문제를 염두에 둔 진화론적 해석이며, 이때의 효율성 개념은 혼란스럽고 정교하지 못하다는 비판의 여지가 크다.

한편 이러한 입장을 취한 윌리엄슨과 여러 신제도경제학자들은 대부분 경제사(史)적 분석에 대해서는 부정적인 입장을 보였다. 이에 따라 경제사학자들은 윌리엄슨의 경제제도 분석에 대해서 역사성이 결여된 추상적 논의라는 비판을 제기하기도 했다. 노벨경제학상을 수상한 경제사학자인 노스North는 역사성에 보다 민감한 제도 분석을 하였다. 그(1981: 5)는 "정보 획득에 비용이 든다는 인식과 불확실성 및 거래비용 개념이 주류 경제학에는 존재하지 않는다. 바로 이런 이유 때문에, (경제)구조와 변동에 대한 유용한 이론 개발을 위해서는 신고전경제학의 기본 가정들이 다시 검토되어야만 한다"고 주장하였다. 노스는 경제제도가 경제의 다양한 문제를 해결하기 위한 효율적인 해결책이기 때문에 존재한다는 신제도경제학의 주장에 의문을 갖고, 제도 분석의 핵심으로 '효율성' 개념을 사용하는 것에 대해 문제를 제기하였다. 노스(1989)는 제도가 상이한 유인 incentives을 제공함으로써 개인으로 하여금 어떻게 행동할 것인가에 대한 기본 규칙rules을 제공한다고 주장하면서, 관찰된 결과의 바람직스러움이나 효율성에 대한 판단은 접어두고, 제도적 구조와 경제적 행태 간의 보다 역사적이고 구체적인 연계를 파악하는 데 관심을 집중해야 한다고 강조하였다.

2) 신경제사회학의 관점

1970년대 이후 재정립된 신제도경제학은 기본적으로 경제제도의 생성과 기능을 미시경제학(한계효용론)의 도움을 받아 설명하려는 입장을 취하고 있다고 앞에서 지적하였다. 다시 말해, 신제도경제학에서는 경제, 정치, 법적인 모든 제도를 자기 이익을 추구하는 합리적 개인들이 추구한 효율적 결과물로 해석한다는 것이다. 따라서 어떤 경제제도가 존재한다면 이는 효율성의 극대화를 추구한 결과물이며 결국 그 경제제도는 효율적인 것이라는 입장이다. 신경제사회학의 입장은 이러한 입장과 매우 달라서, 현존의 경제제도를 '효율성' 개념으로 설명해서는 곤란하다는 입장을 취하고 있다(예로 Granovetter, 1985; 1990 참조).

신경제사회학은 시장, 교환, 가격결정 등의 핵심적 경제문제를 사회학적 개념과 시각으로 설명하려고 시도한다. 1970년대 후반부터 본격적으로 정리되기 시작한 이 패러다임은 당시에 주류경제학으로부터 어느 정도 이탈되어 있던 신제도경제학과의 교류를 통해 더욱 활성화되지만 그라노베터Granovetter의 윌리엄슨 비판에서 보여지듯이[100] 관점은 상이하다.

신고전경제학의 주장이 사회학적 시각에 의해 교정되고 보완될 수 있다는 점을 주장하는 신경제사회학자들은 한계효용학파의 '한계marginal' 혹은 '선호preference' 개념 등이 실제에 있어서 인간의 비경제적인 목표와 연계되어 있고, 사회적 상호작용 구조에 배태되어 있을 뿐만 아니라 시간적, 공간적으로 정태적이 아닌 확대된 개념이라는 점을 주장한다.

인간의 경제적 행위는 신고전경제학자들이 생각하듯이 합리적이고 원자화된 개인 이익 추구의 관점에서만 설명될 수는 없으며 항상 현재 개인이 맺고 있는 사회관계—인간관계의 연결망—에 배태되어 있다는 것이다. 즉 경제활동이 과거보다 자율적으로 되고 개인 이득을 합리적으로 추구하는 방향으로 변한 것은 사실이지만, 경제학자들이 생각하듯이 전통사회나 현대사회를 불문하고 경제 행위가 사회구조와 무관하게(즉 '배태'의 결핍) 이루어지는 것은 아니며, 과거뿐만 아니라 현대 사회에서도 인간의 경제 행위는 현존의 사회적 관계에 상당 정도 배태되어 이것의 영향을 받는다는 것이다.

'배태' 개념과 관련하여, 그라노베터(1985)는 인간의 경제 행위를 이해하는 데 있어서 경제학이나 홉스의 '자연 상태state of nature'가 함축하

---

100 이에 관한 내용은 8장 2절을 참조.

고 있는 과소사회화된 인간형에 대한 전제를 거부한다. 즉 인간을 단순히 자신의 경제적 이익 추구에 매진하는 경제인으로만 파악하는 것은 오류라는 점을 지적한 것이다. 그러나 한편으로 그는, 일부 인류학자들이나 파슨스Parsons류의 규범사회학에서 전제로 하고 있듯이 인간이 사회화 과정을 거치면서 사회의 규범과 가치를 거의 완벽하게 내면화한 '도덕적moral' 존재 또한 아니라는 점을 지적하였다. 그라노베터(1985: 482)는 전통사회에서 경제 행위가 사회관계에 배태되어 있던 정도는 주장되는 것만큼 높은 것은 아니며, 흔히 생각하듯이 근대화로 인해 그 배태의 수준이 완전히 상실된 것 또한 아니라고 주장했다. 이에 따라 그는 과잉사회화 개념과 과소사회화 개념 둘 다 모두 행위자가 '현재 진행 중인 사회관계on-going social relations'에 의해 영향을 받는다는 점을 간과하고 있다고 비판했다. 과소사회화 시각에서는 자기 이익 추구를 위한 원자화된 개인을 전제로 하며, 과잉사회화 시각에서는 개인이 사회의 규범과 가치를 이미 내면화한 것으로 보기 때문에 행위에 영향을 끼치는 '현존의 사회관계'를 역시 과소평가하고 있다는 것이다. 따라서 두 가지 입장이 모두 현재의 사회적 맥락immediate social context에서 이탈되어 있는 원자화된 행위자 개념을 사용하여 홉스적 질서의 문제에 해답을 제공하고자 한 공통점을 갖는다는 지적이다. 따라서 그는(1985: 485) 과잉사회화와 과소사회화의 중간 정도 수준에서 경제 행위와 경제제도가 현재의 구체적 사회관계에 의해 어떻게 배태되어 있는가를 분석해야 한다고 주장하였다.

  과소사회화 시각에 해당되는 신제도경제학자들이나 홉스에 있어서, '자기이익' 추구라는 개념은 경제생활에 속임수나 부정malfeasance이 개입될 가능성을 담지하고 있는 셈이다. 따라서 이들의 생각에 의하면 다양한 사회·경제적 제도들이란 궁극적으로 경제생활에서 신뢰를 가능하게 하기 위한 효율적인 해결책이며, 사회화를 통해 형성된 일반화된 도덕성이 경제제도를 통해 강제되어 발현되면서 속임수와 부정이 제거되는 중요한 메커니즘이 된다고 본다.

그러나 신경제사회학자인 그라노베터(1988: 11)는 경제제도를 이해하는데 있어서 한계효용학파류의 기능주의적 해석을 거부하고, 경제제도는 '사회적으로 구성된 것socially constructed'이라는 점을 전제로 한다. 따라서 그가 취하는 '배태' 시각은 경제생활에서 신뢰를 산출하고 부정을 억제하는 데 있어서, 구체적인 인적personal 관계와 그러한 사회관계의 구조 즉 연결망의 역할을 강조하는 것이다. 그는(1990: 98) 경제제도가 행위자의 인적 관계와 전반적인 연결망 관계의 구조에 의해 영향을 받는다는 점을 강조하였다. 이에 따라, 개인적 경제 행위가 어떤 경제적 결과나 제도를 형성하기도 하지만 항상 그러한 것은 아니며, 특정한 경제적 결과를 산출하는지의 여부와 그 양상 등은 개인들의 경제 행위가 배태된 사회적 관계의 내용과 구조에 의해 제약된다는 점을 지적하였다. 그는(1990: 95~96) 경제 행위와 제도를 분석하는 데 있어서 두 가지 사회학적 전제를 기반으로 하였는데, 첫째로 행위는 항상 사회적으로 상황 지워지며 개인의 동기에 의해서만 설명될 수는 없다는 점이며, 둘째로 사회제도는 어떤 피할 수 없는 형태로 자동적으로 나타나는 것이 아니라 '사회적으로 구성된 것'[101]이라는 점이다. 첫 번째의 전제는 개인의 경제 행위가 인적 관계의 연결망에 배태되어 있다는 것이고, 두 번째의 전제는 결국 경제제도도 사회적 구성물일 수밖에 없다는 시각의 기초가 된다.

이처럼 그라노베터는 경제 분석에 있어서 연결망의 중요성을 강조하면서, "사회적 관계의 연결망은 경제생활의 다양한 부문에 고르지 않게 스며들어 상이한 정도로 퍼져 있다"(Granovetter, 1985: 491)고 강조하였다. 다시 말해 연결망 분석은 경제에 있어서 '신뢰'의 역할을 이해하도록 해

---

[101] 버거와 럭크맨(Berger and Luckman, 1966)이 최초로 사용한 용어이다.

주며 경제제도가 실제로 어떻게 움직이는지를 파악 가능하게 한다는 것이다. 이런 맥락에서, 그는 신제도경제학자들이 현존의 경제제도가 존재하는 이유를 그것이 가장 효과적인 해결책이기 때문이라고 보는 기능주의적 관점을 취하기 때문에, 사회(경제)구조에 대한 세밀한 분석이나 경제제도가 현재의 모습을 띠게 된 경과를 분석하지 못한다고 비판하였다 (1985: 505). 그는 재화와 용역의 생산과 분배에 관여하는 기업, 산업, 직업 문제를 경제제도의 초점으로 파악하였다.

그라노베터가 주목하는 연결망 접근법은 원자화된 경제 행위 주체라는 함정을 피할 수 있게 할 뿐만 아니라, 경제적 현상을 분석하는 데 있어서 기술, 소유구조, 문화 등의 영향을 배타적으로 강조하는 문제를 피하게 한다. '연결망network' 개념은 구체적인 경험적 실재reality를 잘 부각시키기 때문에 경제를 사회학적으로 분석하는 데 특히 유용하며, 주류경제학이나 신제도경제학 및 일부 추상적인 사회학적 분석의 문제를 제거할 수 있는 강점이 있다.

3) 문화론의 관점

프리드랜드와 로버트슨(Friedland and Robertson, 1990: 38)은 "아프리카, 멜라네시아 및 월 스트리트Wall Street의 경제 행위나 사상을 공통분모로 포괄할 수 있는 경제학은 상상하기 어렵다"고 지적하였다. 이 말에서 분명히 보여지는 것처럼, 문화론의 입장은 경제제도나 행위가 각 사회의 독특한 문화적 산물로서의 성격을 갖는다는 것이다. 따라서 신고전경제학이 경제현상을 설명하는 데 있어서 일반성universality을 추구하는 것을 비판하면서, 경제현상의 역사적·문화적 특정성specificity과 상이성을 강조한다.

경제현상 분석에 문화 접근법을 사용한 대표적인 경제사회학자인 디마지오(DiMaggio, 1990)는 인간의 경제 행위가 그라노베터가 지적한 것처럼 사회구조에 배태되어 있을 뿐만 아니라 문화에도 배태되어 있다고 주장하였다. 사회구조와 문화를 구분하는 것이 어려운 문제이기는 하지만[102], 디마지오는 '사회적 인지의 유형patterns of social cognition'을 '문화' 개념으로 정의하고 있다. '사회적 인지'는 사회구성원들의 의식적conscious 사고 및 당연시하는taken-for-granted 인식의 내용과 범주들을 포괄한다. 그는 합리성이 문화에 상황조건적contingent이라는 점, 개인의 선호나 취향이 문화적 영향을 받기 때문에 외생적 문제가 아니라는 점[103]과 기업이 효율성을 지향한 보편 조직이기보다는 문화적 구성물이라는 점 등 세 가지 문제를 중심으로 하여 문화론의 입장을 개진하였다.

사실상 인류학의 영향을 강하게 반영하는 문화론의 관점은 형식formal 인류학에 대한 반론을 편 실질주의substantive 인류학자들의 입장에 해당되는데, 전자가 생산에 초점을 두면서 경제의 보편원리를 찾는 데 초점을 둔 반면에 후자는 교환관계에 초점을 두면서 경제제도의 사회문화적 배태성을 강조하였다(Marcus, 1990: 334-335).[104]

경제활동 분석에서 문화론이 관심을 끌 수 있었던 구체적 배경을 한 가지 살펴보자. 1970년대 후반 이후 일본 기업들이 성공적으로 미국 시장을 확보해나감에 따라 일본기업이 높은 성취를 얻는 배경과 원인을 이해하기 위해 미국과 일본 산업 조직에 대한 비교연구가 활성화되었다. 이러한

---

102 디마지오는 사회적 관계의 유형(즉, 사회구조)이 문화를 습득하고 표현하는 채널이며 추동력인 한편, 인지의 유형(patterns of cognition) ―즉, 문화―은 사회구조 형성에 깊숙하게 얽혀 있다고 인정하였다. 그러나 문화를 별도로 떼어서 분석하게 되면, 그렇지 않을 때 간과할 문제들에 대한 통찰력을 준다고 보았다.

103 수요로 표현되어 나타나는 개인의 경제적 취향은 그 대상물이 갖는 사회·문화적 상징성을 지향하여 내포하고 있다. 따라서 개인의 경제적 취향은 문화에 배태되어 있다는 주장이다 (DiMaggio, 1990: 125-126).

104 경제활동에 대한 문화적 접근은 일종의 방법론적 상대주의를 전제로 한다(Marcus, 1990: 332).

연구 관심의 초기에 해당하는 1980년대 초에는 두 나라 산업 조직의 운용 방식 및 조직 구성원들의 행태에서 나타나는 차이를 주로 각 사회의 문화적 차이로 설명하는 논의가 주류를 이루었다. 다시 말해, 경제 행위와 경제제도의 차이를 문화론적으로 설명하려는 시도가 중요한 위치를 점하였던 것이다.

그러나 이처럼 문화적 요인을 일본 기업 조직들의 성공적 활동과 연결시키는 분석들은 곧 비판에 직면하게 되었다. 이론적으로 볼 때, 동어반복적인 진화론의 함정에 빠질 뿐만 아니라 미국의 입장에서 볼 때 문화적 설명 틀은 매우 비관론적인 것이기 때문이다. 만약 일본 기업의 성공 배경이 일본 사회의 특유한 문화적 배경에 귀결된다면, 일본과 전혀 다른 문화적 전통에서 경제활동을 수행하는 미국 기업들은 무엇인가를 도입하고 추구할 여지가 전혀 없기 때문에 경쟁이 되지 못한다는 논리가 되는 셈이다. 이에 따라 문화적 전통 혹은 국민성 등이 전혀 무관한 것은 아니지만 이는 단지 배경적 요인에 불과한 것이고, 조직에서 성공을 지향하는 요인들이 구체적으로 발현되는 메커니즘을 찾는 것이 보다 중요하다는 입장이 제기되었는데, 이것이 조직 전략에 대한 연구를 활성화시키면서 연구의 관점이 전환하게 된 배경이 된다.

4) 이론적 분석 모델

앞에서 논의한 여러 패러다임들의 차별성을 드러내줄 분류 기준을 설정하기는 쉽지 않지만, ①분석 내용의 구체성 정도와 ②분석의 초점이 거시macro나 미시micro 현상에 놓여 있는지 아니면 거시와 미시현상의 연계에 놓여 있는지의 여부를 기준으로 하여, <그림 1>과 같은 모델 구성이 가능할 것 같다.

[그림 1] 분석 모델

	추상적	구체적
거시-미시 연계	(Ⅰ) 문화론	(Ⅱ) 신경제사회학
거시(혹은 미시)	(Ⅲ) 신제도경제학	(Ⅳ) 경제사

폴래니의 인류학적 연구나 디마지오의 문화주의적 연구들은 경제제도가 사회관계(혹은 문화)에 배태되어 있다는 것을 지적하는 점에서 거시 현상과 미시 현상의 연계에 관심을 두고 있지만, 연구 내용은 대부분의 경우에 구체성을 결여하고 추상적이라는 점에서 (Ⅰ)에 해당한다. 신경제사회학 패러다임을 반영하는 연구들은 연결망의 강조에서 확연히 드러나듯이 거시 현상(경제제도)과 미시 현상(인적 관계, 사회관계) 간의 연계에 초점을 두며, 중범위이론middle-range theory식의 구체적 분석을 수행한다는 점에서 (Ⅱ)에 해당한다.[105] 한편 신제도경제학은 경제제도라는 거시 현상의 '효율성'에 초점을 둔 이론적 논의에 집중된 점에서 (Ⅲ)에 해당되고, 경제사적 분석은 역사적 구체성을 내용으로 한다는 점에서 (Ⅳ)에 속하는 것으로 볼 수 있다.

2. 경제제도의 형성과 역학

아래에서는 경제제도를 크게 시장(가격), 기업(조직), 산업, 직업의 네 가지 영역으로 구분하여 각각의 경제제도가 형성된 원인, 과정과 메커니즘

---

105 그러나 신경제사회학적 연구라고 하더라도 이론적 논의나 주장들은 (Ⅰ)에 속한다.

에 대한 설명을 정리한다.

1) 시장(market)

신고전경제학은 시장을 자율적이고 자기 규제적인 장(場)으로 가정하지만, 실제에 있어서 시장을 개별적 거래나 교환의 우연한 집합으로 보기는 어렵다. 뒤르케임(1984[1893]: 21)은 한계효용이론이 경제 행위자 간의 거래를 일시적transitory이고 비인격적impersonal인 것으로 파악하여 '순간시장spot-market' 관점을 취하는 것을 비판하면서, 개인들은 시간적으로 확대된 지속적인 연대를 맺고 있으며 이를 통한 교환에 참여한다는 점을 강조한 바 있다.

다시 말해 시장은 하나의 제도로서 경제적 교환을 가능하게 하며 제도적 틀이기 때문에 시간·공간적으로 개별적 거래를 초월하여 존속한다. 어떤 개인들과 어떤 활동들이 그러한 거래에 포함되거나 혹은 배제되는가는 단순히 '발현된emerge' 것이 아니다. 역사적으로 볼 때 시장의 형성과 시장 영역의 결정에는 관련 집단의 이익 추구적인 정치적 행위, 사유재산권 확보를 위한 완고한 노력, 이에 상응한 국가권력state power의 행사 등이 작용하였고 이러한 역학에 의해 '만들어진constructed' 것이다 (Friedland and Robertson, 1990: 7~8).

리(Lie, 1988)가 17~18세기에 영국에서 전국적인 시장national market이 형성된 전형적인 과정에 대해 분석한 연구는 좋은 예를 제공한다. 이미 형성되어 있던 지방의 향토시장local markets들이 자연스럽게 연결되면서 전국을 잇는 대규모의 시장으로 확대된 것이 아니라, 런던에 거점을 둔 소수의 거상(巨商)들이 정부에 정치적 영향력을 행사하여 중소 규모 상인들을 배제하는 입법을 만드는 과정을 통해 '사회적으로 구성된' 것이 전국 규모 시장 형성의 배경이라는 것이다.

이렇게 하여 등장한 새로운 시장은 생산자와 소비자가 직거래를 하며 대면 관계의 전통적 규범이 규제를 하던 기존의 향토시장과는 전혀 다른 원리로 작동하면서 분배자의 시장력market power이 커진 반면에 소비자의 가격 통제력은 훨씬 제한된 새로운 유통 연결망을 형성한 것이다. 이 시장에서 새로운 유형의 행위자agent들은 시장 정보와 새로운 전국적 유통망에 배타적인 힘을 행사하면서 이윤을 획득하였기 때문에, 시장제도의 형성 원인을 단순히 효율성을 추구한 결과로 설명하기는 어렵다. 시장 내외의 사회적 관계에는 '힘power'이 널리 퍼져서 개입되어 있는 것이다.[106]

시장은 그 자체가 사회적, 문화적 제도이며 여기에서 개인들의 경제교환 논리가 출발된다. 프리드랜드와 로버트슨(1990: 27)은 시장이 단순한 배분 메커니즘이 아니며 가치와 선호를 산출, 측정, 배열하는 체계이며 한편 이러한 가치와 선호는 문화에 배태된다고 하였다. 이에 따라 경제의 사회적 의미를 탐색하기 위해서는 시장 자체의 사회적 맥락과 형성 방식에 대한 사회사(史)적 분석이 필요하다고 강조하였다.

신고전경제학의 일반균형이론은 거래관계에 참여하는 사람들이 많을수록 경쟁을 통해 안정적인 시장가격 형성이 가능하다고 본다. 그러나 베이커(Baker, 1984)의 주식시장 분석의 예처럼, 실제로는 거래에 개입하는 사람들이 많을수록 개인의 인적 관계가 한정적이고 정보의 유통이 제한되기 때문에 거래관계망이 분화되는 것이 현실이다. 이에 따라 경제 행위의 균질성homogeneity이 감소되고 단일시장가격 형성이 불가능하게 된다.

----

106 프리드랜드와 로버트슨(1990: 11)은 시장의 역사적 발달과 작동 메커니즘을 이해하기 위해서는 국가의 재정적(fiscal) 이해관계, 국가 통치력의 정당성 확보 방식, 군사력 증강을 통한 제국주의 정책 등의 영향력을 필연적으로 고려해야만 한다고 주장하였다.

이처럼 인간의 기본적 인지 능력의 한계 때문에 시장거래의 정보 소통이 불완전한 것과 더불어, 거래가 인적 관계의 연결망에 배태되어 있기 때문에 시장가격은 신고전경제학의 가정처럼 수요·공급의 단순한 균형에 따라 형성되는 것은 아니다. 앞에서 언급했던 것처럼, 뒤르케임(1984[1893]: 21)은 개인들이 "서로서로 견고하게 연계되어tied 있고, 그들 간의 연결은 그들이 (재화와) 용역을 교환하는 짧은 순간뿐만 아니라 시간적으로 괄목할 만큼 확대된다"고 지적하면서, 경제관계를 일시적이고 탈인격적impersonal인 것으로 보는 한계효용학파의 순간시장 관점을 거부했다. 이러한 입장에서 보면, 시장가격은 상당 기간 관계를 맺은 거래자들 간에 형성되는 것이지 순간spot에 이루어지는 것은 아니라는 점을 시사한다.[107]

폴래니(Polanyi, 1957)는 시장은 사람들이 참여하는 사회관계의 체계일 뿐만 아니라, 그 자체가 문화적 구성물cultural construct로서 이를 통해 사람들이 자신의 행동을 지향하게 된다고 주장하였다. 인류학자로서 주로 전통사회의 경제현상을 연구한 그는 전통경제가 사회, 정치, 종교제도에 배태되어 있다는 점을 지적하였다. 그는 돈, 거래, 시장 등의 경제제도가 이윤추구 이외의 동기에 의해 형성된 것으로 보고 '호혜성'과 '재분배 redistribution'가 전통적 교환의 특징을 이룬다고 파악하면서, 가격이 전통(경제생활의 기본 원리가 호혜성인 경우)이나 명령(기본 원리가 재분배인 경우)에 따라 결정된다고 주장하였다. 샤린(Sahlins, 1974) 역시 전통사회에서 교환율이 수요공급에 의하지 않는다는 점을 지적했다. 즉 전통사회에서는 현

---

107 한 가지 구체적인 현실적인 예를 생각해보자. 아파트 부녀회는 거주하는 부녀자들의 친목과 봉사활동 모임인데, 담합이나 인근 중개업소에 대한 압력 행사를 통해 아파트 가격 상승을 주도하기도 하고, 알뜰장을 비롯한 주변 상점의 가격 형성에까지 영향을 미치고 있다. 이는 시장가격이 단순히 수요와 공급의 교차점에서 형성되는 것이 아니라, 행위 주체들 간 관계의 연결망에 배태되어 나타나는 결과라는 것을 시사하는 한 가지 예라고 할 수 있다.

대와 같은 시장 메커니즘의 영향이 약해서 가격은 수요공급 메커니즘이 아닌 전통적, 정치적 권위에 의해 결정된다는 것이다. 이에 비해 현대사회의 새로운 경제 논리는 경제 행위가 사회에 배태되지 않는 것이라는 점을 가정하고 있다. 인간은 자기 이익의 극대화를 목표로 하고 시장가격이 경제 운용의 기본틀로 전제된다.

그런데 폴래니처럼 전통시장과 현대시장(경제)을 양분하여 가격결정 메커니즘이 완전히 다르다고 보는 것은 적절하지 못한 것 같다. 이렇게 본다면, 한 사회는 매우 사회적이고 또 다른 사회는 전적으로 '경제적'이라고 주장될 여지가 있다. 그러나 실제로는 전통경제건 현대경제건 모두 경제적인 측면과 사회적인 측면을 혼합적으로 가지고 있다.

이러한 맥락에서 그라노베터와 스웨드버그(Granovetter and Swedberg, 1992: 10)는 연결망이론을 적용하여 두 사회의 사회구조를 비교하면서 현대 산업사회에서건 전(前)산업사회에서건, 배태의 수준은 매우 가변적이고 다양하다고 주장하면서 가격 형성에 연결망이 작용한다고 지적하였다. 어컨(Okun, 1981)이 경매시장auction market 가격과 고객시장customer market 가격을 비교한 것은 좋은 예가 된다. 그는 고객시장의 경우에 일정 시점의 수요공급의 양이 가격을 유동적volatile이 되도록 하기보다는 거래자들 간에 오랜 기간 동안 맺어온 사회관계가 가격의 유동성을 제한하여 쉽게 변하지 않는 안정된 가격sticky price을 유지하는 데 영향을 미친다는 점을 주장하였다. 우리 주변의 일상생활에서도 흔히 볼 수 있는 단골거래의 경우가 이것의 좋은 예가 된다. 단골관계에서는 하루하루의 수요와 공급의 균형에 따른 시장가격이 적용되어 가격 유동성이 크기보다는 일단 정해진 거래가격이 꽤 오래 유지되는 경향이 있다. 따라서 수요·공급과 사회관계 중의 어느 것이 더 큰 가격 결정력을 갖는지를 파악하려면 특정 상황에 대한 사회구조적 분석이 필요하다는 것이다.

이들의 연구 결과는 수요와 공급이 가격에 전혀 영향을 주지 않는다는 것은 아니고, 일단 결정된 교환율은 수요와 공급의 변화에 민감하기보다는 좀처럼 바뀌지 않고 끈끈하게 유지되면서 큰 변동에 따라서만 바뀐다는 것이다. 그 이유는 경제관계가 '순수히 경제적인' 자기 이익 추구를 억제시키는 연결망에 배태되어 있기 때문이라는 것이다. 적어도 수요공급과 사회적 영향이 가격 결정에 혼합된 영향을 행사한다고 보는 것은 매우 현실적인 지적으로 보인다.

한편 특정 사회의 문화적 영향에 따라 시장에서 세속적으로 거래가 가능한 상품 및 서비스와 신성시되는 것 간의 구별이 형성되기도 한다 (DiMaggio, 1990: 119). 한 예로, 서구문화권에서 인간의 피(血)는 생명, 희생과 연관된 상징성을 띠기 때문에 존엄한 것으로 여겨진다. 이러한 이유로 인해 영국식의 헌혈제도가 미국식의 매혈제도보다 혈액을 확보하는 데 유리한 결과를 낳은 것이라는 분석이 가능하다(Swedberg, 1987: 118~119).

사회학에서 시장에 대한 연구는 베버에서 시작되어 파슨스와 스멜서, 폴래니 등으로 맥을 이어왔다. 그러나 대체로 논의가 추상적이고 시장분석이 본질적으로 경제학 영역이라는 통념을 깨지는 못하였다. 그러다가 1970년대 이후, 시장이 운용되는 사회학적 메커니즘을 행위자들 간의 상호작용 관계에서 구체적으로 파악하려는 시도가 이루어졌다. 화이트 (White, 1981)의 'W(y) 모델'은 상품시장에 대한 선구적 연구이고, 아볼라피아(Abolafia, 1984)와 베이커(1984)는 자본시장에 대해 연구했고, 그라노베터(1974, 1988)는 노동시장 연구를 통해 신경제사회학 패러다임 형성에 큰 기여를 했다.

유홍준(1995)은 국내 제약산업을 대상으로 한 연구에서 한국 제약산업의 시장구조가 복잡하고 다른 나라의 유통구조와 비교해볼 때 비효율적인 것처럼 보이면서도 현재와 같은 구조를 유지하고 있는 것 자체가 한국산업 형성의 특수성을 반영하는 것이고, 경제제도가 사회적 구성물이라는 신경제사회학의 관점을 뒷받침하는 것이라고 주장하였다.

　프리드랜드와 로버트슨(1990: 7~11)은 따라서 시장제도의 형성 원인을 단순히 효율성을 추구한 결과라고 설명하기는 어렵고, 역사적으로 보아 시장의 형성과 시장 영역의 결정에는 관련 집단의 이익 추구적인 정치적 행위, 사적 재산 확보를 위한 완고한 노력, 이에 상응하는 국가의 힘의 행사 등이 얽혀서 작용했고 이러한 역학에 따라 '구성되어진constructed' 것이라고 지적하였다.

2) 기업

　기업의 존재와 관련하여, 신제도경제학자인 윌리엄슨은 거래비용 감소와 효율성 증대를 기업의 수직적 통합vertical integration의 원인으로 설명하는 '시장과 위계market and hierarchy' 논지를 폈다. 그는 어떤 상황에서든지 관찰되는 조직 형태가 경제적 거래비용을 가장 효율적으로 다룰 수 있는 방식이라고 보았다. 그런데 이때 빈번하게 재발하지만 상당한 '거래특정적 투자transaction-specific investments'를 필요로 하고 결과가 불확실한 거래 내용들은 위계적으로 조직화된 기업 내부 활동으로 끌어들여질 가능성이 보다 크다는 것이다. 반면에 비반복적이며 거래특정적 투자가 불필요하고 결과가 분명한 거래활동은 기업 간에—즉, 시장거래를 통해—이루어질 가능성이 보다 크다고 주장하였다. 전자의 경우에 거래가 위계구조(기업) 내부의 활동으로 끌어들여진 이유는 크게 두 가지로 지적된다. 하나는 인간의 '제한된 합리성bounded rationality' 때문인데, 경제 행위자가 상황조건적인 복잡한 상황에 적절히 대처할 능력을 결여하고 있다는 것이다. 따라서 이런 복잡하고 상황조건적인 거래활동을 기업 내부화함으로써 그러한 상황조건에 일일이 대응할 필요가 없어진다는 것이다. 두 번째 이유로 제시된 것은 '기회주의opportunism' 때문이다. 자기 이익을 추구하는 합리적 행위자의 경제 행위는 사취와 기만의 가능성을 담지하고 있다고 보기 때문에, 권위관계에 따른 규칙이 적용되고 거래 당사자가 동일 조직구성원으로 서로를 익히 알 수밖에 없는 기업 내로 끌어들여진 활동에서는 이러한 기회주의가 완화 내지는 제약될 가능성이 크다는 것이다.

그라노베터(1985)는 이러한 신제도경제학의 분석에 대해 거래관계를 기업 경계boundary 내부로 끌어들인 위계hierarchies가 항상 시장거래보다 효율적이고 질서 있는 경제활동이 되는 것은 아니라고 비판하였다. 즉 윌리엄슨이 위계적으로 통합된 기업영역 내에서 경제활동이 이루어지면 기회주의와 부정이 제거되고 협동과 질서를 기대할 수 있다고 본 것은 경험적 실제를 반영하지 못한 것으로 본다. 다시 말해 기업 간에 시장을 통해 복잡한 거래관계가 이루어지는 경우에도 고도의 질서가 가능한 반면, 기업 내부 경제 행위에서도 커다란 무질서가 가능하다는 것이다. 이러한 예로, 에클리스(Eccles, 1981)는 건설업 부문에서 기업 내부 활동 영역이 확장되는 것보다 하청관계에 의한 거래관계가 광범위하게 유지되는 현실을 분석하였다. 그는 건설업 공동체 내에 인적 관계의 연결망이 배태되어 있기 때문에, 부정이 개입할 여지를 감소시키고 상호 기대에 어긋나지 않는 행위의 표준이 설정되는 데 있어서 하청관계가 기업위계를 통한 순수한 권위관계보다 훨씬 나은 결과가 초래된 때문이라고 주장하였다. 이와 유사한 예는 댈튼(Dalton, 1959)의 대규모 화학공장에 대한 연구에서도 확인된다. 그는 기업이 이전가격transfer pricing 형성을 통해 이윤을 조작적으로 산출해내는 과정에서도 여러 부서의 관리자들 간에 갈등이 초래되고 부서 이데올로기가 작용하는 문제를 지적하였다. 이 외에도, 관리자들은 자신의 이익이나 부서의 이해관계가 침해되는 상황을 회피하고 저항하기 위해 넓은 연결망을 통한 연합전선을 펴는데, 이러한 연합이야말로 집단에 의해 초래되는 부정인 셈이다. 그러한 구체적인 예로, 댈튼은 관리자들이 공식적인 직무수행에서보다는 내부 감사를 회피하는 활동에 훨씬 더 협동적인 모습을 보인다고 지적하였다.

융(Jung, 1988)이 미국 최초의 주식회사가 등장한 배경에 대해 연구한 결과는 특정 형식의 기업 구조가 효율성과는 전혀 무관하게 형성될 수 있다는 점을 잘 보여주는 또 다른 예가 된다. 그는 주식회사에 참여한 여러 명의 개별 기업주들이 사회적 연결망에서의 유리한 위치를 최대한 활용하여, 기업 효율성은 무시한 채 자신들의 개인적 이윤을 증대시키기 위해 정치력을 동원하고 주가 조작을 하는 등 광범위하게 기회주의와 부정 malfeasance에 힘을 공모한 결과가 당시 주식회사의 형성 배경이라고 분석하였다.

따라서 그라노베터(1988: 502)는 시장거래를 통한 경제활동이 기업 내부 활동으로 전환되는 여부에 결정적으로 작용하는 요소는 기업 내부 및 기업 간의 인적 관계와 연결망의 구체적인 성격이라고 주장하였다. 질서와 무질서, 정직과 부정 양자 모두가 조직 형식에 달린 문제라기보다는 이러한 관계의 구조에 달려 있는 문제이기 때문에, 경제적 거래관계가 수행되는 실제 사회관계의 유형에 주목할 것을 제안한 것이다.

이러한 맥락에서, 경제활동의 주체들이 개인적 이익 극대화에 지나치게 몰두하는 상황이 지배적인 사회(과소사회화의 상황)에서는 경제관계의 신뢰가 결여되어 있기 때문에 다른 사람들에게 권한이나 자원의 위임을 할 수가 없게 되어 기업 형성에 커다란 장애로 작용한다고 지적하였다. 또한 사회적 유대가 지나치게 강한 사회(과잉사회화의 경우)에서는 집단이나 공동체의 복지welfare가 기업 활동을 통한 영리 추구보다 우선하기 때문에 역시 정상적인 기업 활동이 제약된다고 보았다. 한편, 그라노베터(1990: 103)는 화교(華僑)사회는 과잉사회화와 과소사회화의 문제를 적절히 해결할 수 있는 사회적 관계망을 형성하고 있기 때문에 매우 성공적으로 기업을 조직하고 활동을 할 수 있었다고 지적하였다. 즉 화교들의 밀접한 유대관계의 공동체는 경제거래에서 높은 신뢰를 가능하게 하여 사취나 기만을 당할 우려가 없이 돈을 빌려주거나 자본을 공동 이용하거나 권한을 위임할 수 있게 되어 기업 활동의 비용이 적게 든다는 것이다. 또한 해외 이주민으로서의 성격상, 기업 활동에 우선하여 복지를 주장할 가족이나 친족관계의 범위가 넓지 않은 점은 과도사회화가 초래할 문제를 적절히 피할 수 있게 한다는 지적이다.

기업의 형성과 특정 형태의 기업 구조에 대한 '효율성' 접근 방법에 대한 반론은 그라노베터의 신경제사회학 입장 외에도 다양하다. 퍼로우(Perrow, 1986)는 특정한 형태의 조직이 가장 효율적이기 때문에 그러한 형태로 존재하는 것이 아니고, 특정 조직 구조는 조직 내에서 권력power을 갖고 있는 사람들이 자신들의 이해관계가 관철되는 방향으로 힘을 행사한 결과라고 주장하였다. 이러한 시각은 1970년대 중반 이후 확대된 네오마르크시스트 조직이론가들의 '통제론'을 반영한다. 브레이버만(Braverman, 1974)의 '탈숙련화(de-skilling)' 명제를 필두로 하여, 마글린(Marglin, 1974)이나 에드워즈(Edwards, 1979) 등은 현대 자본주의에서 관료제적 산업 조직이 형성된 기본 원인은 자본가나 경영관리자들이 노동에 대한 통제를 확대하고 강화하려고 시도한 결과라고 주장한 바 있다.

한편 오버찰과 리이퍼(Oberschall and Leifer, 1986)는 권력관계 분석의 입장에서 효율성 명제에 의문을 제기함과 동시에, 조직 목표가 항상 명확하지도 않고 의사결정(선택)이 현존의 규범에 의해서도 영향을 받는다는 점을 고려한다면 특정한 방식으로의 조직 구조화 경향에 어떤 유행성이 있는 것이 아닌가 하는 지적을 하였다. 플리그스타인(Fligstein, 1985)도 챈들러(Chandler, 1977)의 주장에 반대하여, 다각화된 조직 형태가 효율적이고 합리적인 시장력에 의한 결과라기보다는, 그런 식으로 조직 변화가 일어나는 것이 보다 '적절한appropriate' 것으로 '여겨지기 때문'이라고 강조하여 마치 유행처럼 으레 따라야만 되는 동형화isomorphism의 경향이 있다는 점을 지적하였다.

이러한 분석은 부분적으로 문화론의 관점을 반영하는데, 일단 어떠한 조직 구조가 정통적인 것의 본보기로 여겨질 만큼 널리 퍼지면, 폭발적으로 이러한 조직화가 여러 대안 중 가장 합리적이어서 그런 것처럼 여겨지게 된다는 주장이다(Jepperson and Meyers, 1991). 경영관리자는 이처럼 유행하는 조직 모델에 너무 매혹되어서 그러한 조직 모델의 운영 원리를 제대로 파악하지도 못한 상태로 의례적ritual 합리성을 취한다는 주장이다. 로이(Roy, 1954)의 조직 연구를 예로 들면, '조직이란 이러저러해야 한다'는 식의 문화적 인식에 지나치게 함몰되어서 비효율적인 결과를 초래할 것이 뻔한 판단을 내리기도 한다는 것이다. 이러한 맥락에서, 관료제적 기업 조직은 서구문화의 산물이라는 주장이 가능해진다(DiMaggio, 1990: 120).

3) 산업

특정 산업의 형성과 발전에 연결망이나 힘이 작용한 예는 인종적, 종교적, 민족적으로 소수minority인 집단들이 연결망을 잘 이용함으로써 국제 금융계를 형성한 것에서나, 은행과 제2금융권 간의 업무 영역을 둘러싼 갈등 해결에 정부가 개입하여 정치적인 교통 정리를 함으로써 산업활동 영역을 구분한 것 등에서 찾을 수 있다. 한편 카토너(Katona, 1957)의 연구는 금융계와 고객기업 간의 관계가 꽤 오랫동안 안정적인 관계를 유지한다는 것을 보여준다. 이러한 현상의 이유는, 단기간의 거래관계가 만족스럽지 않더라도, 거래 금융기관을 자주 바꾸는 것은 나쁜 소문이 나게 만들어 결국 모든 금융기관들이 거래를 회피하는 좋지 못한 결과를 초래하기 때문인데, 이는 연결망이 산업관계에 작용한 또 다른 예이다.

맥과이어(McGuire, 1986)의 미국 전기산업 부문의 제도화 과정에 대한 연결망이론적 분석은 약 100여 년 전에 시작된 전기산업의 제도화가 왜 오늘날 민간기업이 대규모 지역에 전기를 공급하는 방식으로 제도화되었는가를 설명하고 있다. 1880년대 당시에 선택이 가능한 대안은 각 가정이나 기업이 소규모 발전기를 가동하여 자체적으로 전력을 공급하는 방식이나 전력회사를 공기업화하는 방안 등이 가능했고, 현재와 같은 방식이 되리라는 것은 명확해 보이지 않았다. 맥과이어는 당시의 기술적, 정치경제적 상황으로 볼 때, 세 가지 모두 가능한 방법이었다고 본다. 그러나 몇몇 중심 인물들의 인적 연결망에 의해 전기산업이 현재와 같은 방식으로 제도화되는 계기가 이루어졌다. 당시 에디슨Edison은 모건Morgan 같은 대은행가의 선호와 달리 사기업화된 중앙집중식 전력공급 산업을 선호하고 있었다. 이때 영국에서 온 에디슨의 비서였던 인슐Insull이라는 사람이 연결망을 통해 인적 자원을 동원하였다. 즉 영국과 시카고 지역의 정치인, 금융인, 발명가 등의 광범위한 연결망에서 연결고리 역할을 하면서 자본과 호의적인 정치적 결정 등을 결합함으로써 결국 세 가지 가능한 대안 중에서 에디슨이 가장 선호한 방식이 채택되는 데 결정적인 역할을 하였다는 것이다.

결국 이러한 결과를 산출한 것은 특정인이나 사회구조(연결망)의 개별적 존재에 기인하기보다는 둘 간의 상호작용의 결과이지만, 특정한 제도가 창출되고 정착되는 초기 과정에 인적 연결망을 둘러싼 행위 유형들이 자연증가accretions함으로써 영향을 미친다는 점이 부각된 것이 중요하다.

4) 직업

현대 사회에서 우리가 보는 것과 같은 직업 분화와 직업위계의 형성 또한 단순히 진화론적 효율성의 논리로만 설명하기는 곤란하다. 직업 영역의 확보와 위세 결정에 집단 간의 힘의 역학이 행사되었다는 점은 쉽게 알 수 있는 사실이다. 한 예로, 콜린스(Collins, 1979)는 직업집단의 이익을 보호하기 위해 연결망을 성공적으로 형성했던 직업집단(예로, 의약과 법률)이 독점화를 통해 전문직으로 발전한 반면에, 그렇지 못했던 직업집단(예로, 자동차 수리)은 전문직화하지 못한 역사적 경과를 연구한 바 있다.

3. 사회적 구성물로서의 경제제도

앞에서 정리한 연구 결과들은 다양한 패러다임을 반영하고 있지만 논의의 강조점은 신경제사회학적 연구들에 두고 있다. 신경제사회학 패러다임을 반영하는 연구들은 모두 경제제도 형성에 사회관계(연결망)가 갖는 영향에 주목한 것들로서 거시 현상(제도)과 미시 현상(인적 관계) 간의 연계에 초점을 두고 현상에 대한 구체적인 경험적 분석을 행하였다는 점을 다시 확인할 필요가 있다.

경제제도의 형성 원인과 그 역학을 잘 이해하기 위해서는 배경과 과정에 대한 역사적, 구조적 분석이 필요한 것 같다. 이러한 구체적 분석에 내재된 상황조건성contingency에 대해서 일반화를 지향하는 경제학에서는 거부감이 크지만 사회학적으로는 체계적인 연구가 가능하다. 왜냐하면, 맥과이어의 전기산업 연구를 비롯한 여러 신경제사회학의 연구들에서 보듯이 역사적 상황조건성으로 생각되는 것도 실제로는 사회관계의 구조

(연결망)에 배태된 것으로 파악 가능하기 때문이다.

1960~70년대에 이루어진 체계론 및 상황조건론적 조직연구 성과에 기반하여, 1980년대에 이르러 경영조직 분야에서는 '전략관리'가 새로운 패러다임으로 형성되면서 조직전략에 관한 이론적, 경험적 연구가 확대되었다. 전략 개념은 다양하지만,[108] 일반적으로 '활동하고 있는 시장에서 일정한 적소niche를 차지하기 위해 환경 요인과 조직 내부 여건을 고려하면서 내리는 의사결정의 유형'으로 정의된다고 볼 때, 기업을 전략 유형별로 구분할 수 있으며 이것이 전략군strategic group 개념인데, 이러한 전략군도 기업 간 관계의 구조에 배태된 것이라고 할 수 있다.

결과적으로 신경제사회학적 관점에서 볼 때, 경제제도는 실재의 사회적 구성이다. 일단 제도가 틀을 갖추면 연결망의 역할은 감소할 것이지만, 연결망은 경제제도 형성의 적어도 초기단계에 결정적인 영향을 행사할 수 있다. 따라서 경제제도의 형성 원인과 메커니즘에 대한 정확한 분석을 위해서는 특정 상황의 역사적 배경, 기존의 경제제도, 사람들의 사회구조(연결망)나 집합적 행위 등을 고려한 동적인 연구가 필요한 것이다.

---

108 조직 수준에 따라서는 전사(全社) 수준, 사업부 수준, 기능 부문별 수준의 전략으로 구분되고, 접근 방법에 따라서는 과정적, 내용적 접근방법으로 나누어진다(유홍준, 1995: 292).

10장

■ ■ ■

경제의 동형화

현대 사회에는 다양한 유형의 조직이 존재하지만 경제 조직의 유형은 조직들의 다양성에도 불구하고 기본적으로 상당히 유사한 모습을 보인다. 정부 행정 조직은 처음부터 관료제적bureaucratic인 조직 구조를 특징으로 한다고 하더라도, 기업들도 대체로 관료제적 구조를 바탕으로 하고 있다. 정보화 사회의 진전에 따라서 조직 유형이 대체로 탈관료제화되어서 유연한 구조를 띠게 된다는 주장이 제기되기도 했고, 팀제도의 도입을 통해서 유연한 조직으로의 변화 경향이 있는 것도 사실이다. 하지만 기업이 설립되어 성장해가면서 관료제화하는 전반적인 경향에는 별다른 변화가 없어서 현실적으로 기업들이 대체로 유사한 구조를 보인다.

또한 탈관료제로 변화하는 경향이 있다는 주장을 수용한다고 하더라도, 왜 그러한 변화가 예를 들어 팀team제나 연봉제 도입처럼 대부분의 조직이 유사한 유형으로 변화를 꾀하는지도 관심이 아닐 수 없다. 경제학의 기본 전제에 따라 기업이라는 경제제도가 효율성을 위한 조직이라고 본다면, 특정한 방향으로 기업 구조가 변하거나 기업의 활동이 쏠리는 현상

역시 경제적 효율을 달성하기 위한 최선의 방향이기 때문이라고 주장할 수 있지만, 사실이 그러한지는 의문이다.

베버는 관료제에 대한 논의에서 관료제를 '철장iron cage'으로 비유하면서 인간을 통제할 수 있는 효율적인 수단으로 보았다. 또 그가 관료제가 일단 성립되면 그 방향으로의 움직임을 뒤바꿀 수 없다고 생각했던 것처럼 오늘날에도 관료제화는 계속되고 있다.[109] 정부와 기업에서는 상당 정도로 관료제가 이미 구축되었고 기타 여러 사회조직들에서도 관료제는 여전히 주된 조직 형태이다.

그러나 디마지오와 포웰(DiMaggio and Powell, 1983)은 관료제화의 요인이 변화했다는 점에 주목하였다. 베버가 주장한 것과는 달리 현대에서 조직의 구조적 변화는 경쟁에 의하거나 효율성에 기인하는 경우가 줄어들었다는 것이다. 관료제화나 조직의 변화는 효율성과는 무관하게 기든스(Giddens, 1979)가 주장한 것처럼 조직부문에서 나타나는 '구조화' 과정의 산물이라는 것이다. 디마지오와 포웰(1983: 148)은 이렇게 구조화된 조직부문이 개별 경제 행위 주체들에게 불확실성에 합리적으로 대처하려고 하는 준거 틀을 제공하기 때문에, 집합적인 수준에서 총괄적으로 볼 때 구조화된 조직부문들이 기업의 구조와 기업문화의 동질성을 유도하기도 한다고 주장했다.

---

108 조직 수준에 따라서는 전사(全社) 수준, 사업부 수준, 기능 부문별 수준의 전략으로 구분되고, 접근 방법에 따라서는 과정적, 내용적 접근방법으로 나누어진다(유홍준, 1995: 292).

1. 조직의 유사성과 동형화 압력

1) 조직의 다양성과 동질성

20세기 초반까지의 조직 연구는 테일러Taylor의 과학적 관리론이든 메요Mayo에 의한 인간관계론이든 모두 제한된 기업을 중심으로 한 사례 연구에 해당되었다. 그러다가 20세기 중반 이후의 조직 연구에서는 다양한 조직에 대한 유형분류typology나 조직 구조적 측면의 다양성에 관심이 집중되었다. 이는 1950년대에 컴퓨터가 학계에서도 사용되기 시작하면서 많은 조직에 대한 동시적인 통계자료 처리가 가능해진 기술적 발전과 결합된 것이기는 하지만, 이러한 연구의 진전은 조직 구조가 기술의 발전과 같은 여러 가지 환경적 요인의 영향을 받아 상황조건적으로 형성된다는 관점의 발전을 가져왔다. 조직생태학의 해난과 프리먼(Hannan and Freeman, 1977)의 연구도 다양한 조직 유형과 그 배경 변인에 관심을 두었다.

그러던 중 디마지오와 포웰(DiMaggio and Powell, 1983)이 1980년대의 기존 조직 연구 경향과는 상반된 연구 주제를 제기하게 된다. 그들의 관심은 그때까지 주장되어온 조직의 다양성에도 불구하고, 왜 실제의 조직 유형과 업무수행 방식 등이 그렇게 동질적homogeneous인지에 집중되었다. 그들은(1983: 148) 어떤 '조직부문organizational fields'[110]이든지 형성되기

---

[110] 이들이 사용하는 '조직부문'이란 용어는 공급자, 자원과 상품의 소비자, 규제기관 및 유사한 재화와 용역을 생산하는 다른 조직들을 포괄하는 집합적 단위이며 분명한 제도적인 삶의 영역을 형성한 조직들의 총체로서 모든 관련 행위자들을 포괄하는 전체성을 띤 개념이다(DiMaggio and Powell, 1983: 148). 스코트(Scott, 2001: 84)는 조직부문은 이런 조직들의 단순한 합이 아니라 문화적, 인지적, 규범적 틀이라는 요소를 공유한 경우에만 존재할 수 있다고 주장했다.

시작한 초기 단계에서는 조직 유형이 꽤 다양하지만, 조직부문이 생성단계를 지나 어느 정도 안정되면 동질화로의 압력이 나타난다고 주장했다. 즉 어떠한 조직부문의 생성과 구조화는 다양한 조직들의 행위 결과로 나타나게 되는데, 일단 조직부문이 생성되고 구조화되면 기존의 여러 조직들뿐만 아니라 새로 진입하는 조직들까지도 동질화된다는 것이다.

디마지오와 포웰(1983)은 같은 산업에서 활동하는 조직들이 동일 조직부문으로 일단 구조화되면 이 조직들 간에 동질화를 가중시키는 상당한 압력이 나타나게 된다고 했다. 이 때문에 조직과 그 행위자는 자신들이 형성한 이러한 환경에 의해 앞으로의 변화 가능성에 일정한 구속을 받게 된다고 주장했다. 예를 들어, 메이어와 로완(Meyer and Rowan, 1977)은 조직이 혁신을 추구하는 경우에도 일련의 혁신 방식이 여러 조직들에 의해 공유되게 되면 조직 혁신을 취하는 행위는 조직 행위에 대한 정당성[111] 확보를 위한 것이 된다고 주장했다. 이 상황에서 조직들은 주어진 제약 조건들을 따져서 혁신을 도입할 것인지의 여부를 합리적으로 고려하는 것이 아니라, 비록 아무런 이득을 가져다주지 못할지라도 혁신을 도입하는 것 그 자체로 인해 정당성을 확보하고 지지를 얻기 위해 이를 먼저 도입한 다른 조직들을 추종하게 된다. 즉 조직 혁신이 원래의 의도와 무관하게 조직의 효율성과 성과를 높이기 위한 것이라기보다는 사회의 가치체계와 연관된 일종의 압력 그 자체가 되는 것이다. 만약 그러한 혁신을 채택하지 않을 경우에 어떤 규범적인 제재를 받게 된다면, 이러한 사실 때문에라도 특정 전략을 선택할 가능성을 증대시키게 됨에 따라 조직들은

----

[111] 조직이 주어진 환경 속에서 살아남고 발전하려면 자원이나 정보의 합리적 활용뿐만 아니라 사회적 용인과 인정 및 신뢰를 필요로 하는데, 이것이 바로 정당성 개념이다. 스코트(Scott, 2001: 59)는 정당성을 "사회적으로 규정된 가치, 규범, 신념, 정의(definitions)의 체계 내에서, 어떤 개인이나 집단의 행동이 바람직한지, 적절한지, 타당한지 여부를 판단하는 일반화된 인식이나 가정"이라고 정의했다.

유사성을 띠게 된다.

2) 동형화 압력

조직들이 동질화되어가는 과정을 나타내는 개념으로 '동형화 isomorphism'라는 용어가 사용된다. 동형화는 원래 생태학에서 비롯된 용어인데, 개체군 내의 한 개체로 하여금 그와 유사한 환경적 조건에 처한 다른 개체들을 닮아가도록 강제하는 힘을 말한다(DiMaggio and Powell, 1983: 149). 이 용어를 조직 연구에 최초로 사용했던 헐리(Hawley, 1968)는 어떤 조직으로 하여금 같은 환경 조건에 직면한 다른 조직들을 닮도록 이끄는 제약 과정을 뜻한다고 하였다.

해난과 프리먼(1977)의 조직생태학organizational ecology 연구는 헐리의 동형화 개념을 중시하고 이를 확대 적용하였다. 그들은 동형화 압력이 발생하는 이유로 특정 조직부문의 적절하지 못한 조직유형은 선택적으로 도태된다는 점과 조직의 의사결정자들이 환경적 특성과 변화에 적절한 반응 양식을 배운다는 점을 지적했다.

한편 동형화 개념을 정교화하여 '제도적 동형화institutional isomorphism' 이론을 만든 디마지오와 포웰(1983: 148)은 동형화가 발생하는 조직부문 형성에 결정적 역할을 하는 세 가지 힘이 경쟁, 국가, 전문화라고 주장했다. 경쟁은 같은 산업에 속한 조직들 간의 조직부문 형성을 주도하는데, 이 과정은 신고전경제학이 설명하는 경제적 합리성 논리에 따라 이루어진다고 볼 수 있다. 이에 반해, 국가와 경제 부문에 속한 전문가 집단은 그들이 지니고 있는 고유의 상징적 권위를 이용하여 특정 제도나 관행을 정당화함으로써 조직들이 부문을 형성하는 데 기여한다. 다시 말해, 조직은 자원과 소비자를 둘러싸고서만 다른 조직들과 경쟁을 하는 것이 아니라 국가 같은 정치 권력과 법 같은 제도에의 적합성을 위한 정당성을 확보하기 위해서도 경쟁한다.

이처럼 조직부문의 형성은 정당성이 부여된 혁신과 변화를 구성된 조직들 모두에게 신속하게 전파해서 조직들이 동형화되도록 만든다.[112] 조직부문 내에서 개별 조직들이 변화와 적응을 거듭하더라도 전반적으로는 조직부문에서 다양성이 감소하고 동질성이 증가하는 경향을 낳게 된다. 디마지오와 포웰(1983: 150)은 이러한 과정의 구체적 메커니즘을 '제도적 동형화' 이론으로 분석하였다.

2. 제도적 동형화 메커니즘

디마지오와 포웰(1983)은 동형화 과정을 경쟁적 동형화와 제도적 동형화로 구분했다. 경쟁적 동형화는 시장에서의 경쟁을 통해 가장 효율적인 기업이 선택되고 경쟁적으로 동일화되는 과정을 일컫는 개념으로, 신고전경제학이나 조직군생태학에서 접근하는 내용이다. 이에 반해 디마지오와 포웰이 연구 대상으로 삼은 제도적 동형화는 세 가지 메커니즘에 의해 발생한다고 했다. ①정치적 압력과 정당성 문제에서 야기되는 강압적 동형화, ②불확실성에 대한 표준적인 대응에서 초래되는 모방적 동형화, ③ 전문화와 연관되는 규범적 동형화가 이에 해당한다. 그러나 이러한 분류

---

112 네오마르크시즘의 '탈숙련화(Braverman, 1974)'나 '생산의 정치(Burawoy, 1979)' 및 '통제론(Edwards, 1979)'의 관점에서는 기업구조 혁신의 주요 원인은 작업장 수준 권력관계의 변화에 대한 경영 측의 대응전략으로 파악한다. 작업장 통제 체제의 위기에 대한 기업의 대응전략이 노동에 대한 통제력을 강화시키려는 시도로 나타나고, 이에 따른 '전략적 선택(Child, 1972)'이 IT의 적극적인 도입과 활용으로 나타난다는 논지이다.

는 분석적인 것으로서 경험적으로 항상 상호배타적인 분류라고 보기는
어렵다.

1) 강압적 동형화

강압적coercive 동형화는 권력을 갖고 있는 조직이 다른 조직에 대해서
공식적 · 비공식적 압력을 행사한 결과로 동형화가 이루어지는 것이다. 다
시 말해, 강압적 동형화는 어떤 조직이 의존하고 있는 다른 조직이나 사
회의 문화적 기대로부터 주어진 공식적, 비공식적인 압력의 결과로 나타
나는 것이다. 국가권력의 정책적 간섭이나 법적 제약 때문에 여러 조직들
이 특정한 변화나 혁신을 꾀함으로써 동질적으로 닮아가는 경우나 하청
기업들이 원청기업의 기대와 요구에 어쩔 수 없이 따라가게 되면서 구조
가 닮아갈 때, 이를 강압적 동형화가 이루어진 것으로 볼 수 있다. 예를
들어 제조생산 기업들이 정부의 환경 규제에 대응하여 새롭게 환경오염
통제기술을 채택하거나 해당 관리 부서를 설치해야만 하는 경우가 강압
적 동형화에 해당한다. 이외에도 자기업(子企業)의 업무수행이 보편적으로
모기업을 따라 표준화되거나 독점 기업들이 자신이 제공하는 서비스 인
프라를 이용하는 다른 조직들에게 비슷한 압력을 행사할 때 동형화를 초
래하기도 한다.

제도적 환경 중에서 국가가 제정하는 법적 환경은 조직의 구조나 활동
의 여러 측면에 영향력을 행사한다. 예를 들어 민법, 상법, 회사법 등의
규정과 조문의 적용에 따라 기업이 연도별 재정편성 예산과 결산 보고의
주기를 모두 똑같이 맞추어야 한다든가 정부발주 공사 계약을 위해 자격
요건을 똑같이 갖추어야 한다든가 하는 식으로 조직들을 유사하게 만들
수 있다. 이처럼 국가조직의 영향력과 정치적 환경은 조직들을 주어진 제

도화 영역에서 점차 동질적이 되어가도록 하여 거시적인 사회제도에 적합성을 띤 동형화를 초래하게 되고, 결과적으로 조직들은 조직부문 내에서 연대를 유지하고 정당성을 갖추기 위해 의례적인 모습으로 닮아간다는 것이다. 따라서 국가의 법·제도적 통제, 자본의 집중과 의존관계 등이 모두 조직들 간의 동형화를 초래하는 배경이라고 할 수 있다.

2) 모방적 동형화

제도적 동형화가 항상 강압적 권위로부터 유발되는 것은 아니다. 강제적 권위 이외에 환경의 불확실성도 모방을 통해 조직 간의 동형화를 초래하는 중요한 요인 중의 하나이다. 조직은 모호한 환경에 처하여 확실한 의사결정을 하기 어려운 경우에 다른 조직이 내리는 결정이나 그에 따른 활동을 모방하는 경향이 있다. 다시 말해, 조직은 원인이 모호하고 해결책이 불명확한 문제에 봉착하면 스스로의 결정을 내리는 대신에 유사한 처지에 있는 다른 조직이 이미 하고 있는 행태를 모방하려는 인센티브를 갖게 된다. 즉 조직이 새로운 기술 발전에 직면하여 어떤 기술을 채택할 것인지가 불명확하거나 조직의 목표가 모호하거나 할 경우에, 다른 조직의 유형이나 업무수행 방식을 모방하여 따르게 된다는 것이다. 흔히 벤치마킹benchmarking이라는 경영학적 용어로 포장되는 경우도 있지만, 해당 조직부문의 선도기업이 내린 결정과 똑같은 신기술을 도입한다거나 구조조정을 한다거나 하는 경우는 매우 흔하게 목격된다. 이처럼 모방적으로 동질화를 추구하는 이유는 불확실한 환경에서 위험 부담을 줄일 수 있기 때문이라고 이해된다. 즉 경제성을 고려할 때 모방의 이득이 상당히 큰 것이기 때문에 환경의 불확실성이 클수록 모방적 동형화의 가능성은 높아진다. 사이어트와 마치(Cyert and March, 1963)도 조직이 특히 모호한 원인과 불분명한 해결책에 직면한 경우에 적은 비용으로 적절하게 문제를 해결할 수 있는 방법이 바로 모방이라고 지적했다.

이러한 모방적 동형화는 같은 조직부문 내에서 더 성공적이거나 활동의 정당성을 인정받고 있는 핵심적인 선도조직을 모방하려는 경향으로 나타난다. 어떤 조직이 핵심 조직으로 인식되어 모방의 대상이 되느냐는 정부의 인정이나 전문가 단체의 평가 등에 달려 있다. 보통 정부로부터 인정을 받아 특혜를 받는 조직이나 전문가 집단으로부터 좋은 평가를 받는 조직들이 활동의 투명성과 정당성을 부여받은 핵심 선도조직으로서 모방의 대상이 된다. 하지만 실제로 선택할 수 있는 모델이 별로 없기 때문에 조직 구조는 대체로 동질성을 띠게 된다. 경영자들은 가능한 전형적 typical 모델을 찾으려고 노력하고, 경우에 따라서 대규모 조직들조차 여러 조직에 컨설팅consulting을 제공하는 자문회사로부터 모델을 채택하기 때문에 그 유형들이 비슷하게 동형화할 수밖에 없는 것이다.

모방적 동형화 혹은 '모델화modeling'는 불확실성에 대한 대응으로 이해해야 하지만 이러한 모방적 과정은 비의도적인 것일 수도 있다. 많은 기업들에서 추진하고 있는 기업혁신조차도 모방적 모델화로 설명할 수 있다. 기업이 어떤 혁신을 채택하려고 하는 경우에, 그런 변화 시도가 성과에 대한 면밀한 검토에 기반하기보다는 다른 조직에서 운영되는 프로그램을 시도해야 한다는 압력에 의해 또 자신들의 활동에 정당성을 보여주기 위해 쉽게 따라하는 경향이 있다는 것이다. 과거에 삼성 기업집단이 조기 출퇴근하는 제도를 도입하자 그 다음 날부터 여러 다른 기업들이 자신들도 그렇게 한다고 발표한 것이나, 너도나도 팀제와 연봉제를 도입한 것도 마찬가지 예들이다. 따라서 이 모방적 동형화의 관점에서 보면, 특정한 조직구조 모델이 보편적으로 존재한다고 해서 그 모델이 효율성을 증대시킨다는 구체적인 증빙이 되는 것이 아니라 모방이 보편적으로 발생한 증빙이라고 설명된다.

3) 규범적 동형화

제도적 동형화 메커니즘의 세 번째로 조직의 전문화에서 기인하는 규범적 동형화를 들 수 있다. 규범적 동형화 관점은 조직들이 서로 동질화되는 원인이 조직 상층부를 차지하는 경영진의 전문지식 습득과 전수 과정의 공통점에서 비롯된다고 보는 입장이다. 여러 조직의 고위 경영자들은 상위권 대학을 다니면서 전문지식에 대한 교육을 상당 정도 공유하게 되고 조직에 대한 가치와 규범 역시 비슷하게 내면화하게 되면서 유사한 전문직 가치를 내면화하게 된다는 것이다. 이러한 가치가 조직에 들어가 활동하면서 연관을 맺게 되는 전문 직능단체에서의 상호간 교류를 통해 더 강화되기 때문에 결국 이들이 보여주는 조직의 구조와 행태가 동질화될 수밖에 없다는 주장이다.

기본적으로 이 입장은 전문화 과정을 라슨(Larson, 1977)이 이해했던 것처럼, 직업 구성원들이 자신의 작업 조건과 방법을 규정하는 생산방식 통제에 저항하고 전문직업의 자율성에 대한 정당성을 획득하려 했던 일련의 집단적인 투쟁 과정으로 이해하는 것이다. 따라서 경영자들은 공식 교육의 장에서 비슷한 사회화 과정을 거치고 직업생활을 하면서 여러 조직에서 유사한 직위를 차지하며 전문직 네트워크를 통해 서로 연결된다. 이처럼 경영자들은 사회화된 배경이 유사하기 때문에 유사한 성향과 태도를 갖게 된다고 본다. 또한 직업경력을 쌓는 과정에서 이들을 걸러내는 기준도 공통성이 있기 때문에 조직의 고위 경영자들의 기질이나 태도는 더욱 동질성이 강화된다는 것이다.[113] 결국 조직의 경영자와 핵심 참모들이 같은 대학을 나오고 공통의 속성들을 기준으로 선발·탈락되는 만큼, 이들은

---

[113] 기업의 고위 경영진이 그 출신 배경이나 성향, 행동 기질이 매우 유사하다는 점에 대해 캔터 (Kanter, 1977)는 '동사회성(homo-social)'이라고 불렀다.

조직이 당면한 문제를 유사한 방식으로 파악하고, 무엇이 규범적으로 승인되고 정당화된 것인지에 대한 관점이 유사하다. 이런 점에서 의사결정에 접근하는 방식 또한 대동소이하다. 이것이 바로 규범적 동형화의 메커니즘이라는 것이다. 즉 전문가 집단에 공통적인 사회화 과정이 있기 때문에 이들이 경영하는 조직이 서로 다르지만 궁극적으로는 유사한 전문직 규범이 작동하여 '규범에 따른' 동형화를 초래하게 된다는 것이다.

이 관점에서는 동형화를 이끄는 원인으로 전문화 과정의 세 가지 측면을 특별히 강조하는데 ①동질한 대학교육을 통한 공통적 사회화 과정, ② 전문직 종사자 간의 정보교환을 통한 지위위계에 대한 인식의 공유, ③개별 조직의 경계를 넘어서는 전문직 단체나 협회의 성장이다.

좀 더 구체적으로 살펴보면, 우선 유사한 대학에서 공식 교육을 받으면서 사회적 가치와 행위 규범을 공유하게 된 잠재적 전문인들이 배출된다. 그런데 이들에 대한 인력 충원이 같은 대학으로부터 그리고 유사한 특성을 가진 인력군 중심으로 이루어질 경우에, 그들이 기본적으로 문제를 보는 시각을 공유할 것이고 업무수행 및 조직 구조의 설계에서 자신들이 규범적이며 정당한 것이라고 받아들인 기준에 따라 공통적인 것을 수용하게 된다. 결국 이들의 의사결정도 유사한 방향에서 이루어져서 조직의 동형화를 가져온다는 것이다.

더불어 한 조직부문에서 조직들 사이에 유사한 지위를 지닐 수 있는 상호교환적인 전문 인력군이 형성되는 경우에, 이들은 자기들 간의 정보 교환을 통해서 어떤 조직이 중심적인 위치에 있고 어떤 조직이 주변부에 위치하는지에 대한 지위위계 인식을 공유할 수 있게 된다. 따라서 주변부에 속한 조직에서 활동하는 전문경영자는 중심에 위치한 조직의 구조나 행태를 따라가려고 하는 규범적 인식을 하게 된다는 것이다. 디마지오(1983)는 특히 비영리 부문의 경우 전문화 과정을 통한 조직의 동질적 구조화는 더욱 급속히 이루어진다고 지적하였다.

마지막으로 각 조직의 전문가들은 자신들의 전문 분야에 따라 가입된 전문직 단체와 협회에서의 활동을 통해서도 정보를 공유하고 전문직 규범을 지속적으로 내면화하면서 유사한 의사결정을 거쳐 조직들이 동질화되는 데 기여하게 된다는 것이다.

3. 동형화와 경제 조직 비교연구

1) 동형화 비교연구의 주제

제도적 동형화론은 디마지오와 포웰(1983)에 의해 본격적으로 제기되었고 1970년대부터 다시 주목을 받기 시작한 신제도주의 New Institutionalism와 결합되어서 신제도주의적 경제 조직 연구 흐름을 주도한 선도적 이론이 되었다. 기존의 신고전경제학적 조직연구에서는 조직을 합리적 선택에 기반한 효율적 체계로 본 것에 반해, 신제도경제학에 근접한 동형화 이론에서는 조직들 간에 제도화된 규칙이나 인지를 공유함으로써 나타나는 동질성의 증대에 초점을 맞추었다.

제도적 동형화론이 제기되기 이전에도 조직사회학자들에 의해서 조직은 최적의 투입—산출 관계를 초래하는 기술적 효율성의 체계가 아니라는 점과 환경도 단순히 자원의 공급처나 생산물의 시장이 아니라는 점이 지적되기도 하였다. 한 예로, 스코트(Scott, 2001: 42)는 조직은 조직의 구성원들이 사회적으로 구성한 실재이며 환경 역시 조직 구성원들의 실재 구성을 위한 '의미의 원천'으로 존재한다고 주장했다. 메이어와 로완(Meyer and Rowan, 1977)은 조직을 기술적 효율성의 결과가 아니라 문화적 정당화의 산물로 파악하면서 사회의 제도적 환경이 조직 형태의 변화에 미치는 영향을 연구하였다. 톨버트와 주커(Tolbert and Zucker, 1983)는 각 도시에서 행정 서비스 개혁이 어떻게 확산되는지에 대한 연구를 통해서, 개혁을 지향하는 강한 문화적 규범이 일단 확립되면 개별 도시들은 각자가 처한 특별한 상황과 무관하게 개혁 프로그램을 채택한다는 것을 보여주었다. 이러한 연구들이 공통적으로 시사하는 점은 유사한 환경에 속한 조직들이 유사한 처지에 있는 다른 조직들의 선택을 지켜보면서 각 조직이 처한 객관적 상황에 대한 전략적 고려와는 무관하게 서로 닮아가는 경향을 보인다는 것이다.

동형화 이론에 기반한 연구들은 제도적 동형화 메커니즘에 대한 논의를 기초로 해서, 개별적인 조직 수준에서나 전체 조직부문의 수준에서 조직들이 어떻게 동형화되는지를 경험적으로 예측할 수 있어야 한다. 디마지오와 포웰(1983)은 이에 대한 몇 가지 연구 가설들을 제시하였다.

(1) 개별 조직 수준의 동형화 가설

조직이 동형화되는 정도와 속도에는 편차가 있다. 강압적 동형화와 관련하여 제기된 가설은 ①한 조직이 다른 조직에 대한 의존이 높으면 높을수록 그 조직의 구조와 행태는 의존하고 있는 조직과 더 유사성을 띠게 된다는 것이고 ②특정 조직에 대한 자원 공급이 집중화되면 될수록 그 조직이 자원 공급에 의존하고 있는 조직들에 동형화될 정도가 높다는 것이다.[114]

모방적 동형화 혹은 모델화와 관련된 가설은 ①조직에서 목표를 추구하는 수단이 불확실하면 할수록 그 조직이 성공적이라고 여기는 조직을

---

114 하청기업이 한 원청기업에 자원 의존적인 상황에서 하청기업의 조직 구조와 행태가 원청기업과 동형화되는 것이 예이다.

모델로 하여 모방하려는 정도가 높다는 것이고 ②조직은 목표가 모호할수록 성공적이라고 여기는 조직을 모방하려는 정도가 높다는 것이다.

규범적 동형화와 관련된 가설은 ①조직이 인력 채용에서 학력 의존도가 높을수록 그 조직이 소속된 부문에서 다른 조직들과의 동질성 정도가 높다는 것이고[115] ②고위 경영진이 전문가 단체나 전문직 협회들에 참여하는 정도가 높으면 높을수록 소속된 부문에서 다른 조직들과의 동질성 정도가 높다는 것이다.

이러한 가설들은 기본적으로 제도론과 유사한 입장이며, 조직 간에 그리고 조직 구성원들 간에 연결망이 세분화되고 연결망 밀도가 높을수록 조직들은 집단적으로 유사성을 보인다는 것이다(Meyer and Rowan, 1977).

(2) 조직부문에서의 동형화 가설

전체 조직부문에서 조직들 간에 동질성이 증대되는 경향과 관련하여, 디마지오와 포웰(1983)이 제시한 연구 가설들을 정리하면 다음과 같다.

강압적 동형화와 관련하여 ①어떤 조직부문이 주요 자원을 특정한 조달원에 의존하는 정도가 높으면 높을수록 조직부문의 동형화 정도는 높다는 것이고[116] ②어떤 조직부문에서 조직들이 국가기관과 거래가 많으면 많을수록 전체 조직부문의 동형화 정도는 높다는 것이다.[117]

모방적 동형화와 관련해서는 ①특정 조직부문에서 대안적 조직 모델의

---

115 이 가설은 대학 교육과정에서 사회화 과정을 유사하게 밟아온 경영진들이 내면적으로 공유된 경영규범과 조직 모델을 지니고 있기 때문에 그들이 운영하는 조직들이 동질화된다는 것이다.

116 자원 집중도는 그 구성 조직들이 자원 공급자로부터 유사한 압력을 받음으로써 전체 조직부문 동질화에 직접적인 원인이 된다.

117 이러한 가설은 국가와 사경제 부문의 거래관계에서 규칙 준수와 형식적 합리성 추구의 정도가 높다는 특징과 국가가 경쟁기업들이 채택할 산업 기준을 책정함으로써 제도적 규칙을 강조한다는 점에 기반한 것이다.

수가 적을수록 그 조직부문의 동형화 속도가 빠르다는 것과[118] ②특정 조직부문에서 주어진 기술이 불확실하거나 목표가 모호할수록 동형적 변화의 속도가 빠르다는 것이다.

규범적 동형화와 관련된 가설은 ①특정 조직부문에서 전문화의 정도가 높으면 높을수록 제도적 동형화의 정도가 높다는 것과 ②조직부문의 위계적 구조화의 정도가 높으면 높을수록 동형화의 정도는 높다는 것이다.

(3) 거시 사회이론들과의 연관

조직의 동질화 경향과 관련하여, 베버는 관료제의 형식적 합리성에 따른 조직구조의 동질화를 지적했고 이와 유사하게 기능주의자들도 기업이나 정부 조직의 합리적 적응 과정을 현대사회의 가치와 필요에 부합하기 위한 것이라고 주장했다(Parsons, 1977). 이에 반해 마르크스주의에서는 조직의 변화를 자본축적의 논리로 설명하지만 자본주의에서 조직의 동질화 경향을 지적하는 점에서는 마찬가지이다.[119]

이러한 거시 사회학적 이론들과 조직의 동형화론을 연관시킬 수 있는 관점으로는 자연선택 시각과 마르크스주의 시각이 있다고 할 수 있다. 자연선택natural selection 시각에서는 환경에 의한 선택 메커니즘이 환경에 덜 적합한 조직유형을 도태시켜 나간다고 본다. 이에 반해 마르크스주의에서는 독점자본주의를 지배하는 금융기관이나 다른 주요 조직에서의 엘리트 통제를 통해 경제체제가 운영된다고 보았다.[120]

---

118 어떤 조직부문에서든지 주도적인 조직 전략과 구조에 대한 전형적인 유형이 있다면, 이런 전형적 유형에 대한 채택은 일정한 단계를 넘어서면 빠른 속도로 진행된다고 한다(Granovetter, 1978).

119 볼스와 진티스(Bowles and Gintis, 1975)는 자본주의 사회에서 학교라는 조직조차도 자본의 사회적 재생산을 위한 기능을 수행하기 위해 동질화된다고 주장하였다.

그러나 디마지오와 포웰(1983)은 이러한 두 관점이 갖는 한계를 인식하여, 자연선택 시각이나 엘리트주의를 기각하였다. 그들은 비효율적인 조직이 종종 사멸하는 것도 사실이고 경제 조직의 엘리트들이 현대 조직에 상당한 영향력을 행사한다는 것도 사실이라는 점도 인정하지만, 이러한 점들이 현대 조직의 구조적 동형화를 충분히 설명해주지는 못한다고 주장한다. 반면 이들이 제기한 제도적 동형화 이론은 조직이나 그것을 운영하는 엘리트들이 목표를 합리적으로 성취하는 것 이외에도 조직생활에서 흔히 볼 수 있는 비합리성과 모호한 행위 동기 등을 설명할 수 있기 때문에 실제로 조직이 어떻게 운영되는지에 대한 이해를 가능하게 한다. 더구나 제도적 동형화에 대한 관심은 조직생태학이 다루지 못한 조직 권력과 생존에 대한 정치적 갈등이나 투쟁현상을 설명하는 데도 유용한 접근일 것이다(DiMaggio and Powell, 1983: 156).

2) 거래비용이론이나 자원의존이론과의 비교

신제도경제학의 거래비용이론이나 자원의존이론은 조직 간의 의존관계와 이러한 의존에서 벗어나려는 개별 조직의 전략적 선택을 통해 특정한 조직구조가 형성되는 것으로 설명한다. 즉 거래비용이론에서는 이러한 의존관계가 거래의 특수성에서 비롯되며 쌍방은 자산 특수성에서 초래되는 위험을 회피하기 위해서 시장 대신에 위계hierarchy라는 지배구조를 선택하게 된다고 주장한다. 한편 자원의존이론에서는 한 조직이 필요로 하는

---

120 자본가와 경영 엘리트가 의사결정 과정에 참여하고 그러한 결정이 제도화되어 오랫동안 조직 운영에 영향을 미친다는 것이다. 그러나 퍼로우(Perrow, 1986: 21)는 자원 동원력과 권력에 대한 통제력을 지닌 조직 엘리트들조차도 현대 조직의 복잡성이 통제를 어렵게 하기 때문에 그들이 의도한 바를 달성하지 못한다고 주장했다.

자원을 확보하는 과정에서 다른 조직에 대한 종속이 발생하기 때문에 이러한 위험을 피하기 위해서 예로 겸직이사제 등을 통해 상대방 사람을 자신들의 의사결정 구조 속으로 포섭하는 전략을 취하게 된다고 본다.

이처럼 거래비용이론과 자원의존이론은 기본적으로 각 조직이 자기 이익을 추구한다는 점을 논리의 핵심으로 한다는 점에서 유사하지만, 그렇게 해서 유지되는 조직들이 서로 동질적이 된다는 점은 고려의 대상이 아니었다.

실제로 제도적 동형화론이 주장하는 세 가지 동형화 메커니즘이 작동한다고 하더라도 조직 간에나 조직부문에서 반드시 동질성이 증대한다는 보장은 없다. 더구나 조직의 동형화는 상황의존적contingent인 성격이 강하기 때문에 동형화이론의 적합성은 많은 경험적 검증을 필요로 한다.

3부

신경제사회학의 응용

11장

■ ■ ■

한국의 경제사회학 연구

한국사회학계에서 경제사회학 연구가 본격적으로 시작된 것은 1990
년대부터라고 할 수 있다. 이 무렵 미국에서 학위를 마치고 귀국한 1세대
경제사회학자들이 그라노베터Granovetter의 '배태embeddedness' 개념을
소개하거나 연구 모임을 구성하여 일정한 성과물을 산출하기 시작하였
다.[121] 이후 신제도경제학을 포함하여 경제사회학을 전공하고 귀국하는
학자들이 급속하게 늘어나면서 연결망 분석을 포함하여 신경제사회학의
여러 연구 분야에 대한 연구가 급진전을 이루게 된다. 2세대 경제사회학
자들에 해당하는 이들의 연구는 방법론상에서 큰 진전을 이루어 상당히
수리사회학적인 경향을 띠기도 하였다. 한편으로는 조직사회학과 밀접하
게 연계되는 특징을 보이게 되었다. 즉 윌리엄슨Williamson의 『시장과 위
계』 이후 기업에 대한 연구가 시장에 대응하는 것으로 여겨지면서 경제

---

121 유홍준(1991, 1994, 1997)의 신경제사회학 소개 논문들과 공유식 외 엮음(1994) 『신경제사회
학의 이해』 같은 단행본이 이 무렵 출간되었다.

사회학에서 기업 조직에 대한 연구가 관심을 끌게 된 것이다. 이러한 연구들은 기존의 조직사회학 연구들이 개별 조직의 구조적 특성이나 조직 구성원들의 태도와 행태를 중심으로 한 연구를 해온 것과는 달리, 조직들 간의 관계 혹은 조직 연결망에 초점을 맞추게 된 점에서 일정한 차이를 보였다.

이 장에서는 우리나라에서 경제사회학 분야의 연구가 어떻게 발전해왔는지를 살펴보기 위해서 한국 사회학계가 형성되었던 1945년부터 2007년까지 이루어진 경제사회학과 조직사회학 연구 분야의 성과를 정리할 것이다. 그런데 이 분야들은 최근 들어 더욱 더 서로 밀접한 연관을 가지면서도 사회학의 하위 분야로서 일정한 독자성을 유지해왔을 뿐만 아니라, 그동안 이루어진 연구성과가 방대하기 때문에 연구의 범위를 미리 한정할 필요가 있다.

1. 경제사회학적 연구에 대한 분석

1) 분석의 범위

사회학의 하위 연구 분야를 구분하는 방법은 여러 가지가 있을 수 있지만, 가장 대표적인 방법은 연구의 주제나 대상이 되는 사회현상에 따라 구분하는 것이라고 할 수 있다. 그간 우리나라에서 이루어진 사회학에 대한 기존의 학술적 정리 작업은 대체로 이러한 구분에 따라 이루어졌다(한국문화연구원, 2004: 25).

'경제사회학'의 경우는 얼핏 생각하면 '산업사회학'보다 더 넓은 연구 범위를 가진 분야라고 생각할 수도 있지만,[122] 1970년대 중반 이후 새로운 패러다임을 정립하고 있는 신경제사회학의 경우에는 구체적인 연구 대상과 이론 및 관점이 산업사회학과 가깝기보다는 오히려 '조직사회학'[123]과 근접한 것으로 판단된다. 실제로 1990년대 이후 발표된 한국의 경제사회학 연구 논문의 경우에 대부분 조직 연결망을 연구 주제로 하거나 조직과 시장(환경)과의 관계를 연구 대상으로 하고 있다. 따라서 경제사회학의 연구 업적을 분석하기 위해서는 조직사회학의 업적에 대한 검토가 수반되어야 하며, 실제 한국연구재단의 사회학 세부 분야 중분류에서도 경제사회학은 조직사회학과 통합되어 있다는 점에서 이러한 연구범위 설정은 타당하다.

이처럼 연구 주제나 연구의 대상을 기준으로 하여 연구 성과를 구분하는 경우에 초래되는 문제의 하나는 특정 연구물이 구분된 범주에 중복되어 분류될 수 있거나 포함 여부가 불분명할 수 있다는 점이다. 이러한 문제는 분류법taxonomy의 두 가지 기준인 포괄성exhaustiveness과 배제성exclusiveness이 완벽하지 못한 데서 기인하는 오류라고 할 수 있는데, 현실적으로 이를 완벽하게 해소하기는 어렵기 때문에 여기서도 자의적인 판단이 개입할 수밖에 없다.[124]

이러한 기준에 따라 연구 범위에 포함되지 않는 것으로 판단한 예들을 들면 다음과 같은 논문들이다. "한국 경제발전과 국가의 역할 변화"는 비록 경제발전을 주제에 담고 있지만 정치사회학(국가론)의 연구 영역에 가

---

[122] 사회학이 학문으로 정립되던 초기 고전사회학 연구에서도 경제사회학에 대한 입장은 다양하다. 실제로 산업사회학을 포괄하는 영역으로 이해하는 경우도 있지만, 1970년대 이후 신경제사회학에 대해서는 이처럼 연구영역의 범위만으로 이해할 수는 없다.

[123] 유홍준(1999: 10)은 '조직사회학'을 '사회에 존재하는 다양한 조직들의 내부구성, 구성원들 간의 상호작용, 조직과 외부 환경 요인들과의 관계 등을 연구의 주제로 삼아 사회학적 시각과 접근 방법으로 분석하는 사회학의 한 분야'라고 정의하였다.

[124] 특정 연구 실적을 분류하면서 기준에 혼란이 있을 경우에는 논문의 필자가 통상적으로 어느 분야에서 활동해왔는지, 실적물의 자기 소개에서 어느 분야로 자신의 세부 전공을 분류하고 있는지 등을 종합적으로 고려하여 판단하였다.

까운 것으로 판단하여 제외하였고, "학력이 노동시장 진입에 미치는 영향"은 '노동시장'을 포함한 제목으로 보아서는 산업사회학이나 경제사회학으로 분류할 수도 있지만 필자의 학문 배경과 논문 내용이 사회계층론 및 교육사회학에 해당하는 것으로 판단하여 제외하였다.

2) 분석 방법

사회학의 특정 분야에서 이루어진 연구 성과를 정리하고 기술하는 데 있어 지금까지 사용된 가장 대표적인 방법으로는 두 가지를 꼽을 수 있다. 우선 분석의 대상이 되는 기간을 시간적 범주로 나누어 각 시기에 나온 연구물의 동향 및 학술적 성과를 정리하고 해석하는 방법이다. 많은 연구자들이 시간적 범주를 1960년대, 1970년대, 1980년대, 1990년대 등 주로 10년 단위로 나누어 고찰한 바 있다. 두 번째 방법은 세부 주제나 쟁점을 선정하여 그와 관련한 논의와 연구 성과를 종합적으로 정리하고 해석하는 것이다(한국문화연구원, 2004: 27).

이 연구에서는 위의 두 가지 방법을 병행하여 연구 성과를 정리할 것이다. 연구의 양이 확대된 1980년대 중반 이후의 연구 성과는 양적 분석을 통해 현황을 분석하면서 시계열별로 주요 연구 주제가 무엇인지를 확인하고 핵심적인 연구 결과를 연구 주제별로 정리할 것이다.

3) 분석 대상 자료

연구 대상 영역인 경제사회학과 조직사회학 분야의 연구 동향을 파악하기 위한 자료는 기본적으로 학술논문이다. 이 분야의 논문들은 다양한 학술지에 게재되어온 것이 사실이지만, 여기서의 분석 대상 학술지는 『한국사회학』과 『경제와사회』 두 종(種)으로 제한하였다. 이에 덧붙여서 해당 분야에서 그간에 출간된 단행본을 분석에 포함시켰다.

한국사회학회에 의해 1964년에 창간호가 출간된 학회지 『한국사회학』은 년 1회 출간을 기준으로 하였다. 그러나 제2집이 2년 뒤인 1966년에 출간되었고 제5집, 제6집과 제10집은 두 해에 걸쳐 출간되기도 하였지만 기본적으로 1983년 제17집까지는 연간(年刊)으로 발행되었다. 1984년부터는 1년에 2회 발행되기 시작하여 1992년까지 이어졌고, 1993년부터는 계간으로 연 4회 발행되면서 2000년까지 지속되었으며, 2001년부터는 격월간이 되면서 연 6회 발행되어 지면이 확장되었다. 이 연구의 분석 대상 기간인 2007년까지 제41집이 출간된 『한국사회학』은 학회의 공식 학술지로서 우리나라 사회학자들이 양질의 연구 결과물을 발표하는 대표적인 학술지이기 때문에 분석 대상으로 하였다.

『경제와사회』는 상대적으로 진보적 학자들이 속한 학술단체인 한국산업사회학회의 학회지 성격을 띠고 1988년 12월에 창간된 학술지이다. 이 듬해에는 2권과 3권이 발행되었고 1990년에는 4~8권의 5권이 발간되기도 했으나 그 이후 대체로 계간으로 발행되어서 2007년 말까지는 76권이 발행되었다. 『경제와사회』를 경제사회학과 조직사회학 연구의 자료를 확인하기 위한 대상 학술지로 선정한 이유는 산업과 노동연구 분야에서 진보적인 논문들이 여기에 특히 많이 수록되어왔기 때문이다.

그런데 상대적으로 표준·보수적인 연구 성과물이 주로 실린 『한국사회학』과 진보·급진적인 연구 성과물이 주로 실린 『경제와사회』만을 대상으로 분석 작업을 했기 때문에 이 분야의 연구 실적물이 실린 다수의 다른 학술지를 연구 대상에 포함시키지 못한 것은 분석의 분명한 한계이다. 더불어 두 학술지에 실린 연구 논문들이 수백 편에 이르는 대상 논문들의 내용을 모두 천착하기는 어려운 여건으로, 중요한 연구 업적이 거론되지

않았을 가능성이 있기 때문에 개괄적인 연구 경향을 정리해보는 것임을
밝힌다.

2. 경제사회학적 연구의 양적 현황

조직사회학을 넓게 정의하더라도 1980년대 중반까지 한국사회학계에
서 발표된 연구는 손꼽을 정도이다. 조직사회학 영역의 연구는 1987년에
이르러야 『한국사회학』에 등장하기 시작했고, 경제사회학과 연계된 조직
사회학 논문들이 본격적으로 게재되기 시작한 것은 1990년대 말부터이
다. 『경제와사회』를 동시에 고려하더라도, 조직·경제사회학 분야의 연구
들은 상대적으로 산업사회학에 비해 늦게 등장했으나, 1990년대 중반 이
후에는 한국사회학계에서 가장 활발하게 학술활동이 이루어져 온 세부
영역 중의 하나가 되었다고 볼 수 있다.

『한국사회학』과 『경제와사회』만을 분석 대상으로 한정하고 조직사회학
과 경제사회학 분야의 연구 논문들을 분석한 방법은 다음과 같다. 우선
1980년대 중반까지는 관련 분야 연구 실적이 거의 없기 때문에 질적 평가
를 하고, 1987~2007년 기간에 대해서는 세부 분야별로 발간 편수와 연구
방법론에 대해 양적 분석을 병행하면서 세부 영역별로 주요한 연구 실적
물에 대해 정리했다.

1) 1986년 이전까지의 연구

1986년 이전에 『한국사회학』에 실린 연구논문 중에서 조직사회학 연구

는 2편에 불과한 것으로 판단된다. 넓은 의미의 조직사회학 영역에 해당하는 첫 번째 연구는 왕인근·도홍렬(1969-70)의 '里洞 농업협동조합의 사회학적 분석'이라고 할 수 있을 것 같다. 이들은 농협 조합원 354명에 대한 조사를 통해 농업협동조합의 조직 목적을 이해하는 정도, 가입 동기, 조직의 자금 현황과 출자 동기 등을 양적 분석하였다. 또한 왕인근은 이듬해에 실린 짧은 영어 논문('Professional and Bureaucratic Authority in Professional Organizations')에서 조직이론에 대한 소개를 하기도 하였다.

한편 이 시기에 한국사회학계에서 출간된 조직·경제사회학 관련 단행본은 송복(1980)의 『조직과 권력』이 있지만 이를 본격적인 조직사회학 저술로 보기는 어려우며, 좁은 의미의 조직사회학 관련서는 김채윤에 의해 번역된 에치오니Etzioni의 『현대조직』을 제외하면 전무하다고 할 수 있다.

2) 1987년 이후의 연구: 조직·경제사회학의 발달기

(1) 연구 추세의 개관

1987년 이후 『한국사회학』과 『경제와사회』에 발표된 논문을 크게 네 분야로 분류하여, 발표 논문 수와 각 논문의 연구방법론이 양적 방법에 기반한 것인지 질적 방법에 기반한 것인지를 분석해본 결과는 아래 <표 1>과 같다.

분류된 분야는 조직·경제사회학 이론 분야, 거시 조직연구(조직구조) 분야, 미시 조직연구(조직의식, 태도) 분야, 경제사회학 등 네 분야이다.

1987년 이후 2007년까지 약 20년간에 걸쳐 『한국사회학』에 발표된 조직사회학과 경제사회학 연구 영역의 논문은 총 56편인 것으로 확인되었다. 같은 기간 중 『한국사회학』이 연간 2~6회에 걸쳐 출간되어서 총 86권 정도가 간행된 점과 각 권당 6~7편의 논문이 수록된 점을 고려하면 조

[표 1] 조직사회학과 경제사회학 연구 분야 논문 발표 추이

(단위: 편)

	『한국사회학』					『경제와사회』				
	조직, 경제 이론	조직구조 (거시)	조직 의식 (미시)	경제 사회학	계	조직, 경제 이론	조직구조 (거시)	조직 의식 (미시)	경제 사회학	계
1987	1	1	1		3(2/1)	*1988년 12월 창간				
1988										
1989		1			1(1/0)					
1990							2			2(0/2)
1991	2				2(0/2)		1			1(0/1)
1992			1		1(1/0)		1			1(0/1)
1993		1			1(1/0)					
1994				1	1(1/0)					
1995		1		1	2(2/0)	1	1			2(0/2)
1996			2		2(1/1)		1		1	2(1/1)
1997		1		1	2(2/0)		1			1(0/1)
1998	1			1	2(1/1)					
1999	1			1	2(1/1)	1				1(0/1)
2000			1	3	4(3/1)					
2001		3	1	4	8(6/2)		2			2(0/2)
2002		1	4	3	8(7/1)		1	1		2(1/1)
2003			1	2	3(3/0)		1	1		2(2/0)
2004				4	4(3/1)		1		1	(1/0)
2005				3	3(3/0)					
2006		2		3	5(4/1)					
2007		1		1	2(2/0)	1				1(0/1)
합계	5 (0/5)	12 (8/4)	8 (8/0)	31 (28/3)	56 (44/12)	2 (0/2)	13 (2/11)	1 (1/0)	2 (2/0)	18 (5/13)

1) 『한국사회학』은 1987~92년에 년2회, 1993~2000년에 년4회, 2001년 이후 연 6회 발간.

2) 『경제와사회』는 1988년 창간호 1권 발행 이후 연평균 4회 발간.

3) 합계란의 (/)안 수치에서 앞은 양적 분석, 뒤는 질적 분석의 편수임.

직·경제사회학 분야의 논문이 전체 수록 논문의 약 10% 정도를 점유한 것으로 평가되며 사회학 세부 연구 영역의 다양성을 고려하면 이 분야의 연구 발표가 꽤 활발했다는 점을 알 수 있다.

한편 56편의 논문 중에서 양적 분석을 기반으로 한 연구가 44편, 질적 분석을 기반으로 한 연구가 12편인 것으로 분류되어서 거의 80%에 이르는 논문이 계량적 분석에 기반한 연구로 파악되었다.[125] 계량적 분석을 하는 경우에도 1970년대까지는 주로 기술통계 분석이나 단순상관관계 분석에 머물고 있는데 반해 1980년대 중반 이후부터는 다변량 분석 등 보다 정교한 고급통계기법을 이용한 분석을 시도하는 연구가 많아지고 있다.

56편의 논문을 세부 분야별로 살펴볼 때, 가장 많은 논문이 발표된 분야는 경제사회학 분야로서 31편에 이르는데, 이중에 8편을 제외한 23편이 2000년대 발표로서 특히 2000년대 들어와서 이 분야의 논문 발표가 크게 늘었다. 이러한 경향은 최근 조직사회학 연구 주제가 경제사회학적 관점과 밀접한 연관을 맺고 있는 경향을 드러낸 것이며, 근래 경제사회학이나 조직사회학을 전공한 학자 수의 빠른 증가를 반영한 결과이다. 특히 이 분야의 연구는 3편을 제외하고 모두 계량 분석을 한 논문으로 파악되었다.

두 번째로 많은 논문이 발표된 분야는 거시 조직연구 분야로 12편이다. 이 중에서 양적 분석에 기반한 연구가 8편, 질적 분석에 기반한 연구가 4편인 것으로 분류되었다. 한편 미시 조직 분야에서는 8편의 연구가 모두 양적 분석으로 이루어졌으며, 조직·경제이론 분야에서는 5편이 수록되었는데 이 분야는 주제의 특성상 질적 분석이 이루어진 것을 확인할 수 있다.

----

125 자료의 통계 분석을 위주로 한 연구는 양적 분석으로 분류하고, 분석을 위해 거시통계 자료를 이용한 표를 일부 사용한 경우에는 질적 분석으로 분류하였다.

연도별로 볼 때, 2001년과 2002년에 발표실적이 대폭 증가한 것은 해당 시기에 『한국사회학』의 발행 권수가 증가한 것과 밀접한 연관이 있지만, 이때부터 한국에서 경제사회학 연구가 급격하게 활성화된 것과도 연관이 있는 것으로 판단된다.

1988년 12월에 『경제와사회』가 창간된 후 2007년까지 약 20년간에 걸쳐 『경제와사회』에 발표된 조직·경제사회학 연구 영역의 논문은 총 18편인 것으로 확인되어서 산업·노동사회학에 비해서는 그 비중이 매우 낮다는 것을 알 수 있다. 또 한 가지 흥미로운 사실은 발표된 18편의 논문 중에서 양적 분석을 기반으로 한 연구는 5편에 불과한 대신에 질적 분석을 기반으로 한 연구가 13편인 것으로 분류되어서, 『한국사회학』과는 달리 주로 질적 분석에 기반한 연구가 수록된 점이다.

18편의 논문을 세부 분야별로 살펴볼 때, 가장 많은 논문이 발표된 분야는 거시 조직연구 분야로서 13편 중에서 특히 노동조합 조직 구조와 연관된 논문이 많이 수록되었고 양적 연구는 2편에 불과하였다. 이외에 조직이론 논문이 2편, 미시 조직연구가 2편, 경제사회학으로 분류될 수 있는 연구가 2편 발표된 것으로 파악된다.

이처럼 『경제와사회』에서는 『한국사회학』과 달리 주로 질적 분석 연구가 발표되어왔지만 근래에 양적 분석에 기반한 논문들이 발표되기 시작하였고, 총 5편의 계량연구 중에서 4편이 2002년 이후에 발표된 것으로 확인된다.

이처럼 1987년 이후 조직 분야 연구가 점차로 증가하는 추세로서 1980년대 말의 특징은 산업사회학이나 노동사회학 분야에 비해 조직사회학이 상대적으로 새로운 분야로 등장하면서, 조직사회학의 주제가 산업·노동사회학의 주제와 중복되어 나타난다는 점이다. 한편 조직 연구가 2000년대 이후 급증하는 것은 조직 연구가 새로이 등장한 경제사회학과 연관되어서 다양한 주제를 다루는 방향으로 발전하고 있는 것으로 해석할 수 있다.

한편 이 시기에 조직사회학 분야의 단행본도 출간되기 시작하였다. 1993년에 유홍준의 『조직사회학』이 조직사회학 분야의 저술로는 처음으로 출간되었고, 이후 이창순(1994; 1998)의 『조직이론』과 『조직』이 출간되어, 조직사회학에 대한 입문서의 역할을 담당하게 되었다.

경제사회학 분야의 단행본은 장준호·이남복 편역(1987) 『경제사회학』이 최초이지만, 주로 사회체계론의 관점에 기반한 연구물의 번역서로서 본격적인 경제사회학적 관심과는 거리가 있다. 그런 점에서 공유식·김혁래·박길성·유홍준(1994)의 『신경제사회학의 이해』가 최근 부각되어온 신경제사회학에 대한 소개서로는 실질적인 최초라고 할 수 있으며, 이 책은 신경제사회학 분야의 주요 연구 경향에 대한 소개서의 역할을 하였다. 이재열(1996)의 『경제의 사회학』은 경제사회학 관점에서 주로 노동시장을 주제로 다룬 본인의 연구 논문들을 엮은 책이고, 한국사회학회(2000)에서 펴낸 『21세기 시장과 한국사회』는 시장에 대한 사회학적 탐색의 가능성을 모색한 연구 논문들로 구성되었다. 박길성·이택면(2007)의 『경제사회학 이론』은 2부로 구성되어서, 1부의 경제사회학이론의 형성에서는 신고전경제학, 마르크스주의, 슘페터와 폴래니의 경제사회학을 소개하고 있고, 2부의 경제사회학이론의 발전에서는 거래비용이론, 경제진화론, 네트워크이론, 제도적 동형화론을 다루고 있어서 본 저서의 연구 관심과 가장 가까운 형식과 내용을 담고 있다고 할 수 있지만 신경제사회학에 대한 비중은 덜하다고 볼 수 있다.

3. 경제사회학적 연구의 세부 연구 동향

위에서 분류한 조직·경제사회학의 세부 분야(이론, 거시 조직 구조, 미시 조직 의식, 경제사회학)를 중심으로 하여 주요 학술 성과를 정리하면 다음과 같다.

1) 네 가지 세부 분야별 연구성과

(1) 거시 조직(조직구조)

조직을 분석 수준으로 한 연구는 1980년대 후반에 본격적으로 등장하는데 공공조직보다는 산업조직에 관심이 편중되었던 특징이 있다. 이 시기에 거시 조직 연구의 출발은 손장권(1987)의 "한·미·일 조직 구조와 효율성에 관한 비교연구"라고 볼 수 있으며, 김혁래(1994)는 조직생태학의 관점에서 한국 제조업 조직군의 역동성을 연구하였고, 김현옥(1997)은 IT산업의 기업 조직 구조를 연구하였다. 거시 조직연구의 관심은 이후에도 지속되어서 서문기(2007)의 기업체 생산성에 대한 연구로 이어진다.

(2) 미시 조직

1987년 이후의 조직 연구 중에서 조직의 미시 분야(조직인의 행태나 의식)의 선도적인 연구는 김성국(1987)이 부산 지역 제조업 생산직 노동자를 대상으로 한 연구인 '조직의 통제체계와 헌신이 이직에 미치는 영향'이라고 할 수 있다. 이후에 조직 구성원의 인식과 조직 헌신에 관한 미시 조직 연구가 활성화되는데, 유홍준·이은진·이정택(1993)은 작업에 사용되는 생산기술의 유형, 노동과정에서 나타나는 작업 통제 방식과 조직관행 등의 생산조직 특성이 노동자들의 소외의식과 직무 만족에 영향을 미치는 중요한 결정 요인이라고 주장하였다. 한편 김상욱(2000; 2001)은 조직 구성원의 조직몰입을 주제로 한 일련의 연구를 수행하였고, 김왕배·이경용(2002)은 사회적 자본으로서의 신뢰와 조직몰입의 관계를 분석하였다.

(3) 조직 이론

한국 사회학계에서 조직 연구는 분야 전체를 포괄하는 이론적 접근이나 주제에 대한 합의가 거의 없이 조직유형과 연구 주제별 분화가 특징이다. 즉 조직사회학 분야를 포괄하는 이론적 논의는 상대적으로 적으며, 김용학·염유식(1991)이 조직군 생태학 이론에 대한 논의를 한 것 정도가 있을 따름인데, 이 역시 경제사회학에 가까운 논의라고 할 수 있다. 반면 경제사회학 분야의 이론적 논의로는 김우식(2001; 2002; 2003)이 연결망 구조에 대해, 김상준(2004)과 최종렬(2004)이 사회적 자본에 대해, 박길성·이택면(2004)이 거래비용이론에 대해 연구한 것 등이 있다.

(4) 경제사회학

앞에서도 살펴본 것처럼 경제사회학 분야는 1990년대 이후 조직사회학과 연관되면서 순수한 조직사회학 분야의 연구성과를 뛰어넘는 많은 연구물이 산출된 분야이다. 김혁래(1992)가 신제도주의 입장에서 동아시아 3개국(한국, 일본, 대만)의 경제가 조직화된 양상을 비교 연구하였고, 이재열·송호근·권현지(1995), 유홍준(1995), 이재열(1996), 장호(1997) 등은 시장구조와 연관된 조직 현상을 연구 주제로 삼은 공통점이 있으며, 이재혁(1996; 1998)은 사회적 자본으로서의 신뢰에 주목하였다.

2000년대에 들어서 이 분야의 연구 경향은 연구의 분석 단위가 개별 조직의 수준을 넘어서 조직군(群)으로 확장되고 있다는 점이 큰 특징이며, 이에 따라 연결망이론에 기반한 연구가 확대되었다. 조직군생태학 이론, 신제도학파, 신경제사회학 이론 등의 관점과 방법론이 사용된 분석 틀을 이용하여 경험적 연구가 이루어진 대표적인 연구들에는 한준(2000; 2004), 김우식(2000), 장덕진(2002), 김용학·한경희·이각범(2002), 김영수·장용석(2002), 박찬웅(2003; 2006), 박찬웅·한준(2001), 이기홍(2005), 정동일(2007) 등이 있다.

2) 구체적인 경제사회학 연구의 예

(1) 생산자 시장 연구

연결망 분석의 생산자 모델에 따르면, 상품 시장에서 개별 생산자가 이윤 극대화를 추구하는 의사 결정 과정은 다음과 같다고 본다(Leifer and White, 1987). 이 설명에 따르면 개별 생산자는 일정 시점에서 자신의 이윤을 극대화시켜줄 것이라고 기대되는 생산량과 이에 따른 이윤의 짝pair이 무엇인지를 찾는 것이 관건이다.

개별 생산자는 자신이 일정한 품질의 재화를 생산하는 데 어느 정도의 비용이 드는가에 대한 정보인 자신의 비용함수 정보를 갖고 있다. 하지만 이 생산자는 자신이 생산한 재화에 대해 시장에서 수요가 어떻게 형성될 것인지, 또 가격은 어떻게 형성될 것인지에 대한 정보는 알 수가 없다. 따라서 이 생산자는 신고전경제학의 이윤 극대화 모델의 주장처럼 자신의 생산비용 함수를 시장가격에 대한 완벽한 정보에 기반해서 도출되는 자신의 수익함수와 비교해서 그 차이가 극대화되는 지점을 찾을 방법은 없다.

그러나 각 생산자는 시장에서 구체적인 실제 정보를 구할 수는 있다.

즉 이전의 일정한 생산 기간[126] 동안에 자신을 포함한 여러 경쟁 대상인 생산자들이 각각 얼마를 생산하고 판매하여 얼마의 수입을 올렸는가에 관한 정보는 갖게 된다. 따라서 개별 생산자는 자신이 구체적으로 입수할 수 있는 이러한 시장 스케줄market schedule에 관한 정보에 비추어서 자신의 비용함수와 가장 큰 차이를 보이는 지점에서 생산량과 이윤의 짝을 찾아내게 되고 이것이 이 생산자의 적소niche가 되는 것이다.

여기서 개별 생산자들의 이윤 극대화 결정을 안내하는 준거가 되는 시장 스케줄과 비용함수는 다름 아니라 이 시장에 참여하고 있는 각 생산자들이 소비자 및 공급자들과 맺었던 구매·판매관계의 결과이다. 다시 말해 시장 스케줄과 비용함수는 각 생산자들이 구매·판매관계로 얽혀 있는 시장이라는 연결망이 갖는 구조적 특성에 의해 결정된다. 개별 생산자가 이윤 극대화 결정을 내릴 때 시장 스케줄과 자신의 비용함수를 준거로 삼는다는 말은, 생산자의 이윤 극대화 행위가 시장이라는 연결망을 함께 구성하고 있는 다른 생산자들의 행동에 대한 인식에 의해 좌우된다는 것이고, 각 생산자들은 시장이라는 연결망의 구조적 특성을 사회적 맥락 혹은 제약으로 안고 이윤 극대화 선택을 한다는 의미이다. 이것은 시장에 대한 완벽한 정보를 갖춘 개별 생산자가 자신만의 독특한 비용조건에 의해 계산되는 한계비용과 자신의 재화에 대해 형성된 시장가격이 같아지도록 생산결정을 내린다고 파악함으로써 개별 생산자가 타 생산자와는 무관하게 고립된 상황에서 독자적으로 이윤 극대화를 추구한다고 보았던 신고전주의 경제학의 입장과 명백한 대조를 이룬다(박길성·이택면, 2007: 221~222).

유홍준(1995)은 한국제약산업을 연구 대상으로 하여, 건위소화제 약품

---

126 이전의 일정한 생산기간은 전월, 분기, 연 등으로 다양하겠지만, 경쟁이 치열하고 환경이 급변하는 시장일수록 관찰의 대상이 되는 시기는 짧아질 것이다.

군 생산에 참여한 기업들 간에 형성되어 있는 시장구조의 특성을 신경제사회학의 관점에서 연구하였다. 이를 위해 제약회사들이 조직 규모, 조직 환경, 자원 능력 등의 기업내·외부적 여건에 따라 어떠한 기업전략을 선택하고 구분되는 전략군startegic group에 속하게 되는지를 파악하였고, 이런 과정의 상호작용을 거쳐 시장이 어떻게 분할되며, 또 기업들 간에 시장 점유에서 어떤 연결망을 갖게 되는지를 분석하였다. 할당표집에 의한 30개 제약회사로부터 얻어진 자료를 분석한 결과, 기업들이 내·외부적 여건에 따라 상이한 전략을 취하고, 이에 따라 시장지위에 있어서 일정한 차이를 보이며 이러한 시장구조는 상당 정도 고착화되어 재생산되는 것이라는 점을 확인하였다.

생산자들이 서로의 활동을 주목하면서 상호 연계되어 있는 가운데, 제품의 질에 대한 평가에 따라 시장에서 독특한 역할(적소)을 취한다는 점은 이미 언급하였다. 이런 상황에서 유홍준(1995: 299)은 W(y) 스케줄에 따라 시장 점유율이 매우 높은 대규모 생산기업에서부터 1% 미만의 시장 점유를 보이는 소규모 생산자들이 공존하는 것이 한국 제약산업의 시장 현실이라고 지적하였다.[127]

유홍준(1995: 312~315)은 건위소화제 약품군 생산에 참여하고 있는 30개 기업들 간의 관계망을 파악하려고 시도하였다. 그 결과 표집대상 기업들 간에 원료 공급 및 판매대리선 등의 형태로 직접적인 연결을 맺고 있는 경우는 전혀 없는 것으로 측정되었다. 국내에서는 8개 업체에서 18개 품목의 건위소화제 원료의 약품을 생산하고 있었는데, 자체 소비용으로 생산하는 일부 대기업과 원료의약품 생산전문 소기업들이 이에 해당한다.

---

127 경제학에서는 통상 시장집중률(시장점유율; CR_n)을 통해 시장구조를 확인하지만, 화이트 (1981b: 540-43)는 사회과학에서 사회적 불평등을 측정하는 척도로 흔히 사용되는 지니(Gini) 계수를 이용하여 시장구조를 확인하였는데, 이러한 시도는 기업을 사회적 행위자로 보는 신경제사회학의 관점과 일치하는 것이기도 하다.

한 약품을 제조하는 데에도 10여 가지의 원료가 필요하며 원료생산의 국제비교우위가 낮기 때문에 원료의 수입의존도가 높고(약 70%), 대기업의 경우는 대량소모 원료의 경우에 직접 해외 발주를 하는 경우도 있지만 대부분의 경우는 수입 오퍼상을 통해 시장에서 원료를 구입하는 상황이다. 따라서 제약기업 간에는 원료공급선에 따른 자원의존관계가 거의 존재하지 않는다. 일부 영세제약사의 생산제품의 경우에 대기업의 회사 지명도를 이용하기 위해 판매대리선 계약을 통한 영업을 하거나, 부분 하청관계에 따라 제조원과 판매원이 다른 경우가 간혹 있지만, 이 연구 대상 기업들 간에는 이러한 판매대리선의 관계도 전혀 존재하지 않는 것으로 확인되었다.

다만 기업들이 자신의 시장적소를 선택하는 데 있어서 경쟁사의 생산·영업 활동을 면밀히 관찰하고 있다는 점은 면접 결과에서 여러 번 확인되었다. 이를 요약하여 정리하면 다음과 같다.

예로, 10대 제약사에 해당하는 D사는 매분기(分期)마다 생산약품별로 영업실적을 검토하고, 다음 분기의 생산량(y)을 결정한다. 행정관리품목 지정 및 약품가격에 대한 사전심사제가 1993년 후반기부터 폐지되어 약가(藥價) 결정의 자율화가 가능해졌지만, 건위소화제의 경우 고가의 액제소화제를 시판하기 시작하면서 가격 상승이 이루어졌고, 시장경쟁이 치열하기 때문에 마음 놓고 가격을 올릴 형편이 아니다. 그렇다고 해서 가격 인하를 고려하기도 힘들다. 경쟁관계의 타사들과 치열한 가격인하 경쟁에 돌입하여 기존의 시장 점유율을 둘러싼 전쟁을 치렀을 때의 결과가 명확하지도 않기 때문이다. 이에 따라 가격은 현 수준에서 거의 고착되어 있다. 따라서 D사가 기대하는 이윤(W)은 절대적으로 얼마만큼 생산해서 파느냐에 달려 있다. 따라서 국내 의약품 산업에서는 광고, 판촉 비용의 규모가 시장 지배력을 강화하고 유지시키는 중요한 역할을 한다. 성분과 약효가 거의 비슷한 타사 제품과의 차별화를 통해 가격경쟁을 피하면서, 지속적인 판촉활동을 통해 시장 지배력을 행사하려고 시도하는 것이다.

D사는 소규모 제약사들의 영업활동에는 전혀 신경을 쓰지 않지만, 주요 경쟁 상대인 제약기업들과 경쟁 약품들은 익히 알고 있다. 대중매체를 통한 집중적인 광고투자를 한 약품들은 나름의 대중적인 상품 이미지를 형성하고 있다. 예를 들어, 속청액(종근당), 생단액(일양약품), 솔청수(조선무약) 등이 500원대의 시장을 형성하여 고급약품 이미지를 갖는 반면, 300원대의 까스활명수(동화약품), 까스명수(삼성제약), 위청수(조선무약) 등은 대중성이 보다 높고 단일제품의 시장 점유율이 상대적으로 크다. 액제 소화제와 달리 정(錠)제는 100~200원대의 시장을 형성하고 있는데, 베아제정(대웅제약), 훼스탈포르테정(한독약품) 등은 건위소화제 품목별 5위권의 시장 점유율을 보이고 있다.

이러한 경쟁 상품들에 대한 고객평가는 꽤 고정적이며 따라서 자사 제품에 대한 평가와 맞물려서 D사의 선택에 큰 제약요소로 작용한다. 다음 분기뿐만 아니라 장기적으로도 시장적소를 변화시키기 위한 시도를 할 경우 어떤 상황이 벌어질 것이며 어떻게 대처할 것인가는 분명하지 않다. D사는 자신이 쉽게 통제하기 어려운 특정한 구조적 적소에 끼워져 있다는 점을 잘 인식하고 있었다.

시장 점유율은 상당히 불변하며, 각 약품에 대한 수요자의 평가는 결국 생산량(y)과 이윤(W)으로 판정난다. D사는 구매자들이 약품 브랜드별로 상이한 가격을 지불할 용의를 갖고 있다는 것을 알며, 건위소화제 시장은 '분화된' 시장인 셈이다. 단일시장가격이 존재하는 것이 아니라 특정 브랜드에 특정 가격이 매겨져 있을 따름이다.

D사뿐만 아니라 모든 제약사의 적소가 독특한 것이기 때문에, 이전까지의 실적으로 향후의 생산과 영업방침을 세우기가 모호하지만, 다행스러운 점은 D사가 시장적소들이 어떻게 서로 연계되어 있는지를 안다는

것이다. 예를 들면, 고가의 고품질 약품의 시장 점유가 낮다는 것을 익히 알고 있고, 고가약품 생산에 주력하면 시장 점유율이 하락하며, 저가약품 생산에 주력하여 생산량과 시장점유율을 높이면 저품질 생산 이미지로 고착된다는 것을 인식하고 있다. 생산량과 이윤(가격)은 연계된 문제이다. 개별 기업의 생산량(시장 점유율)과 가격 및 이윤 등의 자료는 정기적으로 협회보, 연감 등에 발표되기 때문에 시장분석 전문가뿐만 아니라 각 제약 사도 관찰할 수 있는 내용들이다. D사는 이처럼 관찰되는 타 제약사의 활동에 기반하여 자신의 '기회'를 판정한다. 그리고는 자신이 익히 파악하고 있는 생산량과 비용 간의 관계를 고려하여 가장 이윤을 많이 남길 것으로 생각되는 산출량을 선택하는 것이다. 안정적인 시장 상황에서는 D 사처럼 자신의 이익을 극대화하기 위한 이러한 결정 과정이 결국 이전 분기와 마찬가지의 적소를 선택하게 만드는 셈이고, 시장은 구조화된다. 리이퍼와 화이트(Leifer and White, 1987)의 표현을 빌리면, '생산자들은 동일한 기회구조를 재생산하는 셈'이다.

주어진 시장 내에서 정해지는 제품 가격과 생산량은 그 시장의 지나온 역사적 조건에 기반한다. 예를 들어, 가격은 시장에서 신비스럽게 출현하는 그 무엇이 아니라 거래조건의 일부이며 교환에 개입하고 있는 행위자들에 의해 사회적으로 구성된 것인 셈이다(White and Eccles, 1987: 985). 이 연구의 경험적 검증은 이러한 경제사회학이론에 대한 뒷받침을 한 것이라고 볼 수 있다.

각 기업들이 매 분기마다 상황을 판단하고, 자신의 적소가 적소구조 structure of niches 속에서 가장 위치를 잘 잡은 것이라는 점을 재확인하는 과정을 통해 다음 기간의 지침으로 이용되는 것이다. 시장에서 개별 생산자의 이러한 판단은 '자기 충족적 예언 self-fulfilling prophesy' (Swedberg, 1987: 111)과도 같은 것이지만, 이것마저 없다면 생산 – 가격 전략을 위한 어떤 지침도 없는 것이라는 것을 생각할 때, 이는 유용하고도 합리적인 기준이라고 평가할 수 있다.

유홍준(1995)은 제약기업들이 기업 내·외부적 여건에 따라 상이한 기업전략을 취하고, 이에 따라 시장지위에 있어서 일정한 차이를 보이며 이러한 시장구조는 상당정도 고착되어 재생산되는 것이라는 점을 확인하였다. 이러한 연구결과는 정태적이고 순간적snapshot인 경제 행위의 발생을 가정하면서 매우 유동적인volatile 시장가격 형성을 상정하고 있는 신고전경제학의 논의를 수용하기 어렵게 만든다. 따라서 경제적 의사 결정에 미치는 과거나 진행 중인 현재의on-going 사회적 관계의 영향을 중요시하면서 경제 행위나 경제제도의 발생을 시간적으로 확대하여 논의하려는 경제사회학의 관점이 보다 큰 현실 적합성을 가지고 있다는 점을 시사하는 연구결과라고 할 수 있을 것이다.

결론적으로, 이러한 연구 결과는 경제 행위나 경제제도가 사회적 관계에 배태되어 발현되는 '사회적 구성물'이라는 신경제사회학의 주장을 뒷받침하는 것이고, 경제적 효율성에 입각한 신고전경제학의 시장 논리를 넘어서 우리 사회의 독특한 경제 현실을 파악하기 위한 사회학적 연구의 필요성을 부각시켜준 것이다.

(2) 내부노동시장 연구

정태인(1997) 연구의 기본적인 목적은 한국 기업에서 내부노동시장이 어느 정도 형성되어 있는지를 확인하려는 것이었다. 그간 우리나라 기업의 내부노동시장에 관해 이루어진 연구들은 크게 세 범주로 구분될 수 있다. 첫 번째 범주의 연구들은 갈등론적 관점에서 교육 수준, 성, 기업 규모, 직무유형, 산업별로 한국 노동시장의 분절성을 지적하는 것들인데 1987년 '노동자 대파업' 이전까지 내부노동시장이 존재하지 않았다는 점에 결론을 공유하고 있다. 두 번째 범주의 연구들은 생산직 노동시장의 단일성을 강조하면서, 내부노동시장의 미발전을 주장하는 것이다. 세 번째 범주의 연구들은 1987년 이후 노동시장의 변화에 주목하면서 분절노동시장이 존속하는 것과 더불어서 대기업 생산 직종에 내부노동시장이 형성되고 있다는 점을 지적하고 있다.

미국 사회학계에서 이루어진 내부노동시장에 관한 논의들이 애초에 생산직 부문에 초점을 두고 있었지만, 사회·경제적 배경이 다른 한국 사회에서 내부노동시장의 출현은 현실적으로 재벌 대기업의 남성 사무직군(群)에서 선도적으로 이루어지고 있을 가능성이 크다. 따라서 대기업 남성 사무직에 내부노동시장이 형성되어 있는지의 여부를 우선 확인한 뒤, 기존의 일부 연구에서 지적된 것처럼 대기업 남성 생산직에도 유사한 수준의 내부노동시장화가 진전되어 있는지를 검증하려는 것이 이 연구의 첫 번째 목적이었다.

대부분의 기존 연구들은 기업firm 혹은 단일사업장establishment 자체를 연구의 분석 단위로 하여 내부노동시장의 형성을 논의하고 있는데, 이는 개별 사업장 내에서도 직무 범주나 성별로 상이한 하위노동시장이 형성되어 있는 현실을 간과하는 것이다. 따라서 이 연구의 분석 단위는 사업장 내의 하위 직업 범주이며, 한국 노동시장의 현실에 비추어 내부노동시장은 대기업의 남성 사무직군에서 가장 발달되어 있을 가능성이 크므로, 기업 규모, 직무유형, 성별 세 가지 요소에 따라 범주화된 일자리들의 집합을 하위단위로 한다. 이에 따라 한국 기업의 노동시장에 대한 3차원 입체cubic 모델을 구성하여 대기업 남성 사무직군이 다른 7개의 하위 단위와 뚜렷이 구분되는 내부노동시장적 특성을 갖고 있는가를 검증하였다.

만약 기업 규모, 성별, 직무 영역별로 구분된 직업집단들의 일부에만 내부노동시장의 경향이 존재하는 것으로 밝혀질 경우에, 왜 한국 노동시장에서 내부노동시장이 편재적인가의 이유를 탐색하는 것이 두 번째 연구목적이었다. 그러기 위해서는 기존에 내부노동시장의 출현 원인을 설명하는 다양한 이론적 관점들—효율성이론, 갈등론, 제도학파 및 신경제사회학의 배태시각—에서 각각 중요시되었던 변인들의 영향력을 검증하고 이를 통해 어떤 관점의 상대적인 설명력이 높은가를 탐색하였다. 이 작업은 산업 영역, 기업 규모, 기업 성장률, 기업연륜, 기술변화, 노조 특성 요인 및 다양한 조직관행 등의 구조 변수들이 내부노동시장의 구조적 배열에 미치는 영향력에 대한 분석을 통해 이루어졌다.

부수적으로 내부노동시장의 존재 여부가 결과적으로 상이한 노동보상 및 노동 과정상의 특성 즉 직업안정성, 기업 간 이동, 임금, 승진, 복지수혜 및 노동자들 간의 갈등 정도 등에 어떤 영향을 미치는가를 탐색해보았다.

기존의 다양한 내부노동시장 개념에 대한 비판적 검토에 기반하여, 이 연구에서는 내부노동시장을 ①일련의 관리적 작업 규칙과 절차(고용관행)가 구조화된 영역이며, ②비교적 균질적인 일자리들의 군집으로 구성되어, ③채용을 위한 여러 가지 선발 장치가 존재하고, 직무사다리의 하위에 신규입직의 비율이 높으면서, 승진 기회가 개방된 꽤 긴 공식적 직무사다리가 존재하는 세 가지 구조적 특성을 가진 것으로 정의하였다.

이 연구를 위한 분석 자료는 30개 단일사업장의 최고경영자나 인사책임자와의 구조화된 면접을 통해 얻어진 것이며, 100개의 하위부문이 분석 대상 표본수sample size였다.[128] 구조화된 면접의 자료는 5개 기업의 최고경영자, 인사책임자, 노조 대표들과의 심층면접 및 기업문서를 통해 보완되었고 이들 자료는 특히 이론적 관점의 상대적 영향력을 파악하는 것과 내부노동시장의 결과를 확인하는 데 도움이 되었다.

---

128 언뜻 생각하면, 30개 사업장에 각각 8개의 셀(cell)이 있으면 240개의 하위부문이 있어야 한다고 볼 수 있지만, 우선 대기업이냐 아니냐에 의해 구분이 되므로 최대 120개의 하위부문이 나올 수 있다. 하지만 이 연구의 30개 단일사업장 중에는 생산직이 없거나 여성이 없는 사업장 등이 있어서 표집된 하위부문은 최종 100개가 된 것이다.

분석 결과는 대체로 대기업 남성 사무직 범주에 내부노동시장이 발전되어 있고 이 범주의 특성은 다른 7개 범주와 뚜렷이 구분된다는 첫 번째 연구 가설을 뒷받침하고 있다. 대기업 여성 사무직의 경우 채용상의 선발성selectivity과 신규입직의 비율이 높은 점에서 내부노동시장의 특성을 보이지만, 내부동시장의 핵심적인 특징인 승진상의 제한이 명확히 존재하기 때문에 내부노동시장이 존재한다고 보기는 곤란하다. 대기업 남성 생산직의 경우에도 신규입직의 비율이 높다는 점에서만 내부노동시장의 특성을 부분적으로 보이고 있을 뿐이다. 하지만 기존의 한국 노동시장 연구들에서 기업 규모별 생산직 노동시장의 분절성이 강조되기도 하였기 때문에, 대기업 남성 생산직과 중소기업 남성 생산직 범주 간에 내부노동시장 특성의 차별성이 존재하는지를 부수적으로 확인해보았다. 그 결과 양 직업 범주 모두 내부노동시장 특성을 가지고 있지 않으며, 채용 선발장치와 내부승진사다리의 양 측면에서 대기업 남성 생산직 범주는 대기업 남성 사무직 범주보다는 오히려 중소기업 남성 생산직과 근접한 특성을 보여주고 있기 때문에, 기업 규모별로 노동시장이 분절되어 있다는 주장을 수용하기는 어렵다.

　내부노동시장의 특성에 조직 변인들이 끼치는 영향력을 확인하기 위해서는 회귀분석regression analysis을 하였다. 변수들의 영향이 상호 통제된 속에서, 여러 변인들이 채용을 위한 선발 장치에 유의미한 영향력을 행사하고 있다. 사무직은 생산직에 비해 복잡한 선발 과정과 기준을 가지고 있음을 볼 수 있다. 인사부서를 가지고 있는 기업일수록 채용 선발을 둘러싼 내부노동시장적 특성이 강화되어 있는 것을 알 수 있으며, 이는 인사부서가 나름의 조직논리를 발전시킨다는 페퍼와 코헨(1986)의 주장을 뒷받침하는 결과이다. 하지만 다른 변수들과 더불어 인사부서 변인이 포함된 회귀 모델에서 기업 규모의 효과가 사라지는 점은 주목을 요한다. 한 가지 가능한 해석은 인사부서의 존재가 기업 규모 효과를 반영하는 매개intervening 변인이라는 것인데, 이러한 해석보다는 기업 규모 자체가 아닌 인사부서의 존재 여부가 복잡한 채용 선발 방식을 낳는 원인인 것으로 파악하는 것이 더 타당하다. 자동화를 비롯한 기술변화를 경험한 하위부문일수록 덜 복잡한 채용절차(즉 낮은 내부노동시장의 특성)를 나타내는 것은 기존 연구의 발견과 마찬가지로 한국에서도 자동화가 탈숙련화와 연계되어 있을 가능성을 시사한다. 노조 혹은 노사협의회[129] 중 어느 하나를 갖고 있는 하위부문일수록 복잡한 채용기준을 가지고 있는 것으로 나타난 점은 페퍼와 코헨(Pfeffer and Cohen, 1984), 베른 등(Baron et al. 1988)이 내부노동시장의 발달은 노조화를 대체하는 것이라고 주장한 것이 한국 기업의 사정에 들어맞지 않는다는 것을 보여준다. 기대한 것처럼, 하위부문이 임금, 승진 기회 등에 연공서열의 적용에 따른 혜택을 많이 볼수록, 그리고 기업특수적firm specific 숙련이 요구될수록 채용선발이 강화되는 현상을 드러낸다. 하위부문의 사업장 규모에 대한 비율이 높을수록 채용선발의 내부노동시장적 특성이 강화되는데 이는 하위부문의 상대적 규모 자체가 그 부문의 상대적 힘을 반영하기 때문이며, 이런 경향은 심층면접에서도 확인되었다. 한편 산업 범주, 기업연륜과 성장, 퇴직제도의 존재 등의 변인은 채용 과정에 별 영향을 끼치지 않는 것으로 나타났다.

중요한 발견의 하나는 다른 변수들의 영향력이 통제된 상태에서 성과 기업 규모 각각은 채용 선발 장치의 발전에 영향을 미치는 변인이 아니라는 점이며, 이는 내부노동시장 연구의 분석 단위가 단일사업장 내의 하위부문이어야 한다는 이 연구의 주장을 뒷받침하는 것이다.

---

129 노사협의회는 노측과 사측의 협력을 전제로 하여 중요한 사항에 대한 정보를 공유하고 협의하기 위한 기구로서 노동조합과 유사한 기능을 수행한다고 볼 수도 있지만, 대립적인 활동을 하지 않는 것이 특징이다.

내부 승진사다리의 발전 수준에 대해서도, 채용 선발 장치의 경우와 마찬가지로, 연공서열의 적용과 노조(혹은 노사협의회)의 존재 여부가 중요한 영향을 미치고 있다. 하지만 채용 선발 장치의 경우와는 달리, 직무유형의 영향력은 사라지는 대신 성별 영향이 드러나고 있는데, 이는 직무유형을 불문하고 여성보다 남성이 승진이 보장되는 내부노동시장에 편입되어 있는 현실을 반영한다. 직무 외 훈련 기회를 제공받는 하위 범주일수록 내부승진사다리에 접근한 것으로 결과가 나타난 것은 연수와 사외파견 교육이나 훈련이 주로 사무직에 해당되는 한국 기업의 현실이 반영된 것으로 여겨진다.

내부노동시장의 세 번째 특성으로 고려한 신규입직의 비율에 있어서도 연공서열의 적용 정도가 중요한 영향을 미치고 있다. 더불어 하위부문이 현재 인사부서가 있는 사업장에 속해 있거나 노사협의회를 가지고 있는 경우에 신규입직의 비율이 높은 내부노동시장적 특성을 보인다. 덧붙여 하위부문의 상대적 규모가 클수록 또 기업 연륜이 짧을수록 신규입직 비율이 높게 나타난다.

흥미로운 점은, 여러 변인들의 효과가 통제된 때 직무 영역, 성, 기업 규모는 더 이상 중요한 변수가 아니라는 것이다. 내부노동시장의 세 가지 특성 모두에 대해 노동력 부족이 영향을 끼치지 않은 점은 노동력 부족을 내부노동시장 발전의 중요한 전제로 파악한 미국이나 일본의 기존 연구들과는 다른 결과이다.

결론적으로 다변수회귀 모델에 포함된 변인들의 내부노동시장에 대한 설명력은 매우 높은 편이지만, 기존의 외국 연구들의 결과들과는 달리 고려된 모든 변인들이 내부노동시장 특성의 발달에 긍정적인 영향을 미치는 것은 아니다.

첨부하여 선행 및 독립변수들을 군(群)으로 묶어서 내부노동시장의 특성에 미치는 상대적 영향력의 크기를 비교한 결과, 채용 선발 장치, 내부

승진사다리, 신규입직 비율의 세 가지 구조적 특성 모두에 대해 기업 내 하위범주별로 특정한 영향을 미치는 조직관행 변인의 영향력이 가장 큰 것으로 나타났다. 이 결과는 다시 한 번 내부노동시장의 특성이 조직 내의 부문별로 다른 특정한 맥락에 상황조건적이라는 이 연구의 주장을 뒷받침하고 있다.

자료 분석 결과와 한국 노동시장에 대한 고려에 기반해서 볼 때, 효율성 이론의 설명력은 낮다. 1987년 이후 과격한 노동운동이 전개된 때에도 고용주들이 불확실성을 통제하고 생산직 노동자들의 협력을 유도함으로써 이윤을 극대화하기 위한 방편으로 내부노동시장을 도입하였다는 뚜렷한 징후는 발견되지 않는다. 분석 결과는 베버Weber 식의 효율성 관점도 지지하지 않는데, 그 이유는 여타의 변인들이 통제된 경우에 기업 규모가 내부노동시장의 특성에 영향을 미치지 않기 때문이다. 더구나 매우 높은 이직률을 보이는 생산직 범주들에 내부노동시장이 존재하지 않는 현상은 거래비용이론의 효율성 관점과도 부합되지 않는다.

갈등론적 관점 또한 한국의 내부노동시장 상황을 잘 설명하지 못하는 것 같다. 고용주들이 분할지배 전략에 따라 사무직 노동자들을 자기 편으로 끌어들였다는 설명이 가능할 것도 같지만, 이 연구의 자료는 동일 기업 내에서 모든 노동자들이 비슷한 수준의 복지수혜와 연공서열에 대한 보호를 받는다는 것을 보여주고 있어서 갈등론의 설명력을 의심케 한다. 더불어 대기업과 중소기업의 생산직 노동자 범주 간에 내부노동시장 특성에 있어서 별 차이가 없는 점, 대기업의 상위 사무직 종사자들이 비록 내부노동시장적 특성 속에서 일을 하지만 조기퇴직과 명예퇴직으로 인해 다른 범주의 노동자들과 마찬가지로 고용안정성을 잃고 있는 점 등도 갈등론적 설명과는 상치되는 것이다.

반면에 기업특수적 숙련, 기술변화, 직무 외 훈련의 존재 여부 등이 내부노동시장 특성에 영향을 미치고 있는 발견은 제도주의적 관점이 어느 정도의 설명력을 갖는다는 것을 보여준다.

하지만 한국 기업의 내부노동시장 상황에 대한 설명은 신경제사회학의 배태 시각에 의해 가장 잘 이루어질 수 있다. 제도화된 조직관행들—인사부서의 존재, 노조나 노사협의회를 통한 집단협상 메커니즘, 하위부문의 상대적 크기가 갖는 영향력, 연공서열체계의 적용 정도 등—이 내부노동시장의 발달에 중요한 영향력을 행사하고 있는 점을 주목할 필요가 있다. 이 변인들의 중요성은 고용주의 이해관계와 더불어 기업 내부 집단들 간의 내적 상호작용이 내부노동시장 발달에 중요한 요소로 작용한다는 점을 부각시키고 있다. 이는 대졸여성 노동시장의 취약성, 1970~80년대 정부 직업훈련기관의 역할, 비공식노동 부문을 이용하여 노동공급 부족에 대처한 상황 등과 더불어 한국 노동시장의 독특한 사회적, 역사적 맥락을 잘 드러내주는 것이다.

특정한 역사적 상황 속에서 정부가 한국 노동시장에 대해 중요한 역할을 했다는 사실도 배태 시각의 설명력을 뒷받침한다. 1987년의 노동자대파업 이후 노조는 고용, 직무배치, 승진, 보직순환 등의 이슈를 협상 테이블로 끌어들일 수 있었고, 노조가 채용과 승진 기회에 영향력을 갖는 방향으로 노동법 개정을 제의했다. 이에 대해 고용주들은 경단협과 경총의 설립으로 맞서고 회원 기업들로 하여금 1990년도에 신규고용을 축소할 것을 제안하였다. 1987년 이후 노동통제를 풀어왔던 정부는 노동운동 때문에 경제가 곤두박질치고 있다는 여론을 동원하면서 공세적인 반노조정책으로 돌아서게 된다. 노동부는 경영과 인사상의 문제는 노사협상의 대상이 아니라는 제한규정을 새로 마련하였고, 기존에 일부 기업에서 이루어진 합의 내용도 인정하지 않게 되었다. 이것이 재야 중심의 진보적 노동운동 세력에 대한 대응이었던 셈인데, 만약 당시에 정부가 개입하지 않았더라면 생산직 부문에서도 내부노동시장적 특성이 발전될 여지가 컸던 것으로 판단된다. 이렇게 볼 때, 그라노베터(1986)가 주장한 것처럼 역사적 특수성의 맥락이나 상황조건성contingency을 고려하지 않고 추상화된 이론은 그 설명력이 떨어질 수밖에 없다.

12장

■ ■ ■

미국의 노동시장 경제사회학 연구

1. 그라노베터의 연구

1) 『일자리 구하기 *Getting A Job*』

(1) 연구의 중요성과 의의

그라노베터Granovetter의 『일자리 구하기 *Getting A Job*』는 1974년에 본인의 하버드 대학교 박사학위 논문을 수정·보완하여 출간한 것이다. 그는 이 연구에서 사람들이 일자리(직업)를 얻는 데 있어서 기존 경제학자들이 주장한 것과는 다른 경로와 결과를 보인다는 점에 착안하였다. 그라노베터는 사람들의 경제적 행위가 사회적 관계에 배태embedded되어 있다는 점을 강조하면서 연결망이론과 연계된 신경제사회학 연구의 새로운 지평을 열게 되었다.[130]

이 연구가 발표될 무렵에 젱크스(Jencks, 1972)는 『불평등 *Inequality*』에서, 통상적으로 불평등의 근저에 놓여 있다고 여겨져온 가족 배경, 지능이나 교육적 성취 같은 요인들이 실제로는 불평등에 유의미한 상관관계를 갖고 있지 않다고 주장했다. 그렇다면 떠오르는 질문은 도대체 무엇이 직업에서의 커다란 소득 차이를 가져오는가인데, 그들은 이를 '행운luck'이라고 추정했다.[131] 그런데 그들은 '행운'을 체계적인 사회과학적 연구의 대상으로서 후속 연구를 진척시키지 못했다.

이에 반해, 그라노베터의 『일자리 구하기』는 일자리 찾기job-finding에서 보통 '행운'으로 고려되어온 한 요소인 '적기에 적소에서 적절한 접촉을 할 수 있는 것having the right contact in the right place at the right time'의 메커니즘을 분명히 밝히는 것이었다. 그라노베터는 직업에서의 소득 격차가 직업 관련 정보를 얻는 데 있어서 인적 접촉personal contacts이 사용되었는지의 여부와 강한 연관이 있다는 것을 발견했는데, 소득이 높을수록 인적 접촉이 사용되었을 가능성이 높다는 것이다. 그의 기본적인 주장은 사회구조에 대한 생각을 발전시키고 적용함으로써 '행운'의 구체적인 상황에 대한 체계적인 분석을 수행할 수 있다는 것이다.

1974년에 이 연구가 출판되었을 때, 특히 미국에서는 경제에 대한 사회학적 연구 관심이 퇴조하고 있었다. 흔히 '경제와 사회economy and society' 시각으로 알려진 20세기 중반의 경제사회학은 파슨스와 스멜서(Parsons and Smelser, 1956)가 경제를 사회체계에 대한 일반이론의 한 부분으로 통합시키려고 했던 야심찬 시도에 의해 정점에 달했지만, 이들의 주장이 매우 추상적이었기 때문에 경험 연구를 위한 분명한 지침을 제시

---

130 그라노베터는 『일자리 구하기』에서 도출된 관심에 따라 연구를 진행한 결과, 1985년에는 『*American Journal of Sociology*』에 'The Strength of Weak Ties: The Problem of Embeddedness'를 발표하였다. 이 논문은 1996년 미국 사회학회(ASA)에서 수여하는 이론상(Theory Award)을 수상하였으며, 최근까지 전 세계 사회과학분야 색인지수(citation index)에서 수위를 기록하게 된다.

131 그들은 "행운이란, 당신이 다른 일 대신에 어떤 특정한 일을 하도록 견인하는 우연히 알게 된 지인들(acquaintances), 당신이 구직 중에 일자리를 찾는 특정한 지역공동체에서 취업 가능한 일자리들의 범위 등……(1972: 227)"이라고 주장하였다.

하지 못했고, 따라서 후속 연구가 거의 이루어지지 못했다. 이러한 상황에서 출간된 이 연구는 경제학의 핵심 영역인 노동시장에서 신고전경제학의 적절성에 도전하는 시도였고, 따라서 이 책은 사회학자들 사이에서 지속되어온 경제에 대한 관심을 재생시키는 데 기여한 업적 중의 하나가 되었다.

사람들이 일자리를 어떻게 찾는지는 일상적이고 평범한 문제이기는 하지만 사회학과 경제학의 중요 논제들과 밀접하게 연관된다. 사람들이 어떻게 일자리나 직업을 옮겨 다니는지에 대해서 경제학에서는 '노동이동 labor shift'으로, 사회학에서는 '사회이동social mobility'이라는 주제로 많은 연구가 이루어져왔다. 그러나 이런 구직 과정의 기회에 대해 개개인들이 어떻게 알게 되었는지에 대해서는 상세한 연구가 거의 없었는데, 대부분의 조사들은 너무 집단적인 수준에서 이루어졌거나 아니면 지나치게 개인적인 수준에 그쳤다.[132]

이러한 판단에 따라, 그라노베터(1974)는 일자리 이동을 돕고 촉진시키는 정보가 어떻게 확보되고 널리 유포되는지에 집중적인 관심을 두었다. 그는 이 문제가 미시와 거시 수준의 중간에서 잠재적으로 거시분석과 미시분석을 통합하는 매우 중요한 연결고리라고 생각했고 더 나아가 이 주제가 일자리 이동의 직접적인 원인을 규명하는 중요성을 가진다고 생각했다(Granovetter, 1995: 3).

----

[132] 거시 수준에서 직업 집단 간 이동에 대한 정교한 통계자료를 제시한 몇몇 뛰어난 저술로는 Blau and Duncan(1967), Blumen et al.(1955), Carlsson(1958) 등이 있고, 미시 수준에서 특정 개인들이 왜 직장 전환을 원하는지에 대해서 심리적, 경제적 동기를 가지고 설명한 연구들로는 Kahl(1953), Reynolds(1951), Morse(1953) 등이 있다(Granovetter, 1995: 3).

(2) 연구의 기본 관점과 방법

그라노베터는 우선 일자리 이동을 원하는 사람들이 실제로 이용할 수 있는 정보가 드물어서 일자리 기회에 대한 완벽하고 체계적인 자료를 모으기가 매우 어렵다는 사실에 주목하였고, 이것은 경제학의 직업탐색job search 이론에 대한 비판으로 작용하였다. 한편 여러 학자들은 현대화가 진행되면서 공식적이고 보편적인 절차가 광범위하게 이용될 수 있어서 일자리 이동이나 일자리 기회를 찾는 데 과거의 여러 제약들로부터 개인들이 자유로워졌다는 가정을 하기도 했다(예로 Sjoberg, 1960: 192).

그러나 경험적인 사회학 연구들(Selznick, 1949; Crozier, 1964)은 공식적으로 합리화된 체계 속에서도 비공식적인 상호작용이 매우 중요하다는 점을 보여주고, 그라노베터 역시 이 연구에서 개인들이 일자리 이동 기회와 관련된 정보를 얻을 때 자신들이 현재 맺고 있는 일련의 인적 접촉 personal contacts에 크게 의존한다는 점을 확인하였다.

그라노베터는 이 문제를 사회 연결망social network이 개인들에게 가하는 커다란 제약의 한 예라고 생각하였다. 따라서 그는 개인들이 속해 있는 연결망을 통해 이루어지는 정보 흐름의 역학을 확인하는 데 연구의 초점을 맞추었다. 그 결과로 그라노베터는 실제적인 일자리 이동 행위에 영향을 주는 정보는 고용 중개기관과 광고의 공식적인 경로보다는 인적 접촉의 연결망을 통해 더 잘 전달되며, 그중에서도 연결망의 특성이 약한 연계weak tie인 경우가 강한 연계strong tie인 경우보다 낫다는 발견을 하게 된 것이다.[133]

사실 이러한 그의 발견은 이전까지 산발적으로 수행되었던 생산직, 사

----

133 일자리 찾기 방법의 보편적인 분류 방식은 '공식적(formal)' 방법과 '비공식적(informal)' 방법으로 구분하는 것이다. '공식적' 방법에는 상업적이거나 공적 고용중개기관 및 광고가 포함된다. '비공식적' 방법은 어떤 종류이든 인적 접촉을 이용하는 것으로, 구직자가 이전까지 개인적으로 알지 못하던 고용주(혹은 인사 대행 기관)에 직접 지원을 하는 것도 포함된다.

무직, 전문직 종사자 관련 연구들(Reynolds, 1951; Shapero et al., 1965; Brown, 1965b; 1967)에서도 이들의 구직이 공식적인 방법보다는 비공식적 방법에 더 의존한 것으로 나타났던 결과와 일치하는 것이었다. 하지만 이 연구들은 대부분 경제학적 관점에서 수행된 것이어서 노동시장 개념을 강조하고 일자리 이동과 임금과의 관계에 주목하였다.

그러나 그라노베터의 연구는 기존의 연구들과 다른 관점에서 이루어졌는데, 개인들이 대부분의 경우 새로운 일자리가 있다는 것을 일반적인 공고를 통해서가 아니라 인적 접촉을 통해 전해 듣기 때문에, 중요한 사회학적 요인이 도입될 수 있다고 본 것이다. 새로운 일자리 기회에 대한 정보의 실질적 전파는 일자리 자체의 그 어떤 특성보다도 이동의 더 직접적인 조건이 된다. 한 개인이 현재의 일자리에서 어떤 특정한 새로운 일자리로 옮기는 '순수이득net advantage'이 얼마나 크든 간에, 적절한 정보가 제대로 확보되지 않는다면 일자리 이동 자체가 불가능하다. 그는 서로 아는 사람들 간에 이러한 일자리 기회 정보의 흐름을 막는 사회적 조건이 분명히 있을 것이며, 경제학 이론은 이러한 문제를 이해하는 데 거의 도움이 되지 못할 것이라고 주장했다(Granovetter, 1995: 6).

구체적으로 그는 일자리를 바꾼 사람이 필요한 정보를 궁극적으로 제공해준 사람과 언제 어떻게 해서 처음으로 알게 되었는지, 그러한 연계가 약한 것이었는지 혹은 강한 연계였는지, 직장을 통한 관계인지 아니면 일 관계 이외의 사회적 맥락에서의 만남인지, 그리고 그러한 관계가 처음 시작되었던 시점과 정보가 전달된 시점까지의 기간 동안에 그 관계가 어떻게 유지되었는지 등이 조사대상이 되어야 한다고 판단했다. 즉 그라노베터는 이런 일자리 변동의 여러 상황들이 일자리를 바꾼 사람의 특성과 체계적인 연관이 있는 것인지 아니면 일반적인 노동시장 조건들에 관련된 것인지를 탐색한 것이다.

그라노베터는 이러한 연구를 위해서 전문직, 기술직 및 관리직 남성 근로자들의 일자리 이동을 분석 대상으로 하였는데, 그 이유는 이들이 일자리 탐색을 가장 강도 높게 할 집단이라고 여겼기 때문이었다. 이 집단을 선택한 후 보스턴Boston 교외의 뉴턴Newton에서 두 해에 걸친 지역 인명부를 비교해서, 최초로 일자리를 구한 사람들과 나중 연도 인명부 상에 나타난 고용주가 이전 연도 인명부의 고용주와 다르게 나타난 사람들 중에서 무작위 표집을 하였고, 최종적으로 100명에 대한 개별 면접과 182명에 대한 우편조사가 이루어졌다.

(3) 연구의 발견

근로자들이 일자리를 찾는 데 이용한 세 가지 기본 방식은 공식적 수단, 인적 접촉 및 직접지원으로 구분되었다. '공식적 수단formal means' 에는 광고, 공적 · 사적 고용 중개기관, 대학이나 전문협회가 후원하는 면접과 채용, 종교기관 같은 특정 직종에서의 선발위원회 등이 있다. 공식수단의 특징은 구직자가 자신과 장차 고용주 간을 연계해 주는 비개인적 중개기관의 서비스를 이용한다는 점이다. '비개인적impersonal' 이란 것은 신문광고의 경우처럼 인적 접촉이 결여된 경우와 고용 중개자로 특별히 지정된 개인을 이용하는 경우에 해당한다. 반대로 '인적 접촉personal contacts' 은 구직자가 개인적으로 아는 어떤 사람이 있는 경우이다. 즉 일자리 정보 탐색과는 관계없는 어떤 상황에서 구직자가 원래부터 이미 알고 있었던 어떤 사람으로부터 새로운 일자리에 대해 알게 되었거나, 혹은 구직자를 접촉하게 된 누군가에게 추천을 해준 경우를 의미한다. '직접지원direct application' 은 공식적이거나 개인적인 중개인을 통하지 않고 또한 인적 접촉을 통해 어떤 특정한 일자리가 있다는 것을 듣지 않은 상태에서, 회사를 직접 방문하거나 지원서를 써보낸 경우이다.

그는 이 연구의 전문 · 기술 · 관리직 표본에서, 인적 접촉이 일자리를 찾는 가장 보편적인 방법으로서 56%의 응답자들이 이 방법을 사용한 반면에, 18.8%는 공식적 방법, 또 다른 18.8%는 직접지원 방법을 사용했고, 나머지 6.7%는 '분명하지 않음'을 포함해서 여타 사소한 범주에 해당된 것을 확인했다. 또한 그는 표본 근로자들이 인적 접촉을 통해 확보되는 정보가 다른 방법에 의한 정보보다 양질의 정보라고 믿고 있음을 확인했고, 이 방법을 통해 직무 만족의 수준에서나 임금 수준에서 볼 때 더 나은 일자리들이 찾아진다는 사실을 확인했다. 더불어 가장 바람직스러운 일자리는 '새로 만들어진' 일자리일 가능성이 높다는 사실도 확인했다 (Granovetter, 1995: 11~15).

그라노베터(1995: 16~19)는 응답자들이 인적 접촉을 통해 일자리를 찾는 것을 선호하고 이러한 선호가 근거가 있다면, 왜 모든 사람들이 그렇게 하지 않는지를 알아봐야 하는데 그 이유는 사회구조의 영향력이 작용하고 있기 때문이라고 보았다. 즉 어떤 개인들은 제대로 된 접촉을 갖고 있는 반면에, 다른 사람들은 적절한 접촉을 결여하고 있어서 자신이 할 수 있는 바가 거의 없다고 보았다. 이때 종교, 인종 및 교육 수준 같은 인구사회학적 특징이 인적 접촉 이용 수준과 연관이 있을 수도 있는데, 분석 결과 그러한 관련은 찾지 못했다. 따라서 그는 개인 수준의 변수보다 사회연결망의 특정 사람의 위치에 더 주목하였는데, 선택이 어떻게 이루어졌건 간에 구조적 요인들이 그러한 일자리를 구하는 방법에 가장 큰 영향을 미친다고 주장했다.

2) 직업탐색 경제학 이론에 대한 비판

직업탐색이론은 초기의 비현실적인 생각이 많이 완화되었고 여러 제한적인 가정들이 파기되면서 이론이 훨씬 정교해진 것이 사실이다. 오직 실업 상태에서만 직업탐색이 이루어진다고 보았던 초기 모델의 제약도 풀렸고(Mortensen, 1986: 869), 일단 한 사람이 일자리 제안을 받으면 그 일자리의 특징에 대한 모든 정보가 명료하게 주어진다는 비현실적인 가정도 완화되었다.

그러나 그라노베터는 직업탐색이론이 여전히 중요한 현실을 다루지 못하고 있다고 비판하였다. 예를 들어, 한 번도 관찰된 바가 없는 유보임금 reservation wage에 대한 지속적인 강조가 현실성이 떨어질 뿐만 아니라[134] 탐색을 통해 얻은 것이 아닌 수많은 일자리들에 대한 관심을 빗나가게 했다고 보았다. 그러한 한계를 갖는 가장 중요한 이유는 역사적으로 직업탐색이론은 사람들을 실업 상태와 피고용자로서의 지위 간에 이동하게 하는 역학이 무엇인지를 알려고 하고, 이 과정에서 실업복지수혜가 노동의 효율적 배분에 어떤 영향을 미치는지에 관심이 국한된 것이기 때문이라고 본다. 그는 거의 30%에 달하는 표본 응답자들이 적극적으로 직업탐색을 하지 않았고, 그 비율은 1973년도 현재인구조사(Current Population Survey: CPS)에서의 34.4% 수치와 거의 같으며, 캠벨과 로젠펠드(Campbell and Resenfeld, 1985: 159)의 연구에서도 비슷한 결과가 나온 것을 예로 들면서 모든 인종 및 성별 집단에서 직업탐색을 하지 않은 것이 가장 보편적인 탐색 방법이라고 지적했다(Granovetter, 1995: 143).

직업탐색이론에서는 탐색을 하지 않는 사람들을 이해할 수 있는 이론틀이 제공되지 않기 때문에 그런 사람들은 연구의 관심 대상에서 제외된다. 직업탐색을 파악하기 위한 설문조사들에서는 탐색 행위를 하지 않았

---

134 유보임금에 대한 가정이 잘못된 것으로 보는 이유의 하나는 그 가정이 일자리에 내포된 여러 비금전적인 요인들을 반영하지 못하기 때문이고, 다른 이유는 일자리가 제안되었을 때 구직자의 효용 판단에 따라 일자리를 수용하거나 거부한다고 본 전통 직업탐색 모델과 달리 근로자들은 일단 일자리 제안을 받으면 거의 언제나 그 제안을 받아들이는 경향이 있기 때문이다(Devine and Kiefer, 1991: 139).

다고 답하는 사람들에게는 거의 질문을 하지 않기 때문에, 그들이 어떤 특징을 가진 사람들인지 또 그들이 실제 어떻게 일자리에 연결이 되었는지에 대해서 거의 통찰력을 얻을 수가 없다. 따라서 그런 사람들의 숫자가 많을수록 현재의 거시경제학적 예측 모델은 헷갈리게 될 것이다. 그라노베터는 탐색을 거치지 않고 일자리를 구한 사람들을 무시해버리는 것은 인적 연결망에서의 위치를 활용하여 일자리를 옮긴 사람들을 배제하는 심각한 선택의 치우침(bias)을 낳게 된다고 비판했다(Granovetter, 1995: 143~146).

그라노베터(1995: 146)는 한 개인이 접촉 연결망을 통해 얻게 되는 일자리에 대한 정보의 대부분은 다른 활동을 하다가 얻게 되는 부수적인 것으로서 정보 획득의 비용과 편익에 대한 합리적인 계산을 따른다면 적절하게 그 비용이 산출되지 않는 것이라고 지적한다. 그는 그러한 연결이 이루어지고 결국 사람과 일자리가 '짝짓기matching'되는 것은 사람들이 경제적인 목적을 지향하든 비경제적인 목적을 지향하든 '현재 진행 중인 ongoing' 사회적 상호작용의 연결망에 배태되어 있기 때문에 초래되는 결과라고 보았다.

따라서 그는 현재 주로 노동경제학 이론에 기반하여 산출해내고 있는 고용이나 노동력 및 빈 일자리에 대한 통계들이 개인들과 기업들이 어떻게 연결되는지에 대한 실재를 충분히 다루고 있지 못하고, 이에 따라 경제활동 참여의 다양한 방식들 사이에서 개인들이 어떻게 움직여야 하는지에 대한 통찰력을 충분히 제공해주고 있지 못하다는 문제점을 제기하였다.

2. 후속 노동시장 경제사회학

그라노베터가 『일자리 구하기』에서 주장한 내용은 그 이후에 이루어진 여러 후속적인 조사연구들의 발견과 상당히 부합하며, 노동시장 부문에서 접촉 연결망은 여전히 중요한 역할을 담당하고 있는 것으로 확인되고 있다.

1) 사회조사에서의 노동시장

그라노베터의 연구 이후 20년 동안에 이루어진 여러 사회조사의 결과는 일자리 찾기에서 인적 접촉이 여전히 중요하다는 점을 보여준다. 예를 들어, 1978년에 미국의 5,000가구를 패널panel 설계에 따라 추적 조사한 소득변동패널연구Panel Study on Income Dynamics에서, 백인 남성의 52%, 백인 여성의 47.1%, 흑인 남성의 58.5%, 흑인 여성의 43%가 현재의 일자리를 친구들이나 친척들을 통해서 찾은 것으로 밝혀졌다(Corcoran, Datcher and Duncan, 1980: 12). 또한 1982년도 전국 청소년 장기 조사 National Longitudinal Survey of Youth; NLSY에서는 응답 청소년의 40%가 인적 접촉을 이용해서 일자리를 찾은 것으로 나타났고, 1989년 국가경제조사 국National Bureau of Economic Research에 의해 보스턴에서 이루어진 불우청소년연구Study of Disadvantaged Youths에서도 백인의 51%와 흑인의 42%가 친구들이나 친척들을 통해서 일자리를 찾은 것으로 나타났다(Granovetter, 1995: 140).

따라서 그라노베터는 현대화와 기술발달, 빠른 사회변동에도 불구하고 일자리를 어떻게 구해서 어떤 일을 어떻게 하는지의 문제가 상당 정도 사회적 접촉의 연결망에 배태되어 있다고 재확인했다.

2) 노동시장 상황조건성(contingency)

그러나 많은 경험적인 후속 연구들에서 사람들이 일자리와 짝 지워지는 것matching이 인구학적 변인, 이용된 사회적 접촉의 유형, 직업탐색 방법 등과 연관된다는 주요 발견을 보고하고 있기 때문에 그라노베터(1995)는 이러한 쟁점들을 검토하였다.

(1) 인구학적 변인

다수의 연구에서 보고된 내용 중의 하나는 인적 접촉을 이용해서 일자리를 찾을 가능성과 나이, 교육 수준, 직업지위 간에 상관관계가 있다는 것이다. 인적 접촉을 통해서 일자리를 찾는 경우에는 보다 많은 일자리 제안이 들어오고 또 채용될 가능성이 높기 때문에 효율적인 방식이다. 예를 들어, 실업상태 청소년들에 대한 자료를 분석한 홀저(Holzer, 1988: 11)는 친구나 친척을 통해 들어온 일자리 제안 중에 무려 81%가 채용과 연결되었다고 밝혔다. 하지만 평균적으로 볼 때 나이가 어린 연령대의 사람들이 사회생활 경험이 오래된 나이가 많은 사람들에 비해 폭넓은 연결망을 갖고 있기는 사실상 어렵다.

그러나 다른 연구들에서는 인적 접촉을 이용한 비율이 인종, 민족이나 성별에 따라 일관된 유형을 보여주지 않는다고 밝히고 있으며, 접촉을 이용한 것과 만족감 혹은 임금 수준으로 측정된 일자리의 질 사이의 상관관계 역시 연구에 따라 그 결과가 다르다. 예를 들어 브리지스와 빌레메즈(Bridges and Villemez, 1986)는 일자리 구하기 방법이 임금에 미친 영향을 거의 확인하지 못했다.

(2) 이용된 사회연결망의 종류

일자리를 찾는 사람과 접촉자 사이의 연계의 특성, 이런 연계가 위치한 연계 연결망의 특징, 이 연결망과 직업정보나 기회와의 관계 등 사회연결 망의 종류에 따라 짝짓기matching가 달라질 수 있다. 그라노베터(1973; 1985)는 "약한 연계의 강점The Strength of Weak Ties"과 "약한 연계에 대한 재고Weak ties revisited"라는 논문에서 '약한weak' 연계가 사람들을 정보에 연결시키는 데 있어서 강한 연계를 통해 일반적으로 접근할 수 있는 범위 를 넘어서는 강점을 가진다고 주장했다. 그 이유는 우리가 그냥 아는 지 인들은 우리의 친한 친구들에 비해서 서로서로를 알 가능성이 낮은 대신 에 우리가 속한 집단을 넘어선 다른 무리들 속에서 움직일 가능성이 높기 때문이라는 것이다. 직업 정보를 알려주는 데 있어서 친한 친구들이나 친 척들이 우리를 더 도와주려고 애쓸 여지가 많기는 하지만, '약한 연계 weak ties'가 도움을 제공하기가 더 쉬운 그런 구조적 위치에 놓여 있다고 그는 주장했다. 그렇기 때문에 자신의 연구에서 응답자들 중 다수가 직업 정보가 그에게 주어졌을 때 어쩌다가 한 번씩 보는 사람들과의 접촉을 통 해서 일자리를 찾았다고 답한 이유가 그 때문이라고 제시했다 (Granovetter, 1995: 52~54).

린 등(Lin et al. 1990)은 '사회적 자원social resources' 이론의 형태로, 사용 된 사회적 연계 및 연결망의 종류와 관련된 일반적인 문제들을 제기하였 다. 이들은 가치가 있는 자본들은 자신과 사회구조에서 비슷한 위계수준 에 있는 사람들과의 상호작용을 통해서 가장 잘 지켜질 수 있지만, 보다 나은 일자리처럼 새로운 자원을 얻는 것은 사회구조에서 더 높은 단계까 지 이르러야 하기 때문에 더 명백히 도구적인 행위를 필요로 하고, 따라서 약한 연계를 통해 달성되는 경향이 있다고 주장했다. 이와 유사하게 에릭슨과 얀시(Ericksen and Yancey, 1980: 24~25)도 약한 연계를 이용한 사람들에게서 임금이 더 높은 점을 발견했지만, 이는 학력이 상대적으로 높은 사람들에게만 해당하는 사항이었다.

그라노베터(1995: 150)는 높은 지위에 있는 사람들에 의해서 이용되는 약한 연계가 다른 연결망에서 상당히 높은 지위에 있는 사람들에게 닿을 수 있는 경우에는, 그 사람들이 가지고 있는 자원들이 다른 것들이므로 구직자와는 다른 조직과 제도적 상황에 속해 있기 때문에 도움이 될 수 있는 것이라고 분석하였다. 같은 맥락에서, 홀저(1987: 449~452)는 일자리를 찾을 가능성에 있어서 백인과 흑인 청소년 간 차이의 40% 이상이 백인이 흑인에 비해 훨씬 더 효율적으로 친구나 친척들을 이용한다는 점에 의해서 설명된다고 밝혔다.

이런 발견들을 보면 일자리를 찾는 사람과 그가 접촉하는 사람 사이의 연계적 성격만 보는 것보다는 결과에 영향을 미치는 전체 연결망의 특성을 살펴보는 것이 적절할 것이다. 몽고메리(Montgomery, 1992)는 '약한 연계의 강점' 주장은 일자리를 찾는 사람이 가지고 있는 연계의 유형과 결과의 상관관계에 대한 것이라기보다는, 한 개인을 둘러싼 전체 연결망 구조에 대한 것으로 보는 것이 타당하다고 지적했다.

개인의 근로 경험에 따라 사회적 연결망의 모습이 달라질 수도 있다. 이정규(1993)는 뉴욕 롱아일랜드Long Island의 항공우주 기업에서 해고된 근로자들을 무작위 표집한 자료와 1985년 미국 종합사회조사General Social Survey[135] 자료의 둘 모두에서, 기업 내에서 그 사람의 직위와 특히 그 직위로 인해서 그 사람이 접촉하게 되었던 사람들이 어떤 종류의 사람

---

135 미국 시카고 대학교 전국여론조사센터(National Opinion Research Center; NORC)가 매년 약 1,200명 정도의 미국인을 표본 추출하여 조사하는 전국적인 사회조사이다.

들이었는지가 접촉 연결망의 내용과 구조에 중요한 영향을 미친다는 점을 발견했다. 특히 다른 사람들과 매우 복잡한 상호작용을 해야 하는 직책에 있는 사람들은 약한 연계를 특징으로 하는 저밀도low-density 연결망에 속할 가능성이 높았다고 확인했다.

(3) 개인 경력 내에서의 상황조건성

개인의 직업경력에 따라 일자리 짝짓기가 달라지는 것은 그 개인의 이전 노동시장 경험과 관련이 있다. 사회연결망을 통해 중개된 이전의 직업적 성공은 눈덩이 효과snowball effect를 낳아서 더 많은 접촉을 획득하게 만들고 그것이 계속 좋은 결과로 유지될 수도 있다. 그러나 일반적으로 경력 그 자체가 생애에 걸쳐 일관성 있게 이루어졌는지 또는 일관성이 없는지에 대한 연구는 거의 이루어지지 않았다.

(4) 고용주들의 목표와 활동

노동시장에는 구직자 외에 고용주가 있다. 사람들이 일자리를 찾는 동안에 고용주들도 그 일자리를 채울 사람들을 찾고 있으며, 그들의 행동과 전략 및 목적이 사람들과 일자리를 짝짓기 시키는데 있어서 중심적인 역할을 하지만 종종 소홀히 다루어진다(Granovetter, 1995: 155). 넓게 보면, 기업조직이 근로자들에 대해 갖고 있는 근로자관이 고용주들이 일자리를 채울 사람들을 찾는데 어떤 전략과 행위가 효과적일지를 규정하는 셈이 된다. 일부 일본 대기업의 경우처럼, 광범위하게 퍼져 있는 '종신고용 lifetime employment' 에 의해 특징 지워지는 시장에서는 대부분의 일자리 찾기가 학생들이 학교를 졸업하고 그들의 평생 직장에 입사하는 시점에 집중될 것이다. 다른 극단에서는 기업들이 소수의 핵심 근로자들만을 보유하고 대부분의 작업이 임시직 근로자들에 의해 이루어질 것이다.

특정한 산업조직 체계 내에서도 다양한 유형의 고용주들이 다양한 상황에서 다양한 목표들을 가지고 있을 수 있으며, 이런 변이들 역시 일자리를 찾는 사람들이 어떻게 하면 제대로 고용되고 아니면 안 되는지를 결정짓는 데 핵심이 된다. 채용 정책은 부분적으로는 작업자들을 확실하게 통제하기 위해 기업이 채택한 전반적인 전략에 의해 규정된다. 그라노베터와 틸리(Granovetter and Tilly, 1988: 201~207)가 주장했던 것처럼, 통제 시스템은 채택하는 강제의 정도에 따라 한편에선 직접적인 감시와 제재에서부터 다른 한편에서는 충성심을 유도하는 통제에 이르기까지 다양한데, 충성 시스템에서는 긍정적인 유인이나 상징적인 기제를 활용해서 근로자들이 자신들이 받는 물질적인 보상을 넘어서 그 이상으로 기업에 헌신하도록 고무된다.

(5) 실업과 경기침체

그라노베터(1995: 54)는 실업자들을 포함해서 새로운 일자리를 급히 필요로 하는 사람들은 다른 사람들에 비해 직장에 기반한 접촉보다는 가족이나 사회적 접촉을 이용할 가능성이 훨씬 더 높고, 약한 연계보다는 강한 연계를 이용할 여지가 높다고 밝힌 바 있다. 후속적인 연구들에서는 실업에 처한 사람들이 다른 사람들에 비해 강한 연계를 이용해서 일자리를 찾을 가능성이 높은지 낮은지에 대해서 결과가 일치하지 않는 것으로 나타났다.

그러므로 실업률과 그에 따른 노동시장의 상황은 어떤 특정한 한 사람의 상황을 넘어서서 일자리 찾기에 전반적인 영향을 미칠 것이다. 그라노베터는 고용주들이나 근로자들 모두 접촉을 통한 고용이 비용도 덜 들고 효과적인 것으로 생각하기 때문에, 접촉을 통한 채용을 할 가능성이 경기에 따라 영향을 받을 것 같지는 않다고 제시했다. 많은 연구자들이 이런 판단에 반대를 해왔는데, 가장 일반적인 주장은 경기 침체기에는 말로 하는 비공식적 채용이 증가한다는 것이다.

그러나 1980년대 영국의 '종합가계조사General Household Survey' 자료를 분석한 페브르(Fevre, 19890: 92~95)는 경기 침체기에도 비공식적 일자리 찾기 방식이 체계적으로 증가한 것 같지는 않다는 점을 밝혔다. 한편 리(Lee, 1987: 125)는 경기침체가 사람들이 일자리 찾기 방법에 분명히 영향을 끼친다기보다는, 구직난이 있는 경우에 노동력 구매자의 채용 전략이 더 중요하다고 주장했다.

어떤 경제적 상황에서건, 일자리를 구하는 사람의 연결망 자원과 고용주들의 채용 전략 및 행위 사이의 어떤 균형에 따라서 사람들이 접촉을 통해 일자리를 찾는 정도가 결정될 것이다. 그러나 침체기에는 이 균형이 고용주의 행위에 의해 지배되는 반면에 노동력이 부족한 시기에는 일자리를 찾는 사람들과 그들의 연결망에 의해 지배되는 것 같다. 노동시장에 속한 양편이 가진 상세한 자원과 전략이 무엇인지에 달린 문제이지만, 이런 주장은 경제주기에 따른 다양한 경험적 연구 결과와 대체로 일치한다(Granovetter, 1995: 160).

(6) 제도와 문화에 따른 변이

사람들을 일자리와 짝짓기 시키는데 발생하는 상황조건성의 또 다른 원천은 문화와 제도적 상황에 따른 변이이다. 접촉을 통해서 일자리를 찾는 사람들의 비율이 어느 정도인지는 국가별로 큰 차이가 있는 것 같지는 않지만, 제도적인 변이에 따라서 일자리 찾기가 진행되는 세세한 과정에 차이가 있을 수 있다. 예를 들어 로저스와 킨케이드(Rogers and Kincaid, 1981: 245-247)는 멕시코에서 일자리를 찾을 때 강한 연계가 중요하다는 점을 강조했고, 와타나베(Watanabe, 1987)나 비안(Bian, 1994)의 일본과 개혁·개방 이전의 중국에 대한 연구에서도 강한 연계가 약한 연계보다 더 중요하게 작용하는 것을 보인 바 있다.

이러한 사례들에서 확인할 수 있는 점은 일본이나 멕시코 혹은 중국에서 서구 국가들보다 강한 연계를 더 강조하는 문화적 특징이 있으며, 다른 한편으로 차이가 발생하는 또 다른 이유는 국가들 간의 제도적 변이 때문이라는 것이다(Granovetter, 1995: 162).

(7) 공식적 경쟁 영역에서의 짝짓기 과정

위에서 했던 논의들은 노동시장에서의 짝짓기가 인적 접촉을 통해 이루어지는 상황들에 대한 것이었다. 이것이 보편적인 곳에서는 일자리를 찾는 사람들이나 고용주들이 서로 잘 연계되어 있고 비공식적인 채용이 더 싸고 효율적인 것이라고 여기기 때문에 이 방식을 선호한다. 그러나 짝짓기 방식을 완전하게 이해하기 위해서는 공식적 경쟁 절차가 주로 이루어지는 상황에 대해 더 알 필요가 있다.

완벽하게 탈인격적인impersonal 공식적 일자리 짝짓기 메커니즘은 별로 성공적이지 못한 것처럼 보인다. 이 메커니즘의 전형은 공공 고용중개 기관인데, 이 기관은 노동시장의 고용주나 구직자 양편 모두로부터 별로 바람직하지 않은 수단으로 여겨진다. 일반적으로 구직자나 고용주 모두에게 상대방이 어떤 사람인지 평가할 방법이 용이하지 않은 상황에서는 공식적 짝짓기가 중요한 역할을 할 수 있다. 예를 들어 학생들이 이전의 직장 경험이 없이 막 학교를 졸업할 때는 과거 직장의 접촉 연결망이 없을 수밖에 없으며 이럴 때 공식적 짝짓기가 일어날 수 있다. 독일에서는 학교와 고용주 간의 관계가 간접적이고 노동조합이나 기업이 관여하는 도제apprenticeship 제도가 일자리 짝짓기의 중개 역할을 하는데, 대부분의 학생들은 공공 고용서비스 기관을 통해서 이런 도제 시스템에 진입하기 때문에 공공 고용 서비스 기관은 순전히 비인격적인 중개자가 아니라 기업과 학교와 노조들 간의 관계 연결망의 일부이다.

경쟁적 노동시장과 관련하여 주목을 끌었던 상황은 수많은 사람들이 유사한 일자리를 갖기 위해 동시에 전국적인 노동시장에 뛰어드는 경우인데, 예로 병원 인턴이나 레지던트, 변호사, 신참 프로 운동선수, MBA를 마치고 일자리를 찾는 경우 등이다. 브린튼과 카리야(Brinton and Kariya, 1994)는 대규모 자료에 기반해서, 일본의 엘리트 대학들과 기업들 사이의 고용을 중개하는 '준제도화된 연결망semi-institutional networks'에 대해 연구했다. 제2차 세계대전 이후에 일본 대학들은 졸업생들을 기업에 취직시키는 중요한 연계 역할을 담당했는데 그 연계가 너무 강해서 어떤 고용주들은 자신들이 좋아하고 관련을 맺어온 대학들에게만 입사지원 신청 서식을 보내주기도 했다. 그러나 이렇게 되면, 상위권 대학에 다니지 않은 졸업생들은 좋은 기업들에 입사할 기회를 원천적으로 봉쇄당하는 것이기 때문에 1970년대에 이에 대한 비판이 많이 쏟아졌다. 이런 비판 때문에 명시적 관계는 막을 내렸지만, 기업이나 대학 모두 그 이전까지 양편 모두에 만족스럽던 그 방식을 완전히 포기하고 싶어하지 않았기 때문에, 기업들은 최근에 대학을 졸업하고 입사한 사원들을 비공식적인 채용자로 이용해서 이들이 동문 연결망을 이용해서 괜찮아 보이는 후배들을 끌어오도록 시킴으로써 공식적 방법과 비공식적 방법을 혼합해서 사용했다는 것이다(Granovetter, 1995: 162-168).

3. 연결망과 기회 평등성에 대한 함의

그라노베터(1995: 169~177)는 일자리를 정해주는 연결망 구조가 현대 사회의 불평등과 어떻게 연관되어 있는지를 분석하고 있다.

우선 그는 성별 차이와 관련해 일자리를 구하는 데 있어서 여성들이 사용하는 접촉 형태에 일정한 유형이 있다는 점을 지적하였다. 그는 맥퍼슨과 스미스로빈(McPherson and Smith-Lovin, 1982)을 인용하면서, 여성들은 평균적으로 남성에 비해 훨씬 작은 규모의 조직에 속해 있고 경제적 활동과 관련된 조직에 참여하는 경향이 낮으며, 이로 말미암아 일자리 기회에 대한 정보를 전해줄 여지가 큰 연계에 노출될 가능성이 낮다는 점을 지적한다. 또 핸슨과 프랫(Hanson and Pratt, 1991: 240-242)도 여성들의 접촉 유형이 보다 지역에 국한된 근로 경험과 행위 유형을 반영하고 있으며, 남성들의 32%에 비해 여성 접촉의 60%는 가족이나 이웃 연결망 등 강한 연계에 기반한 것이라고 하였다.

노동시장에서의 일자리를 둘러싼 경쟁에서도 기대되는 이득에 비해 경쟁자의 숫자가 많아지면 경쟁에 참여한 사람들은 경쟁을 억제하려는 관심을 갖게 된다. 보통 한 경쟁 집단이 다른 경쟁 집단을 경쟁에서 배제하기 위한 시도의 구실로, 예를 들어 외부적으로 드러나는 특성들인 인종, 언어, 종교, 출신 지역, 거주 지역 등을 구실로 삼는다. 각 경우에 가장 쉽게 그들을 배제할 수 있는 특성이 구실이 된다(Weber, 1968[1921]: 342). 베버Weber가 지적한 이러한 폐쇄closure 문제와 연관하여 다민족 사회에서 노동시장 불평등을 초래하는 요인에 민족이 있다. 집단들이 서로 격리되어 있을수록 특정한 일자리 적소niches에 특정 민족이 집중될 가능성이 높은데, 다른 집단들로부터 상당히 고립되어 있는 집단들은 서로를 동원하기가 쉬울지는 모르지만 미국 흑인들의 경우는 더 눈에 띄게 되고 따라서 배제를 당하는 목표가 되기 쉬울지도 모른다(Granovetter, 1995: 175~176). 만약 한 집단이 효과적인 소개 연결망을 갖추고 여기에다가 작업장에서 비공식적으로 훈련받은 기회를 장악해서 결합하면, 이런 것을 제공받지 못하는 친족, 친구 집단이나 민족에 해당하는 신참자들은 불리하게 된다. 결국 이런 상황은 노동시장의 한 부분 전체를 거기에 아무런 발판을 못 마련한 집단으로부터 폐쇄시키는 방향으로 작용하게 될 것이다.

그라노베터(1995: 176)는 사회정책적 관점에서 볼 때 노동시장의 이러한 폐쇄성은 당혹스러운 문제를 제기한다고 보았다. 즉 작업장에서의 집단 응집력이 보다 높은 생산성에 이바지하는 동시에 집단들 사이의 체계적인 불평등을 영속화시키기 때문이다.

그는 연결망과 기회평등성을 전반적으로 평가할 때, 복잡한 연결망 과정을 통해서 어떻게 불평등이 만들어지고 재생산되는지, 또 그런 재생산 구조가 어떻게 하면 억제될 수 있을 것인지의 문제들은 노동 관련 연구자들의 연구 주제에서 상대적으로 밀려나 있다고 평가하면서, 이것이 앞으로 연구가 더 이루어져야 할 가장 중요한 부분이라고 지적하고 있다(Granovetter, 1995: 177).

참고문헌

공유식 · 김혁래 · 박길성 · 유홍준, 1994. 『신경제사회학의 이해』, 역사비평사.

김상욱, 2000. "경제학적 · 심리학적 · 사회학적 요인들이 조직성원들의 근무지향에 미치는 영향", 『한국사회학』 제34집 여름호, 325~358쪽.

───, 2001. "조직 몰입의 하위차원들의 타당도 평가", 『한국사회학』 제35집 3호, 109~138쪽.

김상준, 2004. "부르디외, 콜만, 퍼트남의 사회적 자본 개념 비판", 『한국사회학』 제38집 6호, 63-95쪽.

김성국, 1987. "조직의 통제체계와 헌신이 이직에 미치는 영향에 관한 연구", 『한국사회학』 제21집, 149~185쪽.

김영수 · 장용석, 2002. "제도화된 조직구조의 합리성에 대한 신화와 비판", 『한국사회학』 제36집 6호, 27-55쪽.

김왕배 · 이경용, 2002. "사회자본으로서의 신뢰와 조직몰입", 『한국사회학』 제36집 3호, 1~23쪽.

김용학 · 염유식, 1991. "조직군 생태학 이론", 『한국사회학』 제25집 여름호, 113~141쪽.

김용학 · 한경희 · 이각범, 2002. "벤처기업의 자원동원 네트워크 성과에 관한 연구", 『한국사회학』 제36집 4호, 89~121쪽.

김우식, 2000. "기업간 불확실성의 사회적 기원과 연결망 조절에 의한 통제", 『한국사회학』 제34집 여름호, 359~388쪽.

───, 2001. "시장경쟁의 사회구조", 『한국사회학』 제35집 2호, 115~146쪽.

───, 2002. "구조적 신호 읽기: 연결망 구조와 규칙위반 행위의 조응 방식", 『한국사회학』 제36집 6호, 57~82쪽.

───, 2003. "배태성의 색깔: 연결망 전략의 사회구조", 『한국사회학』 제37집 5호, 131~160쪽.

김혁래, 1992. "국가와 경제조직 비교연구", 『한국사회학』 제26집 겨울호, 1~42쪽.

_____, 1994. "한국 제조업 조직군의 역동성 연구", 『한국사회학』 제28집 가을호, 1~30쪽.

김현옥, 1997. "정보기술산업의 기업조직연구", 『한국사회학』 제31집 봄호, 163~194쪽.

로버트 프랭크 저(2007), 안진환 역, 2007. 『이코노믹 싱킹』, 웅진지식하우스.

박길성 · 이택면, 2004. "효율성, 권력, 그리고 '기업사회학' : 거래비용이론과 자원의존이론의 대화", 『한국사회학』 제38집 6호, 133~162쪽.

_____, 2007. 『경제사회학이론』, 나남출판.

박찬웅, 2003. "온라인 중고시장의 시장불확실성과 경제적 교환의 사회적 성격", 『한국사회학』 제37집 2호, 35~60쪽.

박찬웅 · 한준, 2001. "한국 자동차 산업의 하청 연결망의 특성에 관한 연구", 『한국사회학』 제35집 6호, 1~28쪽.

_____, 2006. "부도기업 정상화 과정에 대한 조직론적 접근: 연결망과 제도주의론을 중심으로", 『한국사회학』 제40집 2호, 149~188쪽.

서문기, 2007. "정보화시대의 기업체 생산성에 대한 연구", 『한국사회학』 제40집 6호, 128~152쪽.

손장권, 1987. "한 · 미 · 일 조직구조와 효율성에 관한 비교연구", 『한국사회학』 제21집 겨울호, 143~165쪽.

송 복, 1980. 『조직과 권력』, 법문사.

스티븐 레빗, 스티븐 더브너(Steven Levitt and Stephen Dubner) 저(2005), 안진환 역(2007). 『괴짜경제학 플러스』, 웅진지식하우스.

심윤종 · 유흥준 · 박승희 · 정태인, 2000. 『(전정판)산업사회학』, 경문사.

왕인근 · 도흥렬, 1969. "리동 농업협동조합의 사회학적 분석", 『한국사회학』 제5집, 15~30쪽.

유흥준, 1991. "경제사회학의 발전과 신경제사회학 패러다임의 과제", 성균관대학교 사회과학연구소 『사회과학』 제30권 2호, 7~26쪽.

_____, 1995. "한국 제약산업의 시장구조에 대한 신경제사회학적 분석", 『한국사회학』 제29집 여름호, 291~319쪽.

유흥준 · 이은진 · 이정택, 1993. "생산조직의 기술. 구조적 특성과 노동자들의 일에 대한 인식 및 태도", 『한국사회학』 제27집 겨울호, 319~341쪽.

이기홍, 2005. "기업연결망들의 상호영향과 산업변동", 『한국사회학』 제39집 4호, 1~39

쪽.

이재열, 1996. "시장구조와 기업의 조직적 과정에 대한 경제사회학적 연구: 시장과 기업의 수익률을 중심으로." 『한국사회학』 제30집 가을호, 493~518쪽.

이재열 · 송호근 · 권현지, 1995. "생산물시장의 구조와 대기업의 임금정책", 『한국사회학』 제29집 봄호, 69~104호.

이재열 , 1996. 『경제의 사회학』, 나남출판.

이재혁, 1996. "신뢰, 거래비용, 그리고 연결망", 『한국사회학』 제30집 가을호, 519~543 쪽.

_____, 1998. "신뢰의 사회구조화", 『한국사회학』 제32집 여름호, 311~335쪽.

장덕진, 2002. "산업연관 구조하에서 기업집단 다각화전략", 『한국사회학』 제36집 2호, 51~76쪽.

장준호 · 이남복 편역, 『경제사회학』, 나남.

장 호, 1997. "하청의존도와 시장수익률에 관한 상황이론적 접근", 『한국사회학』 제31집 겨울호, 711~736쪽.

정동일, 2007. "경쟁과 동조, 그리고 조직간 유사성의 패러독스", 『한국사회학』 제41집 4 호, 33~67쪽.

정태인, 1997. "한국기업의 내부노동시장: 경제사회학적 관점", 성균관대학교 사회과학연 구소 『사회과학』 제36권 1호, 49~83쪽.

최종렬, 2004. "신뢰와 호혜성의 통합의 관점에서 바라본 사회자본: 사회자본 개념의 이념 형적 구성", 『한국사회학』 제38집 6호, 97~132쪽.

한국문화연구원, 2004. 『사회학연구 50년』, 이화여자대학교, 혜안.

한국사회학회 편, 2000. 『21세기 시장과 한국사회』, 나남출판.

한 준, 2000. "국지적 경쟁, 경쟁의 강도와 산업의 분절화: 일본 은행산업의 예", 『한국사 회학』 제34집 봄호, 167~192쪽.

_____, 2004. "시장간 연결망과 조직의 생태학: 한국 제조업체의 역동성, 1981-1999", 『한국사회학』 제38집 4호, 187~214쪽.

Abegglen, James C. 1958. *The Japanese Factory*. Glencoe, Illinois: The Free Press.

Abolafia, Mitchel. 1984. "Structured Anarchy: Formal Organization in the Commodities Future Markets". in P.A. Adler and P.Adler (eds.). *The*

Social Dynamics of Financial Markets. Greenwood, Conn.: JAI Press.

Abolafia, Mitchel. 1985. "Market Crisis and Organizational intervention." Paper presented at the annual meeting of the ASA.

Adams, Leonard P. 1969. *The Public Employment Service in Transition, 1933-1968.* Ithaca, N.Y.: New York State School of Industrial and Labor Relations. Cornell University.

Akerlof, George. 1983. "Loyalty Filters." *American Economic Review* 73(1): 54-63.

Alchian, Arme, and Harold Demsetz. 1973. "The Property Rights Paradigm." *Journal of Economic History* 33(March): 16-27.

Althauser, Robert P. and Arne L. Kalleberg. 1981. "Firms, Occupations, and the Structure of Labor Markets: A Conceptual Analysis". Pp. 119-149 in Ivar Berg (ed.). *Sociological Perspectives on Labor Markets.* NY: Academic Press.

Arrow, Kenneth. 1974. *The Limits of Organization.* New York: Norton.

Baker, Wayne E. 1990. "Market Networks and Corporate Behavior." *The American Journal of Sociology.* 96:589-625.

_____. 1983. "Floor Trading and Crowd Dynamics." in *Social Dynamics of Financial Markets,* edited by Patricia Adler and Peter Adler. Greenwich, Conn.: JAI.

_____. "The Social Structures of a Securities Market". *American Journal of Sociology.* 89: 775-811.

Banfield, Edward C. 1969. "An Act of Corporate Citizenship." in *Programs to Employ the Disadvantaged,* edited by Peter Doeringer. Englewood Cliffs, N.K.: Prentice-Hall.

Baron, James N., D. Jennings and Frank Dobbin. 1988. "Mission Control? The Development of Personnnel Systems in U.S. Industry." *American Sociological Review.* 53: 497-514.

Berle, Adolf and Gardiner Means. 1932. *The Modern Corporation and Private Property.* New York: harcourt, Brace and world.

Blau, Peter and O. Dudley Duncan. 1967. *The American Occupational Structure.* New York: Wiley.

Banfield, Edward C. 1969. "An Act of Corporate Citizenship." in *Programs to Employ the Disadvantaged,* edited by Peter Doeringer. Englewood Cliffs, N.K.: Prentice-Hall.

Baron, James, Alison Davis B., and William T. Bielby. 1986. "The Structure of Opportunity: How Promotion Ladders Vary Within and Among Organizations". *Administrative Science Quarterly.* 31: 248-275.

Baron, John and John Bishop. 1985. "Extensive Search, Intensive Search and Hiring Costs: New Evidence on Employer Hiring Costs: New Evidence on Employer Hiring Activity." *Economic Inquiry.* 23(July): 363-382.

Barron, John M. John Bishop, and William C. Bunkelberg. 1985. "Employer Search: The Interviewing and Hiring of New Employees." *Review of Economics and Statistics.* 67(February): 43-52.

Becker, Gary. 1971. *The Economics of Discrimination.* Chicago: University of Chicago Press

_____. 1976. *The Economic Approach to Human Behavior.* Chicago: University of Chicago Press.

Bennett, John W. and Iwao Ishino. 1963. *Paternalism in the Japanese Economy.* Minneapolis: University of Minnesota Press.

Ben-Porath, Yoram. 1980. "The F-Connection: Families, Friends and Firms in the Organization of Exchange." *Population and Development Review.* 6(1): 1-30.

Berg, Ivar. 1971. *Education and Jobs: The Great Training Robbery.* Boston: Becaon Press.

Berger, Peter. 1987. *The Capitalist Revolution. Fifty Propositions about Prosperity, Equity, and Liberty.* London: Wildwood.

Berger, Peter and Thomas Luckman. 1966. *The Social Construction of Reality.* New York: Doubleday.

Bian, Yanhie. 1994. "Bringing Close Friends Back In: Interpersonal Trust, Bridging Strong Ties, and Status Attainment." Manuscript, Department of Sociology, University of Minnesota.

Bishop, John. 1993. "Improving Job Matches in the U.S. Labor Market." Pp. 335-400 in *Brookings Papers in Economic Activity,* vol.1, edited by Martin N.

Baily, Peter C. Reiss and Clifford Winston. Washington D.C.: The Brookings Institution.

Blau, David M. 1992. "An Empirical Analysis of Employed and Unemployed Job Search Behavior." *Industrial and Labor Relations Review.* 45, no.4(July): 738-752.

Blau, David M. and Philip K. Robins. 1990. "Job Search Outcomes for the Employed and Unemployed." *Journal of Political Economy.* 98, no.3: 637-55.

Blau, Francine and carol Jusenius. 1976. "Economist's Approaches to Sex Segregation in the Labor Market." in M. Blaxall and B. Reagan (eds). *Women and the Workplace.* 181-200. Chicago: University of Chicago Press.

Bloom, Gordon F., and Herbert R. Northrup. 1969. *Economics of Labor Relations.* Sixth edition. Homewood, Illinois: Richard D. Irwin, Inc.

Bluemen, I., M. Kogan, and P. McCarthy. *The Industrial Mobility of Labor as a Probability Process.* Ithaca, N.Y.: New York State School of Industrial and Labor Relations, Cornell University.

Bortnick, Steven and Ports, Michelle. 1992. "Job Search Methods and Results: Tracking the Unemployed, 1991." *Monthly Labor Review* (December): 29-35.

Bott, Elizabeth. 1957. *Family and Social Network.* London: Tavistock.

Bourdieu, Pierre. 1984. Distinction: *A Social Critique of the Judgement of Taste.* Translated by Richard Nice. Cambridge: Harvard University Press.

Bowles, Samuel, and Herbert Gintis. 1975. *Schooling in Capitalist America.* New York: Basic.

Boxman, Ed, Paul De Graaf, and Hendrik Flap. 1991. "The Impact of Social and Human Capital on the Income Attainment of Dutch Managers." *Social Networks.* 13: 51-73.

Braddock, Jomills and James McPartland. 1987. "How Minorities Continue to Be Excluded from Equal Employment Opportunities: Research on Labor Market and Institutional Barriers." *Journal of Social Issues* 43, no.1: 5-39.

Bradshaw, Thomas F. 1973. "Jobseeking Methods Used by Unemployed

Workers." *Monthly Labor Review* (February): 35-40.

Braverman, Harry. 1974. *Labor and Monopoly Capital.* New York: Monthly Review.

Bridges, William and Wayne Villemez. 1986. "Informal Hiring and Income in the Labor Market." *American Sociological Review* 51(August): 574-582.

Brinton, Mary and Takehiko Kariya. 1994. "Institutional and Semi-institutional Networks in the Japanese Labor Market." Manuscript, Department of Sociology, University of Chicago.

Broadbent, D. 1958. *Perception and Communication.* London: Pergamon.

Brown, David G. 1965a. *The Market for College Teachers.* Chapel Hill: University of North Carolina Press.

_____. 1965b. *Academic Labor Markets.* Washington D.C.: U.S. Dept. of Labor, Office of Manpower, Automation and Training.

_____. 1967. *The Mobile Professors.* Washington, D.C.: American Council on Education.

Brown, Roger. 1965. *Social Psychology.* New York: Free Press.

Burawoy, Michael. 1979. *Manufacturing Consent: Changes in the Labor Process Under Monopoly Capitalism.* Chicago: University of Chicago Press.

Burdett, Kenneth and Randall Wright. 1994. "Two Sided Search." Manuscript, Department of Economics, University of Essex.

Burns, Tom R. and Helena Flam. 1987. *The Shaping of Social Organization: Social Rule Theory with Applications.* Newbury Park: Sage Publications.

Burt, Ronald. 1982. *Toward a Structural Theory of Action.* New York: Academic Press.

Burt, Ronald. 1983. *Corporate Profits and Cooptation.* New York: Academic Press.

_____. 1992. *Structural Holes: The Social Structure of Competition.* Cambridge, Cambridge, Mass.: Harvard University Press.

Callender, Claire. 1987. "Women Seeking Work." Pp. 22-45 in *Unemployment: Personal and Social Consequences.* Edited by Stephen Fineman. London: Tavistock.

Campbell, Karen and Rachel Rosenfeld. 1985. "Job Search and Job Mobility: Sex and Race Differences." *Research in the Sociology of Work* 3: 147-174.

Campbell, Karen E., Peter V. Marsden, and Jeanne S. Hurlbert. 1986. "Social resources and socioeconomic status." *Social Networks* 8: 97-117.

Caplow, Theodore and R. McGee. 1958. *The Academic Marketplace*. New York: Basic Books.

Cardoso, Fernando and Ennzo Faletto. 1979. *Dependency and Development in Latin America*. Berkerly: Uniiv. of calif. Press.

Carlsson, Gosta. 1958. *Social Mobility and Class Structure*. Lund, Sweden: Gleerup.

Carson, Edgar. 1992. "Social Networks in the Labor Market: Job Acquisition by Retrenched Workers in South Australia." Unpublished Ph.D. dissertation, Faculty of Social Sciences, Department of Sociology, Flinders University of South Australia.

Chandler, Alfred. 1962. *Strategy and Structure*. Cambridge, MA: MIT Press. (Subsequently Published 1966. New York: Doubleday.)

_____. 1977. *The Visible Hand: The Managerial Revolution in American Business*. Cambridge: Harvard University Press.

_____. 1990. *Scale and Scope: The Dynamics of Industrial capitalism*. Cambridge: Harvard University Press.

Chernic, Jack and Georgina Smith. 1969. "Employing the Disadvantaged." In *Programs to Employ the Disadvantaged*, edited by Peter Doeringer. Englewood Cliffs, N.J.: Prentice-Hall.

Child, John. 1972. "Organizational Structure, Environment and Performance: the Role of Strategic Choice." *Sociology* 6: 1-22.

Clegg, Steward, D. Dunphy and S. Redding (eds.). 1986. *The Enterprise and Management in East Asia*. Hong Kong: University of Hong Kong.

Coase, Ronald. 1984. "The New Institutional Economics." *Journal of Institutional and Theoretical Economics*. 140: 229~231.

_____. 1937, "*The Nature of the Firm*," reprinted in Williamson and Winter, 1993, *The Nature of the Firm: Origins, Evolution, and Development*. Oxford:

Oxford University Press.

Cohen, Yinon and Jeffrey Pfeffer. 1986. "Organizational Hiring Standards". *Administrative Science Quarterly.* 31: 1-24.

Cole, Robert. 1979. *Work, Mobility and Participation: A Comparative Study of American and Japanese Industry.* Berkeley and Los Angeles: University of California Press.

Coleman, James S., Elihu Katz, and H. Menzel. 1957. "The Diffusion of Innovation among Physicians." *Sociometry* 20: 253-270.

Collins, Randal. 1979. *The Credential Society: An Historical Sociology of Education and Stratification.* New York: Academy Press.

Corcoran, Mary, Linda Datcher, and Greg Duncan. 1980a. "Information and Influence Networks in Labor Markets." Pp. 1-37 in *Five Thousand American Families: Patterns of Economics Progress,* vol.VIII. Edited by Greg Duncan and James Morgan. Ann Arbor, Mich.: Institute for Social Research.

_____. 1980b. "Most Workers Find Jobs through Word of Mouth." *Monthly Labor Review*(August): 33-35.

Coverdill, James. 1994. "Personal Contacts and Post-Hire Job Outcomes." Manuscript, Department of Sociology, University of Georgia.

Crain, Robert L. 1970. "School Integration and Occupational Achievement of Negroes." *American Journal of Sociology* 75 (January, Part 2): 593-606.

Crozier, Michel. 1964. *The Bureaucratic Phenomenon.* Chicago: University of Chicago Press.

Cyert, Richard M. and James G. March. 1963. *A Behavioral Theory of the Firm.* Englewood Cliffs. N. J.: Prentice-Hall.

Dalton, G. and Jasper K., 1983, "The Work of the Polanyi Group: Past, Present and Future," in Ortiz (ed.), *Economic Anthropology: Topics and Theories,* New York: Unviersity Press of America.

Dalton, Melville. 1959. *Men Who Manage.* New York: Wiley.

Davis, James A., and S. Leinhardt. 1972. "The Structure of Positive Interpersonal Relations in Small Groups." In J. Berger, et al. eds., *Sociological Theories in Progress,* vol.2. Boston: Houghton Mifflin.

De Schweinetz, Dorothea. 1932. *How Workers Find Jobs.* Philadelphia: University of Pennsylvania Press.

Devine, Theresa and Nicholas Kiefer. 1991. *Empirical Labor Economics: The Search Approach.* New York: Oxford University Press.

DiMaggio, Paul. 1990. "Cultural Aspects of Economic Action and Organization". in Friedland, Roger and A. E. Robertson (eds.) *Beyond The Market Place.* New York: Aldine de Gruyter. pp.113-136.

DiMaggio, Paul, and Hugh Louch. 1998. "Socially Embedded Consumer Transactions: For What Kinds of Purchase Do People Most Often Use Networks?" *American Sociological Review* 63: 619-637.

DiMaggio, Paul, and Walter W. Powell. 1983. "The Iron Cage Revisited: Institutional Isomorphism and Collective Rationality in Organizational Fields." *American Sociological Review* 48: 147-160.

DiPrete, Tomas. 1989. *The Bureaucratic Labor Market: The Case of the Federal Civil Service.* New York: Plenum Press.

Doeringer, Peter. 1969. "Programs to Employ the Disadvantaged: A Labor Market Perspective." In *Programs to Employ the Disadvantaged,* edited by Peter Doeringer. Englerwood Cliffs, N.J.: Prentice-Hall.

Doeringer, Peter, and Michael Piore. 1971. *Internal Labor Markets and Manpower Analysis.* Lexington, Mass.: D.C.Health.

Domhoff, G. William. 1971. *The Higher Circles.* New York: Random House.

Douglas, Mary. 1966. *Purity and Danger: An Analysis of the Concepts of Pollution and Taboo.* London: Routledge & Kegan Paul.

Duesenberry, James. 1960. Comment on "An Economic Analysis of Fertility." In *Demographic and Economic Change in Developed Countries,* edited by the Universities-National Bureau Committee for Economic Research. Princeton, N.J.: Princeton University Press.

Dunlop, John T. 1966. "Job Vacancy Measures and Economic Analysis." In *The Measurement and Interpretation of Job Vacancies,* edited by Robert Ferver. New York: Columbia University Press.

Dunphy, D. 1986. "An Historical Review of the Literature on the Japanses Enterprise and Its Management." Pp. 343~368 in *The Enterprise and Management in East Asia,* edited by S. R. Clegg, D. Dunphy, and S. G. Redding. Hong Kong: Centre of Asian Studies, Univesity of Hong Kong.

Durkheim, Emile. 1984 [1893]. *The Division of Labor in Society.* New York: Free Press.

Eccles, Robert. 1981. "The Quasifirm in the Construction Industry." *Journal of Economic Behavior and Organization* 2(December): 335-57.

_____. 1982. "A Synopsis of Transfer Pricing: An Analysis and Action Plan." Mimeographed. Cambridge, Mass.: Harvard Business School.

_____. 1983. "Transfer Pricing, Fairness and Control." Working Paper no. HBS 83-167. Cambridge, Mass.: Harvard Business School. Reprinted in Harvard Business Review (in press).

_____. 1987. "Producers' Markets." Pp. 984-86 in *The New Palgrave: A Dictionary of Economic Theroy and Doctrine,* edited by John Eatwell, Murray Milgate, and Peter Newman. New York: Stockton Press.

Edelman, Murray, et al. 1952. *Channels of Employment.* Urbana, Illinois: University of Illinois Press.

Edwards, Richard. 1979. *Contested Terrain: The Transformation of the Workplace in the Twentieth Century.* New York: Basic Books.

Englad, R., 1994a. "Time and Economics: An Introductory Perspective," in England (ed.), *Evolutionary Concepts in Contemporary Economics,* Ann Arbor: The University of Michigan Press.

England, Paula. 1988. "Assessing Rational Choice Models: Lessons from Economic, Sociological, and Feminist Views." Paper presented at the August Meetings of the American Sociological Association.

England, Paula and George Farkas. 1988. "Explaining Occupatioonal Sex Segregation and Wages." *American Sociological Review* 53: 544-558.

Ericksen, Eugene and William Yancey. 1980. "The Locus of Strong Ties." Manuscript, Department of Sociology, Temple University, Philadelphia.

Evan, William. 1966. "The Organization Set: Toward a Theory of Interorganizational Relations." In *Approaches to Organizational Design,* edited by J.Thompson. Pittsburgh: University of Pittsburgh Press.

Farber Henry S. 1993. "The Analysis of Inter-Firm Worker Mobility." National Bureau of Economic Research Working Paper No. 1462. Cambridge, Mass.: NBER.

Farkas, George, Paula England, and Margaret Barton. 1988. "Structural Effects on Wages: Sociological and Economic Views", 93-112 in George Farkas and Paula Enngland (eds.) *Industries, Firms and Jobs.* New York: Plenum Press.

Feld, Scott. 1981. "The Focused Organization of Social Ties." *American Journal of Sociology* 86(5): 1015-35.

Feller, William. 1957. *An Introduction to Probability Theory and its Applications,* vol.1, 2nd edition. New York: Wiley.

Ferber, R. and N. Ford. 1965. "The Collection of Job Vacancy Data." In *Employment Policy and the Labor Market,* edited by A. M. Ross. Berkeley: University of California Press.

Fernandex, Roberto. 1992. "Race, Space and Job Accessibility: Evidence from a Plant Relocation." Manuscript, Graduate School of Business, Stanford University.

Fevre, Ralph. 1989. "Informal Practices, Flexible Firms and Private Labour Markets." *Sociology* 23, no.1(February): 91-109.

Field, Alexander J. 1981. "The Problem with Neoclassical Institutional Economics: A Critique with Special Reference to North Thomas Model of Pre-1500 Europe." *Explorations in Economic History* 18: 174~198.

Field, Scott. 1981. "The Focused Organization of Social Ties." *American Journal of Sociology* 86(5): 1015-35.

Fine, Gary and Sherryl Kleinman. 1979. "Rethinking Subculture: An Interactionist Analysis." *American Journal of Sociology* 85(July):1-20.

Fisher, Lloyd H. 1953. *The Harvest Labor Market in California.* Cambridge, Mass.: Harvard University Press.

Fligstein, N., 1985, "The Spread of Multidivisional Form among Large Firms, 1919~1979," *American Sociological Review* 50.

Frank, Andre Gunder. 1967. *Capitalism and Underdevelopment in Latin America.* New York: Monthly Review Press.

Frank, Robert H. 1985. *Choosing the Right Pond: Human Behavior and the Quest for Status.* New York: Oxford University Press.

_____. 1990. "Rethinking Rational Choice". in Friedland, Roger and A. E. Robertson (eds.) *Beyond The Market Place.* New York: Aldine de Gruyter. pp.53-87.

Friedland, Roger and A. E. Robertson. 1990. "Beyond The Market Place" in Friedland, Roger and A. E. Robertson (eds.) *Beyond The Market Place.* New York: Aldine de Gruyter. pp.3-49.

Fukuyama, Francis. 1995. *Trust: The Social Virtues and Creation of Prosperity.* New York: Free Press.

Furubotn, E. and S. Pejovich. 1972. "Property Rights and Economic Theory: A Survey of Recent Literature." *Journal of Economic Literature* 10(3):1137-62.

Gans, Herbert. 1962. *The Urban Villagers.* New York: The Free Press.

Gambetta, Diego. 1988. *Trust: Making and Breaking Cooperative Relations.* New York: Blackwell.

Garfinkel, Harold. 1967. *Studies in Ethnomethodology.* Englewood Cliifs. N. J.: Prentice-Hall.

Geertz, Clifford. 1978. "The Bazzar Economy: Information and search in Peasant Marketing'" *American Economic Review* 68(2): 28-32

Geertz, Clifford. 1979. "Suq: The Bazzar Economy in Sefrou." Pp. 123-225 in *Meaning and Order in Moroccan Society,* edited by C. Geertz, H. Geertz, and L. Rosen. New York: Cambridge University Press.

Giddens, Anthony. 1979. *Central Problems In Social Theory: Action, Structure, and Contradiction in Social Analysis.* Berkeley: University of California Press.

Giddens, Anthony. 1985. *The Constitution of Society.* Berkeley: University of California Press.

Gordon, A. 1985. *The Evolution of Labour Relations in Japan.* Cambridge:

Massachusetts.

Gordon, David, Richard Edwards, and Michael Reich. 1982. *Segmented Work, Divided Worker.* Cambridge.

Granovettar, Mark S. 1973. "The Strength of Weak Ties." *American Journal of Sociology* 78(May): 1360-1380.

_____. 1974. *Getting a Job: A Study of Contacts and Careers.* Cambridge, Mass.: Harvard University Press.

_____. 1979. "Placement as Brokerage: Information Problems in the Labor Market for Rehabilitated Workers." Pp. 83-101 in Placement in Rehabilitation: A Career Development Perspective. Edited by D.Vandergoot and J.Worrall. Baltimore: University Park Press.

_____. 1981. "Toward a Sociological Theory of Income Differences." Pp. 11-47 in *Sociological Perspectives on Labor Markets,* edited by Ivar Berg. New York: Academic Press.

_____. 1983a. "Labor Mobility, Internal Markets and Job-Matching: A comparison of the Sociological and Economic Approaches." Mimeographed.

_____. 1983b. "The Strength of Weak Ties: A Network Theory Revisited." *Sociological Theory* 1: 201-233.

_____. 1984. "Small is Bountiful: Labor Markets and Establishment Size." *American Sociological Review* 49(3): 323-334.

_____. 1985. "Economic Action and Social Structure: The Problem of Embeddedness". *American Journal of Sociology.* 91: 481-510.

_____. 1986. "Japanese Firm Size: A Small Note." *Sociology and Social Research* 71(October): 27-28.

_____. 1986. "Labor Mobility, Internal Markets and Job-Matching: A Comparison of the Sociological and Economic Approaches" *Research in Social Stratification and Mobility.* 5:3-39.

_____. 1988. "The Sociological and Economic Approach to Labor Markets: A Social Structural View". in Farkas, George and Paula England (eds.). *Industries, Firms, and Jobs: Sociological and Economic Approaches.* New York: Plenum. pp.187-216.

_____. 1990. "The Old and the New Economic Sociology: A History and an Agenda" in Friedland, Roger and A. E. Robertson (eds.) *Beyond The Market Place*. New York: Aldine de Gruyter. pp.89-112.

_____. 1994. "The Economic Sociology of Firma and Entrepreneurs." In *The Economic Sociology of Immigration*. Edited by Alegandro Portes. New York and Princeton, N.J.: Russell Sage Foundation and Princeton Press.

_____. 1995. *Getting A Job*. (2nd edition) Chicago: University of Chicago Press.

Granovetter, Mark, and Charles Tilly. 1988. "Inequality and Labor Processes." Pp. 175-221 in *Handbook of Sociology*. Edited by Neil Smelser and R. Burt. Nebury Park, Calif.: Sage Publications.

Granovetter, Mark and Swedberg, Richard (eds.). 1992. *The Sociology of Economic Life*. Boulder: Westview Press.

Grieco, Margaret. 1987. *Keeping It in the Family: Social Networks and Employment Chance*. London: Tavistock.

Gurevitch, Michael. 1961. "The Social Structure of Acquaintanceship Networks." Ph.D. Dissertation. MIT.

Hagan, John. 1993. "The Social Embeddedness of Crime and Unemployment." *Criminology* 31, no.4: 465-491.

Hakusho, Rodo. 1988. "Labor White Paper." Tokyo: Japan Ministry of Labor.

Halaby, Charles. 1988. "Action and Information in the Job Mobility Process: The Search Decision." *American Sociological Review* 53(February): 9-25.

Hall, Robert. 1982. "The Importance of Lifetime Jobs in the U.S. Economy." *American Economic Review* 72: 716-724.

Hamermesh, R. G., Anderson, M. J. and J. E. Harris. 1978. "Strategies for Low Market Share Business." *Harvard Business Review* 56: 95-102.

Hamilton, Gary and Nicole Biggart. 1988. "Market, Culture and Authority: A Comparative Analysis of Management and Organization in the Far East." *American Journal of Sociology*. 94: 52-94.

Hanna, Michale T. and John Freeman. 1977. "The Population Ecology of Organizations." *American Journal of Sociology*. 88: 1116~1145.

Hansen, M. H., W. Hurwitz, and W. Madow. 1953. *Sample Survey Methods and*

Theory, vol.1. New York: Wiley.

Hansmann, Henry. 1988. "The Economics and Ethics of Markets for Human Organs." Working Paper no 91, Civil Liability Program, Center for Studies in Law, Economics, and Public Policy. Yale Law School.

Hanson, Susan, and Geraldine Pratt. 1991. "Job Search and the Occupational Segregation of Women." Annals of the Association of American Geographers 81, no.2: 229-253.

_____. 1992. "Dynamic Dependencies: A Geographic Investigation of Local Labor Markets." *Economic Geography* 68, no.2: 373-405.

Harhoff, Dietmar and Thomas Kane. 1994. "Financing Apprenticeship Training: Evidence from Germany." National Bureau of Economic Research Working Paper No. 4557. Cambridge, Mass.: NBER.

Harris, C. C. 1987. "Redundancy and Social Transition." Chapter 11 (pp. 218-231) in Chris C. Harris, P. Brown, R. Fevre, G. G. Leaver, R. M. Lee, and L. D. *Morris. Redundancy and Recession in South Wales*. Oxford: Basil Blackwell.

Harris, C. C., and P. Brown. 1987. "The Determinants of Labour Market Experience." Chapter 10 (pp. 195-217) in Chris C. Harris, P. Brown, R. Fevre, G. G. Leaver, R. M. Lee, and L. D. Morris. *Redundancy and Recession in South Wales*. Oxford: Basil Blackwell.

Harris, C. C., R. M. Lee and P. Brown. 1987. "The Fate of the Redundant in the Market." Chapter 9 (pp. 177-194) in Chris C. Harris, P. Brown, R. Fevre, G. G. Leaver, R. M. Lee, and L. D. Morris. *Redundancy and Recession in South Wales*. Oxford: Basil Blackwell.

Harris, Chris C., P. Brown, R. Fevre, G. G. Leaver, R. M. Lee, and L. D. Morris. 1987. *Redundancy and Recession in South Wales*. Oxford: Basil Blackwell.

Hempel, Carl G. 1965. *Aspects of Scientific Explanation*. New York: The Free Press.

Hirschman, Albert. 1974. *Social Behavior*. New York: Harcourt Brace Jovanovich.

_____. 1977. *The Passions and the Interests*. Princeton, N.J.: Princeton University Press.

_____. 1982. "Rival Interpretations of Market Society: Civilizing, Destructive or Feeble?" *Journal of Economic Literature* 20(4): 1463-84.

Hofstede, G. 1980. *Culture's Consequences: International Differences in Work Related Values*. London: Sage.

Holloway, Marguerite, and Paul Wallich. 1992. "A Risk Worth Taking." *Scientific American* 267, no.5(November): 126.

Holt, Charles C. and George Huber. 1969. "A Computer Aided Approach to employment Service Placement and Counseling." *Management Science* 15(No.11): 573-593.

Holt, Charles C. and Martin H. David. 1966. "The Concept of Job Vacancies in a Dynamic Theory of the Labor Market." in *The Measurement and Interpretation of Job Vacancies,* edited by Robert Ferber. New York: Columbia University Press.

Holzer, Harry J. 1987. "Informal Job Search and Black Youth Unemployment." *American Economic Review* 77, no.3: 446-452.

_____. 1987. "Job Search by Employed and Unemployed Youth." *Industrial and Labor Relations Review* 40, no.4(July): 601-611.

_____. 1988. "Search Method Use by Unemployed Youth." *Journal of Labor Economics,* no.1: 1-20.

Homans, George. 1950. *The Human Group*. New York: Harcourt, Brace and World.

_____. 1958. "Vertical Integration and Long-Term Contracts." *Journal of Law, Economics and Organization*. 1:33~80.

_____. 1967. "Computer Hiring of Dock Workers in the Port of New York." *Industrial and Labor Relations Review* 20(April): 414-432.

_____. 1974. *Social Behavior.* New York: Harcourt Brace Jovanovich.

Ivar Berg (ed.). *Sociological Perspectives on Labor Markets*. NY: Academic Press.

Jefferson, Ronald and John W. Meyer. 1991. "The Public Order and the Construction of Formal Organizations". in Walter Powell and Paul DiMaggio (eds.). *The New Institutionalism in Organizational Analysis*. pp.204-231. Chicago: University of Chicago Press.

Jencks, Christopher. 1972. *Inequality*. New York: Harper and Row.

Jenkins, Richard, Alan Bryman, Janet Ford, Teresa Keil, and Alan Beardsworth. 1983. "Information in the Labour Market: The Impact of Recession." *Sociology* 17, no.2(May): 26-267.

Jensen, Vernon H. 1964. *The Hiring of Dock Workers*. Cambridge, Mass.: Harvard University Press.

Kahl, Joseph. 1953. *The American Class Structure*. New York: Rinehart.

Kahn, H. 1979. *World Economic Devlopment: 1979 and Beyond*. London: Croom Helm.

Kanter, Rosabeth M. 1977. *Men and Women of the Corporation*. New York: Basic Books.

Kasinitz, Philip and Jan Rosenberg. 1994. "Missing the Connection: Social Isolation and Employment on the Brooklyn Waterfront." Working paper, the Michael Harrington Center, Queens College, City University of New York.

Katona, George. 1957. *Business Looks at Banks: A Study of Business Behavior*. Ann Arbor: University of Michigan Press.

Katz, Elihu. 1957. "The Two-Step Flow of Communication: An Up-to-Date Report on a Hypothesis." *Public Opinion Quarterly* 21(Spring): 61-78.

Katz, Fred E. 1958. "Occupational Contact Networks." *Social Forces* 37(October): 252-258.

Kemeny, John G. and J. Laurie Snell. 1960. *Finite Markov Chains*. Princeton: Van Nostrand.

Kemeny, John G., J. Laurie Snell, and Gerald L. Thompson. 1956. *Introduction to Finite Mathematics*. Englewood Cliffs, N.J.: Prentice-Hall.

Kerr, Clark 1954. "The Balkanization of Labor Markets". In E. Wight Bark (ed.), *Labor Mobility and Economic Opportunity*. Cambridge, MA.: MIT Press.

Kirschenmann, Joleen and Kathryn Neckerman. 1991. " 'We'd Love to Hire Them, But…': The Meaning of Race for Employers." Pp. 203-232 in *The Urban Underclass*. Edited by Christopher Jencks and Paul Peterson. Washington, D.C.: The Brookings Institution.

Korenman, Sanders, and Susan Turner. 1994. "On Employment Contacts and Differences in Wages between Minority and White Youths." Manuscript, Humphrey Institute of Public Affairs, University of Minnesota.

Lai, Gina, Shu-Yin Leung, and Nan Lin. 1994. "Network Resources, Contact Resources and Status Attainment." Manuscript, Department of Sociology, Duke University.

Lancaster, Kelvin. 1966. "A New Approach to Consumer Theory." *Journal of Political Economy* 74: 132-157.

Larson Magali Saffati. 1977. *The Rise of Professionalism. Berkerly:* University of Califronnia Press.

Laumann, Edward O. 1966. *Prestige and Association in an Urban Community.* Indianapolis: Bobbs-Merrill.

Laumann, Edward O. and Howard Schuman. 1967. "Open and Closed Structures." Unpublished paper prepared for the 1967 meeting of the American Sociological Association.

Lawrence, Paul R. and Jay W. Lorsch. 1967. *Organization and Environment.* Boston: Harvard Graduate School of Business Administration.

Lazear, Edward. 1979. "Why Is There Mandatory Retirement?" *Journal of Political Economy* 86(6): 1261-84.

Lee, Jung-Kyu. 1993. "Organizational Constraints, Network Matching, and the Reemployment of Displaced Workers." Ph.D. dissertation, Department of Sociology, State University of New York, Stony Brook.

Lee, Nancy H. 1969. *The Search for an Abortionist.* Chicago: University of Chicago Press.

Lee, R. M. 1987. "Looking fro Work." Chapter 5 (pp. 109-126) in *Redundancy and Recession in South Wales.* Edited by Chris C. Harris, P. Brown, R. Fevre, G. G. Leaver, R. M. Lee, and L. D. Morris. Oxford: Basil Blackwell.

Leibenstein, Harvey. 1976. *Beyond Economic Man.* Cambridge, Mass.: Harvard University Press.

Leifer, Eric M., and Harrison White. 1987. "A Structural Approach to Markets." In *Intercorporate Relations: The Structural Analysis of Business,* edited by Michael Schwartz and M. Mizruchi. New York: Academy Press.

Lester, Richard A. 1954. *Hiring Practices and Labor Competition*. Princeton: Industrial Relations Section Report #88.

_____. 1966a. *Comment on Part I of The Measurement and Interpretation of Job Vacancies*. edited by Robert Ferber. New York: Columbia University Press.

_____. 1966b. *Manpower Planning in a Free Society*. Princeton: Princeton University Press.

Levine, Joel. 1972. "The Sphere of Influence." *American Sociological Review* 37(February): 14-27.

Levine, Sol and Paul White. 1961. "Exchange as a Conceptual Framework for the Study of Interorganizational Relationships." *Administrative Science Quarterly* 5(March): 585-601.

Levi-Strauss, Claude. 1949. *The Elementary Structures of Kinship*. Boston: Beacon.

Levitt, Steven and Steve Dubner. 2005. *Freaknomics*. New York: Free Press.

Levy, Marion. 1966. *Modernization and the Structure of Societies,* vol. 1. Princeton: Princeton University Press.

Licht, Walter. 1992. *Getting Work: Philadelphia,* 1840-1950. Cambridge, Mass.: Harvard University Press.

Lie, John. 1988. *Visualizing the Invisible Hand: From Market to Mode of Exchange*. Unpublished Doctoral Dissertation. Department of Sociology. Cambridge: Harvard University Press.

Lieberson, Stanley, 1980. *A Piece of the Pie: Blacks and White Immigrants since 1880*. Berkeley: University of California Press.

Liebow, Elliot. 1966. *Tally's Corner*. Boston: Little Brown.

Light, Ivan. 1972. *Ethnic Enterprise in America: Business and Welfare among Chinese, Japanese and Blacks*. Berkeley: University of California Press.

Lin, Nan and Yanjie Bian. 1991. "Getting Ahead in Urban China." *American Journal of Sociology* 97,no.3: 657-688.

Lin, Nan, Walter Ensel, and John Vaughn. 1981. "Social Resources and Strength of Ties: Structural Factors in Occupational Status Attainment." *American Sociological Review* 46: 393-405.

Lin, Nan. 1990. "Social Resources and Social Mobility: A Structural Theory of Status Attainment." Pp. 247-271 in *Social Mobility and Social Structure*. Edited by Ronald Breiger. New York: Cambridge University Press.

Lincoln, James. 1982. "Intra- (and Inter-) Organizational Networks." Pp. 1-38 in *Research in the Sociology of Organizations*, vol. 1. Edited by S. Bacharach. Greenwich, Conn.: JAI.

Litwak, Eugene and L. Hylton. 1962. "Interorganizational Analysis: A Hypothesis on Coordinating Agencies." *Administrative Science Quarterly* 6(March): 397-420.

Lohr, Steve. 1982. "When Money Doesn't Matter in Japan." *New York Times*(December 30.)

Lurie, Melvin and Elton Rayack. 1968. "Racial Differences in Migration and Job Search: A Case Study." In *Negroes and Jobs,* edited by L.Ferman, J. Kornbluth and J. Miller. Ann Arbor: University of Michigan Press.

Macaulay, Stewart. 1963. "Non-Contractual Relations in Business: A Preliminary Study." *American Sociological Review* 28 (1): 55-67.

MacDonald, John S. and Leatrice MacDonald. 1964. "Chain Migration, Ethnic neighborhood Formation, and Social Networks." *Milbank Memorial Fund Quarterly* 42: 82-97.

Malinowski, Bronislaw. 1922. *Argonauts of the Western Pacific.* London: Dutton.

Malm, F. Theodore. 1954. "Recruiting Patterns and the Functioning of Labor Markets." *Industrial and Labor Relations Review*(July): 511-525.

Manwaring, Tony. 1984. "The Extended Internal Labor Market." *Cambridge journal of Economics* 8: 161-187.

March, J. G. and H. Simon. 1958. *Organizations*. New York: Wiley.

Marcus, George E. 1990. "Once More into the Breach between Economic and Cultural Analysis". in Friedland, Roger and A. E. Robertson (eds.) *Beyond The Market Place*. New York: Aldine de Gruyter. pp.331-352.

Marglin, S. A. 1974. "What Do Bosses Do?: The Origin and Function of Hierarchy in Capitalist Production". *Review of Radical Political Economics*. Summer: 60-112.

Marsden, Peter V. 1987. "Core Discussion Networks of Americans." *American Sociological Review* 52:122-131.

Marsden, Peter and Jeanne Hurlbert. 1988. "Social Resources and Mobility Outcomes: A Replication and Extension." *Social Forces* 66, no.4(June): 1038-1059.

Marsden, Peter and Karen Campbell. 1984. "Measuring Tie Strength. *Social Forces* 63, no.2: 482-501.

_____. 1990. "Recruitment and Selection Processes: The organization Side of Job Searches." Pp. 59-79 in *Social Mobility and Social Structure*. Edited by Ronald Breiger. New York: Cambridge University Press.

Marsh, R. and H. Mannari. 1971. "Lifetime Commitment in Japan: Roles, Norms and Values." *American Journal of Sociology* 76(March): 795-812.

Marx, Jonathan and Kevin Leicht. 1992. "Formality of Recruitment to 229 Jobs: Variations by Race, Sex and Job Characteristics. *Sociology and Social Research* 76, no.4(July): 190-196.

Massey, Douglas and Nancy Denton. 1993. *American Apartheid: Segregation and the Making of the Underclass*. Cambridge, Mass.: Harvard University Press.

Mayhew, L. 1969. "Ascription in Modern Societies." *Sociological Inquiry* 38(Spring): 105-120.

McCall, John J. 1965. "The Economics of Information and Optimal Stopping Rules." *Journal of Business* 38(July): 300-317.

_____. 1970. "Economics of Information and Job Search." *Quarterly Journal of Economics* 84(February): 113-126.

McFarland, David D. 1970. "Intragenerational Social Mobility as a Markov Process." *American Sociological Review* 35(June): 463-476.

McGinnis, Robert. 1968. "A Stochastic Model of Social Mobility." *American Sociological Review* 33(October): 713-722.

McGuire, Patrick. 1986. "The Control of Power: The Political Economy of Electric Utility Development in the United States, 1870-1930 ". Ph. D. Dissertation, Dept. of Sociology, SUNY at Stony Brook.

McPherson, J. M. and Lynn Smith-Lovin. 1982. "Women and Weak Ties: Differences by Sex in the Size of Voluntary Organizations." *American Journal of Sociology* 87, no.4: 883-904.

Menon, Ramdas. 1989. "The Impact of Social Networks on the Duration of Post-Migration Job Searches." *Journal of Asian and African Studies* 24, nos.3,4: 252-259.

Merton, Robert. 1947. "Manifest and Latent Functions." Pp. 19-84 in *Social Theory and Social Structure*. New York: Free Press.

Meyer, John and Brian Rowan. 1977. "Institutionalized Organizations: Formal Structure as Myth and Ceremony." *American Journal of Sociology*. 83: 66~94.

Meyer, John W., W. Richard Scott, and Terence C. Deal. 1981. "Institutional and Technical Sources of Organizational Structure Explaining the Structure of Educational Organizations." In *Organizations and the Heman Services: Cross-Disciplinary Reflections*. Edited by Heman Stein. Philadelphia, PA: Temple University Press.

Mier, Robert and Robert Giloth. 1985. "Hispanic Employment Opportunities: a Case of Internal Labor Markets and Weak-Tied Social Networks." *Social Science Quarterly*. 66: 296-309.

Milgram, Stanley. 1967. "The Small World Problem." *Psychology Today* 1 (May): 62-67.

Miller, George. 1956. "The Magical Number Seven, Plus or Minus Two: Some Limits on our Capacity for Processing Information." *Psychological Review* 63: 81-97.

Mintz, Beth, and Michael Schwartz. 1985. The Power Structure of American Business. Chicago: University of Chicago Press.

Montgomery, James. 1991. "Social Networks and Labor-Market Outcomes: Toward an Economic Analysis." *American Economic Review* 81, no.5: 1408-1418.

Montgomery, James. 1992. "Job Search and Network Composition: Implications of the Strength-of-Weak-Ties Hypothesis." *American Sociological Review* 57, no.5: 586-596.

_____. 1994. "Weak Ties, Employment, and Inequality: An Equilibrium Analysis." *American Journal of Sociology* 99, no.5: 1212-1236.

Moor, W. E. 1955. *Economy and Society.* New York: Doubleday & Company Inc.

Morris, Lydia D. 1987. "The Household and the Labour Market." Chapter 6 (pp. 127-140) in *Redundancy and Recession in South Wales.* Edited by Chris C. Harris, P. Brown, R. Fevre, G. G. Leaver, R. M. Lee, and L. D. Morris. Oxford: Basil Blackwell.

Morris, Lydia. 1984. "Patterns of Social Activity and Post-Redundancy Labour-Market Experience." *Sociology* 18, no.3: 339-352.

Mortensen, Dale. 1986. "Job Search and Labor Market Analysis." Chapter 15 (pp. 849-919) in *Handbook of labor Economics,* vol.II. Edited by O. Ashenfelter and R. Layard. Amsterdam: Elsevier.

Mostacci-Calzavara, Liviana. 1982. "Social Networks and Access to Job Opportunities." Unpublished Ph.D. dissertation, Department of Sociology, University of Toronto.

Mund, Vernon A. 1948. *Open Markets.* New York: Harper.

Murakami, Y. 1986. "Technology in Transition: Two Perspectives on Industiral Policy." Pp. 211~241 in *Japan's High Technology Industries: Lessons and Limitations of Industrial Policy,* edited by H. Patrick Seattle. London: University of Washington Press.

Myers, Charles A. and Geroge Shultz. 1951. *The Dynamics of a Labor Market.* New York: Prentice-Hall.

Myers, Charles A. and W. R. Maclaurin. 1943. *The Movement of Factory Workers.* New York: Wiley.

Nadel, S. F. 1957. *The Theory of Social Structure.* Melbourne: Melbourne University Press.

National Bureau of Economic Research. 1966. *The Measurement and Interpretation of Job Vacancies.* New York: Columbia University Press.

Nelson, R., 1994, "Evolutionary Theorizing about Economic Change," in Smelser and Swedberg (eds.), *The Handbook of Economic Sociology,* Princeton, NJ: Princeton University Press.

Nelson, Richard and Sidney Winter. 1982. *An Evolutionary Theory of Economic Change*. Cambridge: Harvard University Press.

Nelson-Rowe, Shan. 1988. "Markets, Politics and Professions: The Rise of Vocationalism in American Education." Ph.D. dissertation, Department of Sociology, State University of New York, Stony Brook.

_____. 1991. "Corporation Schooling and the labor Market at General Electric." *History of Education quarterly* 31, no.1: 27-46.

North, D., and R. Thomas. 1973. *The Rise of the Western World*. Cambridge: Cambridge University Press.

North, Douglass C. 1981. *Structure and Change in Economic History*. New York: W.W. Norton.

Oberschall, A. and E.M. Leifer. 1986. "Efficiency and Social Institutions: Uses and misuses of economic reasoning in sociology". *Annual Review of Sociology*. 12: 233-253.

Okun, Arthur. 1981. *Prices and Quantities: A Macro Economic Analysis*. Washington D.C.: Brookings Institution.

Orru, M., N. W. Biggart, and G. Hamilton. 1988. "Organization Isomorphism in East Asia: Broadening *the New Institutionalism." In The New Institutionalism in Organizational Analysis*. Chicago: University of Chicago Press.

Osberg, Lars. 1993. "Fishing in Different Pools: Job-Search Strategies and Job-Finding Success in Canada in the Early 1980's." *Journal of Labor Economics* 11, no.2: 348-385.

Osterman, Paul. 1984. *Internal Labor Markets*. Cambridge: MIT Press.

Ozga, S.A. 1960. "Imperfect Markets Through Lack of Information." *Quarterly Journal of Economics* 74(February): 29-52.

Pakes, Ariel and S. Nitzan. 1982. "Optimum Contacts for Research Personnel, Research Employment and the Establishment of 'Rival' Enterprises." NBER Working Paper no. 871. Cambridge, Mass.: National Bureau of Economic Research.

Palmer, Gladys L. 1954. *Labor Mobility in Six Cities*. New York: Social Science Research Council.

Parnes, Herbert. 1954. *Research on Labor Mobility*. New York: Social Science Research Council.

Parnes, Herbert, R. Miljus, and R. Spitz. 1970. *Career Thresholds*, vol. 1. (Manpower Research Monograph #16). Washington, D.C.: U.S. Dept. of Labor, Manpower Administration.

Parsons, Talcott. 1937. *The Structure of Social Actions*. New York: Macmillan.

_____. 1949. *The Structre of Social Action*, Vol. 1. New York: The Free Press.

_____. 1961. "Some Considerations on the Theory of Social Change." Rural Sociology 26: 219-239.

_____. 1977. "Comment on Burger's Critique." *American Journal of Sociology. Vol. 83.*

Parsons, Talcott and Smelser, Neil. 1956. *Economy and Society: A Study in the Integration of Economic and Social Theory*. New York: Free Press.

Pattison, Philippa. 1993. Algebraic Models for Social Networks. New York: Cambridge University Press.

Perrow, C., 1986, *Complex Organizations: A Cirtical Essay,* 3rd eidction. New York: Random House.

Perrow, Charles. 1986. "Economic Theories of Organization". Theory and Society. 15: 11-45.

Pfeffer, Jeffrey. 1983. "Organizational Demography." In *Research in Organizational Behavior,* vol. 5. Edited by L. L. Cummings and B. Staw. Greenwich, Conn.: JAI.

Pfeffer, Jeffrey and Cohen Yinon. 1984. "Determinants of Internal Labor Market in Organization. " *Administrative Science Quarterly.* 29: 550-72.

Pfeffer, Jeffrey and James Baron. 1988. "Taking the Workers Back Out: Recent Trends in the Structuring of Employment." Pp. 257-303 in Research in Organizational Behavior. Edited by B. Shaw and L. Cummings. Greenwich, Conn.: JAI Press.

Phelps Brown, Ernest Henry. 1977. *The Inequality of Pay*. Berkeley: University of California Press.

Piore, Michael. 1975. "Notes for a Theory of Labor Market Stratification." Pp. 125-

150 in *Labor Market Segmentation,* edited by R. Edwards, M. Reich, and D. Gordon. Lexington, Mass.: Heath.

_____. ed. 1979. *Unemployment and Inflation.* White Plains, N.Y.: Sharpe.

Polanyi, Karl. 1944. *The Great Transformation.* New York: Holt, Rinehart.

_____. 1957[1944]. *The Great Transformation.* Boston: Beacon Press.

Polanyi, Karl, C. Arensberg, and H. Pearson. 1957. *Trade and Market in the Early Empires.* New York: Free Press.

Polanyi, Karl et al. 1971 [1957]. "The Economy as Instituted Process." Pp.243-70 in *Trade and Market in the Early Empires: Economies in History and Theory,* edited by Polanyi, Karl., C. Arensberg, and H. Pearson. Chicago: Henry Regnery.

Pool, Ithiel and M. Kochen. 1958. "Contact Nets." M.I.T.: unpublished paper.

Popkin, Samuel. 1979. *The Rational Peasant.* Berkeley and Los Angeles: University of California Press.

Popper, Karl R. 1965. *The Logic of Scientific Discovery.* London: Hutchinson.

Porter, M. E. 1979. "The Structure within Industries and Companies' Performance." *Review of Economic and Statistics* 61: 214-27.

Ports, Michelle Harrison. 1993. "Trends in Job Search Methods, 1970-1992." *Monthly Labor Review*(October): 63-67.

Powell, Walter. 1990. "Neither Market nor Hierarchy: Network Forms of Social Organization." Pp. 295~336 in *Research in Organizational Behavior.* Vol. 12, edited by Barry Staw and L. L. Cummings. Greenwich, CT: JAI Press.

Powell, Walter and Laurel Smith-Doerr. 1994. "Networks and Economic Life." Pp. 368-402 in *Handbook of Economic Sociology.* Edited by N. Smelser and R. Swedberg. New York: Russell Sage Foundation and Princeton University Press.

Putnam, Robert. 1993. "The Prosperous Community: Social Capital and Public Life" *American Prospects* 13.

Rapoport, Anatol. 1963. "Mathematical Models of Social Interaction." In R. Luce et al., eds., *Handbook of Mathematical Psychology,* vol. 2. New York: Wiley.

Rapoport, Anatol and William Horvath. 1961. "A Study of a Large Sociogram."

Behavioral Science 6(October): 279-291.

Reekie, W. Duncan. 1975. *The Economics of the Pharmaceutical Industry.* New York: Macmillan Press.

Rees, Albert. 1966. "Information Networks in Labor Markets." *American Economic Review* (May): 559-566.

Rees, Albert and Geroge Shultz. 1970. *Workers and Wages in an Urban Labor Market.* Chicago: University of Chicago Press.

Reynolds, Lloyd. 1951. *The Structure of Labor Markets.* New York: Harper.

Rice, Berkeley. 1970. "Down and Out Along Route 128." *New York Times Magazine* (November1).

Rogers, Everett and Lawrence Kincaid. 1981. *Communication Networks: Toward a New Paradigm for Research.* New York: Free Press.

Rosen, Sherwin. 1982. "Authority, Control and the Distribution of Earnings." *Bell Journal of Economics* 13(2): 311-23.

Rosenbaum, James. 1984. *Career Mobility in a Corporate Hierarchy.* New York: Academic Press.

Rosenbaum, James and Amy Binder. 1994. "Do Employers Really Need More Educated Youth?" Manuscript, School of Education and Social Policy, Northwestern University.

Rosenbaum, James and Takehiko Kariya. 1989. "From High School to Work: Market and Institutional Mechanisms in Japan." *American Journal of Sociology* 94: 1334-1365.

Rosenbaum, James, Takehiko Kariya, and Rick Settersten, and Tony Maier. 1990. "Market and Network Theories of the Transition from High School to Work: Their Application to Industrialized Societies." *Annual Review of Sociology* 16: 263-299.

Roth, Alvin and Xiaolin Xing. 1994. "Jumping the Gun: Imperfections and Institutions Related to the Timing of Market Transactions." *American Economic Review*, forthcoming.

Roy, Donald. 1954. "Efficiency and 'the Fix'" *American Journal of Sociology.* 60: 155-166.

Sabel, Charles. 1982. *Work and Politics: The Division of Labor in Industry*. Cambridge: Cambridge University Press.

Sabel, Charles. 1991. "Moebius-Strip Organizations and Open Labor Markets: Some Consequences of the Reintegration of Conception and Execution in a Volatile Economy." Pp. 23-54 in *Social Theory for a Changing Society*. Edited by P. Bourdieu and J. Coleman. Boulder, Colo.: Westview Press.

Samuelson, Paul. 1947. *Foundations of Economic Analysis*. Cambridge, Mass.: Harvard University Press.

_____. 1955. *The Foundation of Economics*. Mass: Cambridge University Press.

Saxenian, Anna Lee. 1994. *Regional Advantage: Culture and Competition in Silicon Valley and Route* 128. Cambridge, Mass.: Harvard University Press.

Schneider, Harold. 1974. *Economic Man: The Anthropology of Economics*. New York: Free Press.

Schotter, Andrew. 1981. *The Economic Theory of Social Institutions*. New York: Cambridge University Press.

Schumpter, Joseph. 1954. *History of Economic Analysis*. London: George Allen & Unwin.

Scott, James. 1976. *The Moral Economy of the Peasant*. New Haven, Conn.: Yale University Press.

Scott, R., 2001. *Institutions and Organizations,* 2nd edition. Thousand Oaks, CA: Sage.

Selznick, P. 1949. *T.V.A. and the Grass Roots*. Berkeley: University of California Press.

Sen, Amartya K. 1977. "Rational Fools: A Critique of the Behavioral Foundations of Economic Theory". *Philosophy and Public Affairs*. 6: 317-344.

Shalins, Marshall. 1974. *Stone Age Economics*. London: Tavistock Publications.

Shapero, A. R., Richard Howell, and J. Rombaugh. 1965. The Structure and Dynamics of the Defense R. and D. *Industry: The Los Angeles and Boston Complexes*. Menlo Park, Cal.: Stanford Research Institute.

Shenon, Philip. 1984. "Margolies is Found Guilty of Murdering Two Women."

New York Times(June 1).

Sheppard, Harold L. and A. Harvey Belitsky. 1966. *The Job Hunt: Job-Seeking Behavior of Unemployed Workers in a Local Economy.* Baltimore: The Johns Hopkins Press.

Shubik, Martin. 1959. *Strategy and Market Structure.* New York: Wiley.

Simmel, G. 1978[1907]. *Philosophy of Money.* London: Routledge and Kagam Paul.

Simon, Curtis J. and John T. Warner. 1992. "Matchmaker, Matchmaker: The Effect of Old-Boy Networks on Job Match Quality, Earnings and Tenure." *Journal of Labor Economics* 10, no.3: 306-329.

Simon, Herbert. 1957. *Administrative Behavior.* New York: Macmillan.

_____. 1978, "Rationality as Process and as Product of Thought," *American Economic Review* 68(2).

_____. 1979. "Rational Decision Making on Business Organization." *American Economic Review* 69: 493-513.

Sjoberg, Gideon. 1960. *The Preindustrial City.* New York: The Free Press.

Smelser, Neil J. 1963. *The Sociology of Economic Life.* Englewood Cliffs, N. J.: Prentice-Hall.

_____. 1978. "Re-examing the Parameteres of Economic Activity." In Rationality, Legitimacy, and Responsibility, edited by E. A. Epstein and D. Votaw. Santa Monica: Goodyear Publishing Co.

Smelser, N. and R. Swedberg, 1994, "the Sociological Perspective on the Economy," in Smelser and Swedberg (eds.), *The Handbook of Economic Sociology,* Princeton, NJ: Princeton University Press.

Smith, Adam. (1776) 1979. *The Wealth of Nations.* Edited by Andrew Skinner. Baltimore: Penguin.

_____. 1976[6th ed, 1790]. *Theory of Moral Sentiment.* New York: Oxford University Press.

Somers, Gerald, and Masumi Tsuda. 1966. "Job Vacancies and Structural Change Japanese Labor Markets." In *The Measurement and Interpretation of Job Vacancies,* edited by Robert Ferber. New York: Columbia University Press.

Spilerman, Seymour. 1977. "Careers, Labor Market Structure, and Socioeconomic Achievement." *American Journal of Sociology* 83, no.3: 551-593.

Squires, G. D. 1979. *Education and Jobs*. New Brunswick, N.J.: Transaction Books.

Staiger, Doug. 1990. "The Effects of Connections on the Wages and Mobility of Young Workers." Manuscript, Kennedy School of Public Policy, Harvard University.

Stearns, Linda. 1982. "Corporate Dependency and the Structure of the Capital Market: 1880-1980." Ph.D. dissertation, State university of New York at Stony Brook.

Stein, Maurice. 1960. *The Eclipse of Community*. Princeton: Princeton University Press.

Stigler, George and Gary Becker. 1977. "De gustibus non est Disput-andum." *American Economic Review*. 67: 67~90.

Stigler, George. 1961. "The Economics of Information." *Journal of Political Economy* 69(June): 213-225.

_____. 1962. "Information in the Labor Market." *Journal of Political Economy* 70(October, Part2): 94-105.

Stinchcomb, Arthur. 1983. *Economic Sociology*. New York: Academic Press.

Stone, Katherine. 1975. "The origin of Job Structures in the Steel Industry". in David Gordon et al. (eds.) *Labor Market Segmentation*. Lexington, MA: Health.

Sugimoto, Y. 1986. "The Manipulative Basis of 'Consensus' in Japan." Pp. 65~75 in *Democracy in contemporary Japan*, edited by G. McCormack and Y. Sugimoto. Sydney: Hale and Iremonger.

Swedberg, Richard. 1987. *Current Sociology*. The Journal of the International Sociological Association. Vol.35, No.1. SAGE Publications.

_____. 1991. "Major Traditions of Economic Sociology". *Annual Review of Sociology*. 17: 251-76.

_____. 2003. *Principles of Economic Sociology*. Princeton University Press.

Swedberg, Richard and Uif Himmelstrand. 1987. "The Pradigm of Economic

Sociology: Premises and Promises." *Theory and Society.* 16:169~214.

Taira, Koji. 1970. *Economic Development and the Labor Market in Japan.* New York: Columbia University Press.

Thomas, Jonathan. 1994. "Public Employment Agencies and Unemployment Spells: Exploring the Relationship." Manuscript, Center for Urban Affairs and Policy Research, Northwestern University.

Thompson, E. P. 1971. "The Moral Economy of the English Crowd in the Eighteenth Century." *Past and Present* 50(February): 76-136.

Thompson, James D. 1962. "Organizations and Output Transactions." *American Journal of Sociology* 68(November): 309-324.

Tilly. L. A. and J. W. Scott. 1978. *Women, Work, and Family.* New York: Holt, Rinehart and Winston.

Tolbert, P., and L. Zucker, 1983, "Institutional Sources of Change in the Formal Structure of Organizations: The diffusion of Civil Service Reform, 1880~1935," *Administrative Science Quarterly* 30.

Tornqvist, G. 1970. *Contact Systems and Regional Development.* Lund, Sweden: CWK Gleerup.

Travers, J. and S. Milgram. 1969. "An Experimental Study of the 'Small-World Problem'." *Sociometry* 32(December): 425-443.

Turk, Herman. 1970. "Interorganizational Networks in Urban Society: Initial Perspectives and Comparative Research." *American Sociological Review* 35(February): 1-19.

Tversky, Amos and Daniel Kaheman. 1974. "Judgement Under Uncertainty: Heuristics and Biases". *Science.* 185: 1124-1131.

_____. 1981. "The Framing of Decisions and the Psychology of Choice". *Science.* 211: 453-458.

U. S. Department of Labor. 1975. "Jobseeking Methods Used by American Workers." Bureau of Labor Statistics Bulletin No. 1886.

Udy, Stanley H. Jr. 1959. *Organization of Work: A Comparative Analysis of Production among Non-Industrial Peoples.* New Haven: HRAF Press.

_____. 1970. *Work in Traditional and Modern Society.* Englewood Cliffs, N.J.:

Prentice-Hall.

Ullman, Joseph C. 1968. "Interfirm Differences in the Cost of Search for Clerical Workers." *Journal of Business* 41(April):153-165.

Ullman, Joseph C. and David P. Taylor. 1965. "The Information System in Changing Labor Markets." Proceedings of the Industrial Relations Research Association: 276-289.

_____. 1969. "Manpower Policies and Job Market Information." In *Public-Private Manpower Policies,* edited by A. Weberetal. Industrial Relations Research Association.

United States Department of Labor. 1970, 1971, 1972. *Manpower Report of the President.* Washington, D.C.: U.S. Government Printing office.

United States Immigration Commission, 1911. *Reports,* vol. 2, 1911. Washington, D.C.: Government Printing Office.

Useem, Michael. 1979. "The Social Organization of the American Business Elite and Participation of Corporation Directors in the Governance of American Institutions." *American sociological Review* 44: 553-72.

Uzzi, Brian. 1996. "The Sources and Consequences of Embeddedness for the Economic Performance of Organizations: The Network Effect." *American Sociological Review* 61: 674-698.

Veblen, T. 1948. "Why is Economics not an Evolutionary Sicence?" In *The Portable Veblen,* edtied by M. Lerner. New York: The Viking Press.

_____. 1967[1899]. *Theory of Leisure Class.* New York: Viking Press.

Vogel, Ezra. 1961. "The Go-Between in a Developing Society: The Case of the Japanese Marriage Arranger." *Human Organization* 20(Fall): 112-120.

Waldinger, Roger. 1992a. "The Making of An Immigrant Niche." Manuscript, Department of Sociology, University of California, Los Angeles, February.

_____. 1992b. "Taking Care of the Quests: The Impact of Immigrants on Services - an Industry Case Study." *International Journal of Urban and Regional Research* 16, no.1: 97-113.

_____. 1992c. "The Ethnic Politics of Municipal Jobs." Manuscript, Department of Sociology, University of California, Los Angeles. December.

_____. 1993a. "Who Makes the Beds? Who Washes the Dishes? Black/Immigrant Competition Reassessed." Institute of Industrial Relations Working Paper 246, April. University of California, Los Angeles.

_____. 1993b. "Who Gets the Lousy Jobs? New Immigrants and African Americans in New York, 1940-1990." Manuscript, Department of Sociology, University of California, Los Angeles, October.

_____. 1993c. "The 'Other Side' of Embeddedness: A Case Study of the Interplay of Economy and Ethnicity." Manuscript, Department of Sociology, University of California, Los Angeles. December.

Wallerstein, Immanuel. 1974. *The Modern World System*. New York: academic Press.

Wanous, John P. 1980. *Organizational Entry: Recruitment, Selection, and Socialization of Newcomers.* Reading, Mass.: Addison-Wesley.

Warner, W. Lloyd, and J. O. Low. 1947. *The Social System of a Modern Factory.* New Haven: Yale University Press,

Warren, R. 1967. "The Interorganizational Field as a Focus for Investigation." *Administrative Science Quarterly* 12(December): 396-419.

Wasserman, Stanley, and Katherine Faust. 1994. *Social Network Analysis: Methods and Applications.* New York: Cambridge University Press.

Watanabe, Shin. 1987. "Job-Searching: A Comparative Study of Male Employment Relations in the United States and Japan." Unpublished Ph.D. dissertation, Department of Sociology, University of California, Los Angeles. UMI Dissertation Information Service Order No. 8727817.

Waters, Mary. 1992. "Hiring Practices and Racial and Ethnic Dynamics at American Food Services." Unpublished manuscript, Harvard University, Department of Sociology. Forthcoming in Black Like Who?, University of California Press.

Weber, Max. 1958[1904]. *The Protestant Ethic and the Spirit of Capitalism.* New York: Scribner's.

_____. 1968[1921]. *Economy and Society.* Totowa, N.J.: Bedminster Press

_____. 1978[1922]. *Economy and Society: An Outline of Interpretive Sociology.* Berkerly: University of California Press.

Webster, Frederick, and Yoram Wind. 1972. *Organizational Buying Behavior.* Englewood Cliffs, N.J.: Prentice-Hall.

Wegener, Bernd. 1991. "Job Mobility and Social Ties: Social Resources, Prior Job and Status Attainment." *American Sociological Review* 56(February): 60-71.

White, Harrison C. 1970. *Chains of Opportunity.* Cambridge, Mass.: Harvard University Press.

White, Harrison. 1981a. "Production Markets as Induced Role Structures." Pp. 1-59 in *Sociological Methodology,* edited by Samuel Leinhardt. San Francisco: Josey Bass Publishers.

_____. 1981b. "Where Do markets Come From?" *American Journal of Sociology.* 87: 517-547.

_____. 1992. *Identity and Control: A Structural Theory of Social Action.* Princeton, N.J.: Princeton University Press.

White, Harrison C. and Robert Eccles. 1986. "Agency and Control." Manuscript. Columbia University, Department of Sociology.

White, Harrison, Scott Boorman, and Ronald Breiger. 1976. "Social Structure from Multiple Networks: I. Blockmodels of Roles and Positions." *American journal of Sociology* 81:730-780.

_____. 1979. "Transaction-Cost Economics: The Governance of Contractual Relations." *Journal of Law and Economics* 22(2): 233-61.

_____. 1981. "The Economics of Organization: The Transaction Cost Approach." *American Journal of Sociology* 87(November): 548-77.

Wial, Howard. 1991. "Getting a Good Job: Mobility in a Segmented Labor Market." *Industrial Relations* 30, no.3(Fall): 396-415.

Wielgosz, John, and Susan Carpenter. 1987. "The Effectiveness of Alternative Methods of Searching for Jobs and Finding Them: An Exploratory Analysis of the Data Bearing upon the Ways of Coping with Joblessness." *American Journal of Economics and Sociology* 46, no.2(April): 151-164.

Wilcock, Richard C. and Walter H. Franke. 1963. *Unwanted Workers: Permanent Layoffs and Long-term Unemployment.* New York: The Free Press.

Williamson, Oliver E. 1975. *Markets and Hierarchies*. New York: Free Press.

_____. 1979. "Transaction-Cost Economics: The Governance of Contractual Relations." *Journal of Law and Economics* 22(2): 233-61.Williamson, Oliver E. 1985a. *The Economic Institutions of Capitalism*. New York: Free Press.

_____. 1981. "The Economics of Organization: The Transaction Cost Approach". *American Journal of Sociology*. 87: 548-77.

_____. 1985. *The Economic Institutions of Capitalism*. NY: Free Press.

_____. 1988, "Corporate Governace and Corporate Finance," *Journal of Finance* 43.

_____. 1993, "The Logic of Economic Organization" in Williamson and Winter (eds.). *The Nature of the Firm: Origins, Evolution, and Developement,* Oxford: Oxford University Press.

_____. 1996. "Efficiency, Power, Authority and Economic Organization," in Groenewegen (ed.), *Transaction Cost Economics and Beyond,* Kluwer Academic Publishers: Norwell, Mass.

Williamson, Oliver E and William G. Ouchi. 1981. "The Markets and Hierarchies Program of Research: Origins, Implications, and Prospects." Pp. 247~340 in *Perspectives on Organization Design and Behavior,* edited by Andrew Van de Ven and William Joyce. New York: Wiley.

Williamson, Oliver and Winter. (eds.) 1993. *The Nature of the Firm: Origins, Evolution, and Development,* Oxford: Oxford University Press.

Wilson, William. 1987. *The Truly Disadvantaged*. Chicago: University of Chicago Press.

Windolf, Paul. 1986. "Recruitment, Selection, and Internal Labour Markets in Britain and Germany." *Organizational Studies* 7, no.3: 235-254.

Wood, Stephen. 1985. "Recruitment Systems and the Recession." *British Journal of Industrial Relations* 23, no.3(November): 103-120.

Wright, Erik Olin. 1978. *Class, Crisis and the State*. London: New Left Books.

Wrong, Dennis. 1961. "The Oversocialized Conception of Man in Modern Sociology." *American Sociological Review* 26(2): 183-93.

Yoshino, Michael. 1968. *Japan's Managerial System*. Cambridge, Mass.: Harvard University Press.

Young, Michael and Peter Willmott. 1962. *Family and Kinship in East London*. Baltimore: Penguin.

Zeitlin, Maurice. 1974. "corporate Ownership and Control: The Large Corporation and the Capitalist Class." *American Journal of Sociology*. 79: 1073~1119.

Zelizer, Viviana. 1983. *Morals and Markets: The Development of Life Insurance in the United States*. New Burnswick: Transaction Press.

_____. 1985. *Pricing the Priceless Child: The Changing Social Value of Children*. New York: Basic Books.

Zerubavel, Eviatar. 1985. *Hidden Rhythms: Schedules and Calendars in Social Life*. Berkeley: University of California Press.

Zukin, S. and P. DiMaggio (eds.), 1990. *Structures of Capital. Cambridge: Cambridge* University Press.

ㅅ

ㅇ